12094690 ARARIBA PLUS GEO 8 ED4

Acesse
www.moderna.com.br/ac/livroportal
e siga as instruções para ter acesso aos conteúdos exclusivos do
Portal e Livro Digital

CÓDIGO DE ACESSO:

A 00282 ARPLGEO 8 24855

Faça apenas um cadastro. Ele será válido para:

MODERNA Richmond SANTILLANA ESPAÑOL

ARARIBÁ PLUS

GEOGRAFIA

8

Organizadora: Editora Moderna
Obra coletiva concebida, desenvolvida e produzida pela Editora Moderna.

Editor Executivo:
Cesar Brumini Dellore

4ª edição

MODERNA

Elaboração de originais

Cesar Brumini Dellore
Bacharel em Geografia pela Universidade de São Paulo. Editor.

Daiane Ciriáco
Bacharel e licenciada em Geografia pela Universidade de São Paulo. Editora.

Fernando Carlo Vedovate
Mestre em Ciências pela Universidade de São Paulo, área de concentração: Geografia Humana. Editor.

Karine Mirieli dos Santos Costa
Mestre em Ciências pela Universidade de São Paulo, área de concentração: Geografia Física. Editora.

Ana Carolina Ferreira Muniz
Bacharel em Geografia pela Universidade de São Paulo. Editora.

Ana Paula Ribeiro
Licenciada em Estudos Sociais, habilitação em Geografia, pela Universidade Paulista. Licenciada em Pedagogia pela Universidade Federal de São Carlos. Professora na rede pública de ensino. Editora.

Eugênio Pacceli da Fonseca
Bacharel e licenciado em Geografia pela Universidade Federal de Minas Gerais. Professor na rede pública de ensino.

Ibirá Perrucci Toledo Machado
Bacharel em Geografia pela Universidade de São Paulo. Produtor audiovisual.

Jonatas Mendonça dos Santos
Mestre em Ciências pela Universidade de São Paulo, área de concentração: Geografia Humana. Professor em escolas particulares de São Paulo.

Kauê Lopes dos Santos
Mestre em Arquitetura e Urbanismo, bacharel e licenciado em Geografia pela Universidade de São Paulo. Professor em escolas particulares de São Paulo.

Marina Silveira Lopes
Mestre em Ciências da Religião, área de concentração: Religião e Campo Simbólico, e bacharel em Geografia pela Pontifícia Universidade Católica de São Paulo. Professora de Geografia Humana do Brasil e Antropologia Cultural das Faculdades do Vale do Juruena.

Marinez da Silva Mazzochin
Mestre em Geografia pela Universidade Estadual do Oeste do Paraná, área de concentração: Produção do Espaço e Meio Ambiente.

Silvia Ricardo
Mestre em Ciências pela Universidade de São Paulo, área de concentração: História Econômica. Editora.

Wagner Nicaretta
Bacharel e licenciado em Geografia pela Universidade de São Paulo. Editor.

Coordenação editorial: Cesar Brumini Dellore, Fernando Carlo Vedovate
Edição de texto: Silvia Ricardo, Magna Reimberg Theobaldo, Mitsue Morissawa, Leonardo Carvalho
Assistência editorial: Ana Carolina Ferreira Muniz, Daiane Ciriáco
Coordenação de *design* e projetos visuais: Sandra Botelho de Carvalho Homma
Projeto gráfico: Daniel Messias, Everson de Paula, Rafael Mazzari
Capa: *Criação*: Sandra Botelho de Carvalho Homma
Produção e direção de arte: Everson de Paula
Finalização: Otávio dos Santos
Foto: Conjunto de residencias com painéis solares (Taiwan, s/d).
© George Hammerstein/Corbis
Coordenação de produção gráfica: André Monteiro, Maria de Lourdes Rodrigues
Coordenação de arte: Maria Lucia F. Couto, Patricia Costa, Wilson Gazzoni Agostinho
Edição de arte: Daniele Fátima Oliveira, Tiago Gomes Alves
Editoração eletrônica: APIS design integrado
Edição de infografia: William Taciro, Mauro César Brosso, Alexandre Santana de Paula
Ilustrações: Adilson Secco, Adolar, Alex Affonso, André Toma, Cássio Bittencourt, Diogo Saito, Eber Evangelista, Estúdio Ilustranet, Hugo Araújo, Klayton Luz, Leblu, Lígia Duque, Mário Kanno, Raul Aguiar, Wagner de Souza
Cartografia: Anderson de Andrade Pimentel, Fernando José Ferreira, Ericson Guilherme Luciano
Coordenação de revisão: Elaine C. del Nero
Revisão: Adriana C. Bairrada, Afonso N. Lopes, Cárita Montenegro, Maristela S. Carrasco, Nancy H. Dias, Rita de Cássia Sam, Simone S. Garcia
Coordenação de pesquisa iconográfica: Luciano Baneza Gabarron
Pesquisa iconográfica: Camila Soufer, Daniel Cymbalista
Coordenação de *bureau*: Américo Jesus
Tratamento de imagens: Arleth Rodrigues, Bureau São Paulo, Marina M. Buzzinaro, Wagner Lima
Pré-impressão: Alexandre Petreca, Everton L. de Oliveira Silva, Fabio N. Precendo, Hélio P. de Souza Filho, Marcio H. Kamoto, Rubens M. Rodrigues, Vitória Sousa
Coordenação de produção industrial: Wilson Aparecido Troque

Dados Internacionais de Catalogação na Publicação (CIP)
(Câmara Brasileira do Livro, SP, Brasil)

Araribá Plus Geografia / obra coletiva concebida, desenvolvida e produzida pela Editora Moderna ; editor executivo Cesar Brumini Dellore. – 4. ed. – São Paulo : Moderna, 2014.

Obra em 4 v. para alunos do 6º ao 9º ano.
Bibliografia.

1. Geografia (Ensino fundamental) I. Dellore, Cesar Brumini.

14-03652 CDD-372.891

Índices para catálogo sistemático:
1. Geografia : Ensino fundamental 372.891

ISBN 978-85-16-09469-0 (LA)
ISBN 978-85-16-09470-6 (LP)

EDITORA MODERNA LTDA.
Rua Padre Adelino, 758 – Belenzinho
São Paulo – SP – Brasil – CEP 03303-904
Vendas e Atendimento: Tel. (0_ _11) 2602-5510
Fax (0_ _11) 2790-1501
www.moderna.com.br
2018
Impresso na China

1 3 5 7 9 10 8 6 4 2

APRESENTAÇÃO

A Terra abriga múltiplas relações e por isso pode ser lida por meio de diferentes lentes – a Geografia é uma delas. Ao estudar com o **Araribá Plus Geografia**, você vai exercitar a interpretação do mundo com base no olhar geográfico, isto é, pela maneira como materializamos no espaço nossos projetos e necessidades.

A todo momento, os seres humanos se relacionam entre si e com o meio em que vivem, construindo novas paisagens e novas relações sociais. No decorrer dos estudos, você vai conhecer as características de alguns continentes, como seu território, população e economia, e perceber que em todos eles existem problemas parecidos com os que enfrentamos no Brasil. Também vai conhecer a diversidade de povos e culturas e entender como as diferenças podem ser o ponto de partida para melhorarmos o mundo em que vivemos.

Com o professor, você e seus colegas vão realizar um trabalho colaborativo em que a opinião de todos será muito importante na construção do conhecimento. Para isso, contaremos também com a prática dos chamados **Hábitos da mente** – atitudes que ajudam a lidar com situações desafiadoras de maneira criativa e inteligente. Esse é o primeiro passo para alcançar uma postura consciente e crítica diante da nossa realidade.

Ótimo estudo!

CONHEÇA O SEU LIVRO

UM LIVRO ORGANIZADO

Seu livro tem 9 unidades, que apresentam uma organização clara e regular. Cada unidade conta com **Abertura de unidade, 4 Temas, Atividades, Lugar e cultura** ou **Qual é o problema?, Síntese, Indicações, Representações gráficas** e **Compreender um texto.**

ABERTURA DE UNIDADE

Um pequeno texto e uma foto apresentam o assunto que será desenvolvido na unidade.

As questões propostas em **Começando a Unidade** convidam você a analisar a imagem de abertura e a recordar o que já sabe sobre o que será estudado.

TEMAS

Cada unidade apresenta 4 Temas que desenvolvem os conteúdos de modo claro e organizado, mesclando texto e imagens.

CONTEÚDO DIGITAL

Este ícone indica vídeos, mapas interativos, animações e outros recursos no livro digital.

Gráficos, mapas, tabelas e infográficos estimulam a leitura de informações em diferentes linguagens.

Atividades práticas solicitam a leitura e a interpretação de fotos, mapas, gráficos, tabelas e ilustrações que complementam as informações do texto.

No **glossário** você encontra explicações sobre as palavras destacadas no texto.

Elementos visuais, como ilustrações e fotos, exemplificam e complementam os conteúdos desenvolvidos na unidade.

Quadros com conteúdos complementares discutem assuntos relacionados a cidadania, diversidade, trabalho, meio ambiente e saúde e propõem uma breve reflexão ligada às experiências cotidianas.

QUAL É O PROBLEMA?

Esta seção apresenta problemas concretos ou desafios atuais a serem superados pela sociedade e coloca em debate soluções de relevância ambiental ou social, estimulando a discussão de questões práticas contemporâneas.

LUGAR E CULTURA

Seção que mostra diferentes manifestações culturais e as relaciona com as características da população e do lugar onde ocorrem. Valoriza a diversidade cultural e desenvolve a sensibilidade artística.

SÍNTESE

Resumo com os principais conceitos e temas abordados na unidade.

INDICAÇÕES

Sugestões de leituras, vídeos e *sites* para você aprofundar seus conhecimentos.

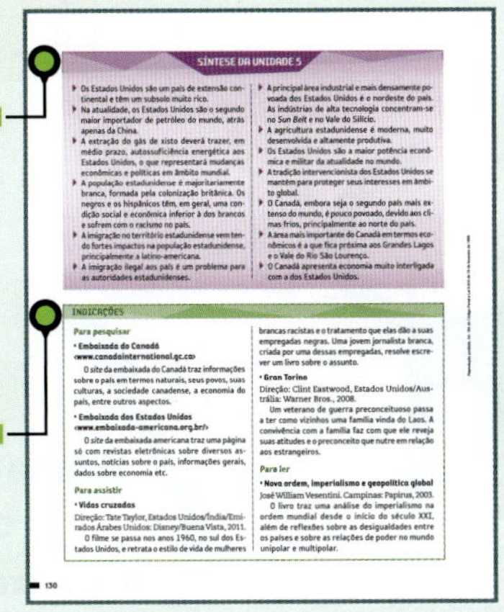

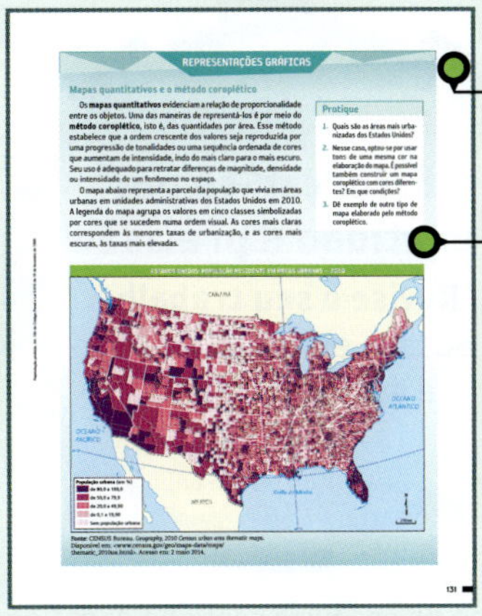

REPRESENTAÇÕES GRÁFICAS

Programa que desenvolve, em cada unidade, técnicas e diferentes tipos de representações gráficas. Explica, com uma linguagem clara e direta, o que é e como é utilizado cada um dos instrumentos apresentados.

Atividades de leitura, análise e aplicação dos conhecimentos desenvolvidos na seção.

ATIVIDADES

Organize o conhecimento

Atividades de síntese e sistematização do conteúdo.

Aplique seus conhecimentos

Apresenta situações relativamente novas para serem solucionadas com base no conteúdo da unidade e desenvolvem a leitura de textos e imagens.

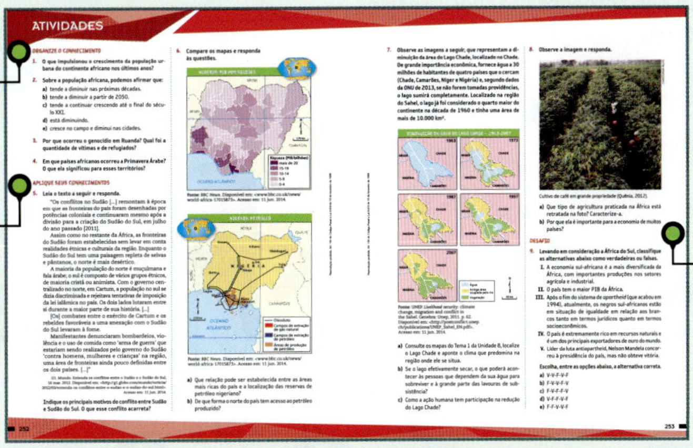

Desafio

Ao fim das atividades de cada unidade, questões de múltipla escolha preparam você para os desafios futuros dos exames de seleção.

COMPREENDER UM TEXTO

Seção com diferentes tipos de texto e atividades que estimulam a leitura e a compreensão de texto.

Obter informações

Desenvolve a habilidade de identificar e fixar as principais ideias do texto.

Interpretar

Estimula a relação, a compreensão e a análise das informações do texto.

Pesquisa/Reflexão/ Use sua criatividade

Propõe a pesquisa de novas informações, a associação do que você leu com seus próprios conhecimentos ou a elaboração de trabalhos que estimulam a criatividade.

HÁBITOS DA MENTE

Sinaliza atividades em que você irá praticar a busca de soluções inteligentes para pequenos e grandes problemas.

O QUE SÃO OS HÁBITOS DA MENTE

9 atitudes muito úteis para o seu dia a dia

Os Hábitos da mente são atitudes que nos ajudam a lidar com as mais diversas situações da vida. Essas situações se apresentam em forma de problemas, de oportunidades, de escolhas, de conflitos, de responsabilidades.

Esforçar-se por exatidão e precisão

Revise o seu trabalho. Busque exatidão, precisão e excelência em tudo o que faz.

Seu trabalho de pesquisa continha dados equivocados e imprecisos. Você terá de refazê-lo; porém, desta vez, esforçando-se por apresentar dados precisos e fundamentados.

Pensar e comunicar-se com clareza

Organize seus pensamentos e comunique-se de forma clara. Evite generalizações, distorções e omissões de dados.

Você organizou suas ideias e buscou a forma mais clara de se comunicar com as pessoas, dando exemplos, utilizando metáforas... E todos se interessaram pelo que você tinha a dizer!

Pensar com flexibilidade

Mude de perspectiva, crie alternativas. Considere novas opções para solucionar a questão.

Você tem boas ideias para resolver uma questão, mas seus colegas também! Será que você deve insistir na sua proposta ou pensar com flexibilidade?

Escutar os outros com atenção e empatia

Escute as ideias de outras pessoas. Entenda o ponto de vista e as emoções do outro.

Em vez de insistir na sua ideia, você escutou com atenção as opiniões dos colegas. Com isso, fizeram uma revisão da matéria e esclareceram os pontos de discordância.

Questionar e levantar problemas

Esteja alerta. Busque os dados necessários para resolver novas questões. **Levante problemas para resolver**.

Você fez um excelente questionamento, e a turma ficou tão interessada em descobrir a resposta que todos pesquisaram sobre a questão. Sua curiosidade vai levá-lo longe!

Assumir riscos com responsabilidade

Aventure-se. Informe-se sobre as possíveis consequências de uma decisão.

Passar o dia com os amigos ou estudar para a prova de segunda-feira? Quando está diante de um dilema, você pesa os prós e os contras para assumir riscos, mas com responsabilidade!

Aplicar conhecimentos prévios a novas situações

Use o que você sabe. Coloque seu conhecimento em prática em novas situações.

Durante a prova, você usou o que havia aprendido em situações anteriores para resolver as questões novas. Você é mestre em dar sentido às informações que recolhe!

Controlar a impulsividade

Pense antes de agir. Invista tempo para entender uma tarefa e planeje suas ações.

Parece que você não entendeu bem a tarefa... E agora?! Precisa aprender a controlar seus impulsos e pensar antes de agir.

Persistir

Não desista. Esforce-se um pouco mais. Busque outras formas de resolver o problema.

Mesmo não sendo sua matéria favorita, você se esforçou e se dedicou para a prova. O resultado de sua persistência se refletiu em seu desempenho, proporcionando satisfação pessoal!

Ao final do livro, você poderá conhecer melhor os Hábitos da mente. Você verá também como avaliar seu desempenho no uso de cada um desses hábitos.

SUMÁRIO

UNIDADE 1

O mundo hoje 12

TEMA 1 – População e diversidade 14
- População, 14

TEMA 2 – Desigualdades e contrastes no mundo 18
- Indicadores socioeconômicos, 18
- **Atividades** 22
- **Qual é o problema?** – A autonomia dos povos, 23

TEMA 3 – Distribuição desigual dos recursos naturais 24
- Principais recursos minerais e energéticos do mundo, 24

TEMA 4 – Organização política e relações internacionais 28
- Estado, nação, território e país, 28 – Relações entre países, 30 – Principais organizações multilaterais, 30
- **Síntese e Indicações** 32
- **Representações gráficas** – Representações no plano: projeções cilíndrica, cônica e plana 33
- **Atividades** 34
- **Compreender um texto** – Declaração Universal dos Direitos Humanos 36

UNIDADE 2

O mundo global 38

TEMA 1 – Predomínio do capitalismo 40
- Capitalismo hoje, 40 – Surgimento do capitalismo, 41 – Sistema socialista, 42

TEMA 2 – Da Guerra Fria ao século XXI 44
- Disputa pelo controle do mundo, 44 – A bipolaridade mundial, 44 – Nova Ordem Mundial, 47
- **Atividades** 48
- **Lugar e Cultura** – Da separação à integração: o parque do Muro de Berlim, 49

TEMA 3 – Globalização 50
- Integração global, 50 – A revolução tecnológica, 50 – Características da economia global, 50

TEMA 4 – Globalização e novas tecnologias 54
- Digitais, locais e globais, 54
- **Síntese e Indicações** 56
- **Representações gráficas** – Mapas de fluxos com setas proporcionais 57
- **Atividades** 58
- **Compreender um texto** – Queremos saber 60

UNIDADE 3

Regionalização do espaço mundial 62

TEMA 1 – As diferentes formas de regionalização 64
- Critérios de regionalização, 64 — Primeiro, Segundo e Terceiro Mundos, 64

TEMA 2 – Regionalização pelo nível de desenvolvimento 66
- Países do Norte e Países do Sul, 66 – Países desenvolvidos, subdesenvolvidos e em desenvolvimento, 67
- **Atividades** 70
- **Qual é o problema?** – Planejamento insuficiente nas regiões metropolitanas, 71

TEMA 3 – A regionalização pelo Índice de Desenvolvimento Humano (IDH) 72

- O Índice de Desenvolvimento Humano, 72

TEMA 4 – Regionalização por critérios ambientais 74

- Os recursos naturais e a ação humana, 74 – Impactos ambientais em países ricos e em países pobres, 76 – A vulnerabilidade ambiental, 77
- **Síntese e Indicações** 78
- **Representações gráficas** – Mapas anamórficos 79
- **Atividades** 80
- **Compreender um texto** – Ambiente e pobreza 82

UNIDADE 4

O continente americano 84

TEMA 1 – Localização e regionalização da América 86

- Características gerais, 86 – Regionalização por critério geográfico, 87 – Regionalização por critérios histórico, cultural e socioeconômico, 88

TEMA 2 – Aspectos naturais do continente 90

- Relevo, 90 – Hidrografia, 91 – Clima, 92 – Vegetação, 93
- **Atividades** 94
- **Qual é o problema?** – Proteção internacional da Amazônia, 95

TEMA 3 – População 96

- Características demográficas, 96 – Crescimento demográfico, 97 – Indicadores socioeconômicos, 97 – Estrutura etária, 98

TEMA 4 – Economia 100

- Recursos naturais, 100 – Agropecuária, 102 – Indústria, 103 – Comércio e serviços, 105
- **Síntese e Indicações** 106
- **Representações gráficas** – Pirâmides etárias 107
- **Atividades** 108
- **Compreender um texto** – Da América, olhos para o Universo 110

UNIDADE 5

Estados Unidos e Canadá 112

TEMA 1 – Estados Unidos: aspectos naturais e organização do espaço 114

- Extensão e limites, 114 – Aspectos naturais do território, 115 – Organização do espaço, 117

TEMA 2 – A população dos Estados Unidos 120

- Uma grande população, 120
- **Atividades** 124
- **Lugar e Cultura** – O *hip-hop* nos Estados Unidos e o nascimento da música de protesto, 125

TEMA 3 – Estados Unidos: potência econômica e militar 126
- Presença mundial, 126

TEMA 4 – Canadá 128
- Território e população, 128 – Economia, 129 – Degelo do Ártico, 129
- **Síntese e Indicações** 130
- **Representações gráficas** – Mapas quantitativos e o método coroplético 131
- **Atividades** 132
- **Compreender um texto** – Não te queremos, *chicano* 134

UNIDADE 6

México e América Central 136

TEMA 1 – México: aspectos gerais 138
- O território e sua ocupação, 138 – População, 139

TEMA 2 – Economia mexicana 142
- Economia diversificada, mas dependente, 142
- **Atividades** 146
- **Lugar e Cultura** – Dia dos Mortos no México, 147

TEMA 3 – América Central continental 148
- Território, 148 – População, 148 – Economia, 149 – Os canais do Panamá e da Nicarágua, 151

TEMA 4 – América Central insular 152
- Território, 152 – População, 153 – Herança colonial, 154 – Economia, 156
- **Síntese e Indicações** 158
- **Representações gráficas** – Mapas qualitativos 159
- **Atividades** 160
- **Compreender um texto** – A magia das cochonilhas 162

UNIDADE 7

América do Sul 164

TEMA 1 – Aspectos gerais 166
- Divisão territorial, 166 – Ocupação do território, 166 – Desenvolvimento socioeconômico, 168 – Economia, 170

TEMA 2 – Aproveitamento dos recursos naturais 172
- Recursos minerais e energéticos, 172
- **Atividades** 176
- **Lugar e Cultura** – O carnaval de Oruro, 177

TEMA 3 – Integração regional 178
- Acordos de integração, 178

TEMA 4 – Brasil: potência regional 182
- O Brasil entre os líderes mundiais, 182 – Protagonismo e relações econômicas, 182 – O Brasil e os países vizinhos, 185
- **Síntese e Indicações** 188
- **Representações gráficas** – Mapas ordenados 189
- **Atividades** 190
- **Compreender um texto** – Integrar para desenvolver 192

UNIDADE 8

O continente africano 194

TEMA 1 – África: potencialidades naturais 196

- Novas perspectivas, 196 – Localização da África, 197– Relevo, 197 – Hidrografia, 199 – Clima e vegetação, 199 – Questões ambientais, 201

TEMA 2 – População e diversidade 202

- Distribuição da população, 202 – Migração, 202 – Diversidade cultural, 203 – Cultura africana fora da África, 205
- **Atividades** 206
- **Qual é o problema?** – A desertificação no Sahel, 207

TEMA 3 – Indicadores socioeconômicos 208

- Condições de vida no continente, 208 – Saúde, 208 – Educação, 210 – Pobreza, fome e conflitos, 210 – Evolução socioeconômica recente, 212

TEMA 4 – África: inserção global 214

- África na economia mundial, 214 – Integração econômica no contexto global, 218 – União Africana (UA), 219
- **Síntese e Indicações** 220
- **Representações gráficas** – Mapa histórico 221
- **Atividades** 222
- **Compreender um texto** – Presença chinesa na África: neocolonialismo? ... 224

UNIDADE 9

África: desenvolvimento regional 226

TEMA 1 – Regionalização do continente africano 228

- Estudos regionais, 228 – Regionalização da África segundo a ONU, 230

TEMA 2 – O espaço rural do continente 232

- Agropecuária, 232 – Extrativismo mineral, 235
- **Atividades** 236
- **Lugar e Cultura** – O festival Moussem na cidade de Tan-Tan, 237

TEMA 3 – O espaço urbano do continente 238

- Explosão urbana, 238 – Urbanização no Norte da África, 239 – Urbanização na África Subsaariana, 241 – Lagos e o contexto nigeriano, 243 – Johanesburgo e o contexto da África do Sul, 245

TEMA 4 – África em transição 246

- Herança colonial, 246 – Transformações no continente, 248 – Democratização do continente, 248
- **Síntese e Indicações** 250
- **Representações gráficas** – Mapas quantitativos: pontos de contagem 251
- **Atividades** 252
- **Compreender um texto** – Lágrima do Sul 254

Referências bibliográficas 256

Hábitos da mente 257

UNIDADE 1

O MUNDO HOJE

MICHAEL WOLF/LAIF/GLOW IMAGES

O aumento da população global e a tendência de concentração nas cidades impõem a necessidade crescente de compartilhar recursos entre muitas pessoas. Tanto no plano internacional quanto no cotidiano dos grandes centros urbanos, consolida-se o desafio de conciliar múltiplos interesses e demandas de consumo.

Começando a Unidade

Com base na imagem, cite exemplos de recursos que precisam ser compartilhados entre habitantes de uma mesma cidade, região ou país para assegurar a vida em coletivo. **Antes de responder, reflita** sobre os recursos que você compartilha diariamente com outras pessoas.

O fotógrafo alemão Michael Wolf desenvolveu uma série fotográfica intitulada *Arquitetura da densidade*, que representa a altíssima densidade demográfica de Hong Kong – uma das maiores do mundo, com mais de 6,5 mil habitantes por km^2. Acima, edifício em Hong Kong (2014).

TEMA

1 População e diversidade

A população mundial está em crescimento e torna-se cada vez mais urbana. O surgimento de grandes aglomerações urbanas é intenso na Ásia, principalmente.

População

Chamamos **população** à totalidade dos indivíduos que habitam um local, uma região, um país ou o mundo. As principais características da população mundial são sua grande diversidade (figura 1) e sua desigual distribuição no espaço.

Crescimento e distribuição da população

No começo do século XIX, o número de habitantes no planeta atingiu a marca de um bilhão de pessoas. Com a melhoria do padrão de vida, as inovações na medicina e na saúde pública e a urbanização, a população aumentou consideravelmente, atingindo dois bilhões já no final de 1920. Atualmente, o mundo apresenta pouco mais de sete bilhões de pessoas, com projeções de chegar a dez bilhões em 2050 (figura 2).

MARY ALTAFFER/AP PHOTO/GLOW IMAGES

Figura 1. Um dos desafios do mundo atual é o respeito às diferenças. Na foto, Malala Yousafzai discursa na Assembleia de Jovens da Organização das Nações Unidas (ONU), em Nova York (Estados Unidos, 2013). A jovem paquistanesa ficou mundialmente conhecida por defender o direito à educação de mulheres, mesmo após ser baleada por um membro do talibã – grupo islâmico extremista que controla regiões do Paquistão.

FIGURA 2. MUNDO: CRESCIMENTO DA POPULAÇÃO – 1950-2050

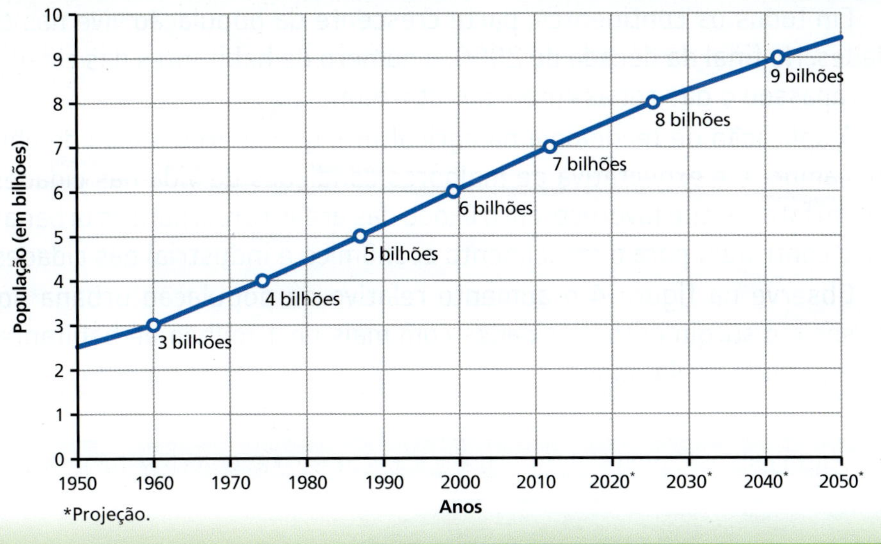

Fonte: U. S. CENSUS BUREAU. Disponível em: <www.census.gov/population/international/data/idb/worldpopgraph.php>. Acesso em: 22 abr. 2014.

Audiovisual

Transição demográfica

De olho no gráfico

Repare que, segundo a projeção, o período em que a população mundial saltará de 8 para 9 bilhões de habitantes é maior que o período em que ela passará de 7 para 8 bilhões. Em termos de ritmo de crescimento populacional, o que isso significa?

A distribuição da população se dá de forma desigual na superfície terrestre. Entre os dez países mais populosos do mundo, sete fazem parte do continente asiático, dois pertencem ao continente americano e apenas um se localiza no continente africano.

Observe o mapa da figura 3, em que os dois círculos maiores representam a população da China (acima) e a da Índia (abaixo). Na América, Estados Unidos e Brasil têm as maiores populações.

FIGURA 3. MUNDO: POPULAÇÃO DE ESTADOS E TERRITÓRIOS – 2010

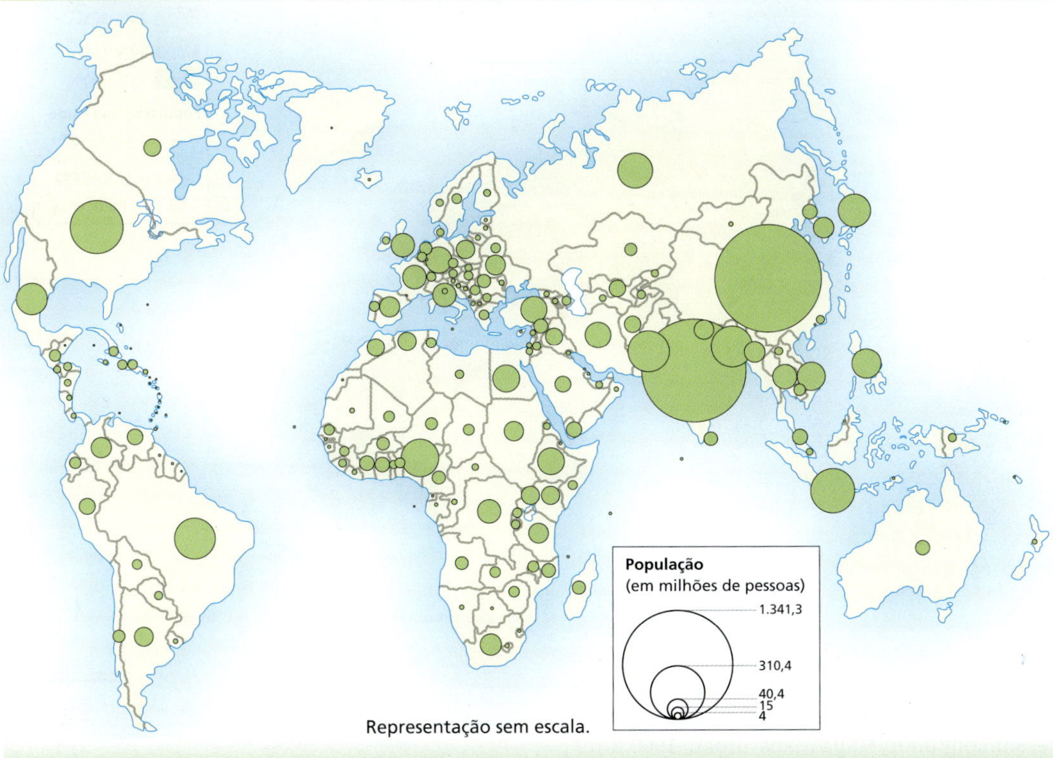

Fonte: SciencesPo. Atelier de cartographie. Disponível em: <http://cartographie.sciences-po.fr/sites/default/files/maps/002_Population_pays_2010-01_2.jpg>. Acesso em: 22 abr. 2014.

Concentração da população nas cidades

Em todos os continentes, parte crescente da população vive nas cidades. No final da década de 2000, o número de habitantes das cidades ultrapassou o das zonas rurais no total mundial.

A aplicação de tecnologia na agricultura, que liberou a mão de obra no campo, e a expectativa de melhores condições de vida nas cidades, foram fatores que favoreceram o êxodo das áreas rurais para as urbanas. Isso contribuiu para o crescimento econômico e industrial das cidades.

Observe na figura 4 o aumento relativo de população urbana nos países e o surgimento de cidades com mais de 1 milhão de habitantes num período de 41 anos.

De olho nos mapas

1. Compare os dois mapas e indique as mudanças ocorridas entre 1960 e 2011.
2. Aponte consequências das transformações observadas para a população mundial.

FIGURA 4. MUNDO: POPULAÇÃO URBANA E MAIORES AGLOMERAÇÕES – 1960 E 2011

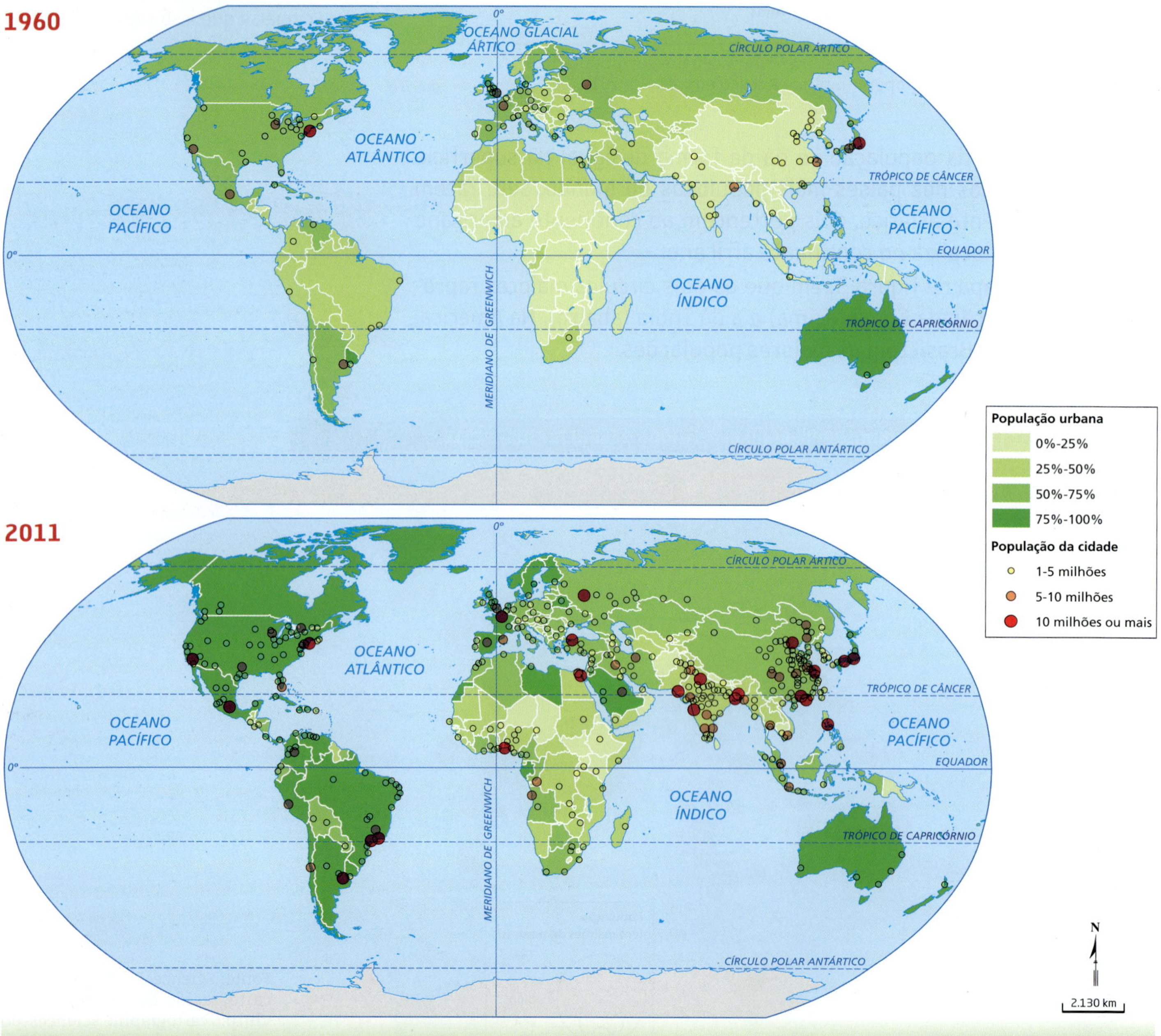

Fonte: ONU. Disponível em: <http://esa.un.org/unup/Maps/maps_urban_1960.htm>; <http://esa.un.org/unup/Maps/maps_urban_2011.htm>. Acesso em: 22 abr. 2014.

Cidadania

Envelhecimento populacional e assistência ao idoso

O envelhecimento da população requer planejamento por parte da sociedade. É necessário que sejam adotadas políticas de assistência ao idoso, atendendo não apenas às necessidades básicas (alimentação e saúde), mas também às dimensões emocional, psicológica, social e tecnológica. Embora o planeta esteja vivendo um processo de envelhecimento acelerado, nem todos os idosos têm acesso à assistência.

Em países como Finlândia e Suécia, as políticas de assistência aos idosos são bastante presentes. Já nos países mais pobres, elas apresentam-se escassas, e muitos idosos acabam em abrigos, sem condições econômicas de se manter, ou vivendo na casa de familiares, muitas vezes sem tratamento adequado.

RAJESH KUMAR SINGH/AP PHOTO/ GLOW IMAGES

Mulheres idosas em condições precárias de habitação (Índia, 2013).

1. Quais políticas públicas destinadas aos idosos você conhece?
2. Como você poderia colaborar para a melhoria de vida dos idosos?

Migrações

Quando nos referimos a um país ou a uma região, outro fator importante no que se refere à distribuição populacional são as **migrações**. Elas podem ser **internacionais** (quando se sai de um país ao outro) ou **internas** (dentro de um mesmo país).

Ao analisar a dinâmica populacional de um local, devemos levar em conta as migrações juntamente com a taxa de crescimento vegetativo.

A diversidade nas populações

A população mundial está marcada por manifestações de diversidade, como a religiosa e a étnica.

As **religiões** sempre fizeram parte da história dos grupos humanos. Sua função na sociedade não é apenas espiritual, mas também cultural e política, variando de acordo com o contexto histórico e territorial de cada sociedade.

As **etnias** não são identificadas apenas por semelhanças fisionômicas, mas sobretudo por características culturais, históricas, artísticas e religiosas de determinado grupo humano (figura 5).

ANTOINE BOUREAU/BIOSPHOTO/AFP

Figura 5. Uma das principais celebrações do povo cigano são as festas de casamento (Turquia, 2014).

Diversidade linguística

O idioma é um elemento muito importante para as populações, pois se relaciona à sua identidade como grupo, ao mesmo tempo que pode contribuir para a expansão cultural de determinado país.

Para verificar o grau de influência de um idioma, é preciso levar em conta não apenas o número de falantes, mas sua presença fora do país de origem e seu uso por aqueles de quem ele não é a língua materna, isto é, o primeiro idioma que se aprende. O mandarim, por exemplo, é a língua mais falada do mundo em número de indivíduos, mas não é difundido em muitos países além da China. A língua dominante no mundo atualmente é o inglês.

TEMA

2 Desigualdades e contrastes no mundo

A desigualdade de condições de vida e de acesso a bens e serviços marca a população mundial. Para medir o grau de desenvolvimento dos países, usam-se diversos indicadores sociais e econômicos.

Indicadores socioeconômicos

Há muitas maneiras de medir o nível de desenvolvimento econômico e social dos países. Conheça alguns deles a seguir.

Crescimento econômico e Produto Interno Bruto (PIB)

Um desses indicadores refere-se ao **crescimento econômico** dos países. A ampliação do mercado de países emergentes, por exemplo, tem causado profundas alterações na economia mundial no século XXI. Assim como Brasil, Rússia, Índia, China e África do Sul, outros emergentes registraram considerável desenvolvimento econômico e aumento do consumo nas últimas décadas. Veja a figura 6.

O **Produto Interno Bruto** (**PIB**) é a soma de tudo o que é produzido no país (bens e serviços) durante determinado período. Quanto maior o PIB, maior a quantidade de riqueza gerada por um país.

O **PIB *per capita*** é o Produto Interno Bruto dividido pelo número de habitantes de um país. Significa quanto do total produzido no país, em média, caberia a cada indivíduo. Quanto maior o PIB *per capita*, maior a média de riqueza produzida por cada habitante.

O grande problema desse indicador econômico é que não considera as diferenças de rendimento entre as pessoas, ocultando a concentração de riqueza nas mãos de uma minoria.

Figura 6. Alguns países do Oriente Médio apresentaram rápido crescimento econômico na segunda metade do século XX como resultado das exportações de petróleo. O *shopping center* mostrado na foto, em Dubai, está entre os maiores do mundo (Emirados Árabes Unidos, 2013).

FRASER HALL/CORBIS/LATINSTOCK

Com a melhoria das condições de vida em grande parte dos países pobres, a proporção de pessoas vivendo em **pobreza extrema** em todo o mundo caiu de 42,3% em 1990 para 20,9% em 2010. Apesar disso, a pobreza extrema continua a ser um grande problema. A África é o continente com maior porcentagem de pessoas vivendo nessas condições.

Estima-se que 1,5 bilhão de pessoas vivam a chamada **pobreza multidimensional**, que é a privação de recursos capazes de satisfazer as necessidades básicas de sobrevivência.

GLOSSÁRIO

Pobreza extrema: condição de pessoas que vivem com até 1,25 dólar por dia para garantir sua subsistência.

Índice de Desenvolvimento Humano (IDH)

Outro indicador importante é o **Índice de Desenvolvimento Humano (IDH)**, criado em 1990 pelo Programa das Nações Unidas para o Desenvolvimento (Pnud), órgão ligado à ONU. O IDH é utilizado para verificar e comparar o nível de qualidade de vida entre os países.

Formado por três indicadores, **educação**, **expectativa de vida** e **renda**, o IDH varia em uma escala de 0 a 1. Quanto mais próximo de 1, melhor é a qualidade de vida no país.

O *Relatório de desenvolvimento humano* classifica os países em quatro grupos: os de IDH baixo, médio, elevado ou muito elevado. Veja a tabela 1, que traz a situação do Brasil e os três primeiros países de cada faixa de IDH.

TABELA 1. PAÍSES SELECIONADOS: ÍNDICE DE DESENVOLVIMENTO HUMANO – 2012

Posição	País	IDH	Expectativa de vida (anos)	Média de escolaridade (anos)	Renda *per capita* (dólares)
1º	Noruega	0,955	81,3	12,6	48.688
2º	Austrália	0,938	82,0	12,0	34.340
3º	Estados Unidos	0,937	78,7	13,3	43.480
48º	Barein	0,796	75,2	9,4	19.154
49º	Bahamas	0,794	75,9	8,5	27.401
50º	Belarus	0,793	70,6	11,5	13.385
85º	**Brasil**	**0,730**	**73,8**	**7,2**	**10.152**
95º	Tonga	0,710	72,5	10,3	4.153
96º	Belize	0,702	76,3	8,0	5.327
96º	República Dominicana	0,702	73,6	7,2	8.506
142º	Congo	0,534	57,8	5,9	2.934
143º	Ilhas Salomão	0,530	58,2	4,5	2.172
144º	São Tomé e Príncipe	0,525	64,9	4,7	1.864

Fonte: PNUD. *Relatório de desenvolvimento humano*. Nova York: ONU, 2013. p. 149-152.

Apesar de ser um indicador de desenvolvimento muito utilizado nos últimos anos, o IDH recebe críticas por encobrir as diferenças socioeconômicas dentro de cada país, mascarando, por exemplo, a concentração de renda existente.

Água e saneamento

O acesso à água potável e o saneamento adequado são fundamentais para a redução da pobreza mundial, bem como para o desenvolvimento social dos países. A ingestão de água não tratada e a exposição ao esgoto são responsáveis pela transmissão de muitas doenças como diarreia, hepatite e cólera, que estão entre as principais causas de morte de crianças antes dos cinco anos de idade.

Estima-se que 2,6 bilhões de pessoas no mundo não tenham acesso à água potável nem à rede de esgotos: em 45 países no mundo a cobertura de saneamento básico é inferior a 50%. Outro dado importante é que cerca de 1,5 milhão de pessoas morrem anualmente pela falta de acesso ao saneamento básico. Veja a figura 7.

O Brasil é um dos países que apresentam elevado índice de residências com acesso a água tratada (85,4%); porém, a rede de esgoto só está ligada a 57,1% dos lares brasileiros.

FIGURA 7. MUNDO: PORCENTAGEM DA POPULAÇÃO COM ACESSO À ÁGUA POTÁVEL – 2011

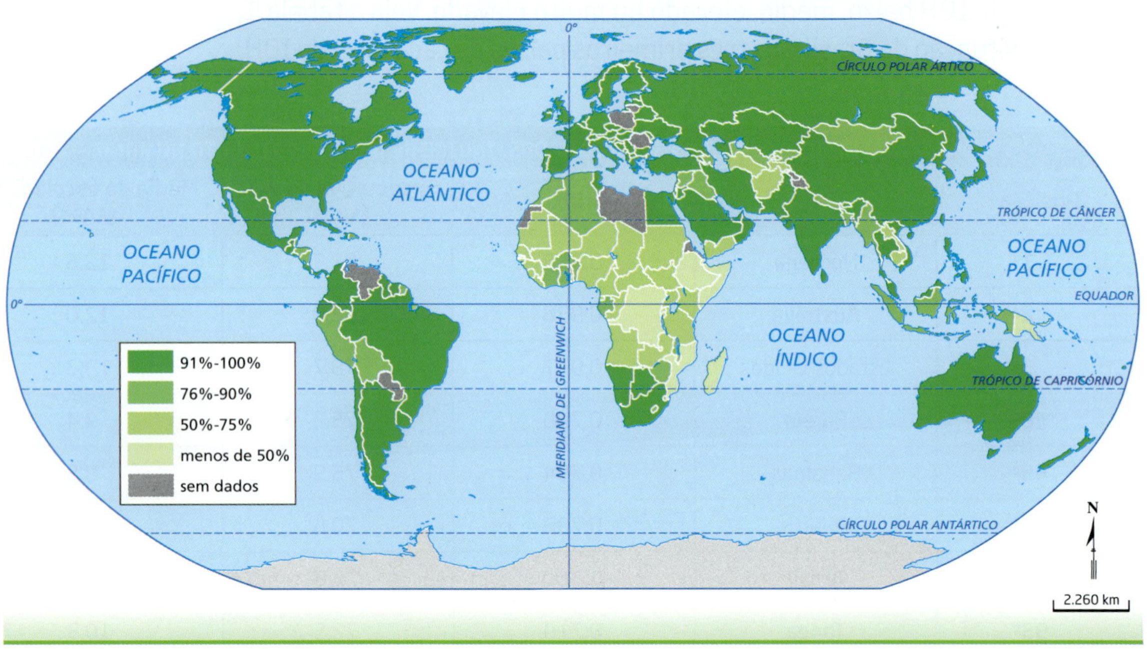

Fonte: OMS; UNICEF. *Progress on sanitation and drinking-water*. Genebra: Who Press, 2013. p. 8.

TOM GILKS/ALAMY/GLOW IMAGES

Figura 8. Homem utilizando celular na região de Mara (Quênia, 2013). O continente africano vem aumentando sua participação no mercado mundial de telefones celulares.

Acesso à internet e ao telefone móvel

O amplo acesso à internet e ao telefone móvel fornece informações sobre a infraestrutura do país e o nível de consumo da população, visto que são serviços mais sofisticados.

O número de usuários da internet está em crescimento no mundo. Em 2012, havia 2,5 bilhões de pessoas conectadas. O mesmo ocorre em relação à telefonia celular, que a cada ano aumenta o número de celulares ativos no mundo (figura 8). No Brasil, em 2005, havia 32 milhões de usuários de internet, número que subiu para 105 milhões em 2013, com tendência de alta.

Saúde

Os indicadores de saúde apresentam dados contrastantes quando se trata de taxas como mortalidade infantil, expectativa de vida ao nascer e exposição a doenças. Observe a figura 9.

FIGURA 9. MUNDO: MORTALIDADE INFANTIL – 2010

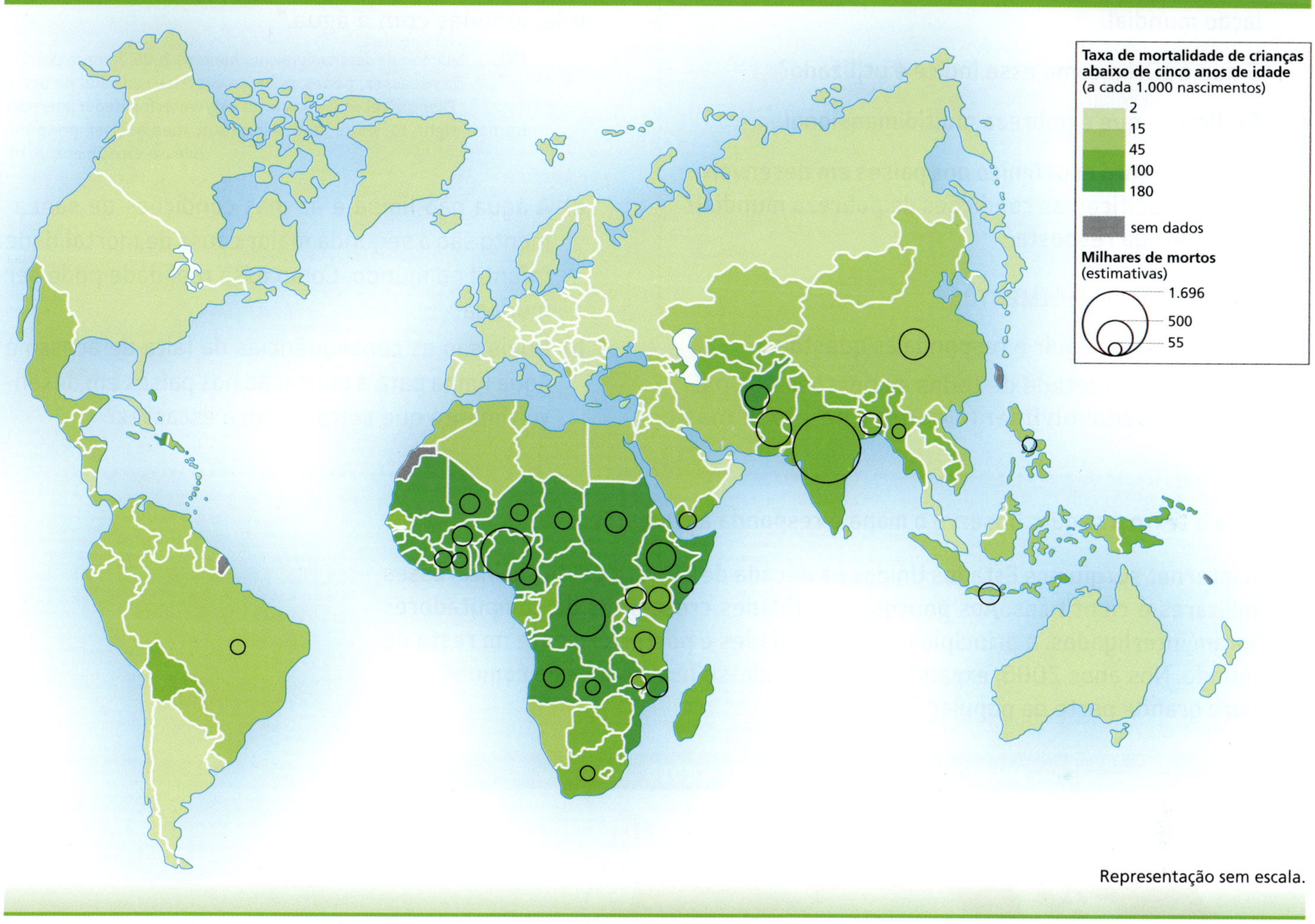

Fonte: SciencesPo. Atelier de cartographie. Disponível em: <http://cartographie.sciences-po.fr/sites/default/files/maps/027_mortalites_infantile_2010-01.jpg>. Acesso em: 24 abr. 2014.

As principais diferenças entre os países dizem respeito a políticas públicas, quantidade de médicos e hospitais e proteção à saúde humana.

Nos países ricos, a mortalidade infantil é baixa e a expectativa de vida é alta. A mortalidade, tardia, ocorre principalmente devido a doenças cardiovasculares, degenerativas e cânceres.

Em países com baixo IDH, a falta de infraestrutura médica adequada resulta em desnutrição generalizada e na disseminação de doenças infecciosas.

Há esforço dos organismos internacionais em prover assistência humanitária a esses países, o que tem trazido mudanças – principalmente a partir dos anos 2000. Entretanto, ainda são muitos os casos de crianças vivendo em condições precárias na Ásia e na África, continente com as maiores taxas de mortalidade infantil. Veja a figura 10.

ERIC FEFERBERG/AFP/OTHER IMAGES

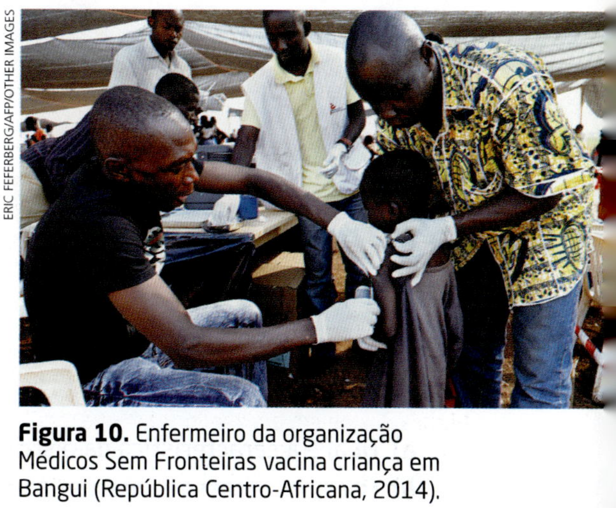

Figura 10. Enfermeiro da organização Médicos Sem Fronteiras vacina criança em Bangui (República Centro-Africana, 2014).

ATIVIDADES

ORGANIZE O CONHECIMENTO

1. Os últimos 100 anos marcaram o maior crescimento populacional da história da humanidade. Por que isso ocorreu?

2. Comente pelo menos duas características da população mundial.

3. O que é IDH e como esse índice é utilizado?

4. Explique o que é pobreza multidimensional.

5. O crescimento econômico dos países em desenvolvimento modificou as condições de pobreza mundial? Explique sua resposta.

APLIQUE SEUS CONHECIMENTOS

6. Leia o texto a seguir e responda às questões.

"Perto de metade de todas as pessoas nos países em desenvolvimento sofrem de problemas de saúde devidos a más condições de água e saneamento. [...] Juntos, a água não limpa e as más condições de saneamento constituem a segunda maior causa de mortalidade infantil no mundo. [...] Foi calculado que 443 milhões de dias de aulas são perdidos todos os anos devido a doenças relacionadas com a água."

PNUD. *Relatório de desenvolvimento humano 2006*. A água para lá da escassez: poder, pobreza e a crise mundial da água. Disponível em: <www.un.org/waterforlifedecade/pdf/human_right_to_water_and_sanitation_media_brief_por.pdf>. Acesso em: 28 abr. 2014.

a) A água não limpa e as más condições de saneamento são a segunda maior causa de mortalidade infantil no mundo. Como essa realidade pode ser mudada?

b) Quais são as consequências da falta de acesso à água limpa para a educação nos países em desenvolvimento que sofrem com a escassez?

7. Leia o texto a seguir, observe o mapa e responda às questões.

A internet surgiu nos Estados Unidos na década de 1960, a partir de interesses militares e científicos. Aos poucos, quantidades crescentes de computadores foram interligados, a princípio em universidades e posteriormente no resto do mundo. Nos anos 2000, expandiu-se, tornando-se ferramenta de comunicação para grande parte da população.

MUNDO: USUÁRIOS DE INTERNET – 2010

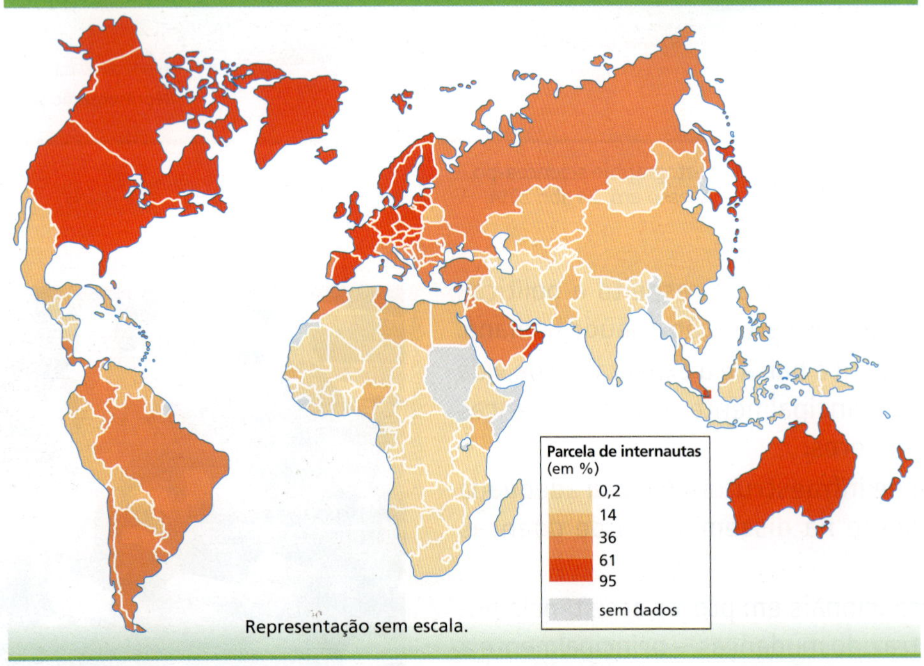

Fonte: SciencesPo. Atelier de cartographie. Disponível em: <http://cartographie.sciences-po.fr/fr/internautas-2010-0>. Acesso em: 25 abr. 2014.

a) Qual é a característica da distribuição espacial do uso da internet?

b) Por que o acesso à internet é usado como indicador socioeconômico?

QUAL É O PROBLEMA?

A autonomia dos povos

Os curdos são um povo de cerca de 35 milhões de pessoas que habita a região referida como Curdistão, que abrange leste da Síria, norte do Iraque, sudeste da Turquia, noroeste do Irã e parte da Armênia e da Geórgia. Não têm, porém, um país próprio.

Atualmente, somente no Iraque os curdos conseguiram adquirir autonomia administrativa, até mesmo com representação no governo do país. Nos outros países, os curdos têm organização civil, com raras representações políticas. Comumente sofrem repressão devido às suas exigências políticas e territoriais, principalmente na Turquia.

Existem também no mundo alguns exemplos de povos que conseguiram obter algum grau de autonomia, embora sem a criação de um país. Um exemplo é o País Basco, no norte da Espanha, que obteve em 1979 autonomia política após décadas de luta armada e política encabeçada pelo grupo separatista Pátria Basca e Liberdade.

Outro caso a destacar é o do território de Nunavut, no nordeste do Canadá, criado em 1999. O governo canadense reconheceu a autonomia dos povos nativos, sobretudo os inuítes, por sua presença histórica na região.

- Reúnam-se em grupos e façam uma pesquisa sobre os principais motivos que levam grupos a desejar autonomia política ou mesmo formar um novo país e as maiores causas pelas quais os países evitam ceder autonomia a grupos separatistas. Depois, dividam as informações coletadas e montem um painel com exemplos sobre o tema em conjunto com a classe.

MEHMET ENGIN/AFP/OTHER IMAGES

Manifestantes curdos protestam contra a prisão do líder político curdo Abdullah Ocalan, em Diyarbakir (Turquia, 2014).

TEMA

3 Distribuição desigual dos recursos naturais

Os recursos naturais não se distribuem de maneira uniforme pela superfície terrestre. Por sua posse, diversos conflitos têm ocorrido em várias partes do globo.

Principais recursos minerais e energéticos do mundo

Na atualidade, os recursos minerais e energéticos são fundamentais para a produção industrial, para os transportes e também para a geração de energia.

Os **recursos minerais** são substâncias naturais encontradas na crosta terrestre que servem de **matéria-prima** para a produção industrial de diversas mercadorias. Podem ser encontrados na natureza, em estado puro, como o ouro e a prata, ou associados a outros minerais, como a bauxita, da qual se obtém o alumínio.

Para extrair deles a matéria-prima que se deseja, é necessário beneficiá-los, ou seja, separá-los dos demais elementos (muitos deles sem valor econômico) ou impurezas que compõem as rochas em que eles se encontram. Os minerais beneficiados são chamados **minérios**.

Os recursos minerais também podem ser energéticos, que são aqueles utilizados para a produção de energia elétrica, calorífica ou mecânica, como é o caso do carvão, do gás, do petróleo, do urânio, do xisto, entre outros.

A exploração mineral tornou-se mais intensa a partir da Primeira Revolução Industrial, quando a produção em massa impulsionou a extração de minérios para abastecer a crescente indústria. O aumento populacional mundial intensificou a extração de um volume cada vez maior desse tipo de recurso (figura 11).

A distribuição dos recursos minerais não se dá de forma homogênea na superfície terrestre. Alguns países têm subsolo muito rico, como Estados Unidos, Rússia e Canadá; outros apresentam apenas alguns minerais, como os países do Oriente Médio, ricos em petróleo; outros ainda têm um subsolo extremamente pobre em recursos minerais, como o Japão.

RICARDO AZOURY/OLHAR IMAGEM

Figura 11. A maior área de extração de minério de ferro do Brasil se localiza no estado de Minas Gerais, e a China é o maior comprador do minério de ferro brasileiro. Na foto, exploração em mina de ferro em Congonhas (MG, 2008).

Recursos minerais

Os principais recursos minerais encontrados na natureza são: ferro, bauxita, cobre, chumbo e cassiterita, além de ouro, diamante e prata.

O **minério de ferro** é o quarto elemento mais abundante encontrado na crosta terrestre. China, Brasil, Austrália, Rússia e Índia são os cinco países com as maiores reservas desse minério; eles são responsáveis por cerca de 70% da produção mundial de ferro. Sua utilização se dá na indústria siderúrgica para a produção do aço. Observe a figura 12.

A **bauxita** é a matéria-prima utilizada na produção do **alumínio**, que é destinado à fabricação de carros, esquadrias de janelas, embalagens etc. Veja a figura 13.

O **minério de cobre** (figuras 14 e 15) é muito utilizado na fabricação de cabos elétricos, caldeiras, tubos, válvulas e hélices para barcos. Os maiores produtores mundiais desse minério são: Chile, China, Peru, Estados Unidos e Austrália. A produção brasileira representa menos de 2% da produção total mundial, o que torna necessário importar cobre para suprir as necessidades do mercado interno.

OLIVER BUNIC/BLOOMBERG VIA GETTY IMAGES

Figura 15. Devido à sua alta durabilidade, boa resistência à corrosão e maleabilidade, o cobre é muito utilizado na produção de fios, cabos e dutos elétricos. Na imagem, rolos de fios de cobre em preparo para o transporte, em Bor (Sérvia, 2012).

FIGURA 12. MUNDO: PRODUÇÃO DE FERRO

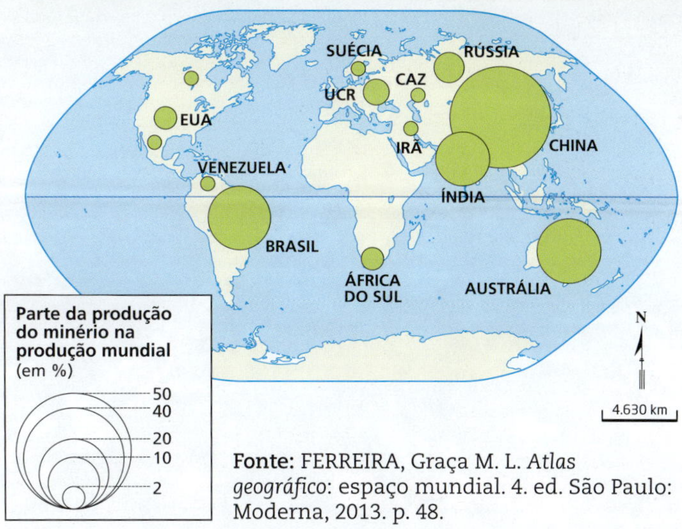

Fonte: FERREIRA, Graça M. L. *Atlas geográfico*: espaço mundial. 4. ed. São Paulo: Moderna, 2013. p. 48.

FIGURA 13. MUNDO: PRODUÇÃO DE BAUXITA

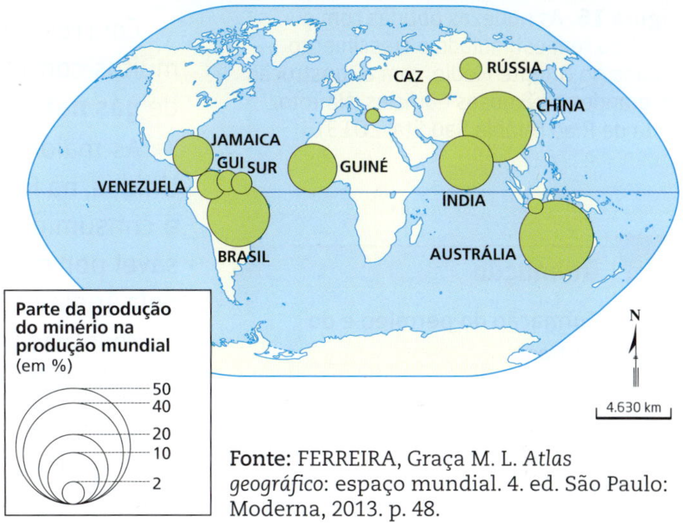

Fonte: FERREIRA, Graça M. L. *Atlas geográfico*: espaço mundial. 4. ed. São Paulo: Moderna, 2013. p. 48.

FIGURA 14. MUNDO: PRODUÇÃO DE COBRE

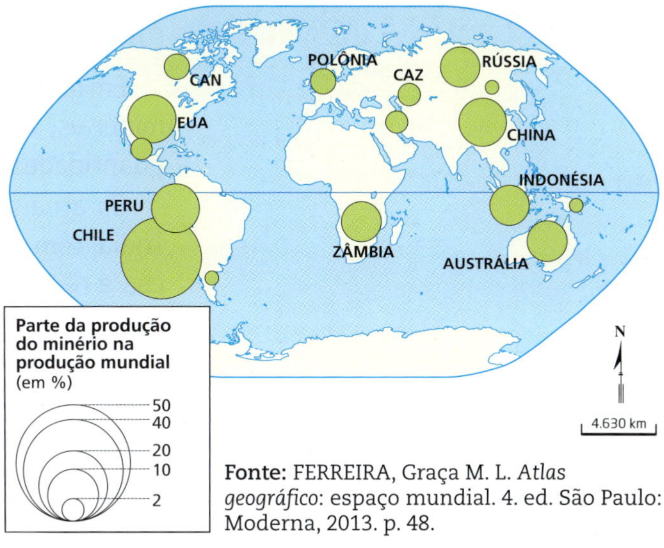

Fonte: FERREIRA, Graça M. L. *Atlas geográfico*: espaço mundial. 4. ed. São Paulo: Moderna, 2013. p. 48.

Figura 16. As riquezas obtidas com o petróleo têm estimulado o crescimento urbano no Oriente Médio, com a construção de grandes e luxuosos edifícios. Na foto, vista de Riad (Arábia Saudita, 2013).

Recursos minerais energéticos

Os recursos minerais energéticos mais importantes são o petróleo, o gás natural, o carvão e o urânio.

As maiores reservas de **petróleo** do planeta são encontradas no Oriente Médio, na Ásia (cerca de 48% do total), em seguida na América do Sul e Central (19,7%) e, por último, na América do Norte (13,2%). Os países que concentram as maiores jazidas inexploradas são: Venezuela, Arábia Saudita (figura 16), Canadá, Irã, Iraque, Kuwait, Emirados Árabes Unidos e Rússia. O Brasil detém 0,9% do total das reservas mundiais.

O petróleo tornou-se, no século XX, a principal fonte da **matriz energética** mundial. Os Estados Unidos, maiores consumidores, respondem por 19,8% do consumo. Com reservas concentradas no Oriente Médio, o petróleo tem causado muitos conflitos internacionais em todo o mundo. As maiores reservas de **gás natural** também se encontram no Oriente Médio.

As maiores reservas de **carvão mineral** se localizam nos Estados Unidos, na Rússia, na China e na Austrália. A China é a maior produtora e consumidora mundial desse minério. Em 2010, a China foi responsável por cerca de 75% da produção total de carvão da Ásia, seguida pela Índia (13%) e pela Indonésia (8%). O Brasil detém 0,5% do total de reservas mundiais de carvão, nos estados de Santa Catarina e Rio Grande do Sul.

O **urânio** é um mineral usado na produção de energia obtida por meio da fissão nuclear. Os principais produtores de urânio são o Cazaquistão, o Canadá e a Austrália. A França é o principal consumidor mundial de energia nuclear e o Brasil ocupa a 14ª posição. A maior jazida brasileira de urânio se encontra no município de Itataia, localizado no estado do Ceará.

Animação

Formação do petróleo e do carbono

GLOSSÁRIO

Fissão nuclear: processo de divisão do núcleo atômico, que libera energia.

Consumo de recursos minerais

Em geral, os países desenvolvidos são os que mais consomem recursos minerais, visto que têm maior produção industrial e exportam maiores quantidades de produtos manufaturados.

Os atuais países de crescimento econômico elevado, como China e Índia, têm necessidade cada vez maior de recursos minerais energéticos e não energéticos, o que os leva a disputas econômicas por esses recursos com os Estados Unidos e a Europa. Essa competição tem se mostrado evidente na concorrência pelas relações comerciais com os países africanos que detêm riquezas naturais.

Os Estados Unidos representam 5% da população mundial, mas consomem 26% de toda a energia produzida no planeta. Do total do consumo estadunidense de energia, 84% dela provêm dos minerais energéticos.

Disputa por recursos energéticos

No século XX, a descoberta de petróleo foi responsável por muitas disputas entre países, pois o "ouro negro" tornou-se fonte de energia vital para o desenvolvimento econômico. Cerca de 60% das necessidades energéticas do planeta são supridas pelo petróleo e pelo gás natural. As reservas desses **combustíveis fósseis** encontram-se distribuídas de forma desigual. Observe a figura 17.

Muitas intervenções militares recentes no Oriente Médio tiveram relação com a existência de petróleo na região. Alguns países atuam politicamente e financiam conflitos em países detentores de reservas de petróleo com objetivo de obter vantagens na exploração petrolífera, embora isso não seja oficialmente declarado.

De olho no mapa

Onde estão localizadas as maiores reservas de combustíveis fósseis?

FIGURA 17. MUNDO: PAÍSES PRODUTORES DE PETRÓLEO E GÁS NATURAL

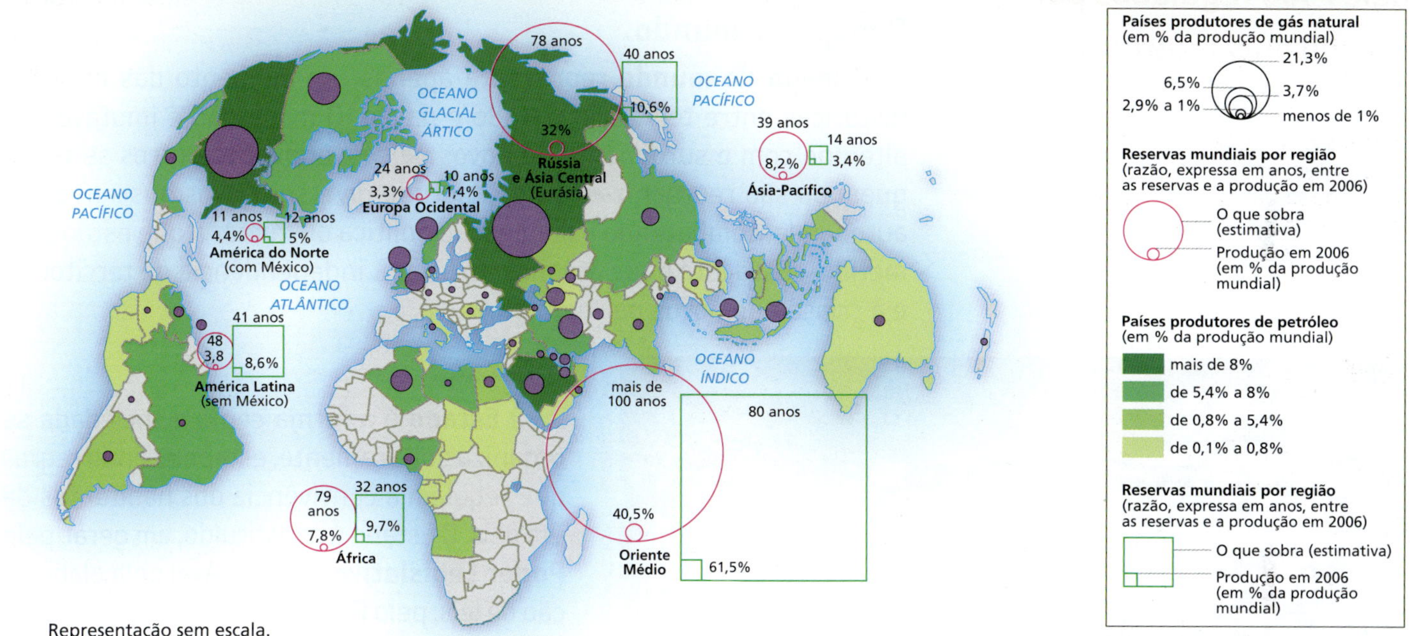

Fonte: BONIFACE, Pascal; VÉDRINE, Hubert. *Atlas do mundo global*. São Paulo: Estação Liberdade, 2009. p. 48.

Novos fornecedores

Com a tensão pelo controle das reservas de petróleo no Oriente Médio e o surgimento de novos consumidores (China e Índia), os grandes importadores de petróleo têm procurado diversificar seus fornecedores. Recentemente suas atenções estão voltadas para África e América Latina, principalmente a Venezuela. Isso explica parte dos investimentos chineses na África e o aumento das importações de petróleo africano por parte dos Estados Unidos. Veja a figura 18.

Outros recursos, como nióbio, urânio, diamantes, ouro e prata, são importantes para a produção econômica. Assim, o controle sobre as jazidas e a comercialização desses recursos é um motivo constante de disputa entre empresas e países.

IMAGECHINA/AFP/OTHER IMAGES

Figura 18. Trabalhadores africanos e chinês em perfuração de poço petrolífero (Sudão, 2008). O crescimento econômico chinês aumentou a demanda por matérias-primas e fontes de energia.

TEMA

4 Organização política e relações internacionais

As relações entre os países ocorrem por meio de acordos e tratados, muitos deles são regulados por organismos internacionais.

Estado, nação, território e país

Estado, nação, território e país são conceitos-chave da Geografia. Embora às vezes sejam usados como sinônimos, cada um desses termos se refere a fenômenos distintos, fundamentais para entender o mundo atual.

O mapa do mundo

O **mapa do mundo** representa apenas um momento das relações históricas entre território, Estado e nação. O mapa não é imutável e é alterado com o surgimento de novos países, enquanto outros se extinguem ou são reorganizados. Isso porque diversos povos buscam obter autonomia, combatendo a dominação política ou militar a que estão submetidos. Essa luta pode até mesmo levar à independência de territórios e à criação de novos países.

AERIAL-PHOTOS.COM/ALAMY/GLOW IMAGES

Figura 19. Mônaco é um país europeu com área de 2,02 km² e 30,5 mil habitantes. Apesar de sua pequena extensão, possui autonomia política, constituindo-se como um Estado soberano (Mônaco, 2012).

O Estado

O **Estado** é a forma como a sociedade se organiza politicamente, estabelecendo regras que regulam a convivência dos habitantes de um país. O Estado é constituído, em geral, pelo **Poder Legislativo**, responsável pela elaboração de leis, pelo **Poder Executivo**, que as coloca em prática, e pelo **Poder Judiciário**, que faz cumprir a justiça. Além disso, o Estado conta com as forças armadas, responsáveis pela defesa do território contra ameaças externas.

Para ser reconhecido e respeitado entre os demais, um Estado busca sua **soberania**, ou seja, a posse de plenos poderes para aplicar normas e leis a serem seguidas pelos habitantes do território. O **Estado soberano** é aquele que não tem de reconhecer nenhum poder superior a ele (figura 19).

Nação

O termo **nação** pode ser definido como um coletivo humano com características comuns, como a língua e a religião. Os membros dessa coletividade estão ligados por laços históricos, étnicos e culturais.

Uma nação pode constituir um Estado soberano. Quando ela ocupa um território e se organiza politicamente, denomina-se **Estado-nação** – hoje, a forma mais difundida de ordenação da sociedade. Alemanha, Japão e Portugal são exemplos de Estados-nação atuais.

Existem nações que almejam constituir-se como Estado, mas ainda não são, como é o caso dos cerca de 35 milhões de curdos que vivem na Turquia, no Iraque, na Síria e no Irã; 1,2 milhão de chechenos que vivem na Rússia; 2,2 milhões de bascos que habitam áreas da Espanha e da França; 7 milhões de palestinos que moram em terras disputadas com Israel; e 6,2 milhões de tibetanos que moram no noroeste da China. Essas minorias estão submetidas a repressão política ou militar nos territórios onde vivem. Observe a figura 20.

FIGURA 20. EURÁSIA: REIVINDICAÇÕES TERRITORIAIS

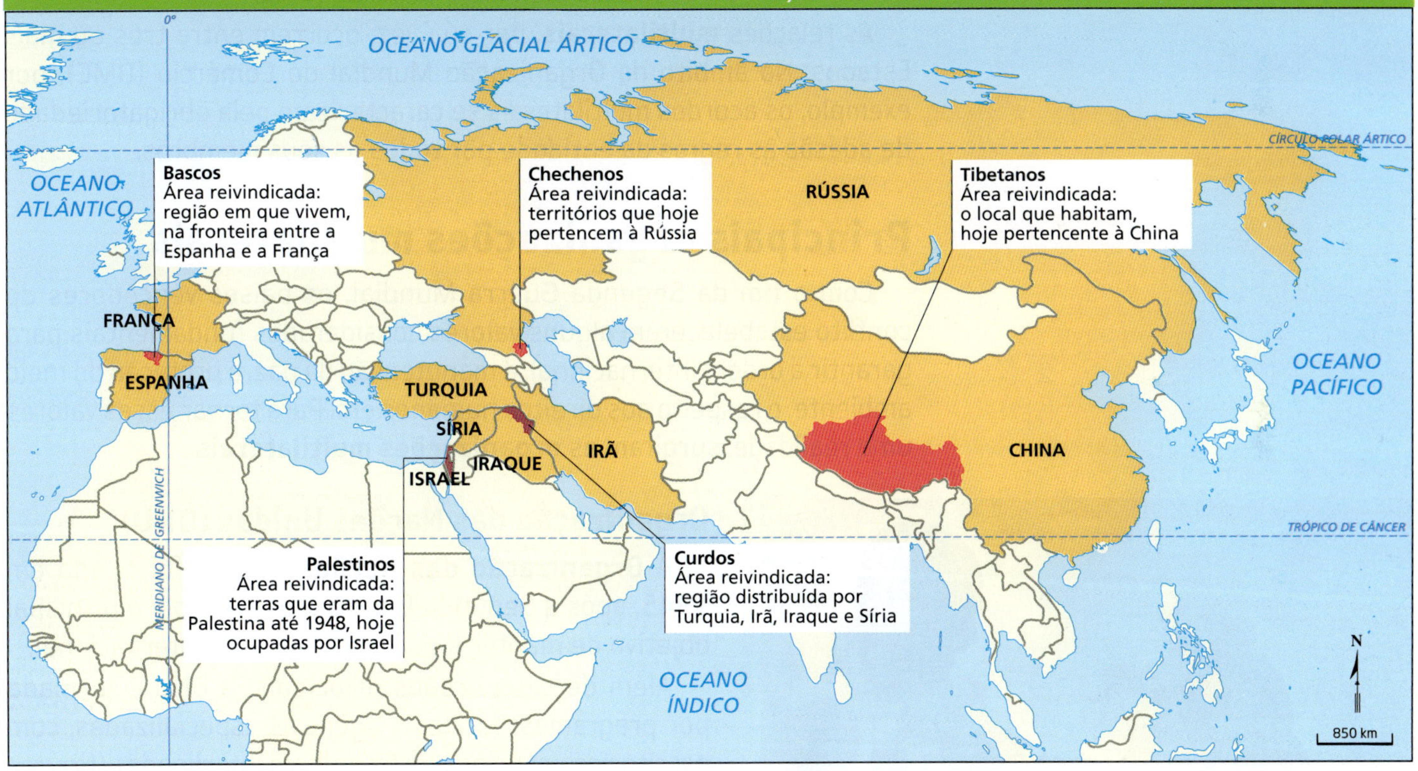

Fonte: NICOLIELO, Bruna. Quais os maiores povos sem pátria do mundo? *Revista Nova Escola*. Disponível em: <http://revistaescola.abril.com.br/geografia/pratica-pedagogica/quais-maiores-povos-patria-mundo-594563.shtml>. Acesso em: 27 abr. 2014.

Território

O **território** de um país é a base física sobre a qual um Estado exerce sua soberania. É delimitado por fronteiras políticas, que podem ser naturais (como um rio, uma cordilheira etc.) ou artificiais, traçadas sem considerar esses elementos naturais. É formado pelo solo continental e insular, o subsolo, o espaço aéreo e o território marítimo.

GLOSSÁRIO

Fronteira política: limite do território estabelecido por acordos políticos, ou seja, por meio de negociações amplas entre as partes envolvidas.

Território marítimo: área de mar em que o Estado exerce sua soberania, determinada por acordos internacionais.

País

Podemos definir **país** como um território politicamente delimitado por fronteiras, com unidade político-administrativa, habitado por uma comunidade com história própria. Todo país tem um Estado organizado, que exerce sua soberania e é regido por uma **Constituição**.

Relações entre países

As relações entre os países são regulamentadas por intermédio de tratados e acordos, que podem ser bilaterais ou multilaterais e ter validade determinada ou não.

As relações **bilaterais** ocorrem entre dois Estados e se baseiam nos mais variados interesses: comércio, imigração, segurança internacional, entre outros. Têm grande importância para os países, pois permitem alianças locais e regionais. Apesar de resultar da negociação entre os dois países envolvidos, muitas vezes os acordos bilaterais favorecem mais um do que outro. Casos comuns ocorrem quando países ricos fazem acordos bilaterais com países mais pobres envolvendo empréstimos de recursos, geralmente a serem pagos com altas taxas de juros.

As relações **multilaterais**, por sua vez, ocorrem entre três ou mais Estados. No âmbito da Organização Mundial do Comércio (OMC), por exemplo, os acordos multilaterais se caracterizam pela obrigatoriedade de adesão às regras da entidade por todos os seus membros.

Principais organizações multilaterais

Com o fim da Segunda Guerra Mundial, os países vencedores do conflito estabeleceram alguns valores considerados fundamentais para garantir a ordem internacional: a manutenção da paz, a proteção do meio ambiente, o respeito aos direitos humanos etc. Para tornar esses valores uma realidade, surgiram as **organizações multilaterais**.

OMAR BARRY/AFP/OTHER IMAGES

Figura 21. Distribuição de alimentos realizada pelo Programa Mundial de Alimentos da ONU, em uma comunidade rural próximo a Tombouctou (Mali, 2012).

Organização das Nações Unidas (ONU)

A **Organização das Nações Unidas** foi criada em 1945, após a Segunda Guerra Mundial, com o principal objetivo de manter a paz e a segurança internacional.

Além de seus órgãos principais, a ONU é formada por programas, fundos e agências especializadas, com escritórios próprios que trabalham interligados (figuras 21 e 22). Tem na Assembleia Geral, de que participam os países-membros, um espaço com função de discutir, iniciar estudos e decidir sobre os mais diversos assuntos.

Observe a tabela 2 e conheça alguns organismos que integram a ONU.

Figura 22. A cidade de Diamantina foi fundada em 1831 e tem seu centro histórico tombado como Patrimônio Mundial da Humanidade pela Unesco desde 1999 (MG, 2011.)

TABELA 2. PRINCIPAIS PROGRAMAS, FUNDOS E ÓRGÃOS DA ONU	
Organismo	**Função**
FAO: Organização das Nações Unidas para Alimentação e Agricultura	Atua no combate à fome e à pobreza, no desenvolvimento agrícola, na garantia à segurança alimentar e no aproveitamento sustentável dos recursos naturais do planeta.
Unesco: Organização das Nações Unidas para a Educação, a Ciência e a Cultura	Atua nas questões da educação, de preservação do patrimônio histórico e cultural da humanidade e do seu desenvolvimento científico.
Unicef: Fundo das Nações Unidas para a Infância	Promove a defesa dos direitos das crianças e dos adolescentes.
OMS: Organização Mundial da Saúde	Atua nas questões relacionadas à saúde da população mundial.
PMA: Programa Mundial de Alimentos	Fornece ajuda alimentar para salvar vidas em campos de refugiados e outras situações emergenciais.
Pnud: Programa das Nações Unidas para o Desenvolvimento	Atua no combate à pobreza e em favor do desenvolvimento humano.
Unfpa: Fundo de População das Nações Unidas	Atua na cooperação internacional para o desenvolvimento das populações.
Pnuma: Programa das Nações Unidas para o Meio Ambiente	Promove a conservação do meio ambiente e o uso eficiente de seus recursos.

Fonte: ONU. Disponível em: <www.un.org/es>. Acesso em: 27 abr. 2014.

Além dos mencionados acima, existe também o Conselho de Segurança da ONU, que possui 15 membros, sendo cinco deles permanentes (China, Estados Unidos, Rússia, França e Reino Unido). Os membros permanentes possuem poder de veto, ou seja, mesmo que uma resolução seja a princípio aceita pelo conselho, com o veto de um desses cinco países ela não será oficializada.

Banco Mundial e FMI

Em 1944, ocorreu na cidade de Bretton Woods (Estados Unidos) uma conferência internacional que estabeleceu os pilares dos atuais sistemas monetário e financeiro internacionais. A partir dela foram instituídos o **Banco Internacional para Reconstrução e Desenvolvimento** (**Bird**), que mais tarde passou a integrar o **Banco Mundial**, e o **Fundo Monetário Internacional** (**FMI**).

Controladas pelos países ricos, essas instituições têm extrema importância no cenário econômico e político internacional. O FMI fornece empréstimos a países em dificuldades financeiras, impondo-lhes uma série de condições para repassar o dinheiro. Já o Banco Mundial usa critérios próprios para conceder recursos destinados a obras e empreendimentos considerados necessários ao desenvolvimento dos países pobres e emergentes.

SÍNTESE DA UNIDADE 1

- A população mundial apresenta grande diversidade e se distribui de forma irregular na superfície terrestre.
- Atualmente, a população mundial é de mais de sete bilhões de indivíduos, com previsões de chegar a dez bilhões até 2050, quando a taxa de crescimento começará a se estabilizar.
- O IDH é um dos principais indicadores utilizados para medir a qualidade de vida dos países. É calculado com base em dados sobre a educação, a longevidade e a renda *per capita* do país.
- Os recursos minerais são de extrema importância para a sociedade, pois são aproveitados como fontes de energia e matéria-prima para a indústria.
- Os recursos minerais e energéticos não se distribuem de maneira homogênea na superfície terrestre. A posse e o acesso a eles são causa de conflitos e disputas entre países.
- O Estado é a forma institucional que um grupo humano cria para organizar-se politicamente e regular a convivência entre os indivíduos.
- A nação é constituída de um grupo que partilha características comuns. Quando organizadas sob um mesmo Estado, chama-se Estado-nação.
- País é um território politicamente delimitado, governado por um Estado.
- As relações internacionais podem se dar por meio de acordos bilaterais (entre dois países) ou multilaterais (entre vários países).
- ONU, Banco Mundial e FMI são algumas das principais organizações multilaterais da atualidade com ação no cenário internacional.

INDICAÇÕES

Para pesquisar

- **Programa das Nações Unidas para o Desenvolvimento <www.pnud.org.br>**

A página disponibiliza um banco de dados com o IDH de todos os municípios e estados brasileiros, por meio do qual é possível criar mapas, gráficos e tabelas. Também permite acessar relatórios sobre desenvolvimento em outras partes do mundo.

- **Trata Brasil <www.tratabrasil.org.br>**

Página com informações e dados sobre o saneamento básico no Brasil.

Para assistir

- **Sangue negro**

Direção: Paul Thomas Anderson. Estados Unidos: Columbia Tristar Buena Vista Films, 2007.

No final do século XIX, um homem parte em direção à Califórnia, nos Estados Unidos, e encontra petróleo na propriedade que comprou. Torna-se um rico empresário do ramo petrolífero.

Para ler

- **Retratos do mundo contemporâneo**

Nelson Bacic Olic. São Paulo: Moderna, 2008.

Ao abordar questões políticas, ambientais, econômicas e culturais, o livro procura apresentar ao leitor alguns temas básicos para a compreensão do cenário internacional hoje.

- **Energia e meio ambiente**

Samuel Murgel Branco. São Paulo: Moderna, 2004.

Sob a ótica da preservação ambiental, a obra trata da disponibilidade de recursos energéticos, apontando os benefícios e problemas de seu uso em grandes quantidades.

- **Eu sou Malala**

Christina Lamb e Malala Yousafzai. São Paulo: Companhia das Letras, 2013.

O livro apresenta a luta de Malala, a adolescente defensora da educação das mulheres nascidas no Paquistão.

REPRESENTAÇÕES GRÁFICAS

Representações no plano: projeções cilíndrica, cônica e plana

Projeção cartográfica é o processo de cálculos matemáticos necessários à transposição da superfície esférica do globo para a superfície plana do mapa. Essa transposição sempre produz deformações das distâncias, das formas ou das áreas.

As projeções podem ser classificadas em três categorias principais de acordo com a **superfície de projeção** adotada: cilíndrica, cônica e plana.

Pratique

1. Para que servem as projeções cartográficas?
2. Qual seria a projeção mais adequada para representar com a menor deformação possível:
   a) uma faixa do globo entre dois paralelos em latitudes médias do mesmo hemisfério?
   b) o continente antártico?
   c) uma faixa do globo cortada ao meio pela linha do Equador?

CILINDRO ENVOLVENTE

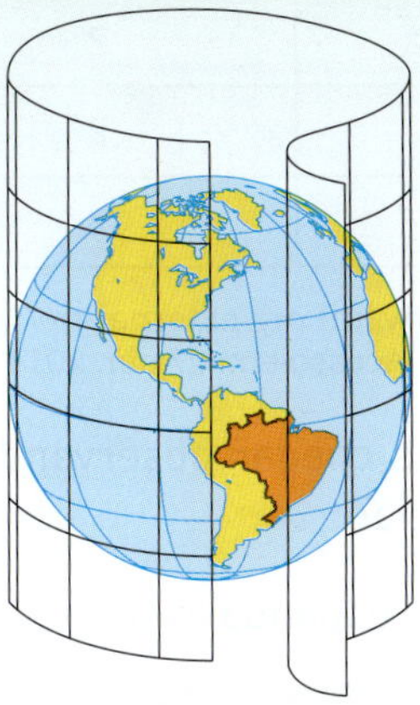

PROJEÇÃO CILÍNDRICA

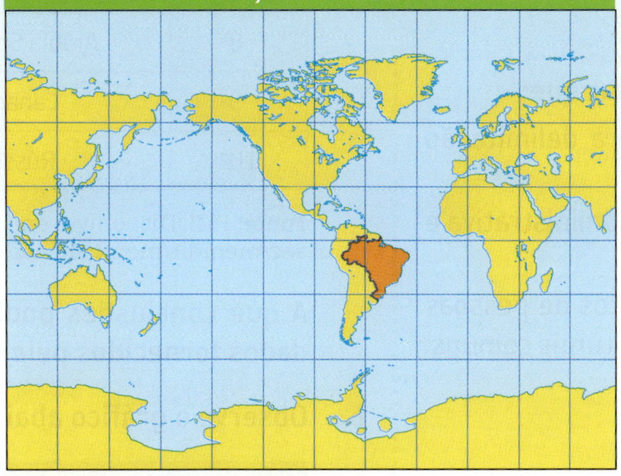

A **projeção cilíndrica** mantém sem deformações a linha do Equador. Os paralelos e os meridianos são retos e perpendiculares entre si.

CONE ENVOLVENTE

PROJEÇÃO CÔNICA

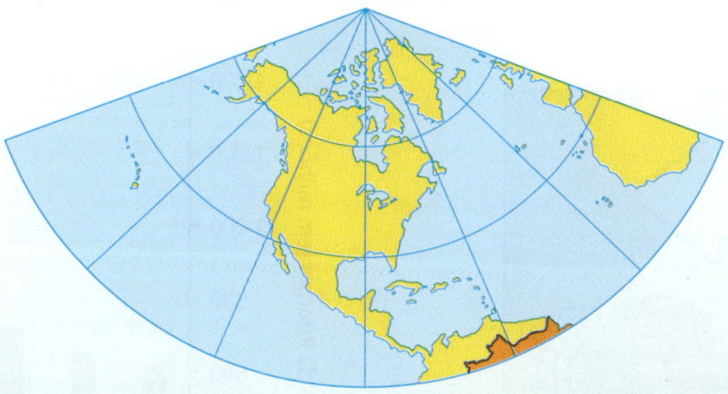

A **projeção cônica** mantém sem deformações o paralelo que "toca" o cone. Os meridianos são retos, e os paralelos são círculos concêntricos.

PLANO TANGENTE

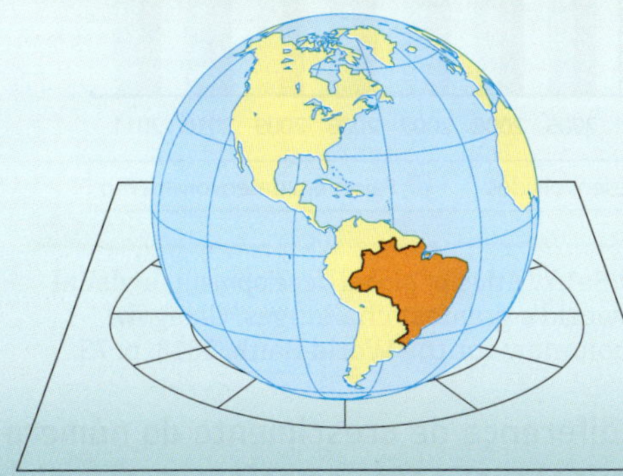

PROJEÇÃO AZIMUTAL

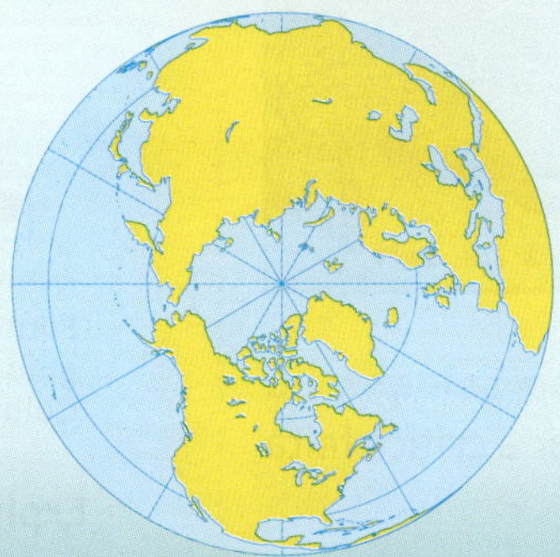

A **projeção plana** mantém sem deformações as direções a partir do centro da projeção. Quando o ponto de tangência é o polo, os meridianos convergem retos para ele e os paralelos são círculos concêntricos.

ATIVIDADES

ORGANIZE O CONHECIMENTO

1. É correto afirmar que a população mundial:

a) é cada vez mais urbana e tende a crescer em um ritmo mais lento.

b) é cada vez mais rural e tende a crescer em um ritmo mais lento.

c) cresce em um ritmo mais acelerado e diminui nas áreas urbanas.

d) cresce em um ritmo mais acelerado e aumenta nas áreas urbanas.

e) é cada vez mais rural e tende a crescer muito rapidamente.

2. Explique como os recursos minerais estão distribuídos pelo mundo.

3. Sobre Estado e nação é correto afirmar que:

a) a nação se refere exclusivamente à delimitação territorial de um país.

b) o Estado é a organização política, administrativa e militar de um território.

c) a nação é formada por agrupamentos de pessoas que partilham heranças e traços culturais comuns.

d) as questões *a* e *b* estão corretas

e) as questões *b* e *c* estão corretas.

APLIQUE SEUS CONHECIMENTOS

4. Analise a charge a seguir.

GILVAN

a) Descreva a cena representada e **se coloque no lugar** dos personagens para explicar a crítica feita na charge.

b) Por que o acesso a sistema de saúde é considerado indicador social?

5. Observe a tabela abaixo.

OS DEZ PRINCIPAIS ACIONISTAS DO FMI – 2010		
	País	Cota/participação (em %)
1º	Estados Unidos	17
2º	Japão	6
3º	Alemanha	6
4º	China	6
5º	França	4
6º	Reino Unido	4
7º	Itália	3
8º	Arábia Saudita	2
9º	Canadá	2
10º	Rússia	2

Fonte: FMI. Disponível em: <www.imf.org/external/np/sec/memdir/members.aspx#1>. Acesso em: 27 abr. 2014.

A que conclusões podemos chegar observando os dados fornecidos pela tabela?

6. Observe o gráfico abaixo e responda às questões.

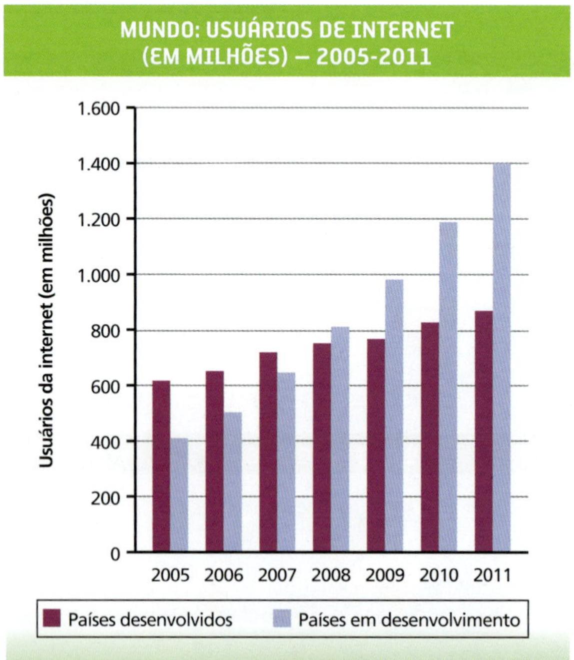

Fonte: World Bank. *Atlas of global development*: a visual guide to the world's greatest challenges. Glasgow: Collins Bartholomew for the World Bank, 2013. p. 75.

Explique a diferença de crescimento do número de usuários de internet entre os países desenvolvidos e em desenvolvimento.

7. Observe o mapa abaixo.

DIPLOMACIA DO VATICANO E CATÓLICOS NO MUNDO – 1978-2009

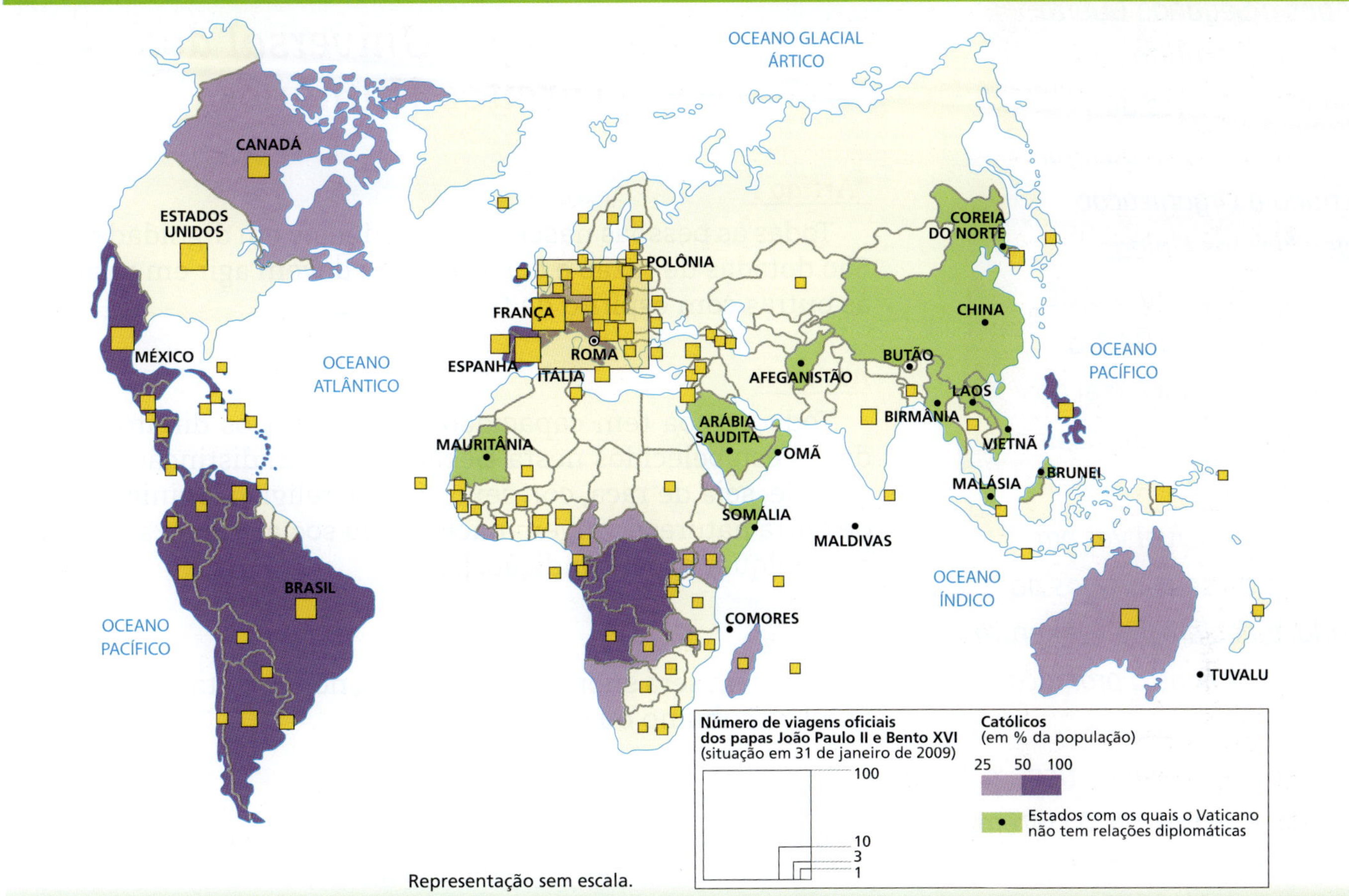

Fonte: SciencesPo. Atelier de cartographie. Disponível em: <http://cartographie.sciences-po.fr/en/catolicos-no-mundo-e-diplomacia-do-vaticano-1978-2009>. Acesso em: 27 abr. 2014.

a) Cite cinco países com mais de 50% de católicos na população total.

b) Como você acha que a religião influencia a vida em sociedade e a relação entre os países?

DESAFIO

8. **A Organização das Nações Unidas (ONU) estima que, atualmente, existam no mundo 7,2 bilhões de pessoas e que esse número será de 8,2 bilhões em 2025 e de 9,6 bilhões em 2050. Na África, onde hoje vive 1 bilhão de pessoas, espera-se que em 2100 sejam 4,2 bilhões. Tanto a Índia como a China deverão ter cerca de 1,45 bilhão de habitantes. Na Europa, ocorrerá o fenômeno inverso: espera-se que haja decréscimo de 14% da população. No Brasil, na Indonésia, no Irã e na África do Sul haverá queda de crescimento devido à baixa média de filhos por mulher.**

Conhecer as tendências demográficas dos países é importante para:

a) elaborar políticas públicas que assegurem boa qualidade de vida.

b) planejar obras de infraestrutura para lidar com o crescimento da população.

c) planejar o uso sustentável dos recursos naturais levando em consideração a capacidade ambiental do planeta.

d) todas as alternativas estão corretas.

COMPREENDER UM TEXTO

Após a Segunda Guerra Mundial, conflito que causou a morte de milhões de pessoas, foi criada a Organização das Nações Unidas, que aprovou, em 10 de dezembro de 1948, a Declaração Universal dos Direitos Humanos, *assinada por 48 países.*

Como é possível ver em alguns de seus artigos ao lado, a declaração tem entre seus princípios a promoção da paz, a defesa das instituições democráticas, o direito à educação, à cultura, ao bem-estar, ao trabalho, a um julgamento justo em caso de acusação criminal e à defesa do meio ambiente.

Declaração Universal dos Direitos Humanos

"Artigo I

Todas as pessoas nascem livres e iguais em dignidade e direitos. São dotadas de razão e consciência e devem agir em relação umas às outras com espírito de fraternidade.

Artigo II

Toda pessoa tem capacidade para gozar os direitos e as liberdades estabelecidos nesta Declaração, sem distinção de qualquer espécie, seja de raça, cor, sexo, língua, religião, opinião política ou de outra natureza, origem nacional ou social, riqueza, nascimento, ou qualquer outra condição. [...]

Artigo V

Ninguém será submetido à tortura, nem a tratamento ou castigo cruel, desumano ou degradante. [...]

Artigo XIII

1. Toda pessoa tem direito à liberdade de locomoção e residência dentro das fronteiras de cada Estado. [...]

Artigo XV

1. Toda pessoa tem direito a uma nacionalidade. [...]

Artigo XIX

Toda pessoa tem direito à liberdade de opinião e expressão; este direito inclui a liberdade de, sem interferência, ter opiniões e de procurar, receber e transmitir informações e ideias por quaisquer meios e independentemente de fronteiras. [...]

Artigo XXI

1. Toda pessoa tem o direito de tomar parte no governo de seu país, diretamente ou por intermédio de representantes livremente escolhidos.

2. Toda pessoa tem igual direito de acesso ao serviço público do seu país.

Artigo XXV

1. Toda pessoa tem direito a um padrão de vida capaz de assegurar a si e a sua família saúde e bem-estar [...]

Artigo XXVI

1. Toda pessoa tem direito à instrução. A instrução será gratuita, pelo menos nos graus elementares e fundamentais. [...]

Artigo XXVII

1. Toda pessoa tem o direito de participar livremente da vida cultural da comunidade, de fruir as artes e de participar do processo científico e de seus benefícios. [...]"

Declaração Universal dos Direitos Humanos. Disponível em: <http://portal.mj.gov.br/sedh/ct/legis_intern/ddh_bib_inter_universal.htm>. Acesso em: 28 abr. 2014.

Atividades

OBTER INFORMAÇÕES

1. Nos trechos apresentados, o que se defende como direito de cada indivíduo, independentemente de sua origem?

INTERPRETAR

2. **Avalie** a importância da existência de um documento que afirme os direitos de cada pessoa nascida no mundo.

3. Em sua opinião, é correto afirmar que todos os homens nascem iguais? Quanto à afirmação de que todos os homens nascem iguais perante a lei, você acredita que ela seja real e efetiva? Justifique sua resposta.

PESQUISA

4. Forme dupla com um colega e consultem o texto integral da *Declaração Universal dos Direitos Humanos*. Em seguida, criem novos artigos para ela. Compartilhem seu trabalho com a classe, justificando suas ideias. Anotem aquelas que considerarem mais interessantes que foram criadas coletivamente.

UNIDADE

2

O MUNDO GLOBAL

O desenvolvimento dos transportes e das telecomunicações permitiu o rápido deslocamento de pessoas e mercadorias entre diferentes locais, ao mesmo tempo que estimulou o processo de integração mundial. Com inovações como o uso de fibra ótica para a transferência de informações e a maior eficiência dos transportes aéreo e marítimo, as distâncias globais aparentemente encurtaram.

INSUNG JEON/MOMENT/GETTY IMAGES

Começando a Unidade

Observe a fotografia e busque interpretar a seguinte afirmação: o mundo globalizado apresenta um encurtamento de distâncias. **Antes de responder**, reflita sobre a evolução dos meios de transporte mencionada no texto de abertura desta Unidade, acima.

Vista aérea de Ulsan (Coreia do Sul, 2013). A cidade, uma das dez maiores do país, apresenta características observadas em outros grandes centros urbanos do mundo atual, como a abundância de infraestruturas para a circulação, que asseguram acesso rápido a diversos pontos da cidade.

TEMA

1 Predomínio do capitalismo

A distribuição da riqueza gerada pelo trabalho humano depende do sistema econômico adotado em cada país.

Capitalismo hoje

Na atualidade, o **capitalismo** é o sistema de organização econômica e social predominante na maioria dos países. Basicamente, esse sistema se apoia na separação entre os trabalhadores, que dispõem da força de trabalho e a vendem em troca de salário, e os capitalistas, proprietários dos meios de produção, que contratam os trabalhadores para produzir mercadorias (bens a serem vendidos no mercado), visando à obtenção de lucro e à reprodução do capital. Observe a figura 1.

Características do capitalismo

Os elementos básicos do sistema capitalista são:

- **Propriedade privada dos meios de produção.** No capitalismo, os meios de produção pertencem predominantemente a uma pessoa ou a um grupo de pessoas. No entanto, em muitos países capitalistas o Estado também é dono de vários meios de produção – as chamadas empresas estatais, que atuam principalmente nas áreas de fornecimento de água e energia elétrica, telefonia, mineração e refino de petróleo. Na atual fase do capitalismo, porém, muitos Estados vêm privatizando parte de suas empresas.
- **Economia de mercado.** Economia controlada por empresas que decidem como, quando, quanto e onde produzir, estabelecendo o preço e as condições de circulação das mercadorias de acordo com as variações de oferta e procura.
- **Trabalho assalariado.** O trabalhador recebe um salário por seu trabalho. O salário, por sua vez, também é influenciado pela lei da oferta e da procura: se o número de empregos disponíveis é maior que o de trabalhadores, seu valor aumenta; numa situação de desemprego alto, ele diminui.

GLOSSÁRIO

Força de trabalho: capacidade humana de produzir bens, materiais ou imateriais, capazes de satisfazer as mais diversas necessidades.

Meios de produção: mecanismos e instrumentos usados na fabricação de determinado produto.

Capital: riqueza, patrimônio. Pode ou não ser destinado ao investimento em uma produção.

Privatizar: vender uma empresa estatal para o setor privado.

JOE KLAMAR/AFP/OTHER IMAGES

Figura 1. A separação entre trabalhadores e capitalistas gera conflitos de interesses baseados na distribuição desigual de riqueza e na diferença de direitos entre as duas partes. Na foto, manifestação contra o pagamento de baixos salários, a restrição de direitos dos trabalhadores e a oferta de benefícios de saúde inadequedos pela maior empresa privada do mundo, em Los Angeles (Estados Unidos, 2012).

- **Lei da oferta e da procura**. Os preços das mercadorias variam de acordo com a procura por parte do consumidor e com a quantidade do produto colocada à venda. Por exemplo: se há grande produção de leite, seu preço tende a cair; se a produção é pequena, o preço tende a aumentar, pois há grande procura por esse produto (figura 2).
- **Concorrência**. Para obter o maior lucro possível, as empresas buscam oferecer produtos de qualidade a preços acessíveis, para conquistar mais consumidores. A concorrência entre as empresas tende a ampliar as opções de compra para o consumidor, além de influenciar a redução dos preços. No entanto, em alguns setores a concorrência costuma ser eliminada pela formação de monopólios ou oligopólios.
- **Lucro**. É o principal objetivo da organização capitalista de produção. Para aumentar o lucro, os donos dos meios de produção fabricam suas mercadorias com o menor custo possível. Isso se reflete na busca por matérias-primas baratas, no aumento da produtividade por meio de avanços técnicos e nos baixos salários pagos aos trabalhadores.

RODRIGO CAPOTE/UOL/FOLHAPRESS

Figura 2. Quando, pelos mais variados motivos, as empresas determinam uma redução intensa dos preços de seus produtos, a procura por parte dos consumidores também aumenta muito. Na foto, pessoas escolhendo produtos durante promoção em um hipermercado de São Paulo (SP, 2013).

Surgimento do capitalismo

O capitalismo surgiu na Europa no final da Idade Média (séculos XI a XV) e transformou as relações econômicas e sociais existentes. Consolidou-se com a **Revolução Industrial** em meados do século XVIII.

No sistema capitalista, a sociedade é marcada pela "tensão" entre duas classes sociais: a **burguesia** e o **proletariado** (composto pelos trabalhadores). A burguesia detém os meios de produção (máquinas, equipamentos, matérias-primas, terras), e o proletariado, por não possuí-los, vende sua força de trabalho para sobreviver, e esta é paga com o salário.

GLOSSÁRIO

Monopólio: situação em que há uma única empresa fornecedora de determinado produto, que controla sua oferta e seu preço.

Oligopólio: grupo constituído por um pequeno número de empresas que controlam os preços de um produto.

Fases do capitalismo

Considerando seu processo de desenvolvimento, classifica-se o capitalismo em três fases: capitalismo comercial, capitalismo industrial e capitalismo financeiro.

Capitalismo comercial

Fase marcada pela expansão marítima – com as Grandes Navegações iniciadas no final do século XV –, em que os europeus tomaram contato com novos territórios que logo se tornaram colônias fornecedoras de matérias-primas e metais preciosos para as metrópoles.

Capitalismo industrial

Com a invenção da máquina a vapor em meados do século XVIII, na Inglaterra, surgiram as **indústrias**, que passaram a produzir em larga escala, empregando mão de obra assalariada e organizando-se de acordo com a divisão de tarefas especializadas. Os operários trabalhavam nas fábricas, que consumiam cada vez mais matérias-primas para um mercado consumidor em expansão.

A indústria tornou-se a principal atividade econômica do sistema capitalista, multiplicando os lucros da burguesia. Nessa fase, aumentaram as trocas internacionais, já que o aumento da produção tornou necessária a busca de novos mercados consumidores e territórios fornecedores de matérias-primas.

BORIS ROESSLER/AFP/OTHER IMAGES

Figura 3. Corretores em bolsa de valores de Frankfurt (Alemanha, 2014). As bolsas de valores são locais onde se negociam as cotas de propriedade de diversas empresas. Nelas são movimentadas enormes quantias de dinheiro todos os dias.

Capitalismo financeiro

É a fase atual, caracterizada pela integração entre capital industrial e capital bancário: nessa fase as indústrias incorporam ou criam bancos, ou então os bancos absorvem indústrias. O capitalismo financeiro consolidou-se após a Primeira Guerra Mundial (1914-1918), quando as empresas associadas às instituições financeiras aumentaram sua influência.

As indústrias realizavam grandes operações de crédito a fim de financiar inovações tecnológicas e ampliar a capacidade de produção. Com isso, o capital deixou de pertencer exclusivamente a elas ou aos bancos.

Uma forma de as indústrias garantirem dinheiro para investimentos é vender cotas de suas empresas – as ações – nas bolsas de valores. As ações permitem que pessoas ganhem dinheiro sem a necessidade de se envolver com nenhum aspecto do processo produtivo de determinada mercadoria (figura 3).

Sistema socialista

O **socialismo** é outro sistema de organização econômica e social, hoje presente em poucos países, como China, Cuba, Vietnã e Coreia do Norte.

A proposta desse sistema é a construção de uma sociedade sem classes e sem desigualdades. Para atingir esse fim, o socialismo defende a extinção da propriedade privada dos meios de produção. O Estado passa a ter o total controle da produção com o compromisso de garantir à população a distribuição justa de bens e serviços, como saúde, educação, habitação etc.

Características do socialismo

Nas experiências socialistas existentes até hoje foram observadas as seguintes características:

- **Estatização**. A terra e os meios de produção devem pertencer ao Estado, que também define o salário dos trabalhadores.
- **Economia planificada**. As atividades econômicas devem seguir uma planificação idealizada e executada pelo Estado, que decide o que e como produzir para atender às necessidades da população.
- **Pleno emprego**. Para executar suas várias funções e diminuir as desigualdades sociais, o Estado cria um imenso quadro de funcionários, garantindo emprego a todos – isso favoreceu o surgimento de uma enorme burocracia nos países socialistas.
- **Outras formas de desigualdades sociais**. Embora o objetivo fosse eliminar as desigualdades sociais, o que se viu nos países socialistas foi o surgimento de privilégios que favoreciam dirigentes e altos funcionários do Estado.

GLOSSÁRIO

Burocracia: sistema de execução de atividades realizado por funcionários com responsabilidades e cargos normalmente ligados ao Estado.

Experiência soviética

O primeiro país a adotar o socialismo foi a Rússia, em 1917. A partir dela formou-se, em 1922, a **União das Repúblicas Socialistas Soviéticas** (**URSS**), constituída por quinze repúblicas socialistas, cujo poder central concentrou-se em Moscou, capital da Rússia. Após a Segunda Guerra Mundial, outros países, principalmente do leste da Europa, tornaram-se socialistas e ficaram sob influência da URSS.

O modelo de governo instaurado na URSS e no Leste Europeu não seguiu as propostas originais do socialismo. Na verdade, o regime colocado em prática favoreceu uma classe de burocratas estatais (formada pelos dirigentes desses países) que impediam o povo de participar das decisões.

Apesar das diferenças entre o socialismo real (o que foi implantado) e o idealizado, os países que adotaram o sistema apresentaram, durante décadas, bons indicadores sociais e econômicos, com destaque para as áreas de educação, saúde, transportes e comunicações. Veja a figura 4.

UNIVERSAL HISTORY ARCHIVE/THE BRIDGEMAN ART LIBRARY/KEYSTONE

Figura 4. Cartaz de propaganda soviético sobre o Dia Internacional da Mulher enaltecendo o trabalho feminino (URSS, 1930).

China

A China, atualmente a segunda maior economia mundial, apresenta crescente participação no cenário global. Isso se relaciona a características próprias de sua história recente.

Devem-se destacar a Revolução Comunista de 1949, que instaurou as bases do regime político até hoje lá existente – em que não há eleições como em países democráticos, estando as decisões centralizadas nos dirigentes do Partido Comunista Chinês (figura 5) –, e também a adoção de políticas de desenvolvimento baseadas na industrialização de base, na coletivização de terras e na planificação da economia.

No entanto, embora ainda apresente elementos do regime socialista, o Estado chinês tem incorporado iniciativas típicas do capitalismo, visando ao desenvolvimento econômico do país. Implementadas a partir de 1978, uma dessas medidas foi a criação de **Zonas Econômicas Especiais** (**ZEE**) em pontos estratégicos do país, onde são permitidas relações capitalistas de produção. As ZEE atraíram inúmeras empresas transnacionais que passaram a atuar na China.

A permanência de elementos típicos do socialismo (como a centralização das decisões políticas), associada à entrada crescente de medidas econômicas capitalistas, torna a China hoje um país de **características híbridas**.

CHINA DAILY/REUTERS/LATINSTOCK

Figura 5. O Partido Comunista Chinês tem presença marcante na vida dos chineses desde a infância. Na foto, estudantes de escola primária formam a bandeira do partido em comemoração ao seu 90º aniversário, em Dexing, na província de Jiangxi (China, 2011).

TEMA

2 Da Guerra Fria ao século XXI

O período pós-Segunda Guerra Mundial foi marcado pela divisão do mundo em áreas de influência das duas superpotências que disputavam a hegemonia.

Disputa pelo controle do mundo

Ao final da Segunda Guerra Mundial (1939-1945) os Estados Unidos e a União Soviética despontaram como as duas **superpotências** mundiais. Os dois Estados tinham regimes diferentes em termos políticos e econômicos, pois os Estados Unidos eram capitalistas e a União Soviética, socialista.

Embora tenham sido aliados na luta contra os nazistas durante a Segunda Guerra Mundial, com o fim do conflito suas diferenças ideológicas se tornaram evidentes e os levaram à disputa pela hegemonia mundial. Veja as figuras 6 e 7.

THE ADVERTISING ARCHIVES/GLOW IMAGES

FINE ART IMAGES/HERITAGE IMAGES/GETTY IMAGES

Figuras 6 e 7. Durante a Guerra Fria, a propaganda era usada amplamente nas superpotências para defender a superioridade de seus sistemas. À esquerda, capa de *Is this tomorrow?*, publicação estadunidense da década de 1940 que tinha o objetivo de alertar os leitores sobre a "natureza subversiva" da infiltração comunista no país. À direita, publicação russa de 1948 em que os Estados Unidos, capitalistas, são representados como uma ameaça pelo homem segurando uma bomba e um objeto pegando fogo.

A bipolaridade mundial

Cada uma das superpotências mantinha alianças militares com outros países com o objetivo de ampliar suas áreas de influência e, assim, impedir o avanço do sistema ideológico contrário. Os países seguiam suas diretrizes e em troca recebiam ajuda econômica e militar.

Dessa forma, o mundo ficou **bipolarizado**, ou seja, dividido em um bloco socialista comandado pela União Soviética e um capitalista liderado pelos Estados Unidos. Esse período ficou marcado pela iminência de uma guerra entre as duas superpotências.

GLOSSÁRIO

Ideológico: relativo a ideologia; que se funda em visão de mundo que faz parte do projeto político de determinados grupos ou países.

Corridas armamentista e espacial

As superpotências investiam progressivamente em arsenais militares – incluindo nucleares – como forma de intimidação ao oponente. Essa crescente militarização das duas superpotências foi chamada de **corrida armamentista**. A consequência foi a ameaça da eclosão de outra guerra mundial, que utilizaria armas nucleares, o que seria catastrófico para a humanidade. Veja a figura 8.

Também havia competição pela supremacia na exploração do espaço, o que ficou conhecido como **corrida espacial**. A exploração espacial era vista como muito importante para a defesa e simbolizava a superioridade tecnológica e ideológica. Em decorrência dessa disputa que levou o ser humano à Lua, foram investidos milhões de dólares em pesquisas que geraram novas tecnologias e grandes avanços científicos.

MARK REDKIN/FOTOSOYUZ/GETTY IMAGES

Figura 8. Desfile militar em Moscou (URSS), na década de 1970. As demostrações militares soviéticas tinham como objetivo mostrar seu poderio bélico para o mundo, especialmente para os Estados Unidos.

Guerra Fria

As relações internacionais eram muito tensas em consequência da disputa pelas áreas de influência e pela hegemonia. Porém, apesar da grande hostilidade, jamais existiu confronto militar direto entre os Estados Unidos e a União Soviética. Eles se enfrentavam por meio de seus aliados – em guerras locais –, a quem forneciam armas, dinheiro e apoio político. Observe a figura 9.

Esse período de tensão e disputas entre as superpotências ficou conhecido como **Guerra Fria**.

SAWADA/CORBIS/LATINSTOCK

Figura 9. A Guerra do Vietnã (1963-1975), no Sudeste Asiático, foi um exemplo do confronto indireto entre as superpotências durante a Guerra Fria. Na foto, tanque e soldados vietnamitas avançam na cidade de Saigon, atual Ho Chi Minh (Vietnã, 1968).

As áreas de influência

As fronteiras entre os blocos capitalista e socialista na Europa correspondiam, em linhas gerais, às posições atingidas pelos exércitos anglo-americano e soviético em suas ofensivas finais contra o nazismo, em 1945. A União Soviética exercia influência no **Leste Europeu** (Europa Oriental), tendo os países dessa região também se tornado socialistas. A China, por sua vez, tornou-se socialista em 1949, com o apoio dos soviéticos.

As principais áreas de influência dos Estados Unidos eram a **Europa Ocidental** e o **Japão**. Por meio do Plano Marshall, os Estados Unidos investiram centenas de milhões de dólares na reconstrução das economias europeias arrasadas pela guerra. No Japão, que se rendeu após ataque estadunidense com o lançamento de duas bombas atômicas que arrasaram as cidades de Hiroshima e Nagasaki, em agosto de 1945, os Estados Unidos também fizeram grandes investimentos para impedir a difusão do socialismo pela Ásia.

A fronteira ideológica que separava a Europa capitalista da socialista ficou conhecida como **Cortina de Ferro**. Veja a figura 10, na página seguinte.

Audiovisual

A corrida espacial

De olho no mapa

1. Após a Segunda Guerra Mundial, quais países sob influência da União Soviética faziam fronteira com países capitalistas europeus?
2. Interprete o significado político do limite representado no mapa.

FIGURA 10. A EUROPA DIVIDIDA

Fonte: SCALZARETTO, Reinaldo; MAGNOLI, Demétrio. *Atlas geopolítico*. São Paulo: Scipione, 1996.

FIGURA 11. A DIVISÃO DE BERLIM

Fonte: HILGEMANN, Werner; KINDER, Hermann. *Atlas historique I ou II*. Paris: Perrin, 1992.

As Alemanhas

Durante a Segunda Guerra Mundial, tropas soviéticas avançaram até o centro da Alemanha, libertando da ocupação nazista todos os países que depois integrariam o bloco socialista.

A derrotada Alemanha foi dividida em duas: **República Federal Alemã** (**RFA**) ou Alemanha Ocidental, sob influência estadunidense, e **República Democrática Alemã** (**RDA**), ou Alemanha Oriental, socialista, na esfera de influência de Moscou. Berlim, capital da Alemanha, ao final da guerra tinha sido tomada pelos soviéticos, ao mesmo tempo que parte da cidade estava sob o controle dos aliados (Estados Unidos, Reino Unido e França). Como não houve acordo sobre quem ficaria com o controle da cidade, ela foi dividida: uma parte passou a pertencer à Alemanha Oriental, sob influência soviética, e a outra ficou sob o poder da Alemanha Ocidental, dividida entre Estados Unidos, Reino Unido e França. Veja a figura 11.

O Muro de Berlim

O Plano Marshall fez com que as economias europeias ocidentais se desenvolvessem rapidamente. O Leste Europeu, no entanto, não acompanhou o crescimento econômico da Europa capitalista. Muitos trabalhadores da Europa Oriental, atraídos pelas possibilidades de trabalho e de um nível econômico mais alto nos países capitalistas, passaram a migrar por Berlim para a Europa Ocidental. Controlado pela União Soviética, o governo da Alemanha Oriental deu início, em 1961, à construção de um muro na fronteira entre as partes oriental e ocidental de Berlim para evitar o êxodo.

O Muro de Berlim passou então a simbolizar a Guerra Fria e a bipolarização do mundo resultante da disputa entre as superpotências (figura 12).

UTB/GLOW IMAGES

Figura 12. Guardas de fronteira carregam alemão baleado após tentativa de fuga pelo Muro de Berlim (Alemanha Oriental, 1971).

Fim da Guerra Fria

Durante décadas a União Soviética investiu grande parte de seus recursos financeiros na indústria espacial e de armamentos, em prejuízo de outros setores da economia. Com isso, os soviéticos não conseguiram acompanhar as economias capitalistas nos investimentos em setores como indústrias de bens de consumo, informática, telecomunicações e mesmo na agricultura.

Mikhail Gorbachev assumiu em 1985 o governo soviético e iniciou a abertura do sistema político (***glasnost***) e a reestruturação econômica (***perestroika***). Essas mudanças se alastraram pelo bloco socialista e culminaram na dissolução da União Soviética, o que provocou grandes transformações no cenário mundial, com destaque para o fim da Guerra Fria.

Em 1989, foi derrubado o Muro de Berlim, grande símbolo da Guerra Fria (figura 13). Depois disso, vários países deixaram o bloco socialista e aderiram à economia de mercado. Em 1991, a União Soviética deixou de existir, após a separação de grande parte de suas repúblicas, que se tornaram países independentes.

Nova Ordem Mundial

No início dos anos 1990, falava-se em uma **Nova Ordem Mundial** no lugar do mundo bipolar, que deixou de existir. Nesse novo cenário, os Estados Unidos surgiram como a grande potência econômica e militar. Outros países conservaram importância mundial (Alemanha, Japão), mas sem a possibilidade de opor-se ou mesmo de exercer grau de influência similar ao dos Estados Unidos em âmbito mundial e nas decisões de organizações internacionais. Isso também refletiu culturalmente na difusão do modo de vida estadunidense, sobretudo pelo cinema, influenciando padrões de conduta mundiais.

MICHAEL PLADECK/INTERFOTO/CORBIS/LATINSTOCK

Figura 13. Alemães aglomerados no entorno do Muro de Berlim em 10 de novembro de 1989, após receberem a notícia da abertura das fronteiras entre as Alemanhas Ocidental e Oriental.

ATIVIDADES

ORGANIZE O CONHECIMENTO

1. **Enumere as principais características do capitalismo e do socialismo, salientando as principais diferenças entre os dois sistemas.**

2. **Cite as fases de desenvolvimento do sistema capitalista e explique cada uma delas.**

3. **Sobre o sistema capitalista é correto afirmar:**

I. No capitalismo, a principal função da riqueza gerada é a de produzir mais riquezas. Essa característica tornou o capitalismo a forma de organização de produção que mais gerou riquezas em toda a história da humanidade.

II. O capitalismo financeiro é considerado a fase mais madura do capitalismo, na qual bancos e bolsas de valores possuem papel fundamental.

III. O sistema capitalista foi a única forma de organização da produção existente no planeta e a partir dele a humanidade começou a produzir riqueza.

São corretas as afirmações:

a) I, II e III.

b) I e II.

c) II e III.

d) I e III.

e) Todas são incorretas.

4. **Por que a China é considerada um país cujo sistema econômico apresenta características híbridas?**

APLIQUE SEUS CONHECIMENTOS

5. **Observe o mapa e leia o texto abaixo.**

MUNDO: PARAÍSOS FISCAIS – 2010

Andorra; Anguilla; Antígua e Barbuda; Antilhas Holandesas; Aruba; Bahamas; Barein; Barbados; Belize; Bermudas; Campione d'Itália; Ilhas do Canal (Alderney, Guernsey, Jersey e Sark); Ilhas Cayman; Chipre; Cingapura; Ilhas Cook; Costa Rica; Djibuti; Dominica; Emirados Árabes Unidos; Gibraltar; Granada; Hong Kong; Labuan; Líbano; Libéria; Liechtenstein; Luxemburgo; Macau; Ilha da Madeira; Maldivas; Malta; Ilha de Man; Ilhas Marshall; Ilhas Maurício; Mônaco; Montserrat; Nauru; Ilha Niue; Omã; Panamá; São Cristóvão e Nevis; Samoa Americana; Samoa Ocidental; San Marino; São Vicente e Granadinas; Santa Lúcia; Seychelles; Tonga; Ilhas Turks e Caicos; Vanuatu; Ilhas Virgens Britânicas.

Fonte: FERREIRA, Graça M. L. *Atlas geográfico*: espaço mundial. 4. ed. São Paulo: Moderna, 2013. p. 54.

Paraísos fiscais são regiões cujos governos asseguram que as transações financeiras de indivíduos ou empresas sejam feitas de forma a garantir o sigilo dos envolvidos, além de exigirem deles pagamentos baixos ou mesmo nulos de impostos e taxas (daí vem a expressão "paraíso fiscal"). Isso acaba por atrair investimentos de todas as partes do mundo, embora se questione se a origem do dinheiro depositado nesses locais é legal.

Podemos atribuir a formação desses paraísos fiscais a que fase do capitalismo? Por quê?

6. **Leia a notícia a seguir e responda às questões.**

"A carne de boi está mais cara em São José do Rio Preto, no interior de São Paulo. A velha lei da oferta e da procura tem aumentado a tabela de preços. Com o fim de ano se aproximando, época de festas e muito churrasco, os açougues e supermercados aproveitam para lucrar mais. Alguns cortes tiveram reajuste de 20%. [...]"

G1. Oferta e procura aumenta 20% valor da carne em Rio Preto, SP. Disponível em: <g1.globo.com/sao-paulo/sao-jose-do-rio-preto-aracatuba/noticia/2011/12/oferta-e-procura-aumenta-20-valor-da-carne-em-rio-preto-sp.html>. Acesso em: 7 maio 2014.

a) O que é a lei da oferta e da procura?

b) Por que houve aumento no preço da carne?

7. **Observe a foto do dia 20 de julho de 1969, que comprova a chegada do homem à Lua. Esse momento foi televisionado para o mundo todo. Depois, responda às questões.**

NASA/GETTY IMAGES

O astronauta Edwin E. Aldrin Jr. ao lado da bandeira dos Estados Unidos em solo lunar, em 1969.

a) Relacione esse fato com a Guerra Fria.

b) O que significou a transmissão desse evento pela televisão?

Da separação à integração: o parque do Muro de Berlim

Por décadas, a capital da Alemanha foi dividida pelo Muro de Berlim, que separava a parte socialista da cidade da parte capitalista com o objetivo de evitar a passagem de moradores de um lado para o outro. Com a queda do muro e o fim da Guerra Fria, a cidade começou o processo de reunificação, quando os berlinenses voltaram a transitar livremente entre os dois lados.

Nesse contexto, surgiu o Mauerpark ("parque do muro"), situado ao longo de onde se encontrava parte do muro. A área antes marcada pela Guerra Fria, pela espionagem e pelo rígido controle das entradas e saídas da cidade, é hoje ponto de encontro de milhares de berlinenses, atraindo também turistas.

O parque conta com quadras esportivas, anfiteatro, áreas verdes e vários trechos do muro de Berlim, utilizados como murais artísticos. Além disso, aos domingos, abriga uma feira de antiguidades, artesanato e gastronomia de diversos lugares do mundo

O Mauerpark é uma forma de dar novos significados a uma época dolorosa da história do país e de incorporá-la ao cotidiano dessa cidade multicultural, que busca a convivência pacífica com a diversidade.

1. Por que a cidade de Berlim viveu tantos anos separada por um muro?
2. De que forma o Mauerpark pode ser considerado um instrumento de preservação da memória e de integração cultural?

GLOSSÁRIO

Multicultural: referente à convivência conjunta de várias culturas.

STEFANO PATERNA/ALAMY/GLOW IMAGES

Berlinenses aproveitam dia de sol no Mauerpark, ao lado de trecho preservado do Muro de Berlim (Alemanha).

TEMA

3 Globalização

Com o fim da Guerra Fria, houve intensa aceleração das trocas comerciais e culturais entre os países, facilitadas pelo desenvolvimento dos transportes e das telecomunicações. Esse fenômeno ficou conhecido como "globalização".

Integração global

Vivemos a era da **globalização**, marcada pela grande integração econômica, social e cultural entre países, cidades, empresas, universidades etc., e também pelo intenso fluxo de mercadorias, pessoas e capitais.

Ao adquirir produtos (telefones celulares, televisores ou itens de vestuário, por exemplo), podemos não ter ideia de como foram fabricados e o caminho que percorreram até chegar às nossas mãos. Ele pode ser longo e complexo, pois hoje a produção é globalizada, realizada em diversas partes do planeta, em lugares que oferecem maiores vantagens às empresas que produzem para o mercado mundial.

A revolução tecnológica

Nas últimas décadas o mundo passou por uma revolução tecnológica que provocou grandes transformações nas **telecomunicações** e nos **transportes**. Com o desenvolvimento de tecnologias como a fibra ótica e as transmissões via satélite, as comunicações passaram a ser em tempo real, agilizando transações comerciais e financeiras. A capacidade do transporte de carga e de passageiros aumentou significativamente pelo desenvolvimento dos meios de transporte, sobretudo aéreo e marítimo. Um exemplo disso foi a introdução dos **contêineres**, recipientes nos quais podem ser depositadas enormes quantidades de carga. Antes deles, até a década de 1960, um navio de carga transportava aproximadamente 22 mil toneladas de mercadoria bruta e gastava cerca de 40% do tempo total da viagem atracado nos portos para carga e descarga. Com os contêineres, a capacidade de transporte subiu para 47 mil toneladas e o tempo de espera foi reduzido para 17% do total da viagem (figura 14).

Essas mudanças foram essenciais para a aceleração das trocas mundiais e para que a economia se tornasse global.

Figura 14. Terminal de contêineres no Porto de Yangshan, em Xangai (China, 2013).

IMAGINECHINA/AFP/OTHER IMAGES

Características da economia global

A partir da segunda metade do século XX as empresas industriais, comerciais e de prestação de serviços (bancos, hotéis, redes de restaurantes, companhias de telecomunicações etc.) passaram a instalar cada vez mais filiais em vários países; esse processo ficou conhecido como **mundialização do capital e da produção**.

Em consequência disso, o fluxo de mercadorias entre os países cresceu vertiginosamente. Em 1948, o valor total de exportações mundiais chegou a 59 bilhões de dólares. Em 2012, ele foi de 17.351 trilhões de dólares. Já as importações em 1948 chegaram a 62 bilhões de dólares, enquanto em 2012 totalizaram 18.188 trilhões de dólares. Esse comércio ocorre principalmente entre países da América do Norte, da Europa e alguns da Ásia.

Graças ao uso de computadores e satélites, bilhões de dólares são diariamente movimentados pelo mundo sob a forma de investimentos em bolsas de valores ou pagamentos por mercadorias e serviços.

Transformações na produção

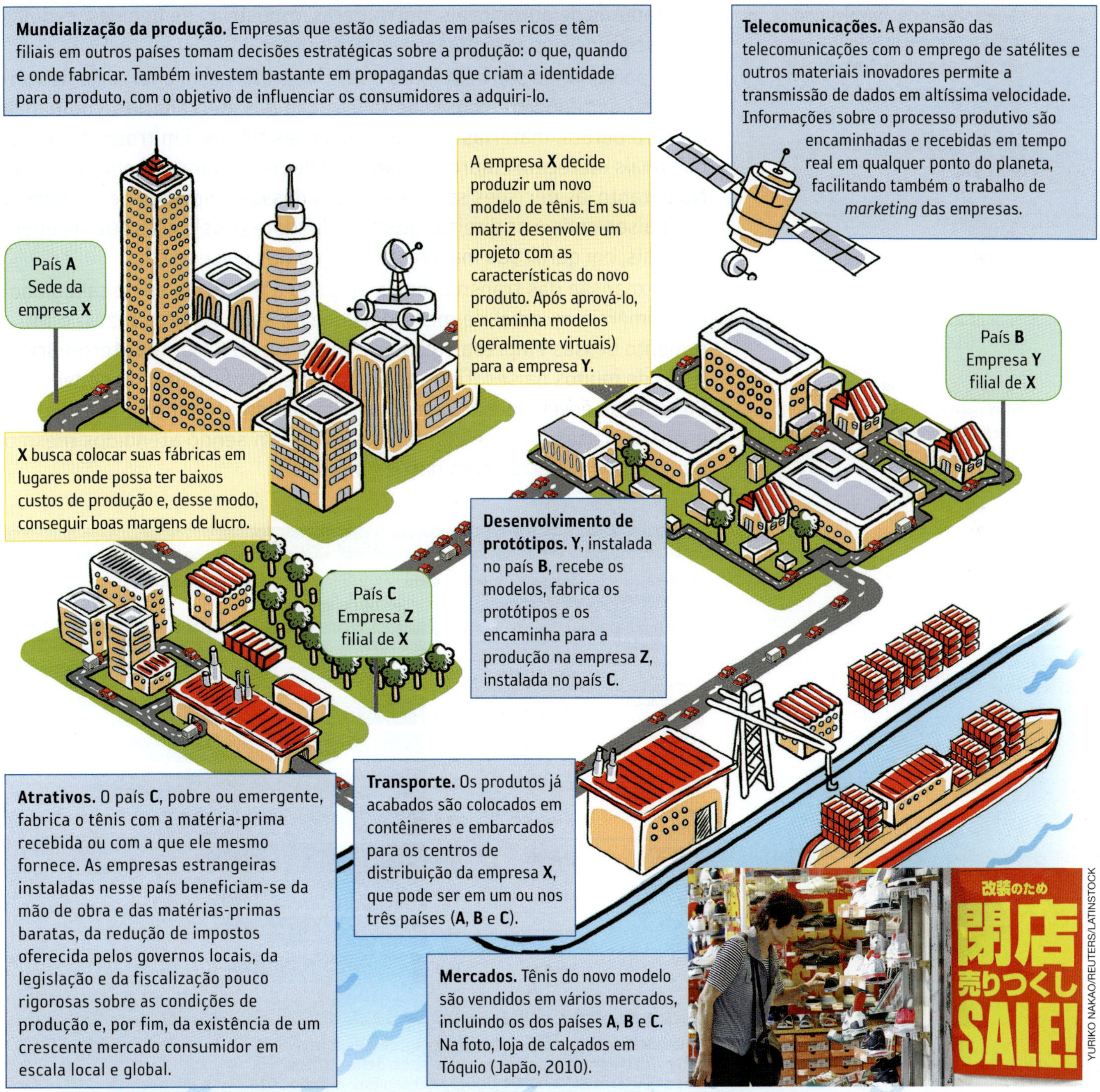

+ Trabalho

Qualificação profissional

Na economia global, é necessário que as pessoas se preparem para o mundo do trabalho com formação educacional contínua para ser competitivo no mercado de trabalho.

- Considerando o que você sabe sobre o desenvolvimento educacional brasileiro, **levante desafios** que o Brasil deve superar para formar profissionais competitivos no mercado de trabalho globalizado.

GLOSSÁRIO

Isenções fiscais: isenção do pagamento de impostos para empresas com o intuito que elas se estabeleçam em determinado local e assim gerem empregos.

O trabalho no mundo global

Cada vez mais são exigidas dos trabalhadores qualificação e especialização para ocupar os postos de trabalho na economia global. É necessário que os funcionários sejam capazes de lidar com as novas tecnologias introduzidas no processo de produção e tomem decisões rapidamente. O conhecimento e a constante atualização profissional são exigências do mercado de trabalho.

Grandes corporações

Hoje há grandes empresas com atuação no mundo, chamadas **transnacionais**. Essas corporações geralmente têm sede em um país rico e filiais distribuídas por outros países. Elas podem ser de diversos ramos: montadoras de automóveis, petrolíferas, indústrias de bebidas, cadeias de *fast-food*, roupas esportivas, entre outros.

Os países onde são instaladas suas filiais oferecem uma série de vantagens que reduzem o custo de fabricação das mercadorias, como mão de obra barata, matérias-primas e isenções fiscais. Em troca, as transnacionais oferecem emprego e geração de renda para a população local. No entanto, as decisões sobre os rumos dessas empresas permanecem nos países-sede e os direitos dos trabalhadores nos países que recebem as filiais, em geral, são mais restritos que nos países ricos.

A expansão das transnacionais ampliou a produção em escala global e o comércio mundial de mercadorias e de serviços. Por vezes, o faturamento dessas empresas globais é maior que o Produto Interno Bruto (PIB) de muitos países (figura 15). Isso lhes confere grande poder para influenciar governos nacionais, condicionando até mesmo as relações entre os países, pois seus interesses acabam sendo atendidos mesmo que tragam prejuízos para nações inteiras.

FIGURA 15. MUNDO: 10 MAIORES EMPRESAS TRANSNACIONAIS – 2012

Empresa (nacionalidade)	Setor de atividade	Lucro (em bilhões de dólares)	Volume dos negócios (em bilhões de dólares)
Royal Dutch Shell (Reino Unido)	energia	29,8	453,7
Walmart (EUA)	distribuição	15,7	447,0
ExxonMobil (EUA)	energia	41,1	433,5
Sinopec (China)	energia	11,6	391,4
BP (Reino Unido)	energia	24,8	362,4
PetroChina (China)	energia	21,1	318,4
Chevron (EUA)	energia	26,9	236,5
ConocoPhillips (EUA)	energia	12,4	230,6
Toyota (Japão)	automobilística	4,9	228,5
Total (França)	energia	15,9	215,7

Fonte: SciencesPo. Atelier de cartographie. Disponível em: <http://cartographie.sciences-po.fr/sites/default/files/maps/096_Firmes_2012-01_2.jpg>. Acesso em: 8 maio 2014.

A sociedade global

A grande circulação de informações, mercadorias e pessoas fez surgir valores considerados globais. Há uma padronização das formas de trabalho, da produção e do consumo: milhares de pessoas de todo o planeta alimentam-se nas mesmas redes de restaurantes, bebem os mesmos refrigerantes, ouvem as mesmas músicas e assistem aos mesmos filmes.

Contudo, cabe destacar que a globalização é seletiva, em geral beneficiando os países ricos. Por viverem nas áreas mais pobres do planeta, milhões de pessoas ainda estão excluídas desse processo (figuras 16 e 17).

Audiovisual

Fluxo mundial das chamadas telefônicas

WENDY STONE/CORBIS/LATINSTOCK

CHARLES ESHELMAN/DPA/ZUMA PRESS/EASYPIX

Figuras 16 e 17. O processo de globalização não significou a redução das desigualdades sociais no mundo nem a melhoria das condições de vida de maneira generalizada. Acima, adolescentes em favela de Nairobi sem saneamento básico adequado (Quênia, 2012); ao lado, grupo de jovens em Nova York, com acesso a produtos da moda, de marcas globais (Estados Unidos, 2014).

TEMA

4 Globalização e novas tecnologias

Dos grandes centros urbanos às periferias do mundo, jovens estão usando telefones celulares e outras tecnologias da informação e comunicação para produzir cultura e atuar politicamente.

Digitais, locais e globais

Em 2014, o número de celulares em uso se igualou ao número de habitantes do planeta. Na Europa e na América do Norte, onde o acesso à tecnologia é amplo, o número de aparelhos supera o de pessoas. Mas é em regiões mais pobres que cresce rapidamente a adoção de novas tecnologias e se encontram alguns de seus usos mais originais.

Número de linhas de telefonia móvel por 100 habitantes – 2009-2013

Escala
0 — 304

Novas indústrias culturais

Na periferia de Belém (PA), o tecnobrega foi criado com elementos do brega, da guitarrada e de outros ritmos regionais combinados com música eletrônica em computadores e programas de edição que se disseminaram no começo dos anos 2000. Sem espaço para divulgar seu trabalho, os artistas se uniram aos camelôs que vendem CDs com o intuito de popularizar suas músicas e angariar fãs, engrossando a principal fonte de renda da indústria do tecnobrega: apresentações e festas que movimentam milhões de reais por mês em ingressos e venda de produtos.

Celulares e internet no Brasil – 2012

Porcentagem da população das grandes regiões que:

- possui aparelho celular
- usa a internet

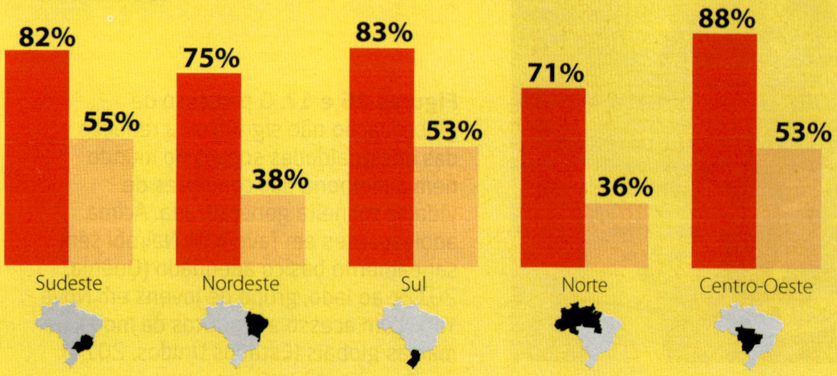

Fonte: Centro de Estudos sobre as Tecnologias da Informação e da Comunicação. *TIC Domicílios – 2012*. Disponível em: <www.cetic.br/tics/usuarios/2012/total-brasil/>. Acesso em: 6 ago. 2014.

Liberdade de expressão digital

Em 2010, na Tunísia, a troca de mensagens, fotos e vídeos foi essencial nos protestos contra o governo autoritário do general Ben Ali, que terminaram com a sua renúncia em 2011. A repressão da ditadura não impediu que milhares de tunisianos compartilhassem arquivos por meio de celulares e computadores. Os protestos se espalharam pelo país e conquistaram a opinião pública mundial, pressionando também governos e empresas multinacionais aliados ao regime autoritário.

Promovendo ideais

Pessoas e entidades têm pedido e oferecido apoio nas redes sociais para os mais diversos projetos: de dinheiro para financiar novos produtos a petições dirigidas a líderes mundiais. Na Rússia, a empresa de produtos orgânicos LavkaLavka solicitou cerca de 500 mil rublos (30 mil reais) para abrir uma nova loja. O montante foi arrecadado em três dias.

No Brasil, a Lei da Ficha Limpa, que restringe a candidatura de políticos com problemas com a justiça a cargos eletivos, nasceu de uma iniciativa popular apoiada por 1,6 milhão de cidadãos brasileiros, por meio de abaixo-assinados tradicionais e outros 2 milhões por meio de uma petição *on-line* em 2010.

Ritmos sem fios

Nas favelas de Buenos Aires, chamadas *villas miseria*, nasceu a *cumbia villera*, um ritmo musical popular nas periferias das cidades argentinas que se disseminou principalmente por meio de celulares com *bluetooth*, uma tecnologia de comunicação sem fio. O cantor *cumbiero* El Cave fornece os arquivos das músicas para o público durante suas apresentações.

Código aberto

Baixar programas para o computador ou para o celular tornou-se algo comum. Porém, muitas vezes a utilização deles tem restrições. Em resposta a isso, surgiram os programas de código aberto (*open source*, em inglês), baseados em um modelo de produção intelectual colaborativa no qual o desenvolvedor do programa não impõe restrições à sua disseminação nem a modificações. Desse modo, o programa pode ser utilizado em muitos computadores em qualquer lugar do mundo.

Fonte do mapa: Banco Mundial. *Mobile cellular subscriptions (per 100 people)*. Disponível em: <data.worldbank.org/indicator/IT.CEL.SETS.P2/countries/1W?display=map>. Acesso em: 6 ago. 2014.

SÍNTESE DA UNIDADE 2

- Atualmente o capitalismo é o sistema econômico e social que predomina na maior parte dos países; o socialismo está presente apenas em alguns países.
- As principais características do capitalismo são: propriedade privada dos meios de produção, economia de mercado, busca pelo lucro, exploração do trabalho assalariado, funcionamento de acordo com a lei da oferta e da procura por produtos e da concorrência entre empresas.
- As características das experiências socialistas são: economia planificada, estatização, pleno emprego e surgimento de uma classe burocrática muito poderosa.
- A Guerra Fria se caracterizou pela bipolaridade do mundo pela disputa por áreas de influência entre Estados Unidos (capitalistas) e União Soviética (socialista).
- O período da Guerra Fria encerrou-se com o fim da União Soviética em 1991. Com isso, os Estados Unidos passaram a ser a única potência, tendo início a Nova Ordem Mundial.
- A globalização se caracteriza pela intensa integração mundial, possibilitada pelos avanços tecnológicos nas comunicações e nos transportes.
- A economia global se beneficia da intensificação das trocas comerciais e dos fluxos financeiros, de informações e de pessoas.
- As empresas transnacionais, em geral com sede em países ricos e filiais em países em desenvolvimento, são atores centrais no mundo globalizado.
- A globalização não ocorre de maneira homogênea nas regiões mais ou menos desenvolvidas. No entanto, o acesso às novas tecnologias e à internet tem crescido mais rapidamente nas áreas mais pobres.

INDICAÇÕES

Para pesquisar

- **Scientific American Brasil <www.uol.com.br/sciam>**

A página da revista *Scientific American Brasil* apresenta textos sobre tecnologia, desenvolvimento e ciências em geral – pilares da globalização.

Para assistir

- **Encontro com Milton Santos ou o mundo global vista do lado de cá**

Direção: Silvio Tendler. Brasil: Caliban, 2006.

Por meio de conversas com o renomado geógrafo brasileiro Milton Santos, o documentário discute o que é a globalização, como ela tem ocorrido e como poderia ser diferente se contasse com a participação dos excluídos por ela.

Vídeo

Encontro com Milton Santos ou o mundo global visto do lado de cá

- **13 dias que abalaram o mundo**

Direção: Roger Donaldson. Estados Unidos: Europa Filmes, 2000.

O filme aborda um episódio da Guerra Fria que ficou conhecido como a Crise dos Mísseis, em 1962, quando mísseis direcionados para os Estados Unidos foram instalados pela União Soviética na Baía dos Porcos, em Cuba. Durante 13 dias, Estados Unidos e União Soviética realizaram negociações para evitar uma guerra nuclear.

Para ler

- **Conflitos do mundo: um panorama das guerras atuais**

Beatriz Canepa e Nelson Bacic Olic. São Paulo: Moderna, 2009.

O livro aborda um panorama dos conflitos do mundo. Durante a Guerra Fria a disputa era ideológica entre países, que resultou na divisão do mundo em dois blocos econômicos. Atualmente, a maior parte dos conflitos ocorre dentro do próprio Estado, por interesses étnicos, religiosos e culturais, por exemplo.

Mapas de fluxos com setas proporcionais

Mapas de fluxos com setas proporcionais mostram fluidez e movimento de diversos fenômenos que envolvem deslocamentos, como movimentos migratórios, importações e exportações, massas de ar, entre outros. Além de indicar o tipo de fluxo, esses mapas apresentam suas origens e seus destinos e indicam também a intensidade de cada fluxo.

A base das setas indica a origem dos fluxos, e a ponta, o destino. A intensidade é dada pela espessura das setas, cujas larguras devem ser proporcionais às quantidades representadas.

As diferentes larguras possibilitam o estabelecimento de comparações entre fluxos, contribuindo para o entendimento de diversos fenômenos.

Pratique

1. Qual região importou maior quantidade de petróleo em 2010? Qual foi seu maior fornecedor?
2. Quais foram os dois países americanos que exportaram mais petróleo para os Estados Unidos? Como você chegou a essa conclusão?
3. De que grupo de países vem a maior parte do petróleo importado pelo Japão?

COMÉRCIO DE PETRÓLEO – 2010

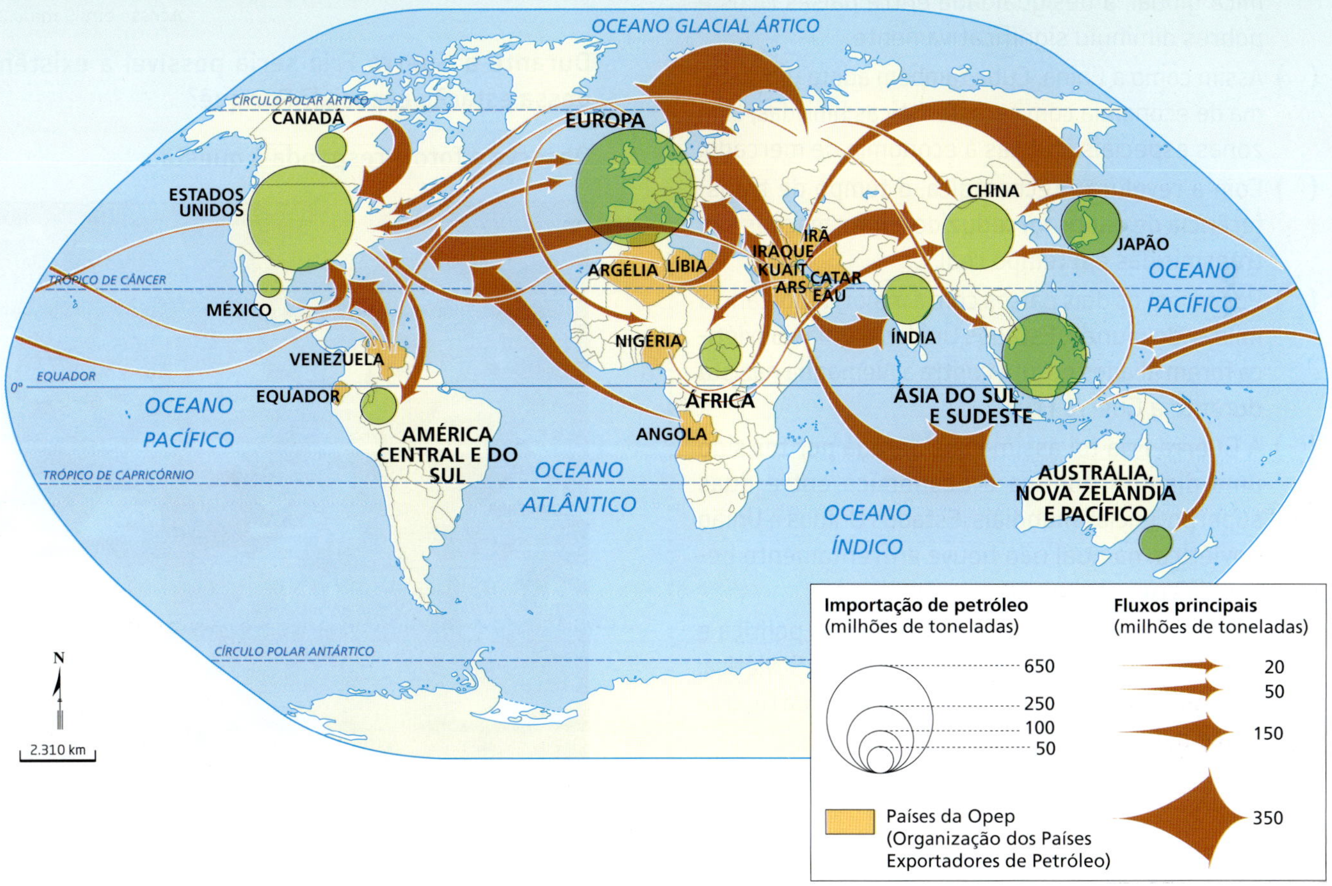

Fonte: FERREIRA, Graça M. L. *Moderno atlas geográfico*. 5. ed. São Paulo: Moderna, 2011. p. 75.

ATIVIDADES

ORGANIZE O CONHECIMENTO

1. Aponte a alternativa correta em relação ao sistema socialista:

a) a propriedade dos meios de produção é dos trabalhadores.

b) os empregados trabalham para os burgueses.

c) a economia é planificada pelo Estado.

d) há muitos desempregados.

e) os salários são definidos pelos próprios trabalhadores.

2. Por que o Muro de Berlim foi um símbolo da Guerra Fria?

3. Escreva um pequeno parágrafo sobre o trabalho na economia global.

4. O que são empresas transnacionais?

5. Indique quais afirmações a seguir são verdadeiras (V) e quais são falsas (F).

( ) Com a globalização e a maior integração econômica global, a desigualdade entre países ricos e pobres diminuiu significativamente.

( ) Assim como a China, Cuba também adota um sistema de economia com características híbridas, com zonas especiais abertas à economia de mercado.

( ) Com a revolução tecnológica, o tempo de transferência de dados foi reduzido e informações são transmitidas em tempo real.

( ) Por serem os dois países com a maior importância militar do mundo, Estados Unidos e União Soviética foram aliados na luta contra a Alemanha nazista durante a Guerra Fria.

( ) A Guerra Fria foi assim considerada por ter sido uma disputa política e econômica entre duas superpotências mundiais, Estados Unidos e União Soviética, na qual não houve enfrentamento bélico direto entre elas.

( ) *Glasnost* e *perestroika* foram reformas política e econômica do então presidente da União Soviética, Mikhail Gorbatchev, que aceleram o fim da Guerra Fria e a dissolução da União Soviética.

APLIQUE SEUS CONHECIMENTOS

6. Leia o texto e responda às perguntas.

"Com cabines para dormir, banheiros e espaço para fazer exercícios, a Estação Espacial Internacional lembra um hotel. O hotel mais veloz do mundo: viaja pelo espaço a 27 mil km/h. Além disso, se fosse um hotel, estaria constantemente em baixa temporada: recebeu apenas 98 visitantes em 12 anos de atividade. E conta com turistas que estão longe do lazer das férias. Eles passam o tempo todo pesquisando nos laboratórios científicos dentro da estação e trabalhando duro para instalar as pesadas peças que trouxeram da Terra. A construção desse complexo de 420 toneladas começou em 1998, depois de mais de uma década de estudos. Como seria impossível montá-lo na Terra e enviá-lo ao espaço, a solução foi fazer peças que pudessem ser lançadas por foguetes, uma por uma. A ISS (International Space Station, na sigla em inglês) foi construída como um quebra-cabeça, com investimentos de EUA, Japão, Rússia e alguns países da Europa – mas com ajuda de astronautas do mundo inteiro. Inclusive o brasileiro Marcos Pontes, engenheiro de sistemas que participou de testes das peças e depois da construção. [...]"

VAN DEURSEN, F.; ROMERO, L.; CARNEIRO, B.; BACKERS, D.; SANTI, A. de; DAVINO, R.; SARMENTO, J. *Superinteressante*. Disponível em: <http://super.abril.com.br/universo/como-funciona-estacao-espacial-internacional-743106.shtml>. Acesso em: 9 maio 2014.

Durante a Guerra Fria seria possível a existência dessa estação espacial? Por quê?

7. Observe a foto e responda à questão.

BRENT LEWIN/BLOOMBERG/GETTY IMAGES

Empregados operam máquinas em indústria de empresa transnacional do setor de tecidos em Thuan An (Vietnã, 2014).

Quais motivos devem ter influenciado essa corporação transnacional a optar por instalar sua fábrica no Vietnã?

8. Analise o gráfico a seguir.

MUNDO: EVOLUÇÃO DO NÚMERO DE LINHAS DE CELULARES – 2005-2014

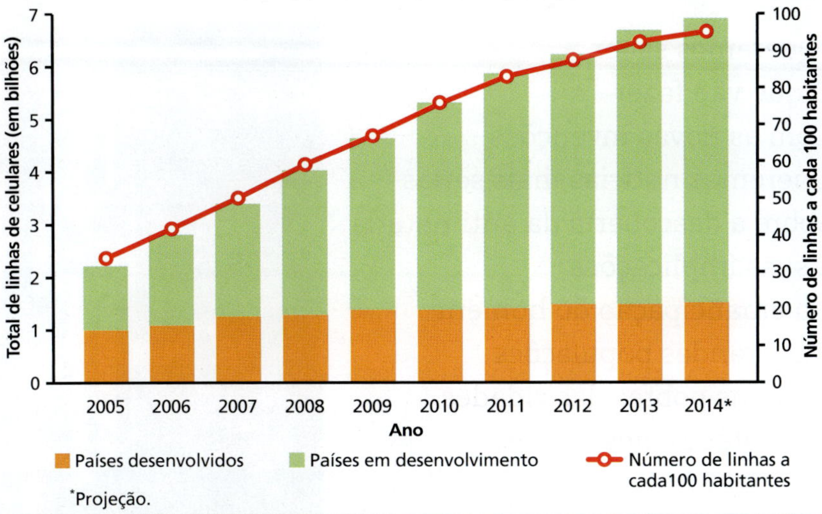

Fonte: UOL. ONU: número de celulares será igual ao de habitantes no mundo em 2014. Disponível em: <http://tecnologia.uol.com.br/noticias/redacao/2014/05/05/onu-numero-de-linhas-celulares-alcancara-o-de-habitantes-no-mundo-em-2014.htm>. Acesso em: 9 maio 2014.

a) Onde havia mais linhas de telefones celulares em 2014?

b) Onde cresce mais o uso de celulares?

c) Em 2007, havia aproximadamente 50 linhas de celular para cada 100 pessoas no mundo. O que isso significa?

9. Leia o texto a seguir.

Homem de Ferro 3, que estreou entre quarta e sexta-feira passada [24/4/2013] em 42 países, já arrecadou US$ 195,3 milhões de bilheteria, sem ainda ter sido lançado nos cinemas dos EUA, informou a produtora nesta segunda-feira (29).

Com isso, o filme estrelado por Robert Downey Jr. e Gwyneth Paltrow superou o recorde de outra bem-sucedida superprodução da Marvel, *Os Vingadores*. No ano passado, o *blockbuster* obteve US$ 185,1 milhões em seu fim de semana de estreia internacional, informou a Disney, proprietário dos estúdios Marvel.

O filme, que ficou em primeiro lugar em todos os países onde foi lançado, arrecadou US$ 21,5 milhões na Grã-Bretanha; US$ 19,2 milhões na Coreia do Sul; US$ 18,4 milhões na Austrália; e US$ 16,1 milhões no México.

O primeiro *Homem de Ferro* (2008) acumulou US$ 585 milhões em bilheteria, e o segundo da franquia (2010) conseguiu US$ 625 milhões."

G1. *Homem de Ferro* 3 bate recorde de bilheteria em estreia mundial. Disponível em: <http://g1.globo.com/pop-arte/cinema/noticia/2013/04/homem-de-ferro-3-bate-recorde-de-bilheteria-em-estreia-mundial-1.html>. Acesso em: 9 maio 2014.

Comente a notícia relacionando-a ao processo de globalização.

DESAFIO

10. O Portal Domínio Público, lançado em novembro de 2004, propõe o compartilhamento de conhecimentos de forma equânime e gratuita, colocando à disposição de todos os usuários da Internet uma biblioteca virtual que deverá constituir referência para professores, alunos, pesquisadores e para a população em geral. Esse portal constitui um ambiente virtual que permite a coleta, a integração, a preservação e o compartilhamento de conhecimentos, sendo seu principal objetivo o de promover o amplo acesso às obras literárias, artísticas e científicas (na forma de textos, sons, imagens e vídeos) já em domínio público ou que tenham a sua divulgação devidamente autorizada.

Portal Domínio Público. Missão. Disponível em: <www.dominiopublico.gov.br/Missao/Missao.jsp>. Acesso em: 9 maio 2014.

A disponibilização dessa biblioteca virtual só foi possível por causa, diretamente,

a) da corrida armamentista.

b) da economia globalizada.

c) da revolução nos transportes.

d) das inovações tecnológicas nas telecomunicações.

e) todas as anteriores.

Na década de 1970, Gilberto Gil compôs uma música questionando as consequências dos avanços tecnológicos que surgiam naquele momento. Muitas dessas perguntas ainda não têm resposta hoje, e a dúvida quanto ao destino da humanidade – mesmo em um mundo tão controlado pelo ser humano – continua pertinente.

Queremos saber

"Queremos saber
O que vão fazer
Com as novas invenções
Queremos notícias mais sérias
Sobre a descoberta da antimatéria
E suas implicações
Na emancipação do homem
Das grandes populações
Homens pobres das cidades
Das estepes, dos sertões

Queremos saber
Quando vamos ter
Raio *laser* mais barato
Queremos de fato um relato
Retrato mais sério
Do mistério da luz
Luz do disco voador
Pra iluminação do homem
Tão carente e sofredor
Tão perdido na distância
Da morada do Senhor

Queremos saber
Queremos viver
Confiantes no futuro
Por isso se faz necessário
Prever qual o itinerário da ilusão
A ilusão do poder
Pois se foi permitido ao homem
Tantas coisas conhecer
É melhor que todos saibam
O que pode acontecer

Queremos saber
Queremos saber
Todos queremos saber."

GIL, Gilberto. Queremos saber. GIL, Gilberto. *O Viramundo*. São Paulo: Universal Music, 1976.

GLOSSÁRIO

Antimatéria: conceito da Física que define o oposto da matéria normal, da qual é feita a maior parte do nosso universo.
Emancipação: libertação, independência.
Itinerário: caminho, trajeto.

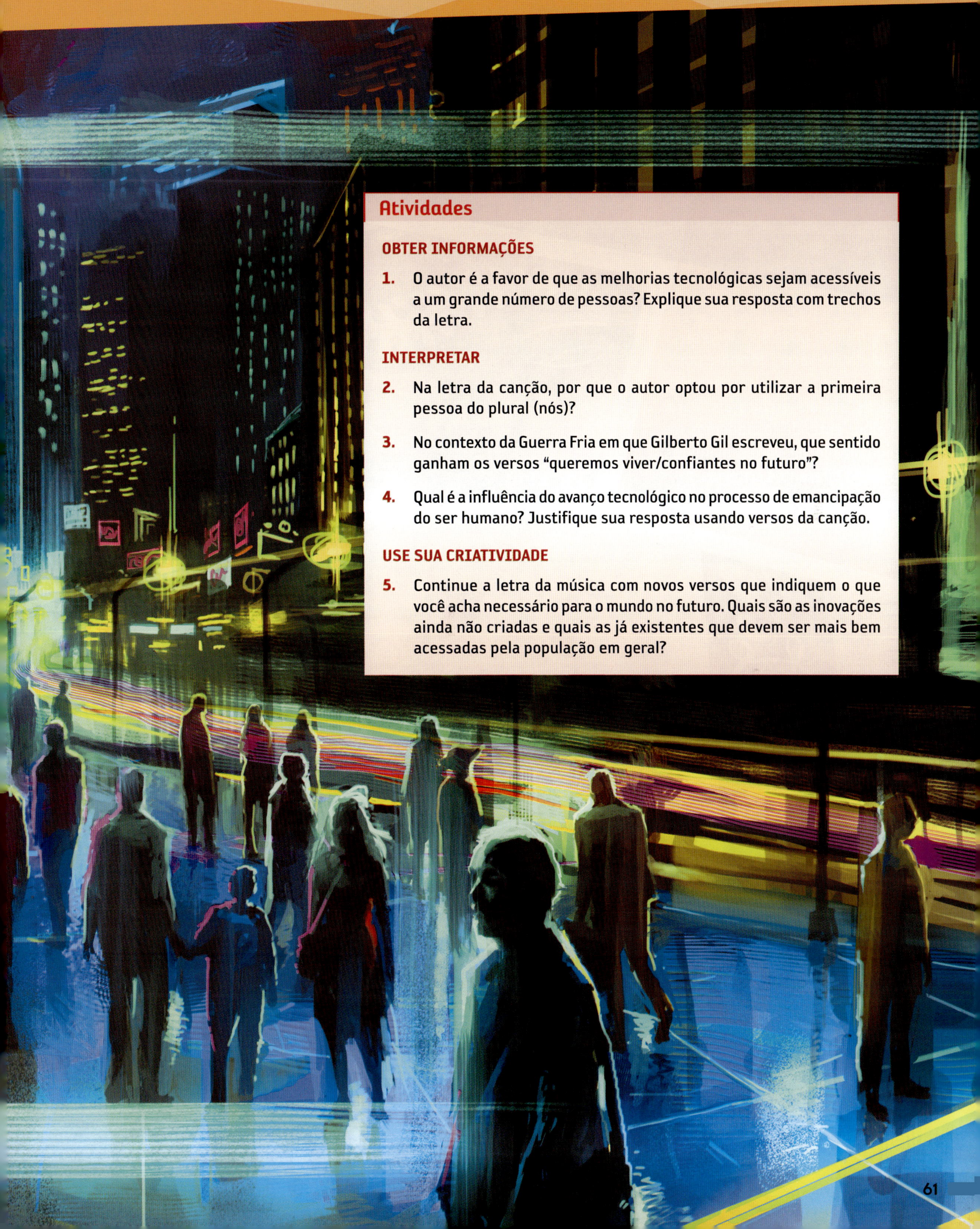

Atividades

OBTER INFORMAÇÕES

1. O autor é a favor de que as melhorias tecnológicas sejam acessíveis a um grande número de pessoas? Explique sua resposta com trechos da letra.

INTERPRETAR

2. Na letra da canção, por que o autor optou por utilizar a primeira pessoa do plural (nós)?

3. No contexto da Guerra Fria em que Gilberto Gil escreveu, que sentido ganham os versos "queremos viver/confiantes no futuro"?

4. Qual é a influência do avanço tecnológico no processo de emancipação do ser humano? Justifique sua resposta usando versos da canção.

USE SUA CRIATIVIDADE

5. Continue a letra da música com novos versos que indiquem o que você acha necessário para o mundo no futuro. Quais são as inovações ainda não criadas e quais as já existentes que devem ser mais bem acessadas pela população em geral?

UNIDADE 3

REGIONALIZAÇÃO DO ESPAÇO MUNDIAL

O mundo pode ser percebido de várias formas: por seus aspectos políticos, econômicos, sociais e culturais. Para melhor entendê-lo, podemos regionalizá-lo de várias maneiras, usando diferentes critérios.

LORENZO DE SIMONE/AGE FOTOSTOCK/AGB PHOTO

Começando a Unidade

Considerando o que você conhece sobre a diversidade entre os países, você saberia dizer de quais regiões do mundo o Brasil faz parte?

Turistas observam mapa gigante que integra o monumento Padrão dos Descobrimentos, localizado em Lisboa (Portugal, 2007). O monumento homenageia os navegadores portugueses que exploraram diferentes pontos do mundo a partir do século XV.

TEMA

1 As diferentes formas de regionalização

Para compreender melhor o espaço geográfico, costumamos regionalizá-lo com base em diversos critérios. A regionalização facilita a análise e a compreensão da realidade.

Critérios de regionalização

A regionalização pode ser feita por diferentes critérios, que englobam, por exemplo, **aspectos naturais**, como clima, hidrografia e vegetação; **econômicos**, como produção industrial ou agrícola, renda *per capita* e uso de tecnologia; **políticos**, como regimes de governo (democracia, ditadura); **indicadores sociais**, como taxas de mortalidade infantil e de fecundidade e o Índice de Desenvolvimento Humano (IDH); além de **aspectos culturais**, como religiões, etnias, entre muitos outros.

Nas regionalizações podemos estudar o conjunto de países, comparando diferenças e semelhanças, e analisar aspectos gerais e particulares.

Primeiro, Segundo e Terceiro Mundos

Após a Segunda Guerra Mundial, durante a Guerra Fria, o mundo estava bipolarizado entre os Estados Unidos, capitalista, e a União Soviética, socialista.

Diante dessa realidade, o demógrafo francês Alfred Sauvy utilizou o termo Terceiro Mundo, em artigo escrito em 1952, para se referir aos países economicamente mais frágeis e com pouca influência política nas decisões mundiais. Com base nisso, surgiu uma nova regionalização do mundo, que classificou os países em Primeiro, Segundo e Terceiro Mundos.

O **Primeiro Mundo** correspondia aos países capitalistas desenvolvidos, como Estados Unidos, Canadá, países da Europa Ocidental e Japão (figura 1); o **Segundo Mundo** era formado pelos países socialistas, como União Soviética, China, Cuba e países do Leste Europeu (figura 2); e o **Terceiro Mundo**, pelos países capitalistas subdesenvolvidos (figura 3).

P. BATCHELDER/ALAMY/GLOW IMAGES

Figura 1. A população dos países de Primeiro Mundo apresentavam altos níveis de consumo. Na foto, centro comercial na cidade de Tóquio (Japão, 2008).

As expressões Primeiro, Segundo e Terceiro Mundos passaram a ser utilizadas nos meios de comunicação e em estudos sobre a desigualdade entre os países.

Em 1955, o termo Terceiro Mundo foi oficialmente adotado durante a Conferência de Bandung, realizada na Indonésia. Nesse encontro, reuniram-se 29 países asiáticos e africanos subdesenvolvidos, muitos deles herdeiros de um passado de dominação colonial. Em plena Guerra Fria, esses países buscavam afirmar sua soberania política diante das potências mundiais, rejeitando o racismo e o colonialismo e colocando-se como não alinhados aos Estados Unidos ou à União Soviética.

No final da década de 1980, a desestruturação da União Soviética tornou a expressão Segundo Mundo obsoleta, uma vez que muitos países socialistas passaram a adotar o capitalismo como sistema econômico.

TIBOR SOMOGYI/ISIFA/GETTY IMAGES

Figura 2. Vista da cidade de Budapeste (Hungria, 2014). Até o fim da década de 1980, o país esteve sob influência da União Soviética, política e economicamente, sendo parte, assim, do Segundo Mundo.

SPENCER PLATT/GETTY IMAGES

Figura 3. Entre as características dos países de Terceiro Mundo, estavam as más condições de moradia e a baixa renda da população. Atualmente, o Haiti é o país mais pobre do continente americano. Na foto, a capital Porto Príncipe (Haiti, 2012).

TEMA

2 Regionalização pelo nível de desenvolvimento

O mundo pode ser regionalizado considerando critérios econômicos e também o grau de influência das nações no cenário mundial.

Países do Norte e Países do Sul

Com o fim da Guerra Fria e da bipolaridade entre Estados Unidos e União Soviética, as contradições econômicas e sociais entre os **países desenvolvidos** e os **países subdesenvolvidos** tornaram-se mais evidentes, acirrando a relação entre eles.

Nesse cenário internacional modificado, criou-se outra regionalização para o mundo. De acordo com o nível de desenvolvimento, as nações foram classificadas em: Países do Norte e Países do Sul.

Como a maior parte dos países ricos está situada no Hemisfério Norte, eles passaram a ser chamados de **Países do Norte**. Austrália e Nova Zelândia se situam no Hemisfério Sul, mas, pela similaridade de suas condições de vida e de desenvolvimento econômico com as das nações desenvolvidas do Hemisfério Norte, também foram agregadas ao Norte.

Os **Países do Sul**, situados no Hemisfério Sul, são os subdesenvolvidos, mas existem vários países pobres também no Hemisfério Norte, principalmente na Ásia. Observe o mapa da figura 4.

FIGURA 4. PAÍSES DO NORTE E PAÍSES DO SUL

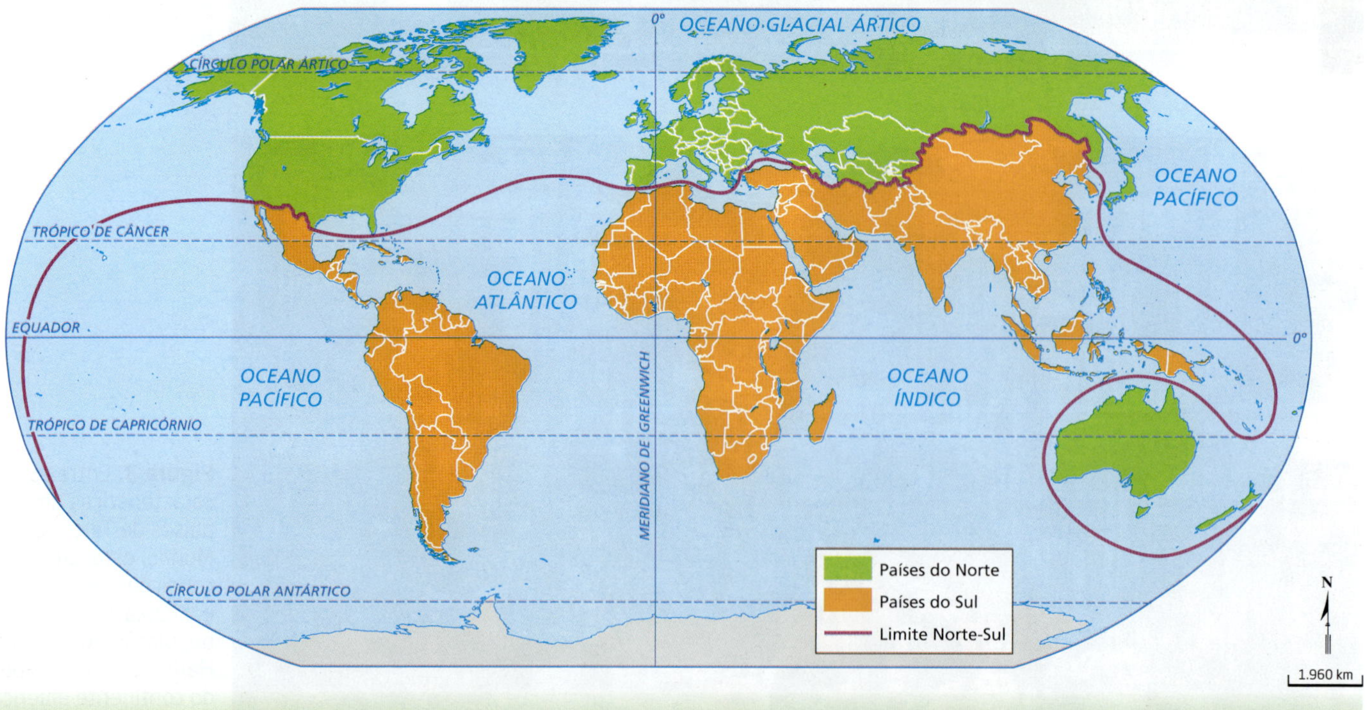

Fonte: FERREIRA, Graça M. L. *Geografia em mapas*: países do Sul. 2. ed. São Paulo: Moderna, 2005. p. 3.

Países desenvolvidos, subdesenvolvidos e em desenvolvimento

Durante muito tempo, usou-se o termo **desenvolvidos** para qualificar os países ricos, cujas populações apresentam boa qualidade de vida, e **subdesenvolvidos** para designar os países pobres.

O termo **subdesenvolvimento** foi sendo preterido porque traria embutida a noção de que esse estágio seria superado e os países subdesenvolvidos conseguiriam atingir o nível de desenvolvimento. No entanto, essa noção não corresponde à realidade, porque não necessariamente um país subdesenvolvido consegue ultrapassar suas barreiras e alcançar desenvolvimento econômico e social.

À designação subdesenvolvidos, a ONU contrapõe a expressão **em vias de desenvolvimento**.

Países desenvolvidos

Os países desenvolvidos são também chamados de **industrializados** ou **ricos**, e sua economia forte e dinâmica lhes garante alto Produto Interno Bruto (PIB). O maior PIB do mundo é o dos Estados Unidos, que em 2013 foi de 16,7 trilhões de dólares. Em seguida, vem o do Japão, de 5,0 trilhões de dólares, e o da Alemanha, de 3,5 trilhões de dólares.

Os países ricos são os que têm os maiores PIBs *per capita* do mundo. O PIB *per capita* é obtido dividindo-se o PIB de um país pelo número de habitantes. Ele nos oferece uma ideia do padrão de vida e dos níveis de consumo dos países. Observe o mapa da figura 5.

De olho nos mapas

Compare as figuras 4 e 5. A regionalização do mundo em Países do Norte e Países do Sul reflete a atual distribuição do PIB *per capita* nos países? Justifique.

FIGURA 5. MUNDO: PIB *PER CAPITA* – 2013

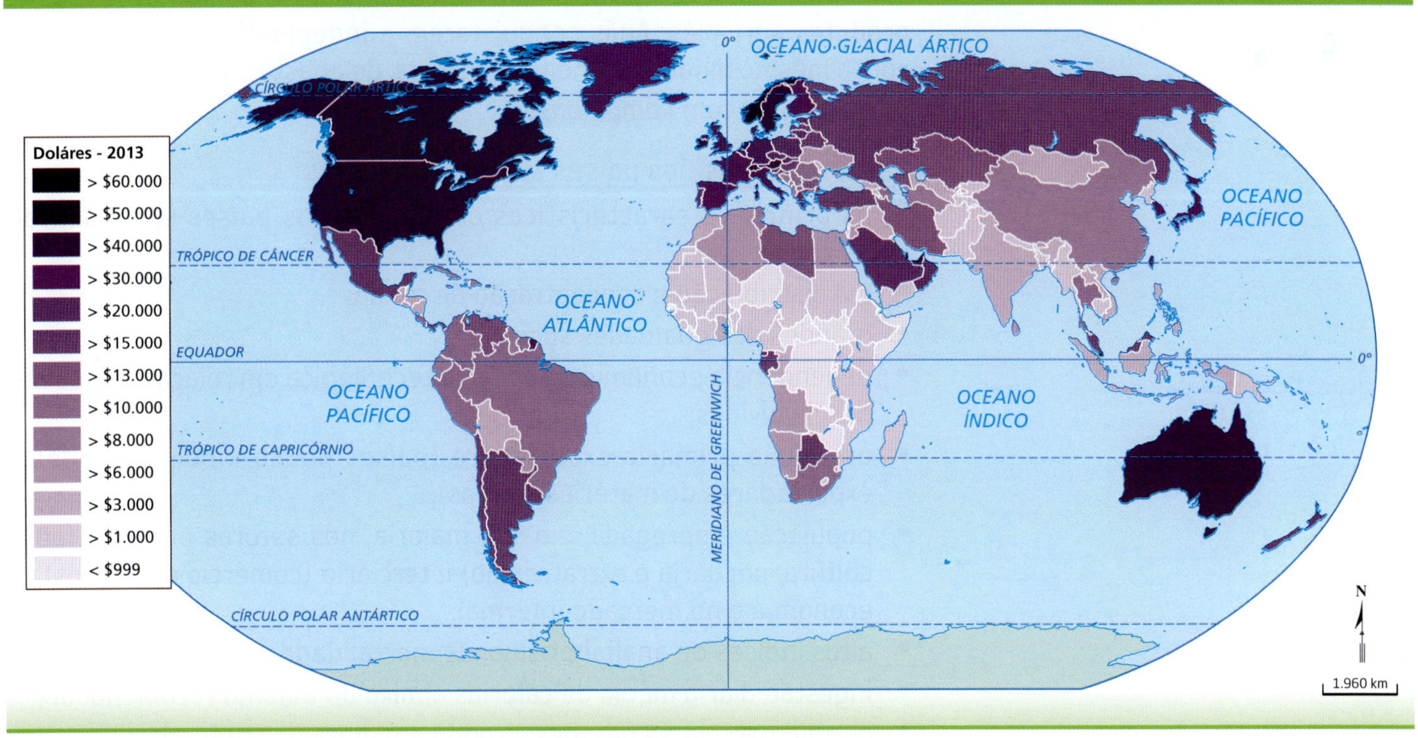

Fonte: CIA World Factbook. Disponível em: <www.cia.gov/library/publications/the-world-factbook/fields/2004.html#xx>. Acesso em: 16 mar. 2013.

GLOSSÁRIO

Royalty: valor pago a quem detém uma tecnologia, marca, patente ou processo de produção pelos direitos de exploração, uso, distribuição ou comercialização do referido produto ou tecnologia. O detentor desse direito recebe uma porcentagem sobre o lucro ou um valor estabelecido com antecedência.

Commodity: produto primário comercializado em larga escala no mercado internacional. São exemplos o minério de ferro, o petróleo, o café, a soja, entre outros.

Qualidade de vida

Nos países desenvolvidos, a qualidade de vida é boa e a maior parte da população tem supridas suas necessidades básicas, como educação, moradia, saneamento básico e assistência à saúde.

Embora existam pessoas com altíssimo poder aquisitivo, a distribuição de renda nos países desenvolvidos não é tão desigual quanto em países pobres ou em vias de desenvolvimento.

Domínio econômico e tecnológico

Os países desenvolvidos foram os primeiros a se industrializar. Eles sediam empresas transnacionais e efetuam grandes investimentos em pesquisas científicas, o que proporciona o avanço das tecnologias usadas para aprimorar os processos de produção e também gera retorno financeiro na forma de *royalties*. Os países desenvolvidos dispõem, também, de maior poder de decisão nos organismos internacionais, como a Organização das Nações Unidas (ONU), a Organização Mundial do Comércio (OMC) e o Fundo Monetário Internacional (FMI).

Cabe destacar que o grupo dos países desenvolvidos não é homogêneo. Alguns deles, como os Estados Unidos, o Japão e a Alemanha, atingiram um alto nível de desenvolvimento tecnológico, principalmente nos ramos de informática, microinformática, aeroespacial, nuclear e de biotecnologia. Outros, como a Espanha e Portugal, apresentam menor desenvolvimento tecnológico e economia menos expressiva, exercendo por isso menor influência na economia mundial.

Países subdesenvolvidos

Os países subdesenvolvidos foram, em sua maioria, colônias dominadas por metrópoles europeias que enriqueceram com a exploração de madeiras, minérios (principalmente ouro, prata e pedras preciosas) e produtos agrícolas. Após conquistarem a independência, continuaram com o mesmo modelo econômico, ou seja, de abastecimento do mercado internacional com *commodities*.

Características dos países subdesenvolvidos

As principais características da maioria dos países subdesenvolvidos são:

- má distribuição e concentração de renda;
- grandes desigualdades sociais;
- dependência econômica, política e tecnológica em relação aos países desenvolvidos;
- economia primário-exportadora (países pouco industrializados e exportadores de matérias-primas);
- população empregada, em sua maioria, nos setores primário (agricultura, pecuária e extrativismo) e terciário (comércio e serviços) da economia e no mercado informal;
- altos índices de analfabetismo, de mortalidade e de natalidade;
- ingestão diária média de calorias abaixo do mínimo recomendado;
- grande parcela de pessoas vivendo em moradias precárias;
- proliferação de grandes centros urbanos com infraestrutura insuficiente.

Graus de desenvolvimento

O grau de ocorrência dos problemas mencionados, porém, varia de um país a outro.

No continente americano, por exemplo, pode-se observar um forte contraste de desenvolvimento econômico e social entre os **países subdesenvolvidos pouco industrializados**, como o Haiti e a Guatemala, e os **países subdesenvolvidos industrializados**, ou **países em desenvolvimento**, como o Brasil, o México e a Argentina. O mesmo ocorre em outras áreas do planeta.

A ONU adota a expressão *Least Developed Country* (LDC), ou **países menos desenvolvidos**, para os países mais pobres do mundo, que estão concentrados na África, na Ásia e na América. Entre eles estão Moçambique, Serra Leoa, Sudão, Guiné Bissau, Iêmen e Haiti.

Países em desenvolvimento

Os países subdesenvolvidos industrializados ou **em desenvolvimento** são países pobres que dispõem de um padrão de vida entre baixo e médio, com uma base industrial em desenvolvimento. Esses países apresentam um crescimento econômico e social maior que o dos demais países subdesenvolvidos e são capazes de atrair investimentos internacionais em razão das vantagens competitivas que oferecem, como mão de obra e recursos naturais baratos, incentivos fiscais e legislação ambiental pouco rigorosa etc.

México, Argentina, Brasil, África do Sul, Turquia, Indonésia, Malásia, Índia e China são exemplos de países subdesenvolvidos industrializados ou países em desenvolvimento. Contudo, apesar do crescimento econômico verificado, principalmente nas últimas décadas do século XX e no início do século XXI, esses países não conseguiram solucionar problemas característicos de nações pobres: analfabetismo, mortalidade infantil elevada, carência de moradias e de saneamento básico etc. (figura 6).

Países como Brasil, México, Argentina, África do Sul e Índia, que dispunham de matérias-primas e mão de obra baratas, de grande mercado consumidor e fontes de energia, foram escolhidos para abrigar grande número de empresas transnacionais. Com isso, continuaram a exportar matérias-primas para os países desenvolvidos, mas também passaram a exportar produtos industrializados, geralmente com baixa tecnologia.

BRUNO CORTÉS/DEMOTIX/CORBIS/LATINSTOCK

Figura 6. Considerado um país de economia emergente, o México ainda apresenta graves problemas sociais. Na foto, favela na Cidade do México (México, 2012).

ATIVIDADES

ORGANIZE O CONHECIMENTO

1. **Cite alguns critérios que podemos usar para regionalizar o espaço mundial e dê um exemplo para cada critério mencionado.**

2. **Analise cada sentença a seguir e classifique-as em verdadeiras (V) ou falsas (F).**

( ) Índia, Rússia e China são considerados Países do Norte.

( ) Há mais países desenvolvidos do que subdesenvolvidos atualmente.

( ) O Brasil é considerado um país em desenvolvimento.

( ) Os países desenvolvidos sediam empresas transnacionais e efetuam grandes investimentos em pesquisas científicas.

( ) Nos países em desenvolvimento, de economias emergentes, encontramos grandes diferenças econômicas e sociais.

3. **Sobre as classificações dos países quanto aos níveis de desenvolvimento, indique a alternativa correta.**

a) A divisão do mundo em Primeiro Mundo, Segundo Mundo e Terceiro Mundo é ainda bastante atual.

b) Atualmente está sendo amplamente utilizada a seguinte classificação: Países do Norte e Países do Sul.

c) Dentre as características dos países desenvolvidos, encontram-se as seguintes: alto desenvolvimento tecnológico, elevada renda *per capita*, elevada expectativa de vida.

d) Na Guerra Fria, os países capitalistas eram aliados dos Estados Unidos e os países socialistas, da União Soviética. Com o fim da União Soviética, criou-se uma nova regionalização dividindo o mundo em Primeiro e Segundo Mundos.

e) Hoje em dia as diferenças entre os países subdesenvolvidos e desenvolvidos são mínimas.

4. **Em relação à regionalização em países desenvolvidos e subdesenvolvidos:**

a) quais são as críticas ao uso da classificação "países subdesenvolvidos"?

b) usando esse critério de regionalização, poderíamos colocar o Brasil e o Haiti no mesmo patamar? Justifique sua resposta.

APLIQUE SEUS CONHECIMENTOS

5. **As fotos a seguir mostram duas situações na Índia. Como você classificaria a Índia, segundo o critério de regionalização de desenvolvimento e subdesenvolvimento. Por quê?**

NARINDER NALU/AFP PHOTO/OTHER IMAGES

FRANK BIENEWALD/LIGHTROCKET VIA GETTY IMAGES

(A) Indústria farmacêutica em Rupnagar (Índia, 2013); (B) Más condições de moradia em Mumbai (Índia, 2013).

6. **Reúnam-se em grupos e procurem dados e informações sobre países subdesenvolvidos que a ONU classifica como países menos desenvolvidos, ou seja, os mais pobres do mundo. Cada grupo deverá pesquisar ao menos dois países. Com o professor, marquem um dia para apresentar o trabalho em seminário.**

QUAL É O PROBLEMA?

Planejamento insuficiente nas regiões metropolitanas

Assim como o espaço mundial pode ser regionalizado, países, estados e cidades também podem ser subdivididos em regiões.

Uma **região metropolitana** é uma área urbanizada formada por uma cidade-núcleo e suas cidades adjacentes, onde há forte integração entre elas. Os municípios devem cooperar entre si na oferta de serviços públicos de interesse comum para a população, como os serviços de saneamento básico e de transporte coletivo.

Para que a oferta de serviços integrada possa ser eficiente, é necessário que os municípios envolvidos desenvolvam planejamento conjunto para que se chegue a uma política comum que contemple as necessidades de todos.

No entanto, grande parte das regiões metropolitanas não tem um órgão gestor de planejamento conjunto. Assim, cada município executa suas ações independentemente das condições e necessidades dos municípios vizinhos.

A falta de planejamento metropolitano pode acarretar na **deseconomia urbana**, ou seja, quando o crescimento populacional não é acompanhado por políticas adequadas de moradia, geração de empregos, transportes e saneamento ambiental.

Exemplos de planejamento metropolitano, com criação de um órgão específico para esse fim, podem ser vistos em Paris, Londres, Nova York e Tóquio. No Brasil, a região metropolitana mais bem estruturada nesse sentido é a de Curitiba, que desde 1974 conta com a Coordenação da Região Metropolitana de Curitiba (Comec). Esse órgão dirige o desenvolvimento urbano da metrópole, com avanços, sobretudo, na questão dos transportes, tendo implementado um modelo que virou referência mundial.

- A participação da população na tomada das decisões que influem na qualidade de vida das cidades é muito importante. Procure saber sobre gestão conjunta nas regiões metropolitanas. Para tal, acesse *sites* sobre regiões metropolitanas e faça uma pesquisa sobre o assunto.

HENRY MILLEO/AGÊNCIA DE NOTÍCIAS GAZETA DO POVO

O planejamento conjunto permite que linhas intermunicipais de ônibus e trens transportem diariamente milhares de pessoas entre Curitiba e os demais municípios da região metropolitana (PR, 2012).

TEMA

3 A regionalização pelo Índice de Desenvolvimento Humano (IDH)

Uma forma de regionalizar o mundo é baseada no Índice de Desenvolvimento Humano, que mede a qualidade de vida de uma população.

O Índice de Desenvolvimento Humano

O **Índice de Desenvolvimento Humano** (**IDH**) foi criado em 1990 pelo economista paquistanês Mahbub ul Haq, com a colaboração do economista indiano Amartya Sen, ganhador do Prêmio Nobel de Economia de 1998. Desde 1993, o Programa das Nações Unidas para o Desenvolvimento (Pnud) vem usando esse índice em seu relatório anual. Ele foi criado como um contraponto à classificação dos países feita somente com base no Produto Interno Bruto (PIB) ou na renda *per capita*, em que se considera apenas a dimensão econômica do desenvolvimento.

O IDH serve para a comparação entre os países como medida do grau de desenvolvimento econômico e da qualidade de vida da população.

O cálculo do IDH

Desde 2010, quando o *Relatório de Desenvolvimento Humano* completou 20 anos, novas metodologias foram incorporadas para o cálculo do IDH. Os três fatores para o cálculo do IDH são **saúde**, **educação** e **renda**.

Para avaliar o componente educação, usam-se a **média de escolaridade da população** e a **expectativa de escolaridade** para crianças que estão começando a estudar. No caso do componente saúde, usa-se na avaliação a **idade média de vida** dos habitantes. O índice de renda é obtido pela **Renda Nacional Bruta** (**RNB**) *per capita*.

O IDH varia de 0 a 1. Quanto mais próximo de 1, mais bem classificado é o país. O índice também pode ser calculado para cidades, estados e regiões.

Em 2010, a ONU, em seu *Relatório de Desenvolvimento Humano*, criou novos índices para avaliar a realidade dos diferentes países. São eles:

- Índice de Desenvolvimento Humano Ajustado à Desigualdade (IDHAD): utiliza os três componentes de avaliação do IDH, porém ajustados a um índice de desigualdade. O IDHAD indica as desigualdades existentes entre as pessoas, pois não é toda a população que tem acesso à renda que garanta minimamente suas necessidades, à educação e a um sistema de saúde de qualidade.
- Índice de Desigualdade de Gênero (IDG): reflete a desigualdade entre homens e mulheres, usando como indicadores a saúde reprodutiva da mulher e a comparação entre mulheres e homens no que se refere à capacitação e à taxa de participação no mercado de trabalho.
- Índice de Pobreza Multidimensional (IPM): indica as privações individuais quanto à educação, à saúde e ao padrão de vida da população.

+ Diversidade

Analfabetismo entre mulheres

Segundo a Unesco, as mulheres representam dois terços dos 774 milhões de adultos analfabetos e não tem havido redução dessa proporção desde 1990.

Segundo estimativas, as mulheres jovens de baixa renda dos países em desenvolvimento não estarão todas alfabetizadas até 2072. Sabe-se que as mulheres com maior nível educacional conseguem ter famílias mais saudáveis, com maior rendimento e, assim, contribuem para o crescimento de seus países.

- As diferenças dos papéis entre homens e mulheres na sociedade podem estar associadas aos fatos apresentados no texto? Por quê?

Classificação dos países de acordo com seu IDH

Os países podem ser classificados em uma destas quatro categorias: IDH muito elevado; IDH elevado; IDH médio; e IDH baixo. Reveja a tabela 1 da página 19 e observe o mapa da figura 7.

Audiovisual

Índice de desenvolvimento humano (IDH)

FIGURA 7. MUNDO: IDH – 2012

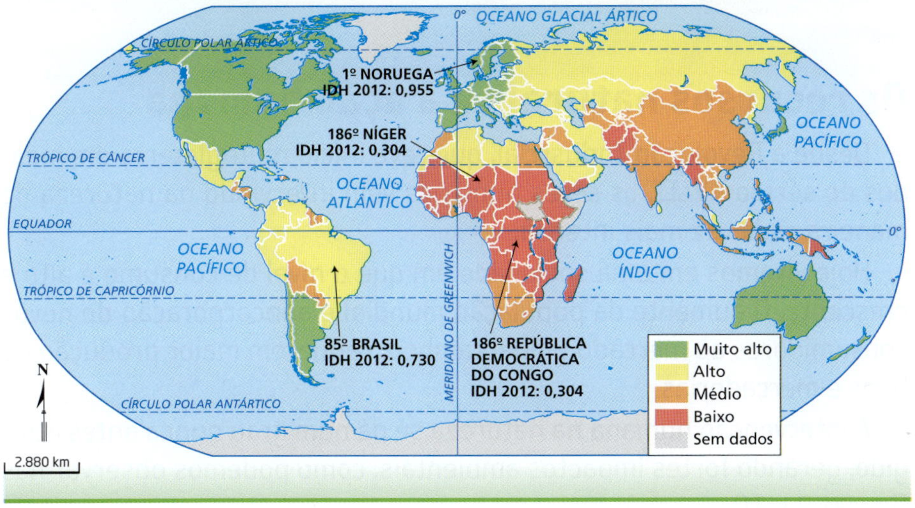

Fonte: GLOBO.COM. Os resultados do IDH 2012. Disponível em: <http://oglobo.globo.com/infograficos/idh-2012/>. Acesso em: 16 abr. 2014.

A evolução do IDH

De maneira geral, todos os países tiveram aumento na qualidade de vida de suas populações nos últimos vinte anos. As regiões onde isso ocorreu de forma mais significativa foram a Ásia e o norte da África. Alguns países das porções central e meridional da África, por sua vez, apresentaram piora na qualidade de vida. Observe o mapa da figura 8.

Segundo o Pnud, a evolução do IDH no Brasil foi altamente positiva entre 1990 e 2010, embora tenha subido muito lentamente nos últimos anos. Em 1990, o IDH do Brasil era de 0,590; em 2000, 0,669; e uma década depois, em 2010, o índice foi de 0,726.

FIGURA 8. MUNDO: EVOLUÇÃO DO IDH – 1990-2010

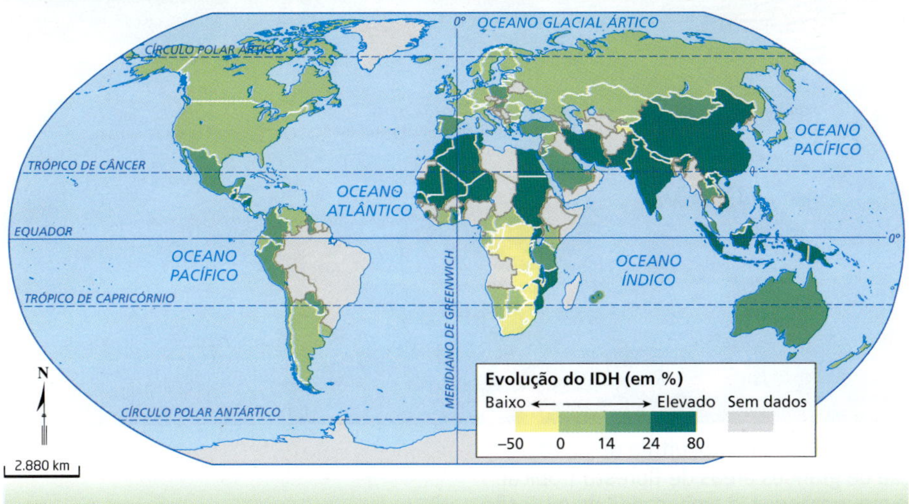

Fonte: SCIENCES PO. Atelier de Cartographie. Disponível em: <cartographie.sciences-po.fr/fr/volution-de-l-idh-1990-2010>. Acesso em: 16 abr. 2014.

De olho no mapa

Por que países desenvolvidos, como os Estados Unidos e o Canadá, apresentaram elevações pouco expressivas no IDH de 1990 a 2010.

TEMA

4 Regionalização por critérios ambientais

Os recursos naturais não são distribuídos de forma homogênea pela crosta terrestre. Aspectos ambientais também podem ser usados como critério para regionalização.

Os recursos naturais e a ação humana

Desde a Revolução Industrial, que teve início na Inglaterra em meados do século XVIII, os seres humanos vêm intervindo na natureza de maneira cada vez mais intensa.

Hoje vivemos em uma sociedade em que o nível de consumo é alto e crescente. O aumento da população mundial e a incorporação de novos consumidores ao mercado global também requerem maior produção de bens e mercadorias.

A intervenção humana na natureza se dá num grau nunca antes atingido, gerando fortes impactos ambientais, como podemos observar nas figuras 9 e 10.

BAY ISMOYO/AFP/OTHER IMAGES

Figura 9. Plantação de dendê (Indonésia, 2014). Na Indonésia, a monocultura do dendezeiro para produção de azeite tem provocado a devastação de grandes áreas de floresta tropical. O cultivo ainda coloca em risco o habitat de tigres e orangotangos já ameaçados de extinção.

EYAD AL BABA/ZUMA PRESS/EASYPIX

Figura 10. Aterro sanitário em Rafah, território palestino próximo à fronteira entre Egito e Israel (2013). O descarte do lixo sólido é um problema cada vez maior em âmbito global.

A ação humana e os impactos ambientais

O uso indiscriminado dos recursos naturais vem gerando sérios problemas ao meio ambiente. O desperdício, a má gestão, o uso intensivo sem os cuidados de preservação e as formas de descarte são responsáveis pelos inúmeros problemas ambientais do século XXI. A realidade mostra que existem poucas ações concretas para reverter esse quadro cada vez mais grave.

Entre os problemas ambientais, destacam-se: a degradação dos solos e a consequente perda de fertilidade; a desertificação; o estresse hídrico, causado sobretudo pelo uso intensivo de água em irrigação agrícola (figura 11); e o aquecimento global, que muitos cientistas acreditam que seja agravado pelo liberação de gás carbônico na atmosfera decorrente do uso de combustíveis fósseis.

Figura 11. Mulher retira água de um poço (Marrocos, 2013). A escassez de água se coloca como um dos grandes problemas do planeta para os próximos anos. Em grande parte da Ásia e em alguns países africanos, a situação já é crítica.

ERIC TEISSEDRE/AFP/OTHER IMAGES

Impactos ambientais em países ricos e em países pobres

Nos países ricos, a legislação relativa ao controle ambiental tende a ser mais rígida e a fiscalização é mais eficiente do que nos países pobres. Em compensação, o consumo nos países desenvolvidos é muito maior, o que gera uma pressão mundial pelo uso de recursos naturais.

Também nos países ricos, a tecnologia incorporada nas atividades produtivas, como a agropecuária, geralmente causa menor impacto ambiental. As grandes transnacionais são obrigadas a obedecer diversas normas e regras em seus países de origem que sequer pensam em seguir em países pobres e emergentes onde atuam, visto que, nestes, normalmente a legislação é muito mais branda e a fiscalização ineficiente.

Como resultado, nos países pobres ou em desenvolvimento a exploração de recursos naturais tem colocado em risco áreas com elevada diversidade ambiental, ocupadas por um grande número de espécies vegetais e animais.

Considerando aspectos ambientais, podemos utilizar, por exemplo, a **desertificação** ou a **biodiversidade ameaçada** como critérios de regionalização. Veja a figura 12.

De olho no mapa

Identifique as regiões de biodiversidade ameaçada na América do Sul e indique quais delas abrangem parte do território brasileiro.

FIGURA 12. MUNDO: BIODIVERSIDADE AMEAÇADA

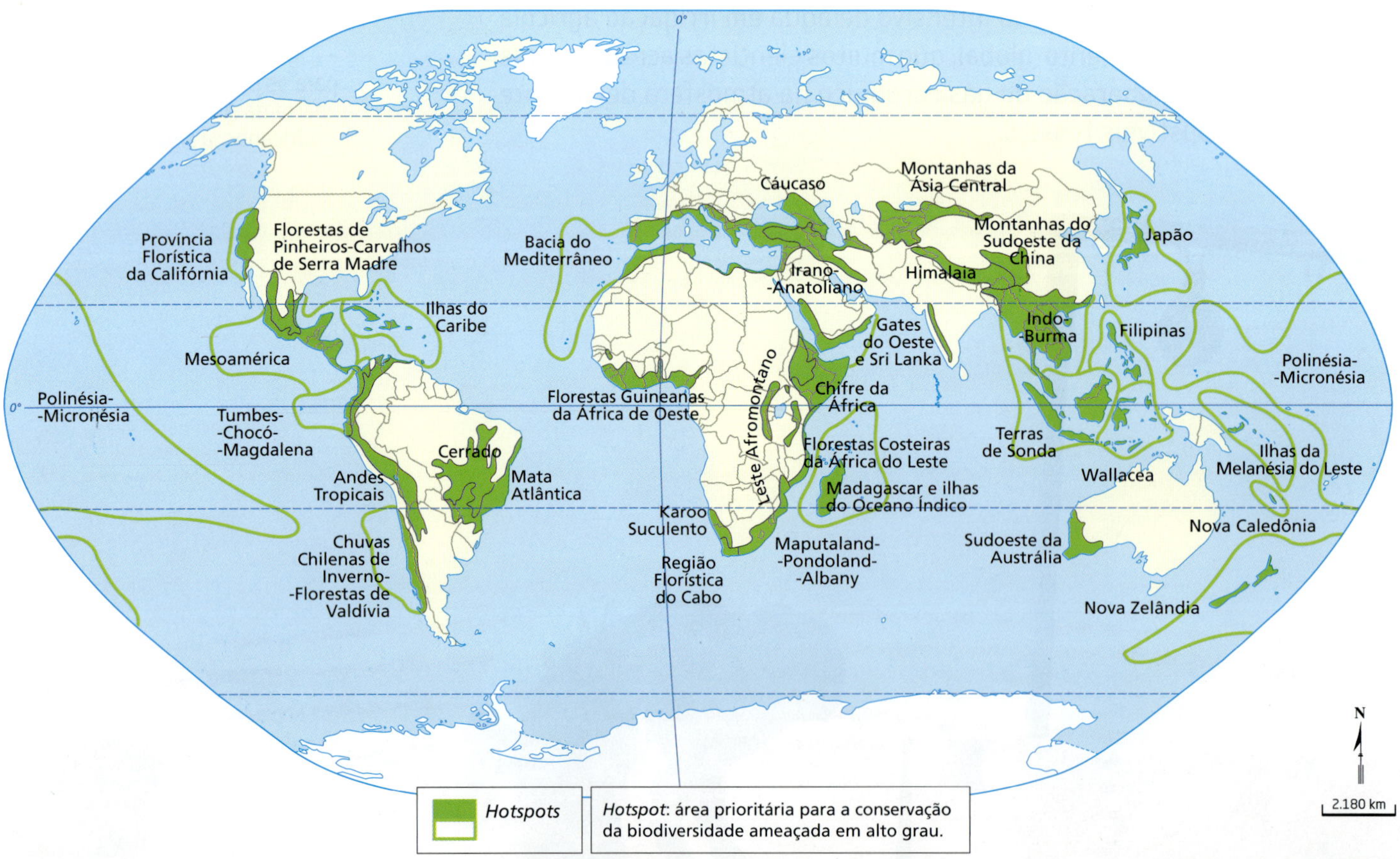

Fonte: FERREIRA, Graça M. *Atlas geográfico*: espaço mundial. 4. ed. São Paulo: Moderna, 2013. p. 29.

A vulnerabilidade ambiental

O estresse hídrico, como estudado, desponta entre os grandes problemas ambientais deste século. A água é fundamental para as atividades agrárias e industriais e, sobretudo, para nossa sobrevivência.

A distribuição dos recursos hídricos na superfície terrestre é irregular. Assim, alguns países têm menor disponibilidade de água que outros. O aumento do consumo, a contaminação e até a divisão das águas de rios de fronteira vêm aumentando a vulnerabilidade hídrica de muitos países.

Segundo dados da FAO, cerca de 70% da água disponível para consumo é usada na irrigação, e a tendência é que aumente a área irrigada no mundo. Muitos rios são desviados para essa finalidade, o que cria sérios problemas para os que dependem desses fluxos de água. Também por causa da atividade agrícola, aquíferos subterrâneos são contaminados com agrotóxicos.

Podemos, portanto, regionalizar os países por sua vulnerabilidade em relação ao estresse hídrico, que vem se intensificando, em decorrência da ação humana. Observe o mapa da figura 13.

No mapa, a taxa de estresse hídrico é determinada pela relação entre o uso, a disponibilidade e a capacidade de reposição de água pelo ambiente.

Nos países em condição de estresse hídrico extremamente alto, o uso de recursos hídricos é superior a 80% da disponibilidade anual.

Jogo

Regionalização do mundo e vulnerabilidade ambiental

De olho no mapa

Quais regiões do mundo se destacam pela baixa disponibilidade de água para consumo?

FIGURA 13. ESTRESSE HÍDRICO POR PAÍS

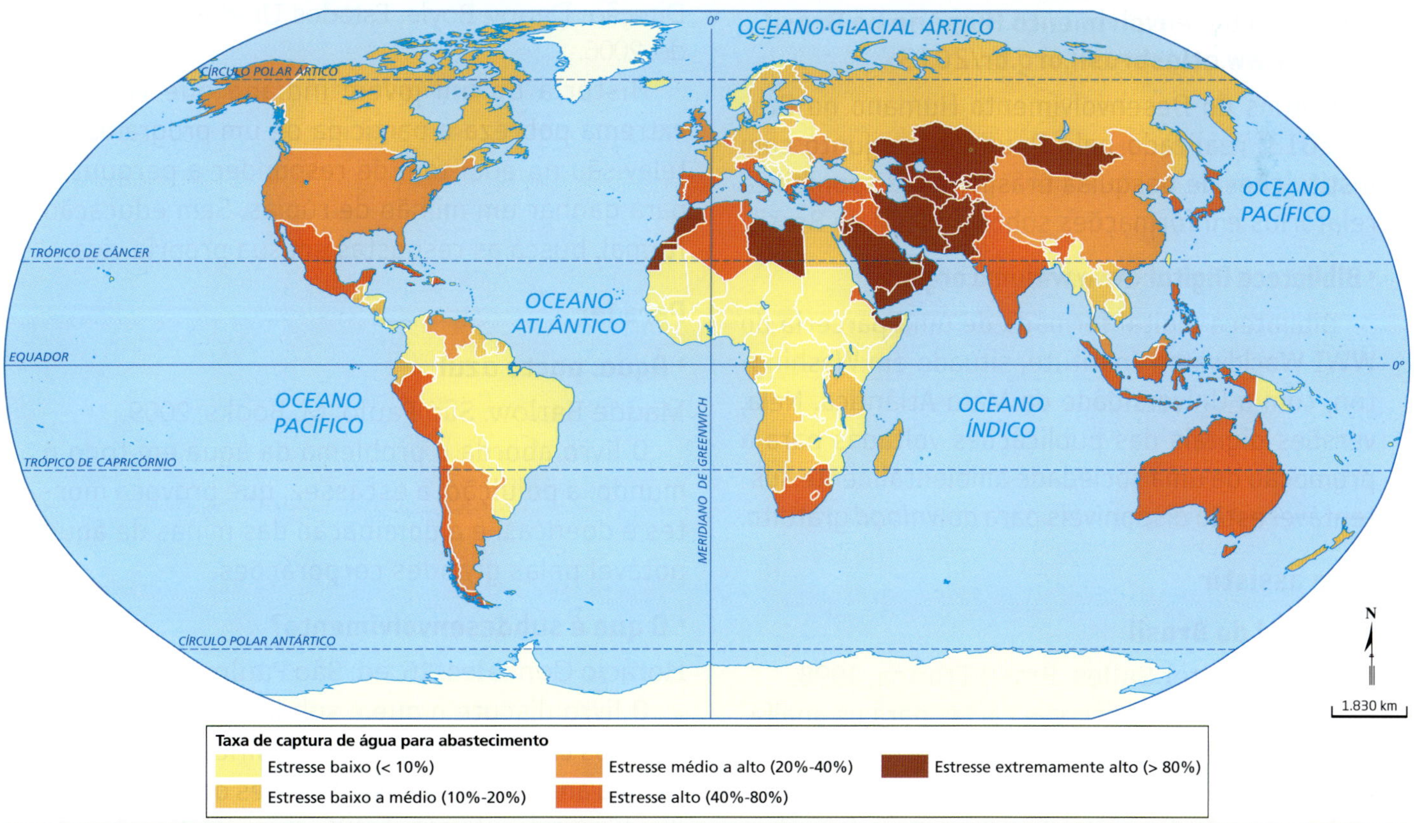

Fonte: WORLD RESOURCES INSTITUTE. Disponível em: <www.wri.org/resources/charts-graphs/water-stress-country>. Acesso em: 16 abr. 2014.

SÍNTESE DA UNIDADE 3

- Para regionalizar o mundo, podemos usar diversos critérios: físicos, políticos, econômicos, culturais, religiosos, ambientais, entre outros.
- A regionalização em Primeiro, Segundo e Terceiro Mundos referia-se aos países capitalistas desenvolvidos, aos países socialistas e aos países subdesenvolvidos capitalistas, respectivamente.
- Com o fim da Guerra Fria, uma nova regionalização surgiu: Países do Norte e Países do Sul.
- Hoje, a regionalização mais utilizada classifica os países em desenvolvidos, subdesenvolvidos e em desenvolvimento.
- Nos países desenvolvidos, o desenvolvimento econômico e tecnológico são altos.
- Nos países subdesenvolvidos, há muitos problemas econômicos e sociais.
- Há diferenças no grau de subdesenvolvimento dos países de acordo com o nível de industrialização e as condições de vida da população.
- A regionalização pelo IDH leva em conta saúde, renda e escolaridade, medindo a qualidade de vida da população, e não somente sua renda.
- A intervenção humana na natureza nunca foi tão intensa e devastadora, provocando grandes impactos ambientais.
- A ação humana vem intensificando a vulnerabilidade ambiental em países que sofrem de escassez de água.

INDICAÇÕES

Para pesquisar

• Atlas do Desenvolvimento Humano no Brasil 2013 <www.atlasbrasil.org.br/2013>

O Atlas do Desenvolvimento Humano no Brasil 2013, realizado pelo Pnud em conjunto com instituições de pesquisa brasileiras, disponibiliza relatórios e informações sobre o IDHM do Brasil.

• Biblioteca Digital <www.wwiuma.org.br>

Biblioteca digital formada de uma parceria do WWI Worldwatch Institute, situado em Washington, com a Universidade da Mata Atlântica. Nela, versões digitais das publicações voltadas para a promoção de uma sociedade ambientalmente sustentável estão disponíveis para *download* gratuito.

Para assistir

• Central do Brasil

Direção: Walter Salles. Brasil/França, 1998.

Uma mulher que escreve cartas para os analfabetos na estação ferroviária da Central do Brasil, no Rio de Janeiro, ajuda um menino e torna-se sua amiga. Depois da morte da mãe do menino, ela o acompanha ao Nordeste em busca do pai.

• Quem quer ser um milionário?

Direção: Danny Boyle. Estados Unidos/Reino Unido, 2006.

História de um jovem indiano que vive em extrema pobreza e participa de um programa de televisão no qual tem de responder a perguntas para ganhar um milhão de rúpias. Sem educação formal, busca as respostas em sua própria vida.

Para ler

• Água: pacto azul

Maude Barlow. São Paulo: M. Books, 2009.

O livro aborda o problema da água em todo o mundo: a poluição, a escassez, que provoca mortes e doenças, e a dominação das minas de água potável pelas grandes corporações.

• O que é subdesenvolvimento?

Horácio Gonzáles. 16. ed. São Paulo: Brasiliense.

O livro discute o que é subdesenvolvimento e quais os critérios para essa classificação. Promove uma análise das transformações do capitalismo desde meados do século XX e suas implicações no que se entende por subdesenvolvimento.

REPRESENTAÇÕES GRÁFICAS

Mapas anamórficos

Alguns cartógrafos, para criar mapas, abandonam as unidades métricas exatas das áreas dos países e passam a elaborá-los com tamanhos proporcionais ao fenômeno que querem reapresentar. Fazem, assim, **mapas anamórficos** (disformes ou distorcidos). **Anamorfose** é a transformação realizada no mapa que torna as superfícies dos territórios **proporcionais** ao dado que se deseja reapresentar.

No exemplo abaixo, os países do mundo foram redimensionados de acordo com o tamanho de suas populações. O mapa não representa a realidade geográfica, e sim, a realidade do fenômeno.

Nele se tem um impacto imediato dos grandes contrastes entre as populações no mundo: a Ásia desponta como o continente mais populoso, enquanto Oceania e Antártida aparecem muito reduzidas no mapa.

MUNDO: POPULAÇÃO – 2013

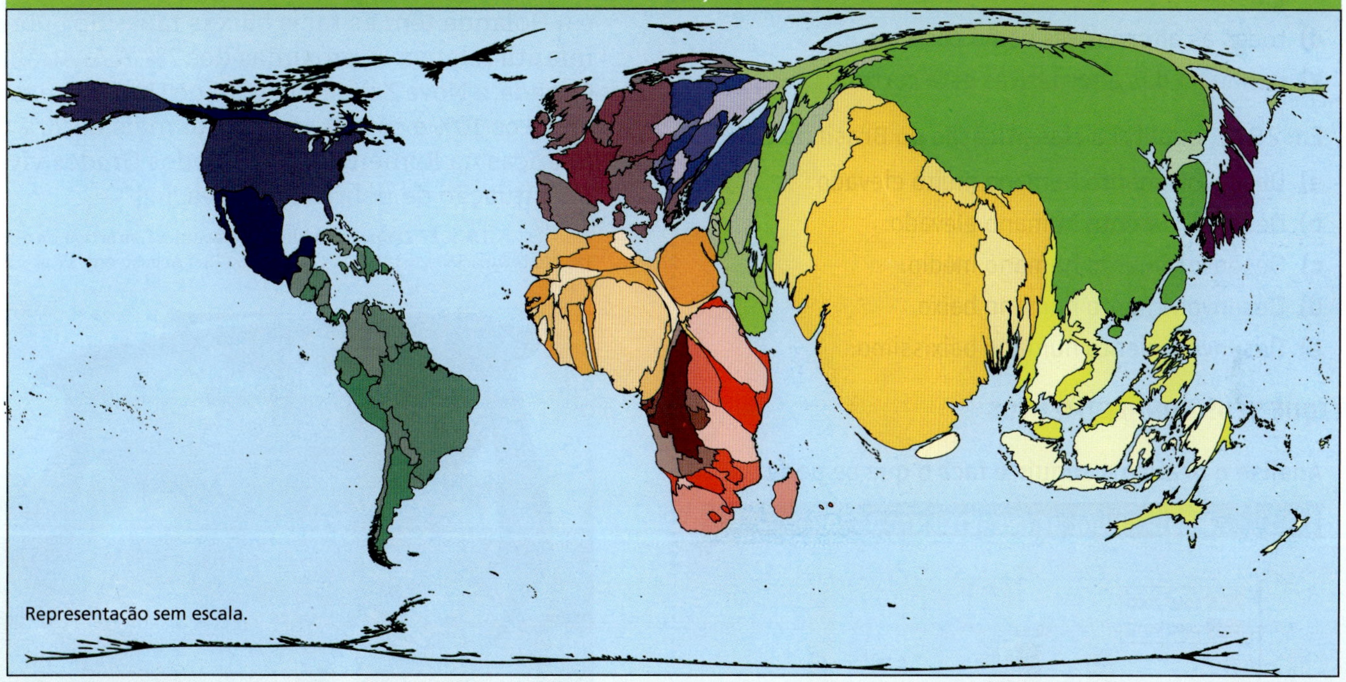

Fonte: VIEWS of the World. Disponível em: <www.viewsoftheworld.net/wp-content/uploads/2013/06/Population7billion.png>. Acesso em: 17 abr. 2014.

Pratique

1. Veja a anamorfose e liste os cinco países mais populosos do mundo.
2. Por que a Rússia, país com a maior área do planeta, aparece pequena no mapa?
3. Quais referências geográficas mantidas na anamorfose nos permitem reconhecer os países representados?
4. Qual é a vantagem do uso de mapas anamórficos em relação aos mapas com rigor cartográfico?

ORGANIZE O CONHECIMENTO

1. **Em relação aos Países do Norte e Países do Sul:**

a) cite países localizados no Hemisfério Norte que, por essa classificação, são considerados do Sul.

b) cite países localizados no Hemisfério Sul que são classificados como Países do Norte.

c) identifique três países que são cortados pela linha do Equador. Eles pertencem, por essa regionalização, ao Norte ou ao Sul?

2. **A irrigação da agricultura é responsável pelo consumo de mais de 2/3 de toda a água retirada dos rios, lagos e lençóis freáticos do mundo. Esse tipo de uso da água tem causado:**

a) aumento das áreas plantadas no mundo.

b) desvio de cursos de rios.

c) aumento do estresse hídrico em muitas áreas do globo.

d) todas as alternativas estão corretas.

e) nenhuma das alternativas está correta.

3. **Em 2012, qual foi a classificação do Brasil no IDH?**

a) Desenvolvimento humano muito elevado.

b) Desenvolvimento humano elevado.

c) Desenvolvimento humano médio.

d) Desenvolvimento humano baixo.

e) Desenvolvimento humano baixíssimo.

APLIQUE SEUS CONHECIMENTOS

4. **Analise o gráfico a seguir e faça o que se pede.**

MÉDIA ANUAL DE CRESCIMENTO DO IDH

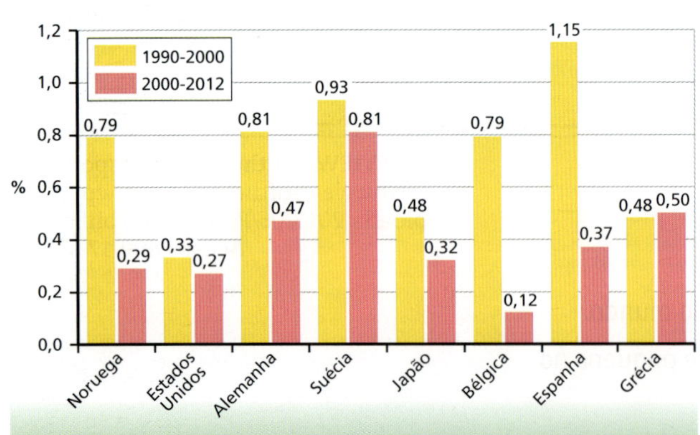

Fonte: PNUD. *Relatório do desenvolvimento humano 2013*. A ascenção do sul: progresso humano num mundo diversificado. Nova York: Pnud, 2013. p. 154-157.

Levante hipóteses **sobre o fato de o IDH avançar lentamente nos países desenvolvidos.**

5. **Leia o texto e observe a fotografia que o acompanha.**

Dezenas de milhões de crianças vivem na pobreza nos países ricos

"Num momento em que as medidas de austeridade e de redução de gastos sociais estão no centro dos debates, um novo relatório revela a extensão da pobreza infantil e das privações sentidas pelas crianças nas economias mais avançadas. Cerca de 13 milhões de crianças que vivem na União Europeia (e também na Noruega e Islândia) não têm acesso a elementos básicos necessários para o seu desenvolvimento. Paralelamente, 30 milhões de crianças vivem na pobreza em 35 países economicamente desenvolvidos. [...] O *Report Card 10* designa como 'carente' uma criança que não tem acesso a duas ou mais das 14 variáveis de base, tais como três refeições por dia, um local tranquilo para fazer trabalhos de casa, livros educativos em casa, ou uma ligação à internet. [...] Os países nórdicos e a Holanda têm as mais baixas taxas de pobreza infantil relativa — próximas dos 7%. A Austrália, o Canadá, a Nova Zelândia e o Reino Unido têm taxas entre os 10% e os 15%, enquanto mais de 20% das crianças na Romênia e nos Estados Unidos vivem em situação de pobreza relativa. [...]"

UNICEF. Disponível em: <www.unicef.pt/artigo.php?mid=18101114&m=5&sid=1810111414&cid=5175>. Acesso em: 17 abr. 2014.

PROBAL RASHID/ZUMA PRESS/EASYPIX

Adolescente trabalhando em um curtume em Dacca (Bangladesh, 2013).

O nível de pobreza nos países desenvolvidos da União Europeia, descrito no texto da Unicef, é o mesmo encontrado em um país pobre como o exemplo dado pela foto? Explique sua resposta.

6. **O mapa abaixo mostra as emissões de CO_2 do mundo em 2011. Considerando a regionalização por nível de desenvolvimento, como pode ser classificada a maioria dos principais países emissores?**

MUNDO: EMISSÕES DE CO_2 - 2012

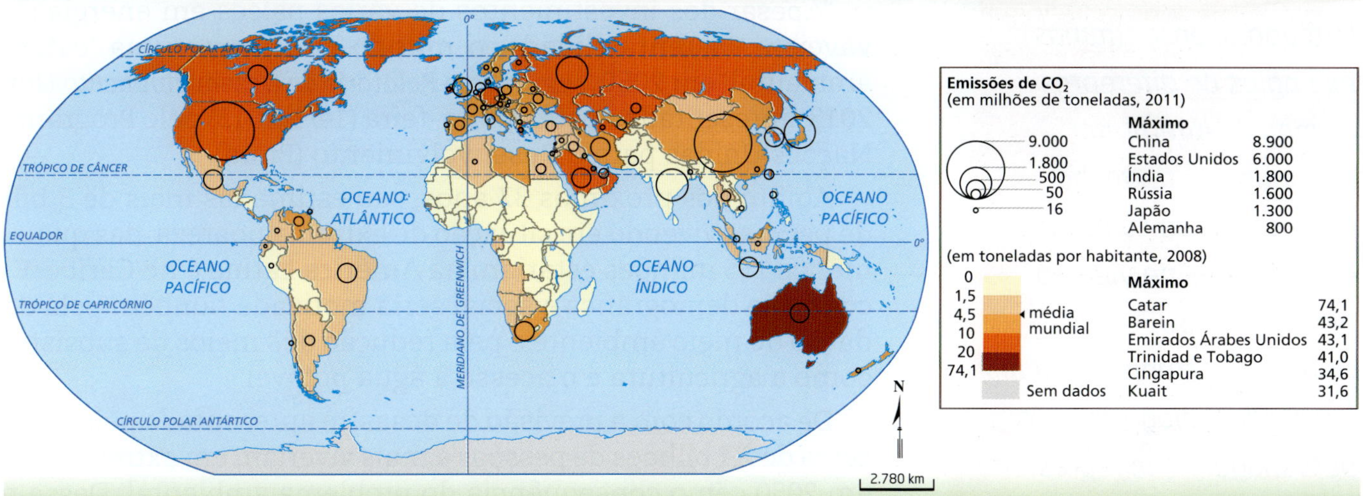

Fonte: SCIENCES PO. Atelier de Cartographie 2013. Disponível em: <http://cartographie.sciences-po.fr/en/node/2895>. Acesso em: 17 abr. 2014.

DESAFIO

7. **O Índice de Desenvolvimento Humano (IDH) é um índice usado para classificar a qualidade de vida em um país. Analise a tabela a seguir.**

Classificação do IDH - 2012	País	IDH	Expectativa de vida (anos)	Média de escolaridade (anos)	Rendimento Nacional Bruto (RNB) *per capita* (em dólares)
1º	Noruega	0,955	81,3	12,6	48.688
3º	Estados Unidos	0,937	78,7	13,3	43.480
45º	Argentina	0,811	76,1	9,3	15.347
59º	Cuba	0,780	79,3	10,2	5.539
85º	Brasil	0,730	73,8	7,2	10.152
172º	Zimbábue	0,397	52,7	7,2	424
173º	Etiópia	0,396	59,7	2,2	1.017

Fonte: PNUD. *Relatório do Desenvolvimento Humano* 2013. Disponível em: <www.pnud.org.br/arquivos/rdh-2013.pdf>. Acesso em: 2 jul. 2014.

Pode-se concluir corretamente que:

a) a Etiópia, por contar com excelentes serviços de saúde e rede hospitalar, ampliou a expectativa de vida de seus habitantes.

b) Cuba, apesar de ter o Rendimento Nacional Bruto elevado, não investe no setor educacional e na saúde de sua população.

c) Zimbábue apresenta a média de anos de escolaridade igual à do Brasil e tem o Rendimento Nacional Bruto *per capita* superior ao da Etiópia.

d) os Estados Unidos, por estarem em crise econômica, apresentam índices de renda, educação e saúde inferiores aos da Noruega.

e) a Noruega tem a maior classificação no IDH, entre outros fatores, por garantir muitos anos de escolaridade a seus habitantes.

No texto e nas ilustrações que você lerá agora, encontramos exemplos de diferentes formas de interpretar o mundo. No texto, há estimativas de como serão as condições de vida no planeta em 2050. Na tirinha, o cartunista cria um inusitado diálogo entre o personagem que representa deus e o cientista Albert Einstein (1879-1955), criador da Teoria da Relatividade. Na charge, outro cartunista comenta a ocasião em que o Brasil foi anunciado como a 6ª maior economia do mundo. Confira.

Ambiente e pobreza

"Apesar dos investimentos de vários países em energias renováveis e sustentabilidade, o mundo pode viver uma 'catástrofe ambiental' em 2050, segundo o *Relatório de Desenvolvimento Humano* 2013, apresentado nesta quinta-feira (14/3/2013) pelo Programa das Nações Unidas para o Desenvolvimento (Pnud).

Ao fim dos próximos 37 anos, são estimadas mais de 3 bilhões de pessoas vivendo em situação de extrema pobreza, das quais pelo menos 155 milhões estariam na América Latina e no Caribe. E essa condição demográfica e social seria motivada também pela degradação do meio ambiente e pela redução dos meios de subsistência, como a agricultura e o acesso à água potável.

De acordo com a previsão de desastre apresentada pelo relatório, cerca de 2,7 bilhões de pessoas a mais viveriam em extrema pobreza em 2050 como consequência do problema ambiental. Desse total, 1,9 bilhão seria composto por indivíduos que entraram na miséria, e os outros 800 milhões seriam aqueles impedidos de sair dessa situação por causa das calamidades do meio ambiente.

No cenário mais grave, o Índice de Desenvolvimento Humano (IDH) global diminuiria 15% em 2050, chegando a uma redução de 22% no Sul da Ásia (Índia, Paquistão, Sri Lanka, Nepal, Bangladesh, Butão e Maldivas) e de 24% na África Subsaariana (todos os países ao sul do Deserto do Saara). [...]"

Relatório da ONU prevê "catástrofe ambiental" no mundo em 2050. Disponível em: <http://g1.globo.com/natureza/noticia/2013/03/relatorio-da-onu-preve-catastrofe-ambiental-no-mundo-em-2050.html>. Acesso em: 15 abr. 2014.

CARLOS RUAS

Atividades

OBTER INFORMAÇÕES

1. Einstein foi um físico alemão que buscou interpretar nossa existência com base na ideia de que o tempo e o espaço dependem da velocidade com que um corpo se desloca pelo universo. Na tirinha, como cada um dos personagens interpreta a Terra?

2. Em 2011, o Brasil apresentou o 6º maior Produto Interno Bruto (PIB) do mundo. A charge relaciona esse evento a outro dado. Qual?

INTERPRETAR

3. Apesar da evolução do IDH em diversos países, o texto e a charge questionam uma possível melhoria nas condições de vida para o futuro. Com base no que você leu:
   a) comente a relação entre pobreza e meio ambiente apontada no texto.
   b) explique a avaliação os personagens da charge realizam sobre a situação econômica e social brasileira.

4. Explique por que o cientista afirma que deus "é um gênio".

PESQUISA

5. Com base em um atlas ou *sites* da internet, reúna cinco mapas do mundo que tratem de temas variados. **Organize as ideias** e elabore um texto que relacione as informações encontradas e comente a situação do Brasil em cada um dos contextos.

UNIDADE

4 O CONTINENTE AMERICANO

JOHN MILES/THE IMAGE BANK/GETTY IMAGES

Os países americanos compartilham um passado colonial que lhes conferiu grande diversidade cultural. Os colonizadores europeus, os nativos indígenas, os africanos trazidos como escravos para a exploração das possessões coloniais e os imigrantes que vieram para o continente entre os séculos XIX e XX deram origem à miscigenada população americana.

Há no continente uma série de práticas culturais ligadas às tradições indígenas. Países como Bolívia e México, por exemplo, têm línguas nativas entre os idiomas falados por significativa parcela de seus habitantes.

Começando a Unidade

Levando em conta sua diversidade cultural, como poderíamos subdividir o continente americano em regiões? Indique outras formas possíveis de subdividi-lo.

O Inti Raymi (Festival do Sol, na língua quíchua) é uma celebração realizada em homenagem aos incas, habitantes da região localizada na Cordilheira dos Andes, entre Equador e Chile, até a chegada dos espanhóis à América. Originalmente, era celebrado em reverência a Inti, o Sol, no solstício de inverno no Hemisfério Sul. Na foto, celebração em Cuzco (Peru, 2013).

TEMA 1 Localização e regionalização da América

O continente americano destaca-se por sua grande extensão no sentido norte-sul e pela variedade de solos, climas e formações vegetais.

Animação
Maias, astecas e incas

Características gerais

O continente americano é o segundo maior do mundo, com área de 42.209.248 km^2. Suas terras localizam-se totalmente no **Hemisfério Ocidental** – isto é, estão a oeste do Meridiano de Greenwich – e limitam-se a norte com o Oceano Glacial Ártico, a leste com o Oceano Atlântico e a oeste com o Oceano Pacífico (figura 1).

O continente é cortado por quatro paralelos principais: Círculo Polar Ártico, Trópico de Câncer, Equador e Trópico de Capricórnio.

Processo de colonização

A América foi colonizada por povos europeus que, ora pacificamente, ora de forma violenta, juntaram-se aos nativos que viviam no continente. Inicialmente, as terras que ficaram conhecidas como **Novo Mundo** começaram a ser ocupadas por pessoas provenientes das grandes potências marítimas dos séculos XV e XVI: Espanha, Portugal, Reino Unido, Países Baixos e França. Mais tarde, chegaram povos de outros continentes, o que resultou em uma grande diversidade cultural na América.

Atualmente, o continente americano é constituído por países independentes e territórios que ainda pertencem a outras nações.

FIGURA 1. AMÉRICA NO MUNDO

Fonte: IBGE. *Atlas geográfico escolar*. 6. ed. Rio de Janeiro: IBGE, 2012. p. 34.

Regionalização por critério geográfico

Assim como ocorre com o espaço mundial, existem diferentes formas de regionalizar a América. Os dois critérios mais comuns de regionalização levam em consideração:

- a **localização das terras** do continente americano no mundo (critério geográfico);
- a **colonização e o desenvolvimento econômico e social dos países** (critérios histórico, cultural e socioeconômico).

A configuração territorial do continente americano — duas grandes massas de terra unidas por uma estreita faixa — permite distinguir do ponto de vista geográfico três Américas: a **América do Norte**, a **América Central** e a **América do Sul** (figura 2).

FIGURA 2. AS TRÊS AMÉRICAS

Fonte: IBGE. *Atlas geográfico escolar*. 6. ed. Rio de Janeiro: IBGE, 2012. p. 37-41.

América do Norte
Representa 55% do continente e localiza-se totalmente no Hemisfério Norte. Essa porção do continente é formada por três países independentes e por uma possessão europeia, a Groenlândia, administrada pela Dinamarca.

América Central
Com 2% do continente, é a porção constituída por uma parte continental e outra insular. A primeira, o istmo, liga as duas grandes porções de terra e abriga sete países independentes; a outra parte consiste num conjunto de ilhas, o Caribe.

América do Sul
Corresponde a 43% do continente e, por ser cortada pelo paralelo do Equador, tem terras nos dois hemisférios. É formada por doze países independentes e um departamento ultramarino europeu, a Guiana Francesa, administrado pela França.

+ Diversidade

Povos pré-colombianos

Quando chegaram à América, os europeus encontraram vários povos que ocupavam o continente havia milhares de anos. Eles estavam distribuídos pelo território e apresentavam diferentes formas de organização social e econômica.

A maioria das populações nativas da América vivia da caça, da pesca, da coleta de frutos e vegetais e da agricultura. Já as civilizações inca, maia e asteca diferenciavam-se por apresentar organização social complexa. Com economia baseada na agricultura, essas três civilizações viviam em cidades onde o comércio era estruturado. Dominavam também conhecimentos de arquitetura, matemática, astronomia e técnicas de fundição de ouro e prata.

FABIO COLOMBINI

Crianças indígenas brincam de peteca na tribo Guarani Mbyá, no bairro de Parelheiros, em São Paulo (SP, 2009).

- Os povos indígenas residentes hoje em território brasileiro também têm raízes nos povos pré-colombianos. Cite algumas influências dos povos indígenas na vida e na cultura brasileiras.

Regionalização por critérios histórico, cultural e socioeconômico

A partir do século XVI e ao longo dos séculos seguintes, a população nativa do continente americano **miscigenou-se** com europeus, com habitantes da África trazidos à força para trabalhar como escravos nas possessões coloniais e com imigrantes de diversas partes do mundo, com destaque para Europa e Ásia. Esse grupo de pessoas construiu diversas sociedades, com costumes e identidades próprias, de norte a sul do continente.

No entanto, independentemente das diferenças entre essas sociedades, elas podem ser agrupadas em dois grandes conjuntos, segundo a origem dos colonizadores, a cultura e o desenvolvimento econômico dos países: **América Latina** e **América Anglo-Saxônica** (figura 3).

Esse critério de regionalização, baseado em aspectos humanos (culturais, históricos, econômicos, sociais, linguísticos etc.) é bastante empregado.

FIGURA 3. AS DUAS AMÉRICAS

Fontes: *Calendario atlante De Agostini 2011*. Novara: Istituto Geografico De Agostini, 2010; CIA. *The World Factbook*. Disponível em: <www.cia.gov/library/publications/the-world-factbook/geos/in.html>. Acesso em: 13 maio 2014.

América Latina

Sob o nome de **América Latina**, foram inicialmente agrupadas as sociedades cuja língua dominante originou-se do **latim** (línguas neolatinas), como o português e o espanhol, falados pelos principais povos que colonizaram a América continental.

No entanto, o termo "América Latina" refere-se também a países onde se fala inglês, como a Jamaica, ou holandês, como o Suriname. Isso acontece porque o critério de regionalização passou a considerar outros aspectos, como a predominância da religião católica e as condições socioeconômicas da população, com muitos de seus habitantes vivendo abaixo da linha de pobreza.

Os integrantes da América Latina pertencem aos grupos de países pobres e de economia emergente. Caracterizados pelo baixo nível de desenvolvimento econômico, muitos deles produzem e exportam matérias-primas agropecuárias ou minerais (figura 4) para os países ricos e importam tecnologia e produtos industrializados.

Apesar disso, alguns países latino-americanos, como o Brasil, a Argentina e o México, têm importantes parques industriais e economia diversificada.

DAVID MERCADO/REUTERS/LATINSTOCK

Figura 4. Operários trabalhando em mina de prata e zinco no distrito de Hampaturi, próximo a La Paz (Bolívia, 2010).

América Anglo-Saxônica

A **América Anglo-Saxônica** é formada pelos Estados Unidos e pelo Canadá, os dois países mais desenvolvidos se considerarmos os aspectos econômicos e os indicadores sociais do continente.

O termo "América Anglo-Saxônica" se deve ao fato de esses países terem sido colonizados principalmente pelo Reino Unido, embora também tenham recebido influência de outros povos europeus.

A porção leste do território do Canadá, região da atual província de Quebec, foi colonizada pela França e ainda hoje guarda traços dessa cultura, estabelecendo o francês como língua oficial (figura 5). Por isso pleiteia sua separação do Canadá e a criação de um Estado independente.

Nos Estados Unidos, grandes áreas foram colonizadas por povos latinos, como a Louisiana, fundada pelos franceses, e o Novo México, o Arizona e a Califórnia, pelos espanhóis.

GRAHAM HUGHES/THE CANADIAN PRESS/ZUMA PRESS/EASYPIX

Figura 5. Manifestantes protestam contra a lei que amplia o uso da língua francesa no Quebec em detrimento do inglês. No cartaz, lê-se: "Um Quebec bilíngue é um Quebec melhor", em Montreal (Canadá, 2013).

TEMA

2 Aspectos naturais do continente

Relevo, clima, hidrografia e vegetação interferem nas formas de ocupação e na distribuição da população no espaço – ao mesmo tempo que são profundamente transformados por elas.

Mapa interativo
América: aspectos físicos

Relevo

Na América, destacam-se quatro grandes formas de relevo, que se distinguem uma da outra pela altitude: as **altas cordilheiras** do oeste, as **planícies** e as **depressões** do centro e os **planaltos e montanhas antigos** desgastados do leste (figura 6). O relevo e a hidrografia foram muito importantes no processo de ocupação do continente americano e na distribuição atual da população.

FIGURA 6. AMÉRICA: FÍSICO

Fontes: IBGE. *Atlas geográfico escolar*. 6. ed. Rio de Janeiro: IBGE, 2012. p. 36-40; FERREIRA, Graça M. L. *Moderno atlas geográfico*. 5. ed. São Paulo: Moderna, 2011. p. 46.

Costa oeste

Na costa oeste do continente, banhada pelo Oceano Pacífico, predominam **formações montanhosas jovens**, ou seja, de idade geológica recente. Essas cadeias de montanhas estendem-se por cerca de 15.000 quilômetros, desde o Alasca até o extremo sul do Chile, recebendo diferentes denominações locais: Montanhas Rochosas, no Canadá e nos Estados Unidos; Serra Madre, no México; Cordilheira dos Andes, na América do Sul. Essas montanhas apresentam grandes altitudes, e as acentuadas declividades e o frio intenso inibem a ocupação humana.

A população que ocupa a costa oeste está concentrada em áreas de altitudes inferiores, mas sujeita a vulcões ativos e terremotos. Essa região do continente localiza-se na área de choque de placas tectônicas.

Tanto na costa do Atlântico quanto na costa do Pacífico existem as chamadas **planícies litorâneas** ou **costeiras**, formadas pela deposição de sedimentos marinhos e fluviais. Na costa oeste, elas são estreitas; já na costa leste, costumam ser mais amplas.

Costa leste

A costa do Atlântico, a leste do continente, é constituída por **montanhas** e **planaltos muito antigos**, bastante desgastados pelos agentes erosivos (ventos, chuvas etc.). Os principais planaltos são: Planalto Laurenciano, no Canadá; Montes Apalaches, nos Estados Unidos; Planalto das Guianas e Planalto Brasileiro, na América do Sul. A costa leste foi a primeira a ser ocupada e explorada pelos colonizadores europeus. Hoje, abriga grandes cidades e importantes áreas industriais, agrícolas e de exploração mineral, principalmente de minério de ferro e de carvão.

Planícies e depressões do centro

Na região central do continente, encontramos grandes planícies e depressões, como a Planície Central, na América do Norte; as planícies e depressões da Amazônia, a Planície do Pantanal e a Depressão do Chaco, na América do Sul. As planícies situadas no norte assumiram grande importância econômica. No Canadá, por exemplo, ocorre intensa concentração urbana e industrial. Já na América do Sul, as principais planícies centrais – Amazônica e Platina – são pouco povoadas e nelas destacam-se a pesca, o extrativismo e a pecuária.

Hidrografia

Muitos rios americanos nascem nas áreas montanhosas do oeste e desembocam no litoral atlântico (figura 7). Os cursos dos rios do continente americano podem ser agrupados segundo o trecho da costa onde desembocam: do Ártico, do Pacífico, do Golfo do México e do Atlântico.

Podem-se observar conjuntos de bacias hidrográficas cujos rios correm para um mesmo trecho da costa litorânea – que pode ser um oceano ou um mar. Alguns dos principais cursos de água percorrem longos trechos do continente até sua foz, destacando-se o **Rio Amazonas**, cuja nascente se forma próximo à costa pacífica.

STEFAN KOLUMBAN/PULSAR IMAGENS

Figura 7. O Rio Solimões nasce no Peru e, já em território brasileiro, ao encontrar-se com o Rio Negro em Manaus recebe o nome de Rio Amazonas. Na foto, vista do Rio Solimões, em Iranduba (AM, 2013).

De olho no mapa

1. Quais são os tipos climáticos predominantes no norte do continente americano?
2. Cite os dois climas predominantes no território brasileiro.
3. Descreva o clima predominante na região onde você vive.

Clima equatorial
Clima quente e úmido característico das áreas próximas à linha do Equador. Apresenta alta pluviosidade e chuvas distribuídas regularmente por todos os meses do ano.

Clima tropical
Temperatura média anual superior a 18 °C, chuvas concentradas no verão e inverno seco. É influenciado pelas massas de ar úmido que vêm do oceano.

Clima subtropical
Tipo climático de transição entre as zonas temperadas, mais frias, e as tropicais, mais quentes. Com invernos amenos e verões quentes, tem temperatura média anual em torno de 18 °C e chuvas bem distribuídas durante todo o ano.

Clima desértico
Suas principais características são a escassez de chuvas e as altas temperaturas durante o dia – superiores a 30 °C – e extremo frio à noite.

Clima semiárido
Normalmente é um tipo climático de transição entre o clima desértico e o temperado ou subtropical. Exceção é feita ao semiárido do Brasil, onde não há deserto. É um clima quente, com temperatura média anual superior a 25 °C. As chuvas são escassas e muito mal distribuídas.

Clima mediterrâneo
Limitado a uma estreita faixa na Califórnia e outra no litoral do Chile. Suas principais características são invernos chuvosos e verões secos.

Clima temperado
Em geral, nesse tipo de clima o verão é quente e o inverno muito frio. As estações do ano são bem definidas, com chuvas concentradas no verão e na primavera.

Clima

O continente americano apresenta grande variedade de climas. Observe, no mapa da figura 8, as áreas de ocorrência de cada tipo climático e suas principais características.

FIGURA 8. AMÉRICA: CLIMA

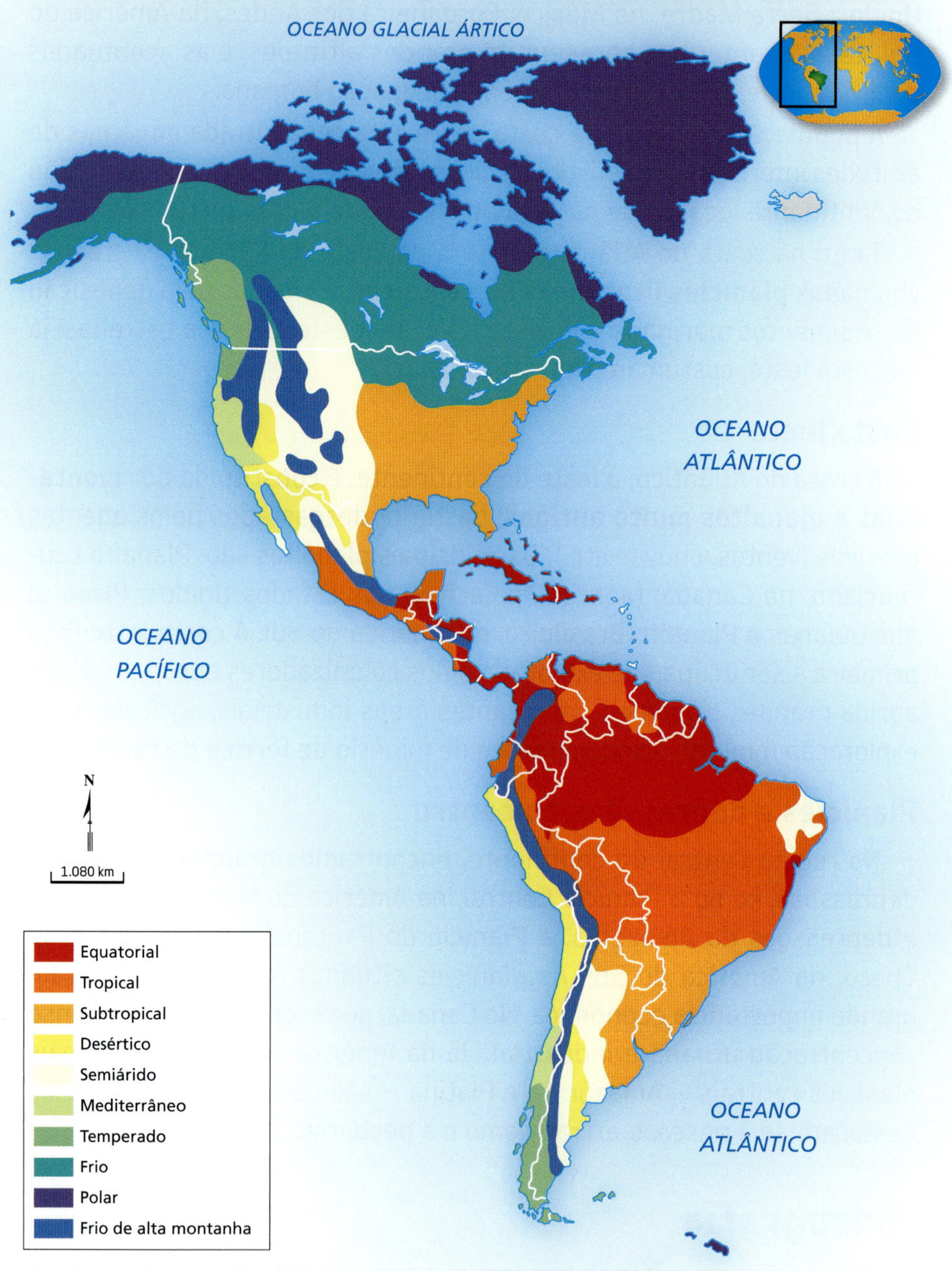

Fontes: IBGE. *Atlas geográfico escolar*. 6. ed. Rio de Janeiro: IBGE, 2012. p. 58; FERREIRA, Graça M. L. *Atlas geográfico*: espaço mundial. 4. ed. São Paulo: Moderna, 2013. p. 22.

Clima frio
Próprio das altas latitudes, caracteriza-se pelas temperaturas médias anuais muito baixas – abaixo de 10 °C no verão – e inverno longo e rigoroso. Durante a maior parte do ano o solo fica coberto por neve.

Clima polar
Caracteriza-se por temperatura média anual muito baixa (-10 °C). As precipitações são em forma de neve e o solo é coberto de gelo e neve em todas as estações do ano.

Clima frio de alta montanha
Predomina no oeste do continente, nas áreas mais elevadas das Montanhas Rochosas e da Cordilheira dos Andes. Apresenta baixas temperaturas durante todo o ano.

Vegetação

Atualmente, poucas áreas do continente americano apresentam vegetação original que não tenha sofrido interferência humana.

É importante conhecer a vegetação original de uma região porque ela é interdependente de outros elementos da natureza, como o relevo, a hidrografia, o clima e o solo (figura 9). Isso quer dizer que ações voltadas ao desenvolvimento econômico, como a derrubada da vegetação nativa para construir estradas, ferrovias e hidrelétricas, para extrair os recursos das florestas ou para expandir cidades, provocam modificações em outros elementos naturais.

FIGURA 9. AMÉRICA: VEGETAÇÃO

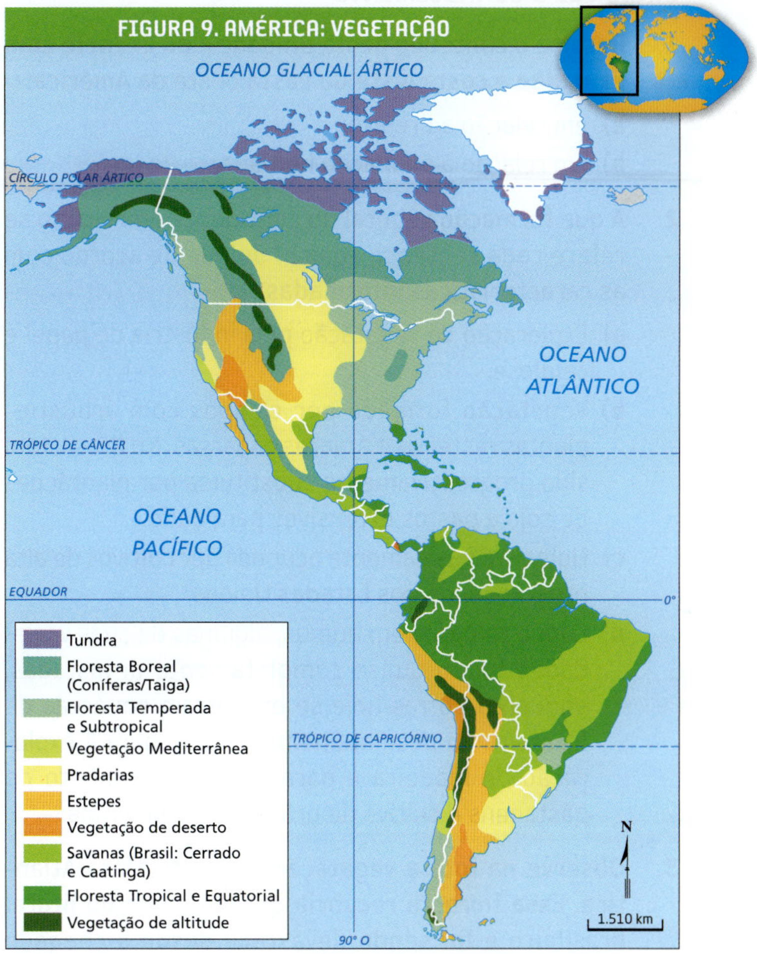

Fonte: FERREIRA, Graça M. L. *Moderno atlas geográfico*. 5. ed. São Paulo: Moderna, 2011. p. 72.

Vegetação e aproveitamento econômico

Alguns tipos de vegetação sofreram alterações e reduções significativas de suas extensões originais quando em contato com iniciativas humanas vinculadas ao aproveitamento econômico.

Um exemplo é a **floresta boreal** ou de **coníferas**, também conhecida como **taiga**, formação bastante homogênea que recobre parte do Canadá. Formada por pinheiros, ela é muito explorada na produção de madeira e de papel — que hoje se dá pelo reflorestamento das regiões desmatadas anteriormente.

A **floresta temperada**, por sua vez, foi bastante devastada pela ação humana, sendo substituída, principalmente, pela agricultura. Hoje, essa formação vegetal está presente em poucos parques e reservas.

Já as áreas de **pradaria** são muito utilizadas para atividades agrárias como a plantação de grãos e cereais (trigo, soja, milho, sorgo) e para a pecuária. A região central dos Estados Unidos, que era recoberta por pradarias, apresenta atualmente uma das agriculturas mais produtivas do mundo (figura 10).

A **savana**, que no Brasil é denominada **cerrado**, foi extensamente devastada para dar lugar à agricultura (principalmente de soja) e à pecuária.

A exploração econômica e a incessante devastação eliminaram grandes áreas de **florestas tropicais** e **equatoriais** (**úmidas**).

USDA PHOTO/ALAMY/GLOW IMAGES

Figura 10. As áreas de pradaria estadunidenses são um verdadeiro celeiro com suas lavouras de grãos. Na imagem, colheita de sorgo numa fazenda em Navasota, no Texas (Estados Unidos, 2013).

No Brasil, a Mata Atlântica — exemplo de floresta tropical — apresenta apenas 5% de sua área original, estando praticamente restrita a parques e reservas. Em seu lugar, atualmente, existem grandes cidades, áreas agrícolas e pastagens.

A floresta equatorial, por sua vez, vem sendo devastada, sobretudo, para dar lugar a fazendas de gado e plantações de soja.

ATIVIDADES

ORGANIZE O CONHECIMENTO

1. **Retome o conteúdo desta unidade e diferencie com exatidão a costa leste da costa oeste da América:**

a) em relação ao relevo;

b) em relação à ocupação humana.

2. **A que formação vegetal do continente americano se refere cada sentença abaixo? Julgue de acordo com as características informadas.**

a) Exploração da vegetação pela indústria de papel e celulose.

b) Vegetação formada por campos com arbustos, plantas rasteiras e árvores esparsas. No Brasil, tem sido progressivamente substituída por plantações de soja e pastos extensivos para gado.

c) Hoje está basicamente ocupada por cultivos de alta produtividade nos Estados Unidos.

d) Com o solo rico em húmus, algumas de suas variedades foram quase completamente devastadas, enquanto outras hoje se encontram em áreas de fronteira do desmatamento voltado para a exploração de madeira e para o estabelecimento de pastagens e cultivo de grãos em larga escala.

3. **Observe na foto a vegetação típica de Mata Atlântica. Essa floresta recobria grande parte do litoral brasileiro e foi sendo devastada desde a chegada dos portugueses e hoje só restam 5% da vegetação nativa. Forme dupla com um colega e descrevam esse tipo de vegetação.**

FABIO COLOMBINI

Vegetação de Mata Atlântica no município de Ubatuba (SP, 2013).

4. **O que explica a ocorrência de clima frio em países próximos à linha do Equador, como Colômbia e Peru?**

5. **Copie as frases a seguir no caderno, corrigindo-as quando necessário.**

a) Com base na regionalização da América por critérios geográficos, o Brasil está localizado na América Latina.

b) A América Latina se destaca pela exportação de produtos de alta tecnologia.

c) A América Anglo-Saxônica é composta por populações que falam inglês.

d) A atual diversidade cultural na América deve-se apenas ao encontro entre indígenas, colonizadores europeus e africanos trazidos como escravos.

APLIQUE SEUS CONHECIMENTOS

6. **Observe o gráfico e responda à questão proposta.**

Fonte: FAO. Disponível em: <www.scp.rs.gov.br/atlas/conteudo.asp?cod_menu_filho=819&cod_menu=817&tipo_menu=ECONOMIA&cod_conteudo=1488>. Acesso em: 16 maio 2014.

O cultivo de grãos em grande escala contribui principalmente para a devastação de quais tipos de vegetação nos Estados Unidos e no Brasil?

7. **Descreva as características do clima representado pelo climograma abaixo.**

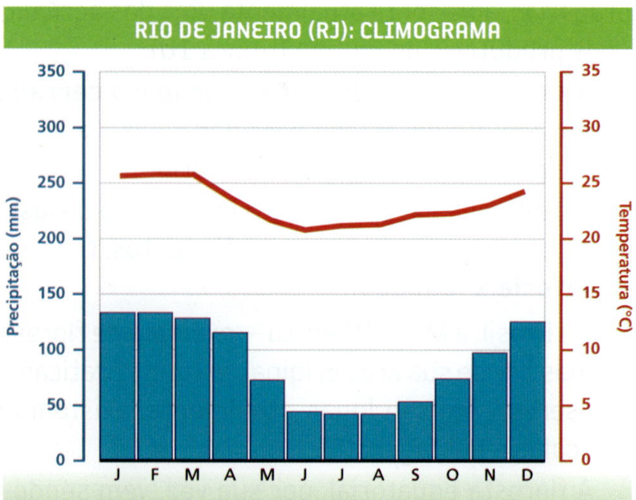

Fonte: CHARLIER, Jacques (Org.). *Atlas du 21e siècle*. Paris: Nathan, 2011. p. 182.

Proteção internacional da Amazônia

Com enorme biodiversidade, a **Amazônia** é a maior floresta equatorial do planeta, cobrindo uma área de quase 6 milhões de km^2 repartidos entre Brasil, Peru, Colômbia, Bolívia, Equador, Venezuela, Guiana, Suriname e Guiana Francesa.

No entanto, a proteção dessa área – maior que a Europa – é um verdadeiro desafio. A extensão das fronteiras entre os países torna difícil o controle integrado.

Dois dos problemas enfrentados pelos países amazônicos são a extração ilegal de madeira e a mineração ilegal, cuja fiscalização é insuficiente nas regiões fronteiriças. No sul da Guiana Francesa, por exemplo, estima-se que existam milhares de pessoas (na maioria brasileiros que cruzaram a fronteira desse país com o Amapá) extraindo ouro ilegalmente.

Para tentar solucionar esse problema, em 2009 os governos do Brasil e da França assinaram um acordo de fiscalização conjunta e constante, garantindo a desinstalação dos garimpos, evitando que os garimpeiros retornem e que não haja entrada de suprimentos por nenhum lado da fronteira. Acordo semelhante de proteção da Amazônia ocidental foi assinado entre o Brasil e a Colômbia em 2012, prevendo também a futura adesão do Peru.

Em nível mais amplo, os países amazônicos uniram-se na **Organização do Tratado de Cooperação Amazônica** (**OTCA**), criada em 1978 para troca de informações, ajuda mútua e proteção da região.

No que diz respeito à fiscalização brasileira, no ano de 2002 foi desenvolvido o **Sistema de Proteção da Amazônia** (**Sipam**), com objetivos de vigiar e detectar o desmatamento em toda a Floresta Amazônica por meio da utilização de sensores em satélite, aviões de rastreio e dados fornecidos por equipes das centrais de vigilância, atualizados a cada 15 dias.

O sistema é capaz de identificar áreas desmatadas superiores a 25 hectares por meio das imagens coletadas a cada duas semanas. Quando algo é detectado, um alerta é enviado e equipes por ar e por terra são acionadas para verificar o que está acontecendo e se o desmate é legal ou não. Estudos dizem que, sem o desenvolvimento dessa tecnologia, o desmatamento seria mais de duas vezes maior.

ROGÉRIO REIS/PULSAR IMAGENS

Área desmatada para garimpo ilegal de ouro, próximo à fronteira com a Guiana Francesa, em Calçoene (AP, 2012).

- Nos anos 2000, a proteção da Floresta Amazônica brasileira atingiu seus melhores resultados, obtendo os menores índices de desmatamento já medidos. O avanço aconteceu graças ao aperfeiçoamento tecnológico da fiscalização na região.

  Pesquise quais seriam as principais consequências ambientais da destruição da Floresta Amazônica para o Brasil e o planeta e redija um parágrafo com as informações coletadas.

TEMA

3 População

A população da América é a terceira maior entre os continentes e é marcada por grandes diferenças nacionais.

Características demográficas

Cerca de 972 milhões de habitantes da América ocupam os territórios de forma desigual. Essa distribuição irregular é explicada por fatores históricos, econômicos e naturais – entre os quais estão as tendências de concentração urbana em zonas litorâneas, o padrão de povoamento surgido com a colonização europeia e a dificuldade de ocupação das altas montanhas e dos desertos.

FIGURA 11. AMÉRICA: DENSIDADE DEMOGRÁFICA

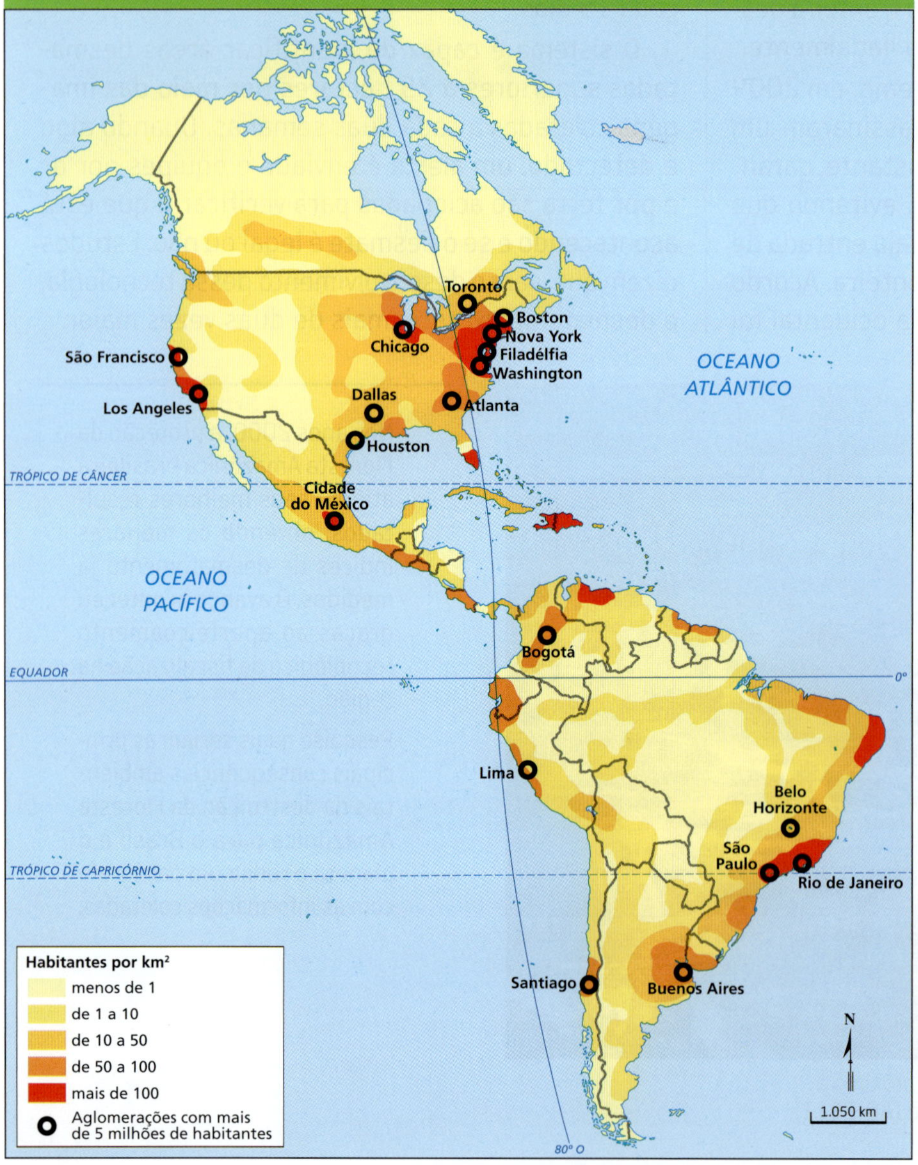

Fonte: CHARLIER, Jacques (Org.). *Atlas du 21e siècle*. Paris: Nathan, 2011. p. 190.

Densidade demográfica

Os índices mais altos de densidade demográfica são encontrados na porção leste, a primeira do continente americano a ser colonizada pelos europeus. O relevo, constituído principalmente por planaltos de baixa altitude, e as extensas formações vegetais que existiam na região favoreceram a ocupação humana.

Os extremos norte e sul da América apresentam as menores densidades, em virtude de seu clima muito frio.

As porções central e oeste do continente apresentam baixa densidade demográfica. No centro, esse índice se relaciona à presença da Floresta Amazônica e de extensões áridas e semiáridas na América do Sul. Já na América do Norte, a ocupação humana na porção central é dificultada pela ocorrência de climas muito secos. No oeste, tanto na América do Sul como na América do Norte, um fator limitador para o povoamento é o relevo montanhoso. Observe a figura 11.

Crescimento demográfico

O crescimento demográfico na América também é desigual, visto que os países ricos apresentam taxas menores de crescimento da população que os países pobres.

América Anglo-Saxônica

Na segunda metade do século XIX, a América Anglo-Saxônica, em especial os Estados Unidos, passou por um período de crescimento econômico que promoveu melhorias das condições de vida e redução das taxas de mortalidade. Isso proporcionou um rápido crescimento da população, relacionado também à vinda de muitos imigrantes.

No início do século XX, as taxas de natalidade diminuíram, influenciadas pelo alto custo da criação dos filhos, pela entrada da mulher no mercado de trabalho, pela disseminação de métodos anticoncepcionais e pelo planejamento familiar.

A partir de 1950, a redução da natalidade, associada a um rigoroso controle da imigração, resultou na queda do crescimento demográfico.

América Latina

Na América Latina, os acontecimentos se deram de modo diferente. Justamente no período em que o número de habitantes da América Anglo-Saxônica começava a diminuir, nos países latino-americanos iniciava-se uma explosão demográfica. Houve aumento nas taxas de natalidade e redução da mortalidade como consequência de melhorias médico-sanitárias: campanhas de vacinação, investimento em atendimento médico-hospitalar, tratamento de água e coleta de lixo e esgoto.

Indicadores socioeconômicos

A razão fundamental dos problemas sociais na América Latina é a distribuição desigual da riqueza, que agrava outros fatores capazes de assegurar melhores condições de vida para a maioria da população. Veja na tabela 1 o Índice de Desenvolvimento Humano (IDH) de alguns países latino-americanos.

TABELA 1. PAÍSES SELECIONADOS: IDH – 2012

País	IDH	País	IDH
Panamá	0,780	Colômbia	0,719
México	0,775	Suriname	0,684
Costa Rica	0,773	El Salvador	0,680
Peru	0,741	Bolívia	0,675
Brasil	0,730	Guatemala	0,581
Equador	0,724	Haiti	0,456

Fonte: PNUD. *Relatório do desenvolvimento humano 2013* — a ascensão do Sul: progresso humano num mundo diversificado. p. 150-152. Disponível em: <www.pnud.org.br/arquivos/rdh-2013.pdf>. Acesso em: 20 maio 2014.

De olho na tabela

Compare o IDH do Brasil com o dos países com pior e melhor classificação na América Latina.

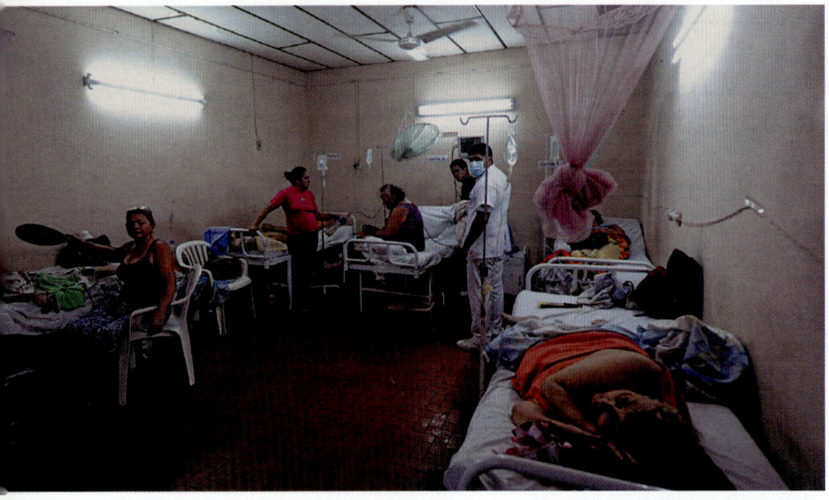

NORBERTO DUARTE/AFP PHOTO/GLOW IMAGES

Figura 12. Pacientes com dengue sendo tratados em hospital de Assunção (Paraguai, 2013).

Saúde pública

Apesar dos avanços verificados nas últimas décadas, problemas sociais graves da América Latina estão relacionados à saúde pública. Em grande parte dos países da região, o atendimento médico-hospitalar é inadequado e insuficiente para a maioria da população (figura 12).

Além disso, um elevado contingente de pessoas vive na pobreza, com renda insuficiente para ter alimentação adequada ou acesso a medicamentos.

Dois indicadores sociais ajudam a compreender as diferentes condições de saúde na América Anglo-Saxônica e na América Latina: taxa de mortalidade infantil e expectativa de vida (tabela 2).

TABELA 2. PAÍSES SELECIONADOS: TAXA DE MORTALIDADE INFANTIL E EXPECTATIVA DE VIDA – 2012

	País	Mortalidade infantil abaixo de cinco anos (‰)	Expectativa de vida (anos)
América Anglo-Saxônica	Canadá	5	81
	Estados Unidos	7	79
América Latina	Brasil	14	74
	México	16	77
	Peru	18	75
	Nicarágua	24	74
	Bolívia	41	67
	Haiti	76	63

Fonte: BANCO MUNDIAL. Disponível em: <http://data.worldbank.org/indicator/SH.DYN.MORT> e <http://data.worldbank.org/indicator/SP.DYN.LE00.IN>. Acesso em: 20 maio 2014.

Estrutura etária

Os países pobres do continente americano apresentam taxas de natalidade mais altas e expectativa de vida mais baixa que os países ricos. Assim, na América Latina, é grande a participação de crianças e jovens na estrutura etária da população, enquanto na América Anglo-Saxônica é maior a participação de adultos e idosos.

Por meio de um gráfico chamado **pirâmide etária** ou **de idades**, podemos perceber claramente a diferença na estrutura etária da população americana.

Na maioria dos países latino-americanos, a pirâmide tem base larga, o que indica altas taxas de natalidade e predomínio de população jovem. O topo, onde estão os idosos, é estreito nos casos em que a expectativa de vida é baixa (figuras 13 e 14).

FIGURA 13. GUATEMALA: PIRÂMIDE ETÁRIA – 2014

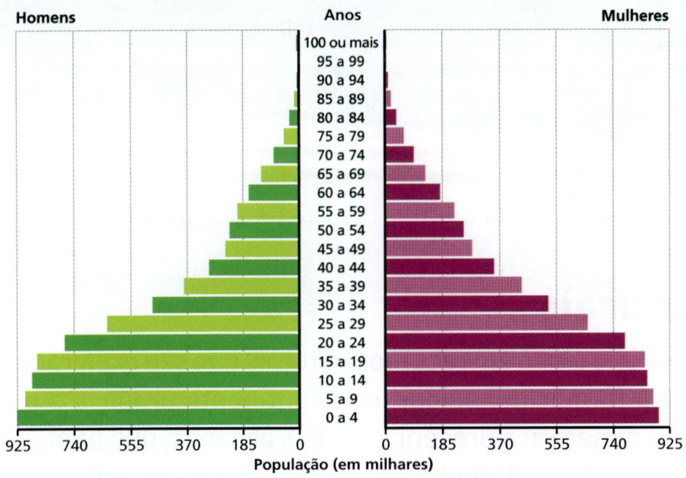

Fonte: U. S. Census Bureau. Disponível em: <www.census.gov/population/international/data/idb/region.php?N=%20Results%20&T=12&A=separate&RT=0&Y=2014&R=-1&C=GT>. Acesso em: 20 maio 2014.

FIGURA 14. PARAGUAI: PIRÂMIDE ETÁRIA – 2014

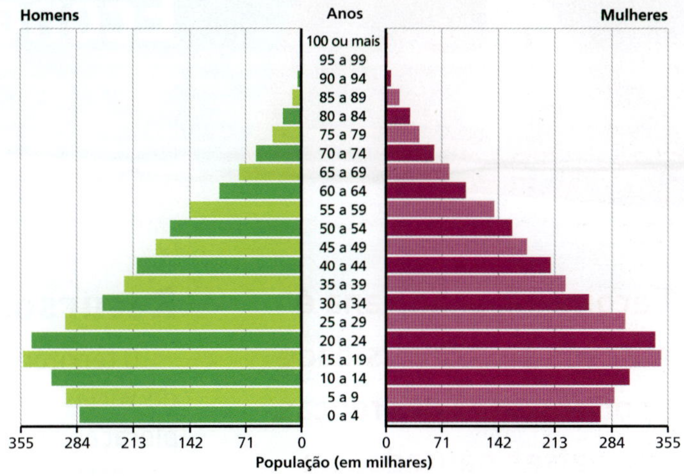

Fonte: U. S. Census Bureau. Disponível em: <www.census.gov/population/international/data/idb/region.php?N=%20Results%20&T=12&A=separate&RT=0&Y=2014&R=-1&C=PA>. Acesso em: 20 maio 2014.

Nos países da América Anglo-Saxônica, a pirâmide etária tem base mais estreita, em razão da baixa natalidade, e topo mais largo, porque a expectativa de vida é alta (figura 15).

Cabe destacar, porém, que alguns países latino-americanos, como a Argentina, o Uruguai e o Chile, apresentam pirâmides etárias que indicam características de países ricos, como a elevada participação de idosos na população (figura 16). Isso ocorre porque esses países conseguiram avanços significativos no atendimento médico-hospitalar no decorrer das últimas décadas.

FIGURA 15. CANADÁ: PIRÂMIDE ETÁRIA – 2014

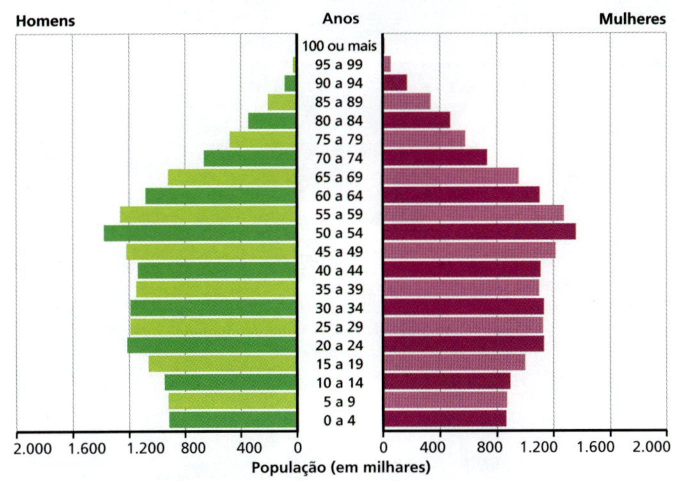

Fonte: U. S. Census Bureau. Disponível em: <www.census.gov/population/international/data/idb/region.php?N=%20Results%20&T=12&A=separate&RT=0&Y=2014&R=-1&C=CA>. Acesso em: 20 maio 2014.

FIGURA 16. URUGUAI: PIRÂMIDE ETÁRIA – 2014

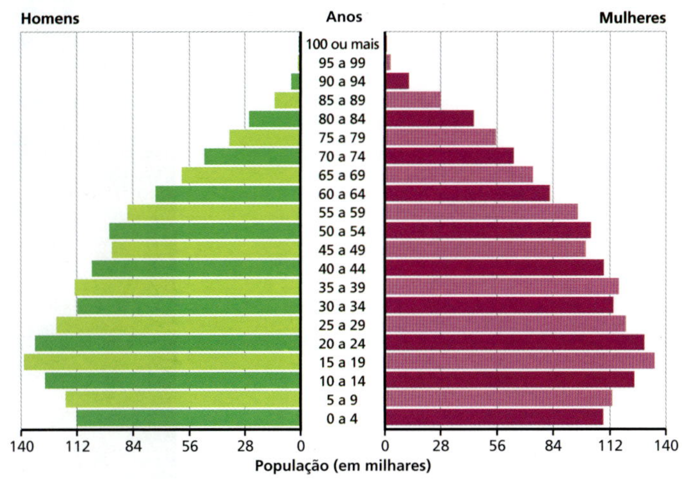

Fonte: U. S. Census Bureau. Disponível em: <www.census.gov/population/international/data/idb/region.php?N=%20Results%20&T=12&A=separate&RT=0&Y=2014&R=-1&C=UY>. Acesso em: 20 maio 2014.

TEMA

4 Economia

A economia americana é marcada pela diversidade e por enormes diferenças, com países pautados na agropecuária e outros que ocupam a ponta do desenvolvimento tecnológico e industrial.

Recursos naturais

O território americano é rico em recursos naturais que são explorados de várias maneiras: a formação geológica do continente propicia a exploração de recursos minerais; a presença de dois oceanos, que banham as costas leste e oeste do continente, favorece a atividade pesqueira; a existência de uma extensa rede hidrográfica facilita a obtenção de energia elétrica; os diversos tipos de clima, as variadas formas de relevo e os diferentes tipos de solo contribuem para a prática da agropecuária. Veja a figura 17.

A biodiversidade das florestas da América também é aproveitada no desenvolvimento de produtos nas indústrias, como a de medicamentos e cosméticos.

AIZAR RALDES/AFP/OTHER IMAGES

Figura 17. Mulher colhe quinoa, planta natural dos Andes e ultimamente bastante utilizada na indústria alimentícia, em La Paz (Bolívia, 2013).

Exploração dos recursos minerais

Observe no mapa da figura 18 a localização das principais jazidas minerais exploradas no continente americano.

Na América Anglo-Saxônica, a presença de grandes jazidas minerais, principalmente de petróleo, carvão, ferro, urânio e gás natural, associada à disponibilidade de capitais, possibilitou o desenvolvimento de uma grande e diversificada quantidade de indústrias.

Estados Unidos e Canadá empregam modernas técnicas para a extração de minerais. Nesses países, as leis ambientais controlam a produção das empresas por meio de fiscalização rigorosa e aplicação de pesadas multas aos infratores de leis ambientais.

Para evitar esse tipo de fiscalização e obter mais lucro, várias empresas mineradoras da América Anglo-Saxônica migraram para a América Latina, onde encontram grande quantidade de recursos naturais, poucas leis contra a exploração predatória e mão de obra barata.

A economia de muitos países latino-americanos — como a Bolívia, a Jamaica, o Equador e a Venezuela — depende da extração e da exportação de minerais. Porém, apesar de possuir muitas jazidas em seu território, a maior parte desses países não tem tecnologia para pesquisa, extração e beneficiamento, de forma que seus recursos minerais são extraídos por empresas transnacionais.

Um desses recursos é o cobre. Observe a tabela 3, que mostra os cinco maiores produtores do mundo.

FIGURA 18. AMÉRICA: RECURSOS MINERAIS E ZONAS PESQUEIRAS

Fonte: FERREIRA, Graça M. L. *Atlas geográfico*: espaço mundial. 4. ed. São Paulo: Moderna, 2013. p. 26, 71, 72 e 75.

TABELA 3. PAÍSES SELECIONADOS: PRODUÇÃO DE COBRE – 2000 E 2012

	Produção em 2000 (milhares de toneladas)	Produção em 2012 (milhares de toneladas)	Participação na produção mundial em 2012 (%)	Participação nas reservas mundiais em 2012 (%)
Chile	4.500	5.370	32	28
Peru	530	1.240	7	11
Estados Unidos	1.450	1.150	7	6
Austrália	760	958	6	13
Rússia	520	720	4	4

Fonte: BOST, François et al. (Orgs.). *Images économiques du monde 2014*: géoéconomie-géopolitique. Paris: Armand Colin, 2013. p. 123.

De olho na tabela

Que país teve maior aumento de produção entre 2000 e 2012 e qual teve a maior participação na produção mundial em 2012?

FIGURA 19. AMÉRICA: AGROPECUÁRIA

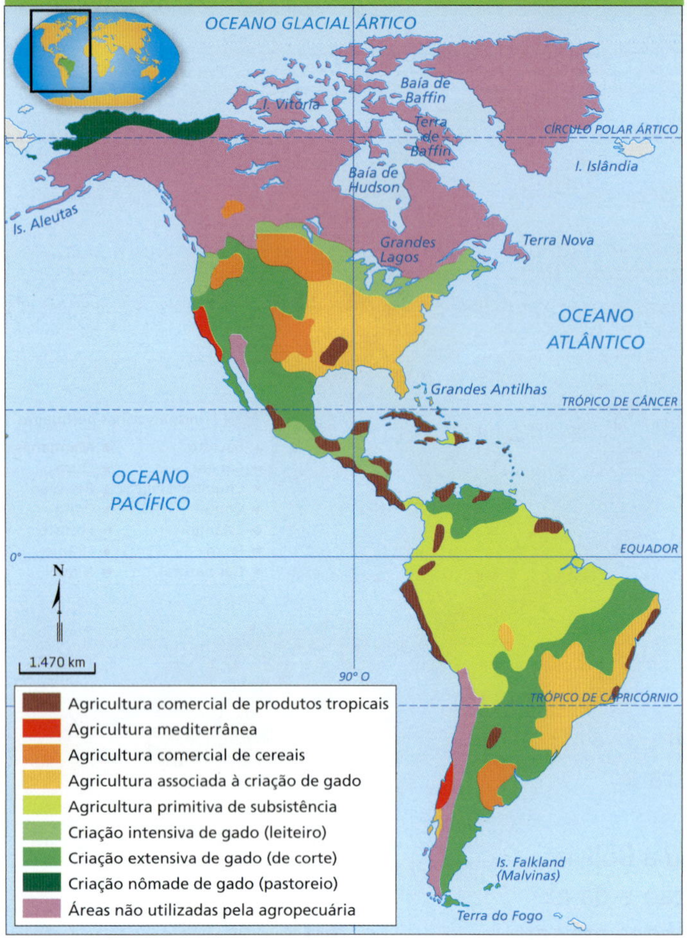

Fonte: FERREIRA, Graça M. L. *Moderno atlas geográfico*. 5. ed. São Paulo: Moderna, 2011. p. 74.

Agropecuária

A produção agropecuária é bastante diversificada no continente americano, variando muito de um país para outro. Observe na figura 19 a distribuição dos tipos de produção agrícola e pecuária no continente americano.

América Anglo-Saxônica

Na América Anglo-Saxônica, a agricultura se caracteriza por ser uma das mais desenvolvidas do mundo, empregando técnicas modernas como a seleção de sementes, o uso intensivo de fertilizantes para corrigir os solos e de agrotóxicos para combater as doenças.

O alto grau de mecanização contribui para reduzir o número de trabalhadores rurais, mas favorece a produtividade, como acontece nos chamados *belts* ou cinturões agrícolas dos Estados Unidos. Entre os principais *belts* destacam-se o *wheat belt* (trigo), o *corn belt* (milho) e o *cotton belt* (algodão). Tais fatores tornam os países da América Anglo-Saxônica grandes produtores agrícolas, principalmente de trigo, soja, centeio e cevada, com produção voltada para o mercado interno.

A pecuária também adota tecnologia avançada, como inseminação artificial e modificação genética, técnicas que aumentam a produtividade (figura 20).

SCOTT OLSON/GETTY IMAGES

Figura 20. Criação de gado bovino no Texas (Estados Unidos, 2011). A pecuária intensiva é feita com os animais confinados, alimentados com ração balanceada.

América Latina

Em vários países da América Latina, grande parte da produção agropecuária está voltada para a exportação, sendo praticada em extensas propriedades monocultoras.

Essa estrutura produtora é herança dos tempos coloniais, das *plantations*, grandes áreas monocultoras de produtos tropicais (açúcar, banana) voltados para a exportação, que eram cultivados por mão de obra escrava. Muitos países, como Colômbia, Paraguai, Cuba, Guatemala, continuam com suas economias dependentes da exportação de produtos agropecuários, principalmente café, cacau, cana-de-açúcar e banana (figura 21).

Em geral, empregam técnicas rudimentares na produção agropecuária, o que resulta em baixa produtividade. Seus investimentos em mecanização, fertilização, drenagem e recuperação de solos são escassos ou inexistentes.

Em contrapartida, países como Brasil, Argentina (figura 22), México e Chile apresentam regiões onde a produção agropecuária emprega máquinas e tecnologia, o que os leva a obter alta produtividade.

ARCO IMAGES GMBH/ALAMY/GLOW IMAGES

Figura 21. Agricultor seca sementes de cacau em Guantánamo (Cuba, 2011).

Indústria

A indústria, atividade econômica do setor secundário, está concentrada na América Anglo-Saxônica e em algumas áreas da América Latina.

Os países da América Anglo-Saxônica são mais industrializados, e sua atividade industrial utiliza tecnologia de ponta.

Nos Estados Unidos, formou-se uma das maiores e mais antigas áreas industriais do mundo, conhecida como *manufacturing belt* ou cinturão da manufatura, que concentra as tradicionais indústrias dos ramos automobilístico, siderúrgico, metalúrgico, mecânico, têxtil, aeronáutico e naval.

No sul dos Estados Unidos, há uma região industrial mais recente, conhecida como *sun belt* ou cinturão do Sol, onde se destacam as indústrias dos ramos aeroespacial e petroquímico.

Já no Canadá, destacam-se Ontário e Quebec como centros da manufatura canadense, sendo a siderurgia um dos setores mais importantes.

Figura 22. Lavoura de girassóis em Córdoba (Argentina, 2008).

EMILIANO RODRIGUEZ/ALAMY/GLOW IMAGES

Figura 23. Empresas de alta tecnologia no Vale do Silício, na Califórnia (Estados Unidos, 2012).

Indústria e tecnologia

A tecnologia, que consiste na aplicação do conhecimento científico para produzir bens, está em estreita ligação com as indústrias, para melhorar os processos de produção e o aproveitamento de matérias-primas.

Na América, as principais zonas de desenvolvimento tecnológico, os chamados **tecnopolos**, localizam-se nos Estados Unidos e no Canadá, com destaque para a Califórnia e região dos Grandes Lagos, ambas nos Estados Unidos. Esses países dedicam parte relevante de seu orçamento a pesquisas, educação e formação profissional.

No oeste dos Estados Unidos, na região conhecida como Vale do Silício, concentram-se as indústrias de tecnologia de ponta, como informática, eletrônica e robótica. O Vale do Silício, ou Parque Tecnológico de Stanford, foi criado em 1955 na Califórnia. Além das empresas de alta tecnologia, a região possui universidades, centros de pesquisa e mão de obra qualificada (figura 23).

Dependência e desigualdade

A industrialização da América Latina, iniciada mais tardiamente que a da América Anglo-Saxônica, caracteriza-se por uma **grande dependência de capital e de tecnologia** provenientes, principalmente, de empresas transnacionais sediadas na América Anglo-Saxônica, na Europa e no Japão.

Isso leva os países latino-americanos a exportar matérias-primas para nações com maior desenvolvimento tecnológico e importar delas os produtos industrializados de que necessitam. Além disso, as atividades industriais predominantes são as de bebidas, alimentos e tecidos, que empregam baixa tecnologia no processo produtivo e mão de obra barata e pouco qualificada (figura 24).

Países como Brasil, México e Argentina, no entanto, apresentam as principais e mais modernas áreas industriais do território latino-americano, com variados tipos de indústria e produção diversificada de bens.

No Brasil existem também tecnopolos. É o caso de cidades como Campinas, São Carlos e São José dos Campos, localizadas no estado de São Paulo, que têm grandes centros de pesquisa, empresas e universidades.

Figura 24. O setor industrial nicaraguense é pouco desenvolvido. Na foto, mulheres trabalham em indústria têxtil, em Manágua (Nicarágua, 2010).

Comércio e serviços

A partir da década de 1970, o desenvolvimento e a implantação de novas tecnologias na indústria, bem como a concentração de terras e a modernização do campo, favoreceram a urbanização e o crescimento do setor terciário. A mão de obra dispensada pelos setores primário e secundário migrou para o comércio e a prestação de serviços.

Atualmente, o setor terciário ocupa a maior parte da população economicamente ativa de países ricos e de países pobres, compondo parte expressiva de suas economias.

Nos países mais industrializados do continente americano, o crescimento da produção industrial baseou-se na utilização de novas tecnologias. Já o crescimento do comércio e dos serviços, num primeiro momento, apoiou-se mais na incorporação da mão de obra que na inovação tecnológica.

LUCAS VALLECILLOS/ZUMA PRESS/EASYPIX

Figura 25. O trabalho informal é uma constante nas grandes cidades latino-americanas. Na foto, vendedores de chapéus e roupas no centro histórico da Cidade do México (México, 2013).

Nos países latino-americanos também se percebe a força da participação do setor terciário na economia, embora a importância de algumas atividades do setor primário ainda seja relativamente alta. Observe a tabela 4.

TABELA 4. PAÍSES SELECIONADOS: PIB POR SETORES DA ECONOMIA (EM %) – 2012

País	Agricultura	Indústria	Serviços
Brasil	5,5	26,4	68,1
Argentina	9,3	29,7	61,0
Chile	3,6	35,4	61,0
Bolívia	9,2	38,5	52,3
Guiana	20,7	33,9	48,2
Peru	7,0	38,5	40,8
Equador	5,9	35,1	59,0
Paraguai	20,4	17,7	61,9
Guatemala	13,5	23,8	62,7

Fonte: CIA. *The World Factbook*. Disponível em: <www.cia.gov/library/publications/the-world-factbook/fields/2012.html#br>. Acesso em: 23 maio 2014.

De olho na tabela

Em 2012, que países apresentaram menos da metade de seus PIBs concentrados no setor terciário?

As cidades são as principais áreas de concentração das atividades do setor terciário. Porém, em quase todos os países da América Latina, industrializados ou não, elas não conseguiram absorver o grande contingente de mão de obra dispensada pelo setor primário. Isso agravou os problemas sociais nas áreas urbanas, aumentando os índices de favelização, desemprego, criminalidade etc. (figura 25).

SÍNTESE DA UNIDADE 4

- O continente americano é o segundo maior do mundo e apresenta grande variedade de climas e vegetações.
- A América é regionalizada tanto por critérios geográficos – América do Sul, Central e do Norte – quanto por história, cultura e nível socioeconômico – Anglo-Saxônica e Latina.
- Na América Latina há grande desigualdade econômica e social.
- A população é muito heterogênea e é marcada pela diversidade cultural.
- O relevo da América apresenta cordilheiras ao oeste, planícies e depressões ao centro e planaltos antigos na costa leste.
- O relevo é fundamental para a hidrografia americana. A maioria dos rios nasce nas cadeias montanhosas e flui para o mar.
- Em muitas áreas da América não se encontra vegetação original devido à exploração econômica dos recursos naturais e à intensa urbanização.
- A população da América se distribui de maneira desigual, concentrando-se nas áreas planálticas e na costa leste.
- O continente americano é rico em recursos naturais, o que favorece o desenvolvimento de um parque industrial diversificado.
- Na América Anglo-Saxônica predominam as indústrias modernas e de alta tecnologia, enquanto na América Latina a industrialização é fraca, com poucas exceções.
- As atividades agropecuárias e a monocultura exportadora são a base de muitas economias latino-americanas.

INDICAÇÕES

Para pesquisar

- **Organização do Tratado de Cooperação Amazônica <www.otca.info>**

Página da organização que congrega diversos países na defesa da Floresta Amazônica, com os tratados por eles assinados e as ações realizadas.

Para assistir

- **Ao sul da fronteira**

Direção: Oliver Stone. Estados Unidos: Europa Filmes, 2009.

Documentário realizado com base em viagens feitas pelo cineasta estadunidense Oliver Stone a seis países da América do Sul e a Cuba. Buscando compreender os governos considerados progressistas nesses territórios, ele entrevista seus presidentes e debate o papel das mídias nacionais e dos Estados Unidos ao retratá-los.

- **Violeta foi para o céu**

Direção: Andrés Wood. Argentina/Brasil/Chile: Imovision, 2011.

O filme narra a história da compositora e artista chilena Violeta Parra, desde sua infância nos Andes até tornar-se uma das mais importantes expressões da cultura latino-americana, apesar de ter tido uma vida pessoal conturbada.

Para ler

- **Enciclopédia contemporânea da América Latina e do Caribe**

Carlos Eduardo Martins et al. (Orgs.). São Paulo: Boitempo, 2006.

Traz verbetes sobre lugares, personalidades, grupos e fatos importantes para a compreensão da América Latina — tanto nas áreas de história, economia, política quanto nas de cultura e arte.

- **Geopolítica da América Latina**

Nelson Bacic Olic; Beatriz Canepa. São Paulo: Moderna, 2004.

Os autores abordam problemas enfrentados pela América Latina e a influência dos Estados Unidos na região.

REPRESENTAÇÕES GRÁFICAS

Pirâmides etárias

No Tema 3 desta Unidade, comparamos as pirâmides etárias de alguns países americanos. Agora, vamos entender um pouco melhor esse tipo de gráfico.

Quando um estudioso quer conhecer a população de um país, ele pesquisa informações como: número de habitantes, composição por sexo e idade e fatos históricos que marcaram a evolução dessa população (guerras, êxodos etc.). A **pirâmide etária** fornece algumas dessas informações, em dado momento, e permite que se perceba visualmente a diferença na estrutura etária de uma certa população.

Ela é composta de dois gráficos de barras, um representando as mulheres e outro, os homens. O eixo vertical traz as faixas de idade com valores crescendo para o alto, e o eixo horizontal informa o número de habitantes com valores aumentando para as bordas.

Veja os exemplos abaixo e, em seguida, pratique a interpretação das pirâmides etárias.

MÉXICO: PIRÂMIDE ETÁRIA – 2014

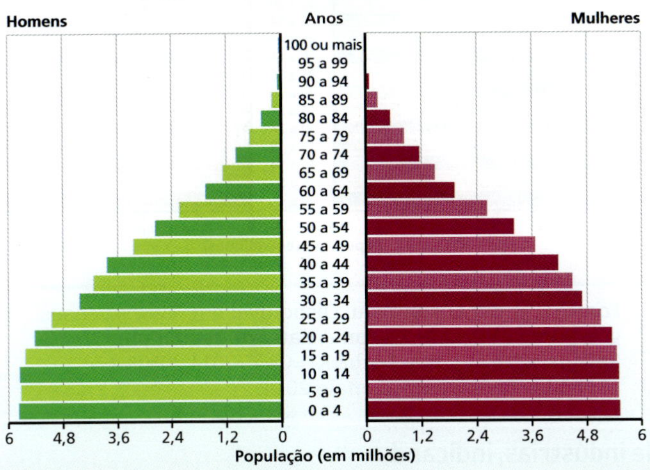

ESTADOS UNIDOS: PIRÂMIDE ETÁRIA – 2014

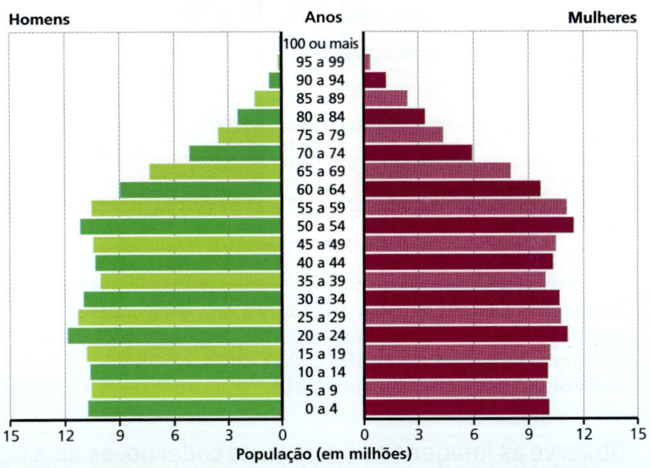

Fonte dos gráficos: U. S. Census Bureau. Disponível em: <www.census.gov/population/international/data/idb/region.php?N=%20Results%20&T=12&A=both&RT=0&Y=2014&R=-1&C=MX,US>. Acesso em: 23 maio 2014.

Pratique

1. Qual dos países representados acima tem a população mais numerosa? Como se pode chegar a essa resposta apenas comparando as pirâmides etárias?
2. Que país apresenta maior participação de população economicamente ativa (PEA) na população total? Quais são as consequências desse fato?

ATIVIDADES

ORGANIZE O CONHECIMENTO

1. **Cite dois países da América Anglo-Saxônica e dois da América Latina.**

2. **Como se caracteriza o oeste da América em termos de relevo?**

3. **Podemos dizer que a agricultura na América:**

a) é desenvolvida em toda a sua extensão.
b) é desenvolvida somente na América do Norte.
c) é desenvolvida apenas nos Estados Unidos e no Canadá.
d) em grande parte da América Latina é voltada para a exportação.
e) se caracteriza pelo cultivo de grãos na faixa equatorial.

APLIQUE SEUS CONHECIMENTOS

4. **Analise a pirâmide etária da Bolívia em 2014 e sua projeção para 2030. Podemos dizer que esse país é rico ou pobre? Por quê?**

BOLÍVIA: PIRÂMIDES ETÁRIAS – 2014 E 2030

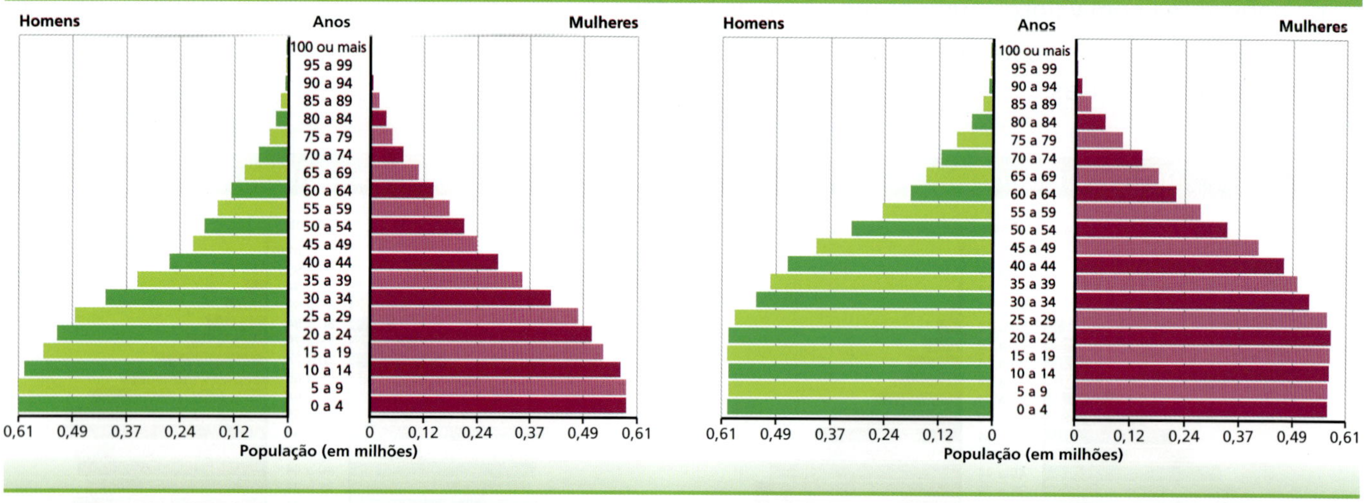

Fonte: U. S. Census Bureau. Disponível em: <www.census.gov/population/international/data/idb/region.php?N=%20Results%20&T=12&A=both&RT=0&Y=2014,2030&R=-1&C=BL>. Acesso em: 22 maio 2014.

Fonte: U. S. Census Bureau. Disponível em: <www.census.gov/population/international/data/idb/region.php?N=%20Results%20&T=12&A=both&RT=0&Y=2014,2030&R=-1&C=BL>. Acesso em: 22 maio 2014.

5. **Observe as imagens e compare, no caderno, os dois tipos de indústrias, indicando de que regiões da América são representativas.**

CAR CULTURE/CORBIS/LATINSTOCK

Linha de montagem de carrocerias de caminhão em fábrica automatizada, em Michigan (Estados Unidos, 2009).

ELMER MARTINEZ/AFP

Homem carrega calças *jeans* em fábrica próxima a Manágua (Nicarágua, 2010).

6. **Observe a imagem da Jamaica, um país situado na América Central, colonizado pelo Reino Unido. Explique por que esse país integra a América Latina.**

MONTY RAKUSEN/CULTURA/GETTY IMAGES

Trabalhadores colhendo café (Jamaica, 2011).

7. **Observe a imagem abaixo e, em seguida, faça o que se pede.**

JOÃO MARCOS ROSA/NITRO

Desmatamento no município de Parauapebas (PA, 2013).

a) A imagem mostra qual vegetação americana?

b) Indique onde ela se localiza.

c) Explique por que esse tipo de vegetação está ameaçado.

8. **Leia o texto e responda às questões propostas.**

"[...] a proporção de pessoas vivendo em favelas diminuiu nas últimas duas décadas, mas [...] cerca de 111 milhões de pessoas ainda vivem nesses espaços, a maioria segregada social e espacialmente, com poucos locais de lazer, pouco transporte público, serviços básicos precários e poucos equipamentos sociais e estruturas produtivas. Atualmente [em 2012], 124 milhões de habitantes nas cidades vivem em situação de pobreza, uma em cada quatro pessoas nas áreas urbanas. [...] O estudo aponta ainda que a desaceleração populacional na região, iniciada há cerca de 20 anos, deve continuar e que até 2030 o número de habitantes na maioria dos países latino-americanos e caribenhos crescerá menos de 1% ao ano. A atual estabilidade demográfica é muito vantajosa para várias dessas nações, onde a população ativa supera em muito a de crianças e velhos."

R7 NOTÍCIAS. Na América Latina, 111 milhões de pessoas vivem em favelas, 21 ago. 2012. Disponível em: <http://noticias.r7.com/internacional/noticias/na-america-latina-111-milhoes-de-pessoas-vivem-em-favelas-20120821.html>. Acesso em: 22 maio 2014.

a) Como o texto descreve as condições de vida nas favelas na América Latina?

b) Cerca de 111 milhões de pessoas ainda vivem em favelas na América Latina e 124 milhões dos habitantes nas cidades vivem em situação de pobreza, uma em cada quatro pessoas nas áreas urbanas. Redija um parágrafo sobre o que esses números demonstram a respeito da América Latina.

DESAFIO

9. **As trajetórias dos países latino-americanos, apesar de distintas entre si, tem muito em comum. Assinale a alternativa que comprova essa afirmação.**

a) O atraso na industrialização tornou essa região dependente de fornecedores do exterior de tecnologia e maquinário, o que conduziu a uma crescente dependência do capital externo.

b) A industrialização da América Latina deu-se de forma homogênea, acompanhando o crescimento econômico dos Estados Unidos.

c) As migrações internas entre países da América Latina têm contribuído para uma história comum de desenvolvimento tecnológico.

d) Muitos países não conseguiram superar a herança colonial e continuaram dependentes e pobres, mas uma parte significativa hoje se equipara aos países ricos.

e) A economia dos países da América Latina está voltada para o seu mercado interno.

A partir de 2013, astrônomos do mundo todo passaram a contar com mais uma fonte de informações espaciais, pois o Grande Conjunto de Radiotelescópios do Atacama – conhecido pela sigla em inglês Alma – teve sua implantação concluída.

Da América, olhos para o Universo

"O Atacama Large Millimeter Array (Alma), a maior rede de telescópios do mundo, foi inaugurado nesta quarta-feira [13 de março de 2013] na Planície Chajnantor, a mais de 5 mil metros de altitude, no Deserto do Atacama, Chile. A cerimônia de inauguração contou com mais de 500 convidados e marcou o fim da instalação dos sistemas principais do telescópio e sua transição formal de um projeto em construção, que já operava com 16 antenas desde 2011, para um observatório em pleno funcionamento. A construção do observatório custou cerca de 1,4 bilhão de dólares e é resultado de um projeto conjunto da Europa, Estados Unidos, Taiwan, Japão e Chile.

O Alma é formado por 66 antenas — 54 medindo doze metros de diâmetro e outras doze com sete metros — que podem operar em conjunto e funcionar como um único e imenso radiotelescópio. A construção de todas as antenas já foi finalizada, mas sete ainda estão em fase de testes e devem entrar em operação até julho. Com apenas 16 antenas em funcionamento, o observatório já foi capaz de realizar observações inéditas e ajudar a compreender melhor a formação do Universo. Com todas as antenas funcionando, as possibilidades são imensas. 'O Alma já mostrou que é o mais avançado telescópio milimétrico/submilimétrico do mundo, superando qualquer outro já construído. Estamos ansiosos para que os astrônomos comecem a explorar todo o poder dessa ferramenta maravilhosa', disse o holandês Thijs de Graauw, direto do Alma, durante a cerimônia.

O telescópio é capaz de detectar comprimentos de luz minúsculos, que são invisíveis ao olho humano, e poderá registrar imagens inéditas do nascimento de estrelas e galáxias nas primeiras etapas do Universo. Ele também poderá estudar a distribuição das moléculas que se formam no espaço entre as estrelas. 'A principal característica do Alma é observar ondas milimétricas e submilimétricas — o que pouquíssimos telescópios conseguem. Normalmente, essas ondas são bloqueadas pela atmosfera, principalmente as moléculas de água. Por isso, o deserto do Atacama, um local muito seco e alto, foi o melhor lugar do mundo para sua construção', disse Gustavo Rojas, astrofísico da Universidade Federal de São Carlos. [...]"

ROSA, Guilherme. Maior projeto astronômico do mundo, observatório Alma é inaugurado no Chile. *Veja*, São Paulo, 13 mar. 2013. Disponível em: <http://veja.abril.com.br/noticia/ciencia/maior-projeto-astronomico-do-mundo-observatorio-alma-e-inaugurado-no-chile>. Acesso em: 23 maio 2014.

Atividades

OBTER INFORMAÇÕES

1. Dos países que participaram do projeto de implantação do observatório espacial, quais estão situados no continente americano?
2. Localize no mapa da figura 6, na página 90, o Deserto do Atacama e descreva sua posição no continente americano.
3. Por que a localização do Alma contribui para a realização de pesquisas astronômicas?

INTERPRETAR

4. Que informações sobre o Universo os cientistas procuram obter com o novo telescópio? Qual é a importância de tais dados?

PESQUISA

5. Procure mais informações sobre a região do Deserto do Atacama, no Chile, e elabore uma reportagem descrevendo o uso do espaço geográfico na região. Cite as principais atividades econômicas e identifique como as características físicas influenciam a ação antrópica no deserto. Forme grupo com mais dois colegas e façam uma compilação das informações levantadas em cada reportagem. Em uma data previamente determinada pelo professor, exponham o trabalho finalizado aos demais grupos.

UNIDADE

5 ESTADOS UNIDOS E CANADÁ

Os Estados Unidos e o Canadá são países de colonização anglo-saxônica localizados na América.

O espaço geográfico desses países é marcado por intensa ação antrópica, elevada exploração dos recursos naturais e alto emprego de tecnologia nos diversos setores produtivos, o que lhes confere a renda *per capita* e o Índice de Desenvolvimento Humano (IDH) mais elevados do continente.

ROBERT MCGOUEY/ALL CANADA PHOTOS/KEYSTONE

Começando a Unidade

O carvão foi fundamental no final do século XVIII na Revolução Industrial, sendo usado na máquina a vapor. Com base em seus conhecimentos, responda: qual é a importância do carvão nos Estados Unidos e no Canadá?

Extração de carvão mineral na província de Alberta (Canadá, 2010). Juntos, os Estados Unidos e o Canadá detinham quase 30% das reservas de carvão mundiais em 2012.

TEMA 1

Estados Unidos: aspectos naturais e organização do espaço

A exploração do gás de xisto nos Estados Unidos está revolucionando sua economia e também as relações internacionais. A indústria e a agricultura estadunidenses estão entre as mais modernas do mundo.

Extensão e limites

A maior potência econômica e militar da atualidade apresenta território com **extensão continental** e é o terceiro maior país do mundo, com cerca de 9.831.510 km^2, incluindo os estados situados em território não contínuo: Alasca, a noroeste do Canadá, e Havaí, um arquipélago no Pacífico. Os Estados Unidos limitam-se com o Canadá, ao norte, e com o México, ao sul, e são banhados pelos oceanos Atlântico, na costa leste, Pacífico, na costa oeste, e Ártico, no Alasca. Observe o mapa a seguir (figura 1).

FIGURA 1. ESTADOS UNIDOS

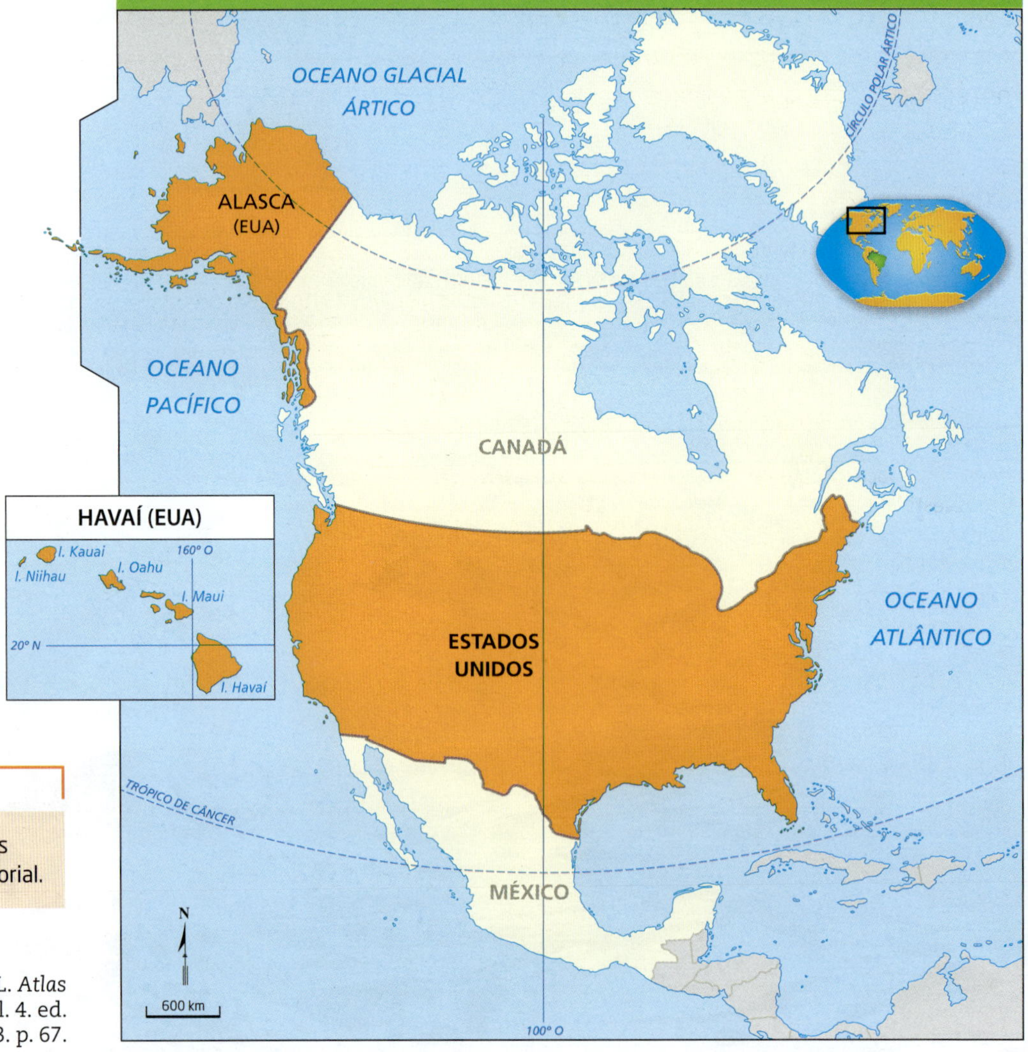

Fonte: FERREIRA, Graça M. L. *Atlas geográfico*: espaço mundial. 4. ed. São Paulo: Moderna, 2013. p. 67.

GLOSSÁRIO

Extensão continental: diz-se do país que apresenta grande extensão territorial.

Aspectos naturais do território

Do ponto de vista físico, o território continental dos Estados Unidos – sem considerar os estados do Alasca e do Havaí – pode ser dividido em quatro grandes unidades: a leste, o relevo apresenta planaltos desgastados, como os **Montes Apalaches**; a oeste, estão as cordilheiras resultantes de dobramentos modernos, como as **Montanhas Rochosas**; e, no centro, as **planícies centrais**. No litoral do Atlântico, localiza-se a **Planície Costeira**, formada por terrenos sedimentares.

Por causa da complexa formação geológica do território estadunidense, há em seu subsolo grande variedade de minérios e fontes de energia, como petróleo e gás natural, ferro, alumínio, cobre, entre outros (figura 2). As grandes bacias de carvão nos Montes Apalaches e na região dos Grandes Lagos foram essenciais para o êxito do desenvolvimento industrial no século XIX nos Estados Unidos, sobretudo para o nordeste do país, até hoje a região mais industrializada.

JOHNER IMAGES/ALAMY/GLOW IMAGES

Figura 2. Extração de petróleo no estado do Texas, principal local de extração desse recurso energético no país (Estados Unidos, 2011).

A revolução do xisto

Os Estados Unidos produzem cerca de 80% da energia que consomem, cuja principal fonte são os **combustíveis fósseis**, em especial o petróleo.

Nos últimos anos, com o avanço da tecnologia, foi possível a exploração de **gás de xisto** no país, o que iniciou uma revolução energética, alterando o cenário econômico. Apesar de difícil e cara, os Estados Unidos conseguiram tornar possível a extração do gás de xisto, da qual também se consegue obter o petróleo que está nas rochas (figura 3).

Figura 3. A tecnologia que permite a extração do gás de xisto e o torna economicamente viável é conhecida como fraturamento (*fracking*) de placas de xisto, as quais se situam no subsolo, a cerca de 1.000 metros de profundidade. O óleo é encontrado entre as rochas, mas em geral é produzido com o aquecimento do xisto.

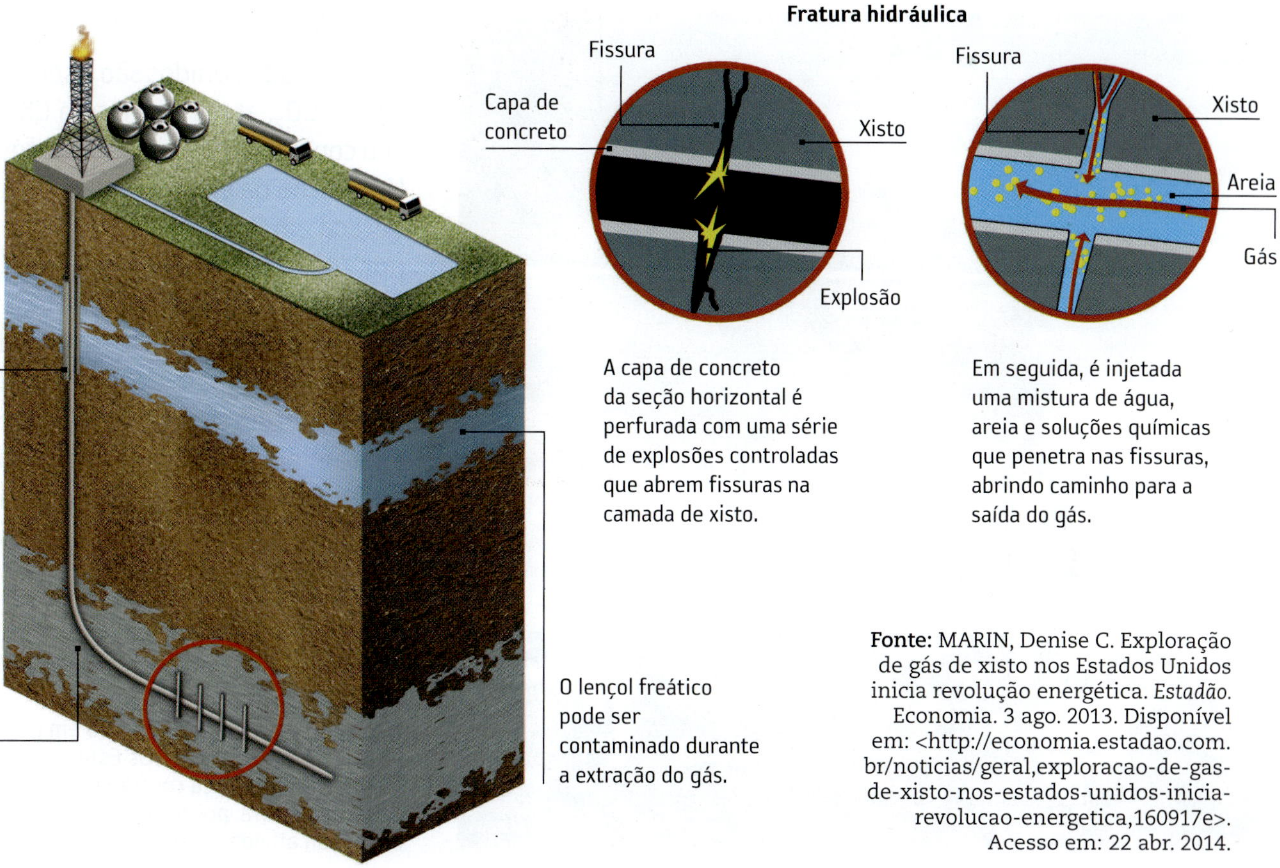

Fonte: MARIN, Denise C. Exploração de gás de xisto nos Estados Unidos inicia revolução energética. *Estadão*. Economia. 3 ago. 2013. Disponível em: <http://economia.estadao.com.br/noticias/geral,exploracao-de-gas-de-xisto-nos-estados-unidos-inicia-revolucao-energetica,160917e>. Acesso em: 22 abr. 2014.

FIGURA 4. MUNDO: RESERVAS DE GÁS DE XISTO

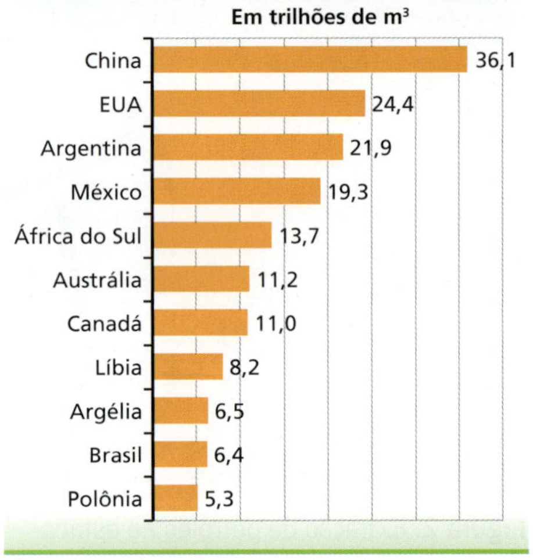

Fonte: MARIN, Denise C. Exploração de gás de xisto nos Estados Unidos inicia revolução energética. *Estadão*. Economia. 3 ago. 2013. Disponível em: <http://economia.estadao.com.br/noticias/geral,exploracao-de-gas-de-xisto-nos-estados-unidos-inicia-revolucao-energetica,160917e>. Acesso em: 22 abr. 2014.

Em busca da autossuficiência

Em 2013, o xisto contribuiu com 29% da produção total de petróleo e participou de 40% da produção total de gás natural dos Estados Unidos. Esse fato permitiu a redução das importações de petróleo no país, o que ajudou a diminuir a dependência estadunidense em relação à **Organização dos Países Exportadores de Petróleo** (**Opep**). A organização, que é formada majoritariamente por países do Oriente Médio, tem grande influência sobre o preço do barril do petróleo no mercado internacional. Acredita-se que já em 2017 os Estados Unidos atinjam a autossuficiência em energia e que o gás de xisto venha a ser a principal fonte na matriz energética do país por volta de 2030.

Novas relações internacionais

Os Estados Unidos deverão se tornar em 2020 o maior produtor de petróleo do mundo, lugar hoje ocupado pela Arábia Saudita. Por outro lado, acredita-se que em 2017 a China seja a maior importadora mundial de petróleo, posto atualmente pertencente aos Estados Unidos. Esses fatos terão impacto no cenário político mundial, visto que a dependência estadunidense de petróleo do Oriente Médio será bem menor, o que diminuirá o peso dessa região em seus interesses estratégicos, enquanto a China passará a depender cada vez mais do petróleo do Oriente Médio e do africano.

Outros países também têm reservas de gás de xisto, mas o alto custo da extração as torna economicamente pouco atraentes (figura 4). Além disso, alguns países europeus, como a França, a Bulgária e a Polônia, proibiram sua extração devido aos impactos ambientais que pode gerar.

Questão ambiental

Os Estados Unidos são o segundo maior emissor de CO_2, atrás apenas da China, em vista de seu consumo de combustíveis fósseis (figura 5). Hoje, 50% da eletricidade consumida no país é gerada em termelétricas altamente poluidoras por usarem o carvão mineral como fonte de energia. A alternativa mais limpa ao carvão é o gás natural, porém a extração do xisto é vista com reserva pelos ambientalistas, uma vez que o método usado para sua obtenção pode contaminar com produtos químicos os lençóis freáticos localizados acima da camada de xisto.

JONATHAN ALCORN/BLOOMBERG VIA GETTY IMAGES

Figura 5. Refinaria de petróleo em Los Angeles (Estados Unidos, 2012). Os Estados Unidos mantêm uma política contrária à redução de gases de efeito estufa, por temerem que a iniciativa limite sua atividade industrial.

Organização do espaço

Tanto as indústrias como a agricultura dos Estados Unidos estão entre as mais produtivas e modernas do mundo. Essas atividades são fundamentais na organização do espaço estadunidense.

Indústria

De industrialização antiga e tradicional, o nordeste do país é conhecido como ***Manufacturing Belt*** (Cinturão Industrial) em razão da grande concentração de fábricas. Entre as indústrias locais destacam-se a siderúrgica, a química, a metalúrgica, a automobilística e a eletrônica. É nessa região que estão situados a capital, Washington, e o principal centro econômico-financeiro do país: a cidade de Nova York (figura 6).

ADRIAN WILSON/CORBIS/LATINSTOCK

Figura 6. Nova York, uma das cidades mais populosas do mundo, vista à noite do arranha-céu Empire State, símbolo da cidade (Estados Unidos, 2014).

Na década de 1980, as indústrias entraram em crise por causa da concorrência dos carros japoneses e de outros produtos asiáticos e, logo depois, em decadência. Por consequência, a região ficou conhecida como ***Rust Belt*** (Cinturão Enferrujado).

Na década de 1990, essa região industrial se recuperou e retomou a liderança global em alguns setores, como o automobilístico. Muitas indústrias foram remodeladas com base no uso da **tecnologia**, da **automação** e da **microeletrônica**; indústrias de alta tecnologia surgiram em parceria com centros de pesquisa de grandes universidades; porém, nem todas conseguiram se reerguer.

Sun Belt (Cinturão do Sol)

Após a Segunda Guerra Mundial, novas áreas no sul e no oeste do país foram dinamizadas com obras de infraestrutura construídas pelo governo para desconcentrar a indústria do nordeste. Entre os principais fatores dessa iniciativa estavam o crescimento do comércio com o Japão e a segurança do território, além da exploração de petróleo no Golfo do México e na Califórnia, que atraiu investimentos, empresas e pessoas para a região.

Nesse período, houve grande entrada de imigrantes no país, principalmente de mexicanos no sul, de cubanos na Flórida e de asiáticos na costa do Pacífico, o que gerou disponibilidade de mão de obra barata. Além disso, 3 milhões de pessoas deixaram o *Manufacturing Belt* e dirigiram-se para esses novos polos industriais que se formavam (figura 7).

BILL STAFFORD/NASA/HANDOUT/CNP/CORBIS

Figura 7. Astronauta se prepara para missão espacial em instalação da Nasa, em Houston (Estados Unidos, 2009). As instalações das unidades da Nasa no Texas e na Flórida foram fundamentais para a expansão da indústria aeroespacial.

Vale do Silício

Nesses novos polos, instalados próximos a grandes universidades e seus centros de pesquisa, desenvolveram-se indústrias de **alta tecnologia**. Na Califórnia, por exemplo, o **Vale do Silício** concentra as indústrias de informática, tecnologia e telecomunicações. Essa área tem grande importância estratégica para os Estados Unidos, pois está mais próxima dos mercados asiáticos – os que mais crescem na economia global. Observe o mapa da figura 8.

FIGURA 8. ESTADOS UNIDOS: INDÚSTRIAS

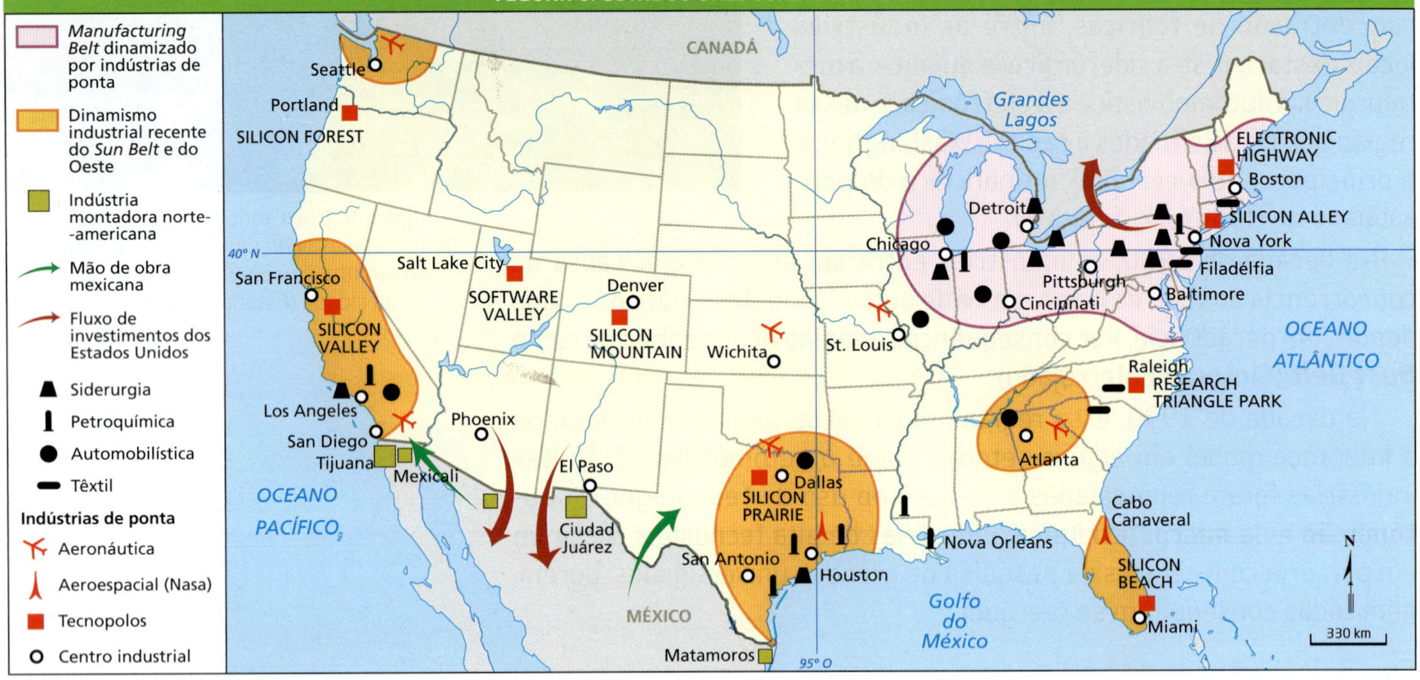

Fonte: FERREIRA, Graça M. L. *Atlas geográfico*: espaço mundial. 4. ed. São Paulo: Moderna, 2013. p. 75.

Agricultura

A agricultura estadunidense, **intensiva** e **altamente mecanizada**, é a mais produtiva do mundo e emprega somente 2% da População Economicamente Ativa (PEA) do país. Os Estados Unidos se configuram como o maior exportador mundial de alimentos e também abastecem seu mercado interno. Destacam-se as produções de trigo, milho e soja. Observe o gráfico da figura 9.

De olho no gráfico

Compare a produção de milho dos Estados Unidos com a dos outros maiores produtores mundiais.

FIGURA 9. OS CINCO MAIORES PRODUTORES MUNDIAIS DE MILHO – 2009-2011

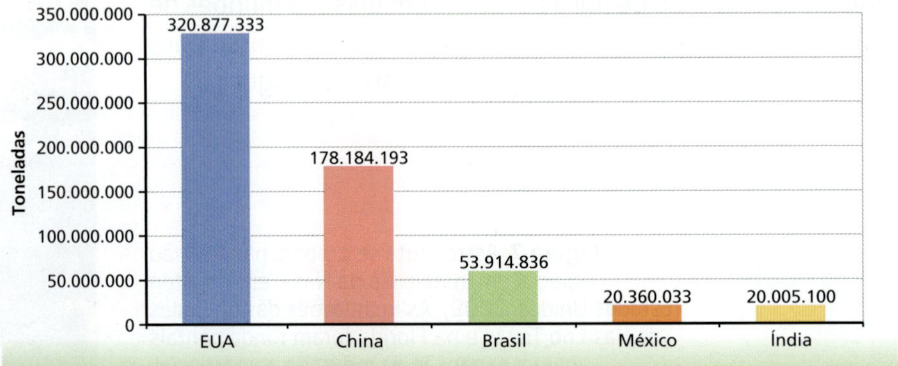

Fonte: FAO. Disponível em: <www.scp.rs.gov.br/atlas/conteudo.asp?cod_menu_filho=819&cod_menu=817&tipo_menu=ECONOMIA&cod_conteudo=1492>. Acesso em: 22 abr. 2014.

Os *Belts* (Cinturões)

Próximo dos Grandes Lagos e das grandes cidades desenvolvem-se cultivos de hortaliças, a pecuária leiteira – conhecida como ***Dairy Belt*** (Cinturão dos Laticínios) – e uma moderna avicultura.

Nas planícies centrais está a região considerada o celeiro agrícola dos Estados Unidos, com destaque para o ***Wheat Belt*** (Cinturão do Trigo) e o ***Corn Belt*** (Cinturão do Milho). Observe a figura 10.

A agricultura nos Estados Unidos é altamente mecanizada, emprega pouca mão de obra e está intimamente ligada às agroindústrias. A utilização da ciência e da tecnologia permite alto rendimento e grandes colheitas.

Nos últimos anos, a agricultura dos *belts* vem sofrendo modificações, visto que áreas monocultoras estão sendo ocupadas pelo gado e também por novas culturas, como o sorgo.

Na Califórnia, estado situado no oeste do país, desenvolve-se a **fruticultura irrigada** em áreas desérticas e destaca-se a produção de vinho (figura 11). Desde o Golfo do México até a porção central da costa leste são plantadas frutas e cana-de-açúcar no chamado ***Sun Belt*** (Cinturão do Sol). O uso intenso de mecanização e de tecnologia consolida os Estados Unidos como a grande potência agrícola do mundo. Observe o mapa da figura 12.

SCOTT OLSON/GETTY IMAGES

Figura 10. Lavoura de milho nas pradarias, próximo a Vincennes, no estado de Indiana (Estados Unidos, 2012). O álcool usado como biocombustível é extraído do milho.

TIM RUE/BLOOMBERG VIA GETTY IMAGES

Figura 11. Vinícola no Condado de Sonoma (Estados Unidos, 2013). O uso da irrigação e da tecnologia é responsável pelo aumento da produtividade na Califórnia.

FIGURA 12. ESTADOS UNIDOS: ORGANIZAÇÃO DO ESPAÇO

Fonte: FERREIRA, Graça M. L. *Atlas geográfico*: espaço mundial. 4. ed. São Paulo: Moderna, 2013. p. 75.

TEMA

2 A população dos Estados Unidos

A população dos Estados Unidos vem sofrendo profundas mudanças nos últimos anos ligadas à imigração.

Uma grande população

Com 318 milhões de habitantes em 2014, os Estados Unidos têm a **terceira maior população** do mundo, superados apenas pela China e pela Índia. O crescimento populacional do país é de 0,9% ao ano e não é mais baixo em virtude do intenso fluxo migratório vindo principalmente do México, da América Central e da Ásia. Além da migração legal, há décadas os Estados Unidos recebem anualmente milhares de imigrantes ilegais, que formam parte da mão de obra menos qualificada na agricultura e nos centros urbanos. Observe a figura 13.

Formação da população

A população estadunidense se formou a partir dos colonizadores europeus brancos e da forte presença de africanos escravizados no sul. No século XIX, milhões de imigrantes, principalmente europeus, optaram por viver nos Estados Unidos.

A população dos Estados Unidos é composta, em sua maioria, de brancos, que representam 74% do total (figura 14). Os negros somam 12,2%; outros grupos, 8,1%; os asiáticos, 4,8%; e os indígenas e os nativos do Alasca, apenas 0,9%.

JOHN MOORE/GETTY IMAGES

Figura 13. Imigrantes mexicanos trabalham na construção civil em Denver, no Colorado (Estados Unidos, 2013). Dos 24 milhões de imigrantes que vivem no país, estima-se que 11 milhões estão em situação ilegal.

Distribuição da população

A população estadunidense não se distribui de maneira uniforme pelo território.

No **nordeste** do país estão as áreas de maior densidade demográfica, destacando-se a região entre as cidades de Boston, Nova York e Washington. Na região dos **Grandes Lagos** também há grande concentração populacional, com destaque para a cidade de Chicago.

Na **costa oeste**, as cidades de Seattle, San Diego, San Francisco e Los Angeles apresentam as maiores densidades demográficas.

Há vastos espaços pouco povoados no país por causa das condições naturais. É o caso do Alasca, de clima muito frio, do Arizona, de clima árido e semiárido, e das áreas de relevo montanhoso, como as localizadas nas Montanhas Rochosas no oeste. Observe o mapa da figura 14.

FIGURA 14. ESTADOS UNIDOS: DENSIDADE DEMOGRÁFICA

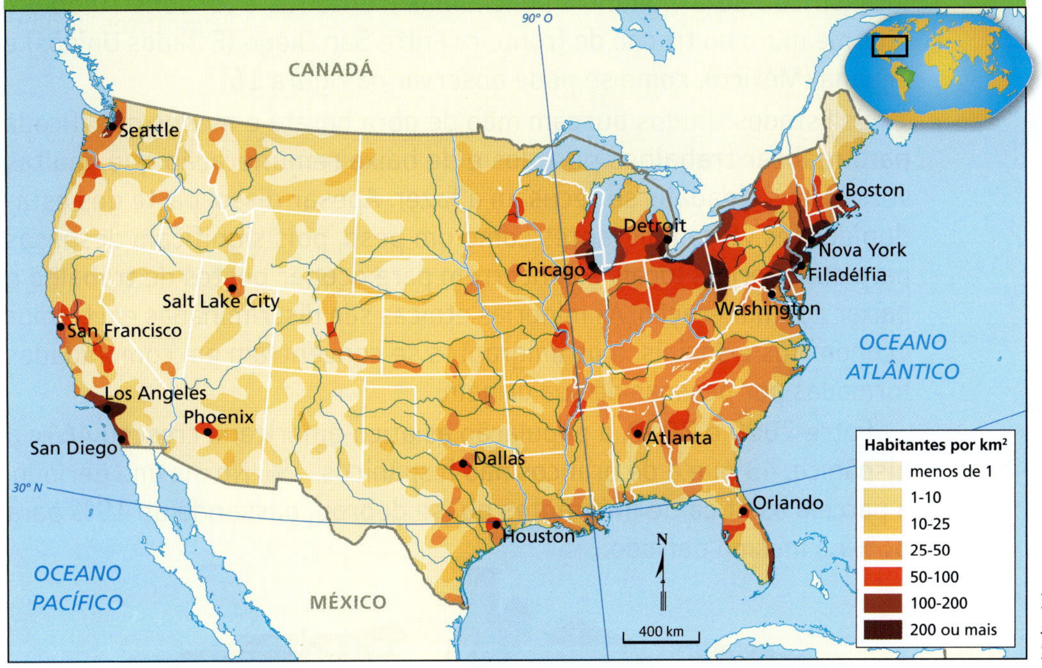

Fonte: CHARLIER, Jacques (Org.). *Atlas du 21ᵉ siècle*. Paris: Nathan, 2011. p. 141.

Megalópoles

No território dos Estados Unidos encontram-se três megalópoles. A maior delas, conhecida como **Bos-Wash**, se estende de Boston a Washington. Segundo o Censo de 2010, ela abrigava cerca de 17% da população dos Estados Unidos. Em 1960, 21% da população total morava nessa área. A segunda maior, chamada **San-San**, situa-se na costa oeste, indo de San Francisco a San Diego, na Califórnia. Nela vivem 9% dos habitantes estadunidenses. A terceira é **Chi-Pitts**, que se estende de Chicago a Pittsburgh e acolhe 6% da população do país.

Apesar da importância econômica, financeira e cultural das megalópoles, não são elas que mais crescem nos Estados Unidos. As áreas metropolitanas em várias cidades do Texas, como Houston e Austin; Orlando, na Flórida; Las Vegas, em Nevada; e Atlanta, na Geórgia, são as áreas urbanas que registram maior crescimento.

Mapa interativo

Estados Unidos: organização do espaço e população

SAM HODGSON/REUTERS/LATINSTOCK

Figura 15. Cidadãos estadunidenses se dispõem voluntariamente a vigiar a fronteira dos Estados Unidos com o México para impedir a entrada de imigrantes ilegais. Na foto, manifestantes protestam em frente à estação da Patrulha de Fronteira na cidade de Murrieta, na Califórnia (Estados Unidos, 2014).

Imigração

Principalmente a partir de 1980, os Estados Unidos, por sua posição de liderança econômica no mundo ocidental, passaram a atrair milhões de imigrantes, a maioria hispânicos da América Latina e asiáticos.

Dessa maneira, o fluxo imigratório ilegal aumentou consideravelmente. Milhares de hispânicos, da América Central e da América do Sul, cruzaram a fronteira e se estabeleceram no país sem documentos nem permissão legal para viver e trabalhar. Ao serem descobertos e apanhados pelas autoridades, esses imigrantes que estão vivendo em situação irregular em solo estadunidense são deportados. Indivíduos racistas contrários à entrada de estrangeiros no país, que consideram os imigrantes um dos "grandes males da nação", chegam a formar grupos armados que se deslocam até a região de fronteira, visando impedir a entrada dos imigrantes sem documentos. Observe a figura 15.

Para evitar a entrada dos ilegais pelo México, leis rígidas foram criadas, intensificou-se a vigilância policial nas fronteiras e foi construído um enorme muro no trecho de fronteira entre San Diego (Estados Unidos) e Tijuana (México), como se pode observar na figura 16.

Os Estados Unidos buscam mão de obra barata e menos qualificada para realizar trabalhos pesados e de baixa remuneração que, muitas vezes, seus cidadãos se recusam a fazer. Apesar disso, parte dos estadunidenses vê os imigrantes como um peso, pois significam despesas para os governos locais e concorrem para ocupar postos de trabalho e baixar a remuneração. As minorias étnicas são discriminadas em termos econômicos e sociais, e os imigrantes se concentram em comunidades formadas por pessoas de sua origem.

Entre 2000 e 2010, a população asiático-americana cresceu 46%; a hispânica, 43%; e a de brancos não hispânicos, 1%. No mesmo período, a parcela asiática de imigrantes quase dobrou, passando de 19% para 36% no mesmo período.

Figura 16. Muro construído a partir de 1994, com quase 1.400 quilômetros de extensão, na fronteira entre o México e os Estados Unidos, uma tentativa de barrar a entrada de imigrantes ilegais por San Diego (Estados Unidos, 2013).

JOHN MOORE/GETTY IMAGES

Questão racial

Até meados do século XX, a separação entre negros e brancos era praticada principalmente nos estados do sul dos Estados Unidos. Os negros não tinham assegurados muitos dos direitos civis, como o do voto. Na década de 1960, as restrições legais contra os negros foram abolidas, mas isso não significou o fim do racismo e da desigualdade na sociedade estadunidense. Ainda hoje, os negros têm condições sociais e econômicas inferiores às dos brancos.

Desigualdades

Embora tenham sido implantadas políticas de inclusão, em 2014 os negros ainda sofriam muitos tipos de violência e, dos 2,5 milhões de presidiários, cerca de 1 milhão – o que equivale a 40% da população carcerária dos Estados Unidos – era composto de negros (figura 17).

Grande parte da população negra dos Estados Unidos vive em condições precárias, em verdadeiros guetos, e essa situação também se estende aos latinos.

Nos estados do sul do país, a situação é problemática. Foi nessa região que houve a escravidão nas fazendas de algodão. Em meados do século XIX, a elite branca, inconformada com o fim da escravidão, criou grupos, que perduraram até o século XX, para impedir a integração social dos negros e seu acesso à terra. Esses grupos valiam-se de métodos violentos, como sequestros e enforcamentos, para atingir seus objetivos.

A mentalidade racista ainda não desapareceu em grande parte desses estados, onde os negros têm mais dificuldades de integração.

Em 1970, a taxa de pobreza nos Estados Unidos entre os negros era de 33,6% e, em 2012, de 35%. Nesse mesmo período, essa taxa subiu de 10% para 13% entre os brancos e de 24,3% para 33% entre os latinos. Veja a figura 18.

Desde a década de 1970, a taxa de desemprego entre negros foi sempre 60% superior que entre brancos. Em 2014, a taxa de desemprego foi de 5,8% entre brancos, 11,3% entre latinos e 12,4% entre negros.

SPENCER PLATT/GETTY IMAGES

Figura 17. Populares protestam contra o assassinato de um jovem pela polícia depois que sua escova de cabelo foi confundida com uma arma, em Nova York (Estados Unidos, 2007).

Figura 18. Moradores de conjunto habitacional em Nova Orleans, na Louisiana (Estados Unidos, 2007). A população negra nos estados do sul é maior e mais pobre que nos estados do norte.

MARIO TAMA/GETTY IMAGES

+ Diversidade

Racismo

No Brasil, o racismo é crime. A Lei nº 9.459, de 13 de maio de 1997, determina em seu artigo 1º:

"Serão punidos, na forma desta Lei, os crimes resultantes de discriminação ou preconceito de raça, cor, etnia, religião ou procedência nacional".

- Você acha que a promulgação de uma lei é suficiente para combater o racismo e o preconceito existentes na sociedade brasileira? O que mais seria necessário fazer?

ATIVIDADES

ORGANIZE O CONHECIMENTO

1. Quais são os países que fazem fronteira com os Estados Unidos?

2. No caderno, classifique como verdadeira (V) ou falsa (F) cada uma das frases seguintes:
   a) Os Estados Unidos têm um subsolo pobre em minérios.
   b) O carvão está provocando uma revolução energética nos Estados Unidos.
   c) O crescimento da exploração de xisto deverá levar os Estados Unidos à autossuficiência energética.
   d) A agricultura estadunidense é moderna, intensiva e muito produtiva.
   e) Os Estados Unidos têm grandes reservas de petróleo.

3. Por que a China deverá se tornar a maior importadora de petróleo do mundo?

4. Explique os vazios demográficos existentes nos Estados Unidos. Cite exemplos.

5. Indique a alternativa que aponta o estado insular dos Estados Unidos representado na imagem a seguir.

MICHELE FALZONE/JAI/CORBIS/LATINSTOCK

   a) Califórnia.
   b) Alasca.
   c) Flórida.
   d) Havaí.
   e) Nova York.

APLIQUE SEUS CONHECIMENTOS

6. Sabendo que os Estados Unidos são o terceiro e o primeiro maiores produtores e exportadores de trigo e de milho do mundo, respectivamente, caracterize brevemente a agricultura do país.

7. Observe a fotografia a seguir e responda.

SAMANTHA SAIS/ REUTERS

Patrulha vigia muro construído pelos Estados Unidos na fronteira entre o estado do Arizona e o México para impedir a entrada de imigrantes ilegais (Estados Unidos, 2013).

Esse muro foi capaz de deter a imigração ilegal do México para os Estados Unidos? Por que os Estados Unidos atraem imigrantes para seu território?

O *hip-hop* nos Estados Unidos e o nascimento da música de protesto

O *hip-hop* é um gênero musical relativamente recente, bastante difundido. Suas origens datam do início da década de 1970, na cidade de Nova York, nos Estados Unidos, e remetem às comunidades jamaicana, latino-americana e afro-americana dos bairros mais empobrecidos da cidade, especialmente no Bronx.

Durante a transição da década de 1960 para a de 1970, Nova York ficou marcada por uma grave crise urbana. A construção de uma via expressa desvalorizou o bairro do Bronx, que passou a abrigar pessoas extremamente pobres, sobretudo imigrantes e soldados que haviam voltado da Guerra do Vietnã. Essa decadência urbana manifestava-se em altos índices de criminalidade, violência e desigualdades sociais.

Partindo dessa experiência, os moradores do bairro começaram a se expressar artisticamente, com letras e rimas de questionamento do modelo social vigente, de contestação da visível degradação socioeconômica. O *hip-hop* absorveu essas inquietações e se apresentou tanto como estratégia de sobrevivência quanto como forma de dar visibilidade aos problemas cotidianos daquelas comunidades. Por meio da música, da expressão corporal, da dança e do desenho (sobretudo o *grafite*), os artistas procuraram denunciar os graves problemas do cotidiano, a falta de oportunidades, a ausência de amparo do Estado, as carências em atendimento hospitalar, a falta de escolas para a educação dos jovens e adolescentes, os conflitos entre as gangues e o tráfico de drogas, bem como suas consequências para as famílias.

O *hip-hop* foi um marco para a cidade de Nova York e ainda hoje é um dos gêneros musicais mais expressivos da cultura estadunidense, que se espalhou para outros países, dando voz a diversas periferias.

RICHARD LEVINE/ALAMY/GLOW IMAGES

Grafite em muro de um prédio localizado no Parque Crotona, no bairro do Bronx, Nova York (Estados Unidos, 2010).

1. Quais eram as condições sociais dos grupos que deram origem ao *hip-hop*?
2. Por que o *hip-hop* se tornou uma importante forma de expressão cultural da cidade de Nova York?

TEMA

3 Estados Unidos: potência econômica e militar

A maior economia é também a maior potência militar sem rival no planeta. Essa supremacia favorece a intervenção militar dos Estados Unidos em outros países para assegurar seus interesses econômicos e geopolíticos.

Presença mundial

Por seu grande poderio econômico e militar, os Estados Unidos estão presentes no mundo todo por meio de suas empresas transnacionais, suas bases militares e sua frota marítima estacionada em todos os oceanos. Todo esse aparato militar tem o objetivo de defender seus interesses econômicos, conservar suas áreas de influência e de interesses estratégicos.

Intervencionismo

Exercendo forte poder sobre instituições internacionais, como a ONU (Organização das Nações Unidas) e a Otan (Organização do Tratado do Atlântico Norte), ou até mesmo agindo contrariamente a elas, os Estados Unidos têm grande poder de decisão nas questões políticas atuais. Sem um oponente à altura, o país passou a intervir livremente em questões e conflitos locais ou mundiais, buscando soluções que, muitas vezes, atendem apenas a seus interesses, sejam do governo ou de empresas privadas.

Em 2003, os Estados Unidos invadiram o Iraque sem o aval da ONU, acusando o país árabe de ter armas de destruição em massa. Na realidade, essas armas nunca foram encontradas, e o governo estadunidense desejava ter sob sua influência esse país, entre outros motivos estratégicos, por nele estar a quinta maior reserva de petróleo do mundo (figura 19).

A Otan é uma organização militar de ajuda mútua criada em 1949 pelos Estados Unidos e pelas principais potências europeias para combater possíveis agressões dos países socialistas sob liderança da União Soviética durante a Guerra Fria. Atualmente, fazem parte da Otan países que já foram socialistas e estiveram sob influência soviética.

Em 2011, forças da Otan, lideradas pelos Estados Unidos, intervieram militarmente na Líbia, ajudando os rebeldes na luta para depor o ditador Muamar Kadaffi. A Líbia também é rica em petróleo.

Veja o mapa da figura 20.

GLEB GARANICH/REUTERS/LATINSTOCK

Figura 19. Bandeira dos Estados Unidos hasteada em Bagdá, durante invasão (Iraque, 2003).

FIGURA 20. PRESENÇA MILITAR DOS ESTADOS UNIDOS NOS CINCO CONTINENTES

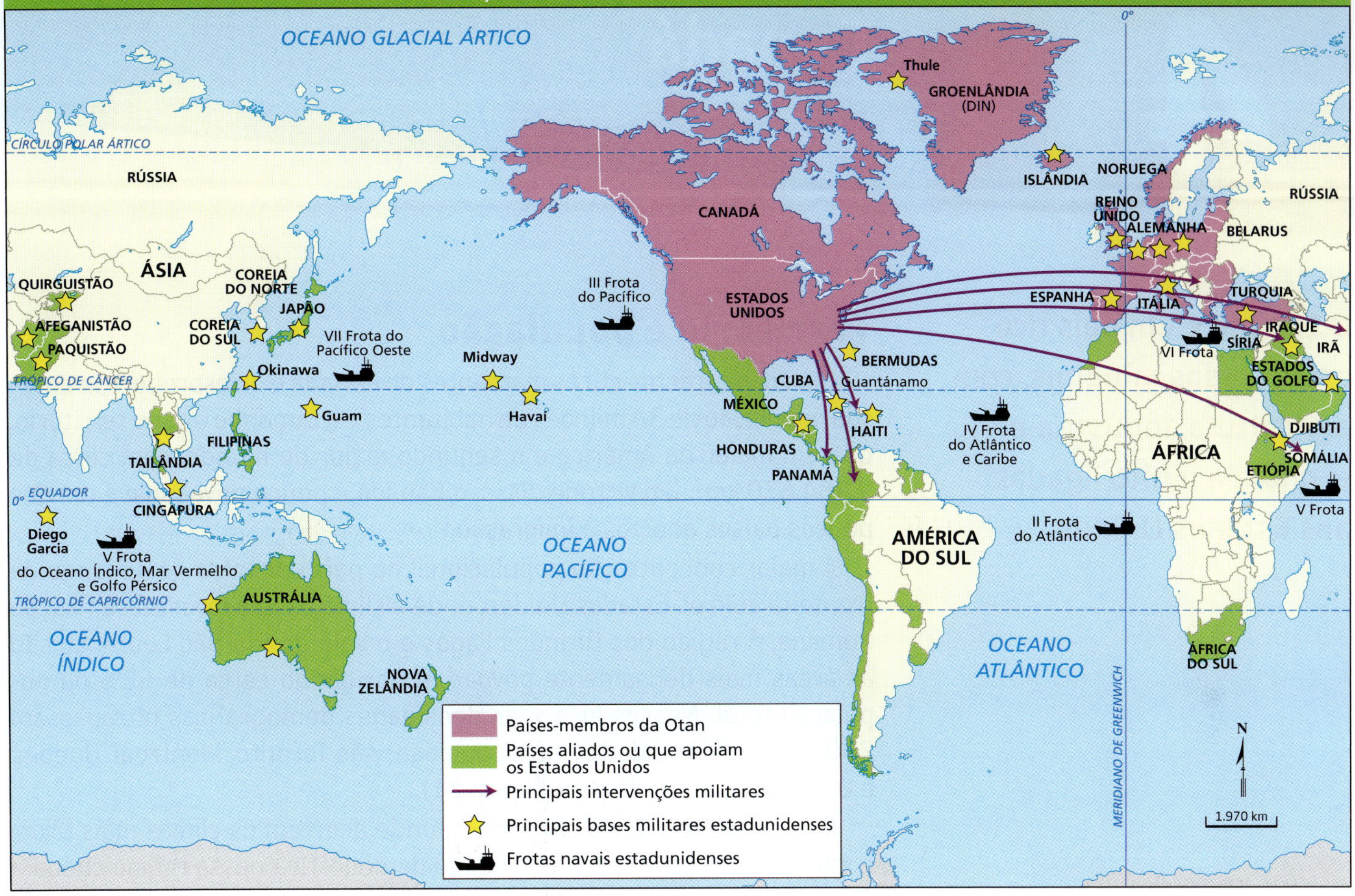

Fonte: *Atlas du Monde Diplomatique*. Paris: Armand Colin, 2011. p. 62.

Terrorismo contra os Estados Unidos

Muitas pessoas ou organizações extremistas, em regiões onde os Estados Unidos exercem forte poder e influência, buscam no terrorismo uma forma de resistência à superpotência, mesmo sendo uma prática inaceitável por atingir pessoas indefesas ou inocentes. Porém, muitas ações dos Estados Unidos no mundo também devem ser consideradas condenáveis, pois ignoram os valores de outras sociedades.

O ataque de 11 de setembro

Em 11 de setembro de 2001, um surpreendente ataque terrorista ocorreu nos Estados Unidos quando o World Trade Center e o Pentágono – símbolos, respectivamente, dos poderes econômico e militar do país – foram atingidos por aviões de passageiros pilotados por terroristas suicidas.

Osama Bin Laden, líder do grupo fundamentalista islâmico Al Qaeda, foi considerado o responsável pelos ataques. Com essa justificativa, ainda em 2001, os Estados Unidos e o Reino Unido atacaram o Afeganistão, sob a alegação de que o país estaria dando abrigo e proteção ao terrorista.

A intervenção militar anglo-americana derrubou o governo afegão, então controlado pelo grupo religioso ultrarradical Talibã, que, de fato, mantinha ligações com o Al Qaeda. O ataque ao Afeganistão provocou milhares de mortes e destruiu boa parte do país. Bin Laden foi morto em 2011 por tropa de elite da marinha dos Estados Unidos.

TEMA

4 Canadá

O Canadá é um país rico em recursos minerais, com agricultura, indústria e economia muito ligadas aos Estados Unidos.

Território e população

Uma das características marcantes do Canadá é a desproporção entre sua população de 34 milhões de habitantes e o tamanho de seu território, que é o maior da América e o segundo maior do mundo, com cerca de 9.984.670 km^2. Em virtude disso, o Canadá é pouco povoado e é um dos poucos países abertos à imigração.

A maior concentração populacional no país encontra-se ao longo da fronteira com os Estados Unidos, onde o clima é mais favorável à fixação humana. A região dos Grandes Lagos e o Vale do Rio São Lourenço são as áreas mais densamente povoadas, abrigando cerca de 62% da população total. Nesses locais, as densidades demográficas ultrapassam 200 hab./km^2. As cidades mais populosas são Toronto, Montreal, Quebec e Ottawa, a capital do país (figura 21).

O norte do território canadense, onde ocorrem os climas mais frios, é muito pouco povoado. A densidade demográfica nessa região chega a ser inferior a 1 hab./km^2.

CRAIG ROBERTSON/QMI AGENCY/ZUMA PRESS/EASYPIX

Imigração e qualidade de vida

O Canadá tem **baixo crescimento vegetativo** e enfrenta problemas de **escassez de mão de obra**. Para superá-los, na década de 1990 o governo ofereceu algumas facilidades para intensificar a entrada de imigrantes. Com isso, cerca de 1 milhão de pessoas migraram para o Canadá, atraídas pelas oportunidades de trabalho e pelo elevado nível de vida.

Nos últimos anos, os candidatos à imigração têm precisado satisfazer diversas exigências, visto que o governo canadense dá preferência aos profissionais qualificados em áreas nas quais necessita de mão de obra.

Em 2013, o Canadá ocupava a décima primeira posição no *ranking* do Índice de Desenvolvimento Humano (IDH), com um índice muito elevado (0,911).

Figura 21. Vista de Toronto, a maior cidade do país, com 2,8 milhões de habitantes (Canadá, 2014).

Etnias

Os descendentes de franceses e, principalmente, de britânicos formam a maioria da população canadense. Outros grupos de europeus, além de indígenas, inuítes, imigrantes asiáticos e latino-americanos, completam a composição étnica do país.

Economia

A economia do Canadá é marcada pela intensa extração de recursos naturais, pela agropecuária moderna e altamente produtiva e pela industrialização dependente da economia dos Estados Unidos.

Recursos naturais

O subsolo canadense é rico em **recursos minerais**, como urânio, cobre, ouro, chumbo, zinco, ferro, petróleo, gás natural e carvão mineral. O Canadá tem as terceiras maiores reservas mundiais de **petróleo** e **gás natural**, além de grandes jazidas de carvão.

O **relevo montanhoso** a oeste favorece a produção de energia hidrelétrica, que constitui 60% da energia elétrica do país.

A exploração da **taiga**, vegetação nativa de grande parte do país, o torna o maior produtor mundial de papel e celulose. Atualmente, a extração da madeira é feita em áreas reflorestadas, com técnicas e equipamentos modernos (figura 22).

BEN NELMS/BLOOMBERG VIA GETTY IMAGES

Figura 22. Extração de madeira em área reflorestada na Colúmbia Britânica (Canadá, 2013).

Indústria e agricultura

Depois de 1945, a indústria canadense recebeu grandes investimentos estadunidenses e desenvolveu-se de maneira complementar e dependente à indústria dos Estados Unidos.

A região mais industrializada do Canadá localiza-se no Vale do Rio São Lourenço e próxima dos Grandes Lagos, na fronteira com os Estados Unidos, onde estão localizadas indústrias modernas e de alta tecnologia. A região de Vancouver, no oeste, também é importante centro industrial (figura 23).

A agricultura canadense é altamente produtiva, intensiva e com grande utilização de tecnologia. O Canadá destaca-se na produção de grãos, como trigo e cevada, dos quais é grande exportador.

Figura 23. O porto de Vancouver tem um intenso movimento com a costa oeste dos Estados Unidos e com a Ásia (Canadá, 2013).

TIBOR BOGNAR/CORBIS/LATINSTOCK

Degelo do Ártico

Com o degelo da calota polar provocado pelo aquecimento global, áreas do Oceano Ártico antes cobertas pelo gelo durante boa parte do ano tornaram-se passíveis de ter seu subsolo explorado. Essa região é rica em petróleo e outros minerais, e os países banhados pelo Ártico já disputam essa nova fronteira, entre eles o Canadá e os Estados Unidos.

SÍNTESE DA UNIDADE 5

- Os Estados Unidos são um país de extensão continental e têm um subsolo muito rico.
- Na atualidade, os Estados Unidos são o segundo maior importador de petróleo do mundo, atrás apenas da China.
- A extração do gás de xisto deverá trazer, em médio prazo, autossuficiência energética aos Estados Unidos, o que representará mudanças econômicas e políticas em âmbito mundial.
- A população estadunidense é majoritariamente branca, formada pela colonização britânica. Os negros e os hispânicos têm, em geral, uma condição social e econômica inferior à dos brancos e sofrem com o racismo no país.
- A imigração no território estadunidense vem tendo fortes impactos na população estadunidense, principalmente a latino-americana.
- A imigração ilegal aos país é um problema para as autoridades estadunidenses.
- A principal área industrial e mais densamente povoada dos Estados Unidos é o nordeste do país. As indústrias de alta tecnologia concentram-se no *Sun Belt* e no Vale do Silício.
- A agricultura estadunidense é moderna, muito desenvolvida e altamente produtiva.
- Os Estados Unidos são a maior potência econômica e militar da atualidade no mundo.
- A tradição intervencionista dos Estados Unidos se mantém para proteger seus interesses em âmbito global.
- O Canadá, embora seja o segundo país mais extenso do mundo, é pouco povoado, devido aos climas frios, principalmente ao norte do país.
- A área mais importante do Canadá em termos econômicos é a que fica próxima aos Grandes Lagos e o Vale do Rio São Lourenço.
- O Canadá apresenta economia muito interligada com a dos Estados Unidos.

INDICAÇÕES

Para pesquisar

• Embaixada do Canadá
<www.canadainternational.gc.ca>

O *site* da embaixada do Canadá traz informações sobre o país em termos naturais, seus povos, suas culturas, a sociedade canadense, a economia do país, entre outros aspectos.

• Embaixada dos Estados Unidos
<www.embaixada-americana.org.br>

O *site* da embaixada americana traz uma página só com revistas eletrônicas sobre diversos assuntos, notícias sobre o país, informações gerais, dados sobre economia etc.

Para assistir

• Histórias cruzadas

Direção: Tate Taylor, Estados Unidos/Índia/Emirados Árabes Unidos: Disney/Buena Vista, 2011.

O filme se passa nos anos 1960, no sul dos Estados Unidos, e retrata o estilo de vida de mulheres brancas racistas e o tratamento que elas dão a suas empregadas negras. Uma jovem jornalista branca, criada por uma dessas empregadas, resolve escrever um livro sobre o assunto.

• Gran Torino

Direção: Clint Eastwood, Estados Unidos/Austrália: Warner Bros., 2008.

Um veterano de guerra preconceituoso passa a ter como vizinhos uma família vinda do Laos. A convivência com a família faz com que ele reveja suas atitudes e o preconceito que nutre em relação aos estrangeiros.

Para ler

• Nova ordem, imperialismo e geopolítica global

José William Vesentini. Campinas: Papirus, 2003.

O livro traz uma análise do imperialismo na ordem mundial desde o início do século XXI, além de reflexões sobre as desigualdades entre os países e sobre as relações de poder no mundo unipolar e multipolar.

REPRESENTAÇÕES GRÁFICAS

Mapas quantitativos e o método coroplético

Os **mapas quantitativos** evidenciam a relação de proporcionalidade entre os objetos. Uma das maneiras de representá-los é por meio do **método coroplético**, isto é, das quantidades por área. Esse método estabelece que a ordem crescente dos valores seja reproduzida por uma progressão de tonalidades ou uma sequência ordenada de cores que aumentam de intensidade, indo do mais claro para o mais escuro. Seu uso é adequado para retratar diferenças de magnitude, densidade ou intensidade de um fenômeno no espaço.

O mapa abaixo representa a parcela da população que vivia em áreas urbanas em unidades administrativas dos Estados Unidos em 2010. A legenda do mapa agrupa os valores em cinco classes simbolizadas por cores que se sucedem numa ordem visual. As cores mais claras correspondem às menores taxas de urbanização, e as cores mais escuras, às taxas mais elevadas.

Pratique

1. Quais são as áreas mais urbanizadas dos Estados Unidos?
2. Nesse caso, optou-se por usar tons de uma mesma cor na elaboração do mapa. É possível também construir um mapa coroplético com cores diferentes? Em que condições?
3. Dê exemplo de outro tipo de mapa elaborado pelo método coroplético.

ESTADOS UNIDOS: POPULAÇÃO RESIDENTE EM ÁREAS URBANAS – 2010

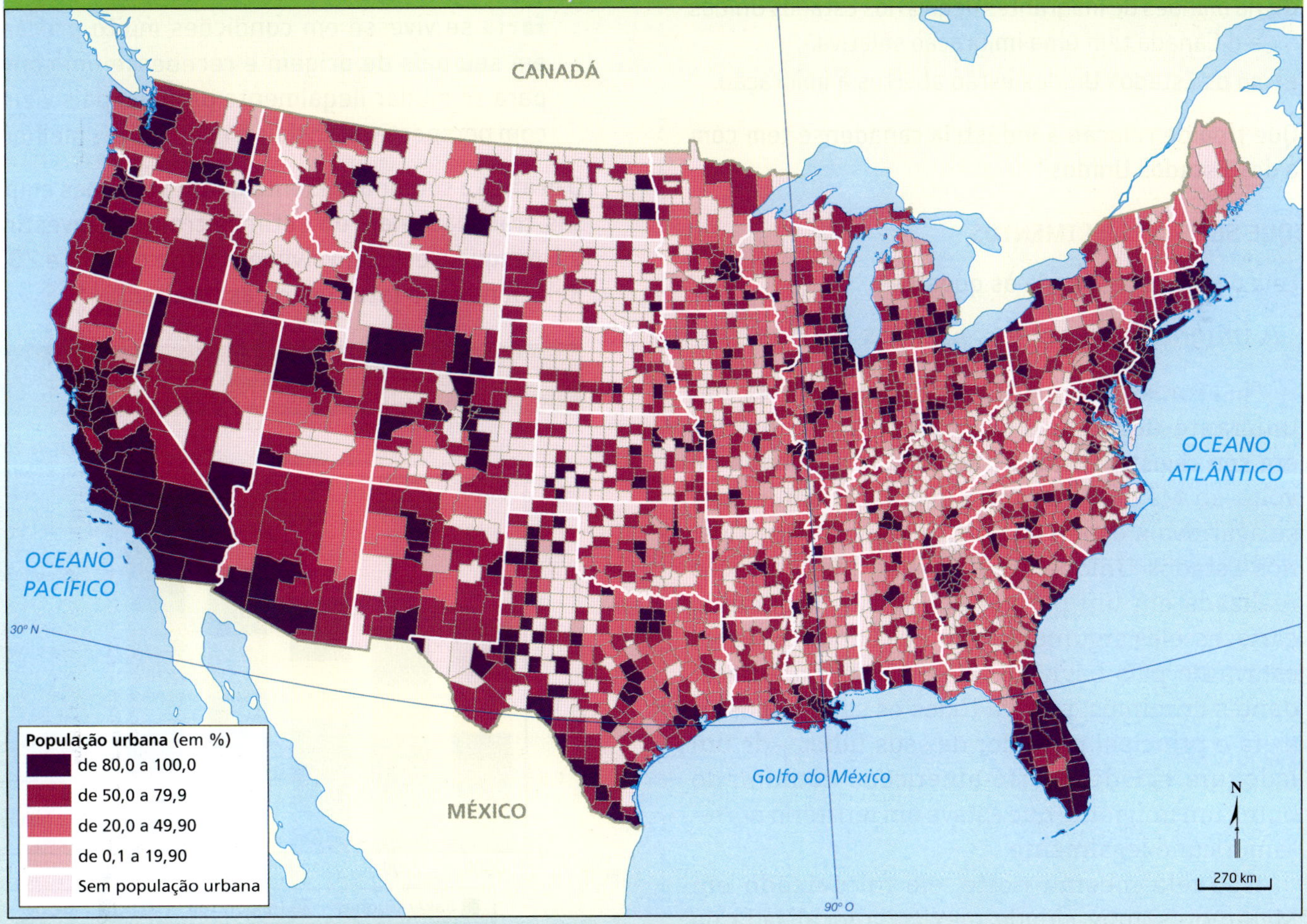

Fonte: CENSUS Bureau. *Geography, 2010 Census urban area thematic maps*. Disponível em: <www.census.gov/geo/maps-data/maps/thematic_2010ua.html>. Acesso em: 2 maio 2014.

ATIVIDADES

ORGANIZE SEUS CONHECIMENTOS

1. No caderno, classifique como verdadeira (V) ou falsa (F) cada uma das sentenças abaixo.

a) Os Estados Unidos e o Canadá são dois dos maiores países do mundo, com territórios com mais de nove milhões de quilômetros quadrados.

b) Os Estados Unidos e o Canadá têm subsolos ricos em minérios.

c) A exploração do gás de xisto no Canadá vai trazer autossuficiência energética para o país até 2030.

d) O norte do Canadá é muito povoado.

e) Os Estados Unidos, graças ao gás de xisto, praticamente não poluem mais a atmosfera.

2. Quanto à imigração, é correto afirmar que:

a) é incentivada nos Estados Unidos e proibida no Canadá.

b) não tem restrições nos Estados Unidos e no Canadá.

c) há milhões de imigrantes ilegais no Canadá e os Estados Unidos têm uma imigração seletiva.

d) há milhões de imigrantes ilegais nos Estados Unidos e o Canadá tem uma imigração seletiva.

e) só os Estados Unidos estão abertos à imigração.

3. Que tipo de relação a indústria canadense tem com a dos Estados Unidos?

APLIQUE SEUS CONHECIMENTOS

4. Leia o texto e responda às questões.

A imigração ilegal nos Estados Unidos

"[...] Por isso, enquanto Sandoval-Perez, 41, um imigrante ilegal com uma deportação anterior em seu registro, estava iniciando sua jornada de volta ao México, sua terra natal, a família dele se agarrava à esperança de que ele pudesse ficar nos Estados Unidos durante uma manifestação realizada em um parque de Kansas. Segurando cartazes, eles argumentavam que Sandoval-Perez estava no país havia 16 anos, não tinha antecedentes criminais, pagava todos os seus impostos e era o principal provedor de seus filhos - de um lado, um cidadão norte-americano comum, do outro, um imigrante que estava em território norte-americano legalmente.

Naquela mesma noite, ele foi deixado em Matamoros, uma cidade mexicana localizada na fronteira com os EUA e que é assolada pela violência. Quando ele ligou para sua esposa, Josefina Aguilar, do lado de fora de uma estação de ônibus da cidade para dizer a ela o que havia acontecido, tiros podiam ser ouvidos. [...]

O filho de Sandoval-Perez, Erik, agora com 17 anos, tem um indulto legal contra a deportação concedido por um programa do governo Obama em 2012. Erik, que está no primeiro ano do ensino médio, joga o *videogame* 'Call of Duty' compulsivamente, conserta carros (habilidade que ele aprendeu com seu pai) e trabalha em uma loja de roupas. A filha de Sandoval-Perez, Nayelly, 12, que nasceu nos Estados Unidos, é uma estrela do basquete em ascensão que aprendeu a jogar com seu pai. [...]"

ELIGON, John; CAVE, Damien. Imigrante sofre sanção por entrada ilegal nos EUA há 16 anos. *The New York Times*, 21 mar. 2014. Disponível em: <http://noticias.uol.com.br/midiaglobal/nytimes/2014/03/21/imigrante-ainda-paga-preco-de-entrada-ilegal-nos-eua-ha-16-anos.htm>. Acesso em: 22 abr. 2014.

a) Por que Sandoval-Perez foi deportado mesmo tendo vivido 16 anos no país, trabalhando e pagando impostos?

b) Avalie os pontos positivos e negativos da imigração ilegal e discuta com um colega **o que você faria** se vivesse em condições muito precárias em seu país de origem e recebesse um convite para se mudar ilegalmente para um país vizinho com perspectivas sociais e econômicas melhores.

5. O gráfico a seguir apresenta quanto grandes empresas transnacionais do setor petrolífero investiram em pesquisa e desenvolvimento entre 2008 e 2012. Relacione esse fato com o gás de xisto.

INVESTIMENTOS EM PESQUISA E DESENVOLVIMENTO DAS EMPRESAS PETROLÍFERAS - 2008-2012

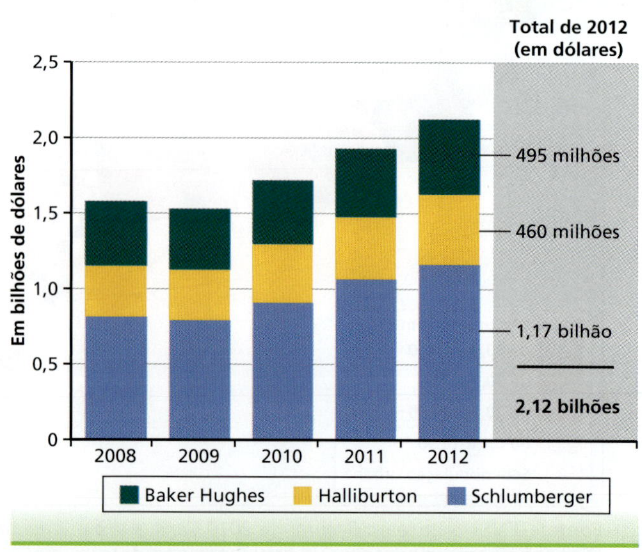

Disponível em: <http://meioambiente.culturamix.com/recursos-naturais/gas-de-xisto-problema-ou-solucao>. Acesso em: 22 abr. 2014.

6. Como a charge trata a postura intervencionista militar dos Estados Unidos em outros países?

RICE

7. Explique a importância econômica do degelo do Ártico para o Canadá e os Estados Unidos.

8. Observe a imagem a seguir e responda: para quais fins esse recurso natural vem sendo explorado no Canadá?

ALL CANADA PHOTOS/ALAMY/GLOW IMAGES

Reflorestamento com pínus em Alberta (Canadá, 2008).

DESAFIO

9. Nos últimos anos, verificou-se grande aumento da produtividade agrícola nos Estados Unidos. Isso se deveu a muitos fatores, como o crescimento do uso de fertilizantes e pesticidas, biotecnologia e maquinário. O gráfico a seguir mostra dados da agricultura estadunidense entre 1948 e 2004.

PRODUTIVIDADE TOTAL DA AGRICULTURA DOS ESTADOS UNIDOS – 1948-2004

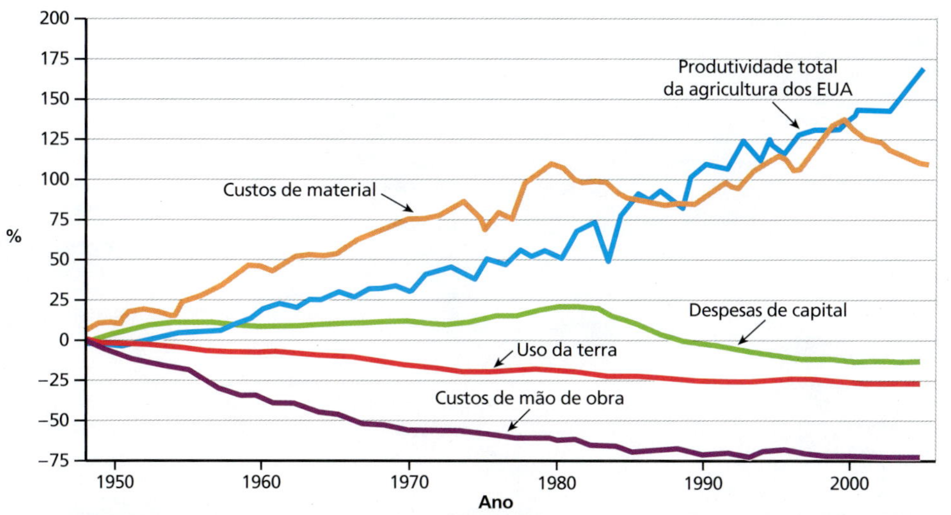

Fonte: *Scientific American Brasil*. São Paulo: Duetto, jan. 2007. p. 19.

Um dos fatores para o aumento da produtividade nesse período foi:

a) o aumento do uso da terra.

b) a redução dos custos de material.

c) a redução do uso de agrotóxicos.

d) o aumento da oferta de empregos.

e) o aumento do uso de tecnologia.

A população estadunidense está deixando de ser predominantemente branca devido à imigração. Porém, atitudes racistas e a intolerância em relação aos imigrantes só têm aumentado.

GLOSSÁRIO

Chicano: cidadão estadunidense que descende de latino-americano, principalmente mexicanos.

Não te queremos, chicano

"[...] quando uma pessoa pensa nos americanos típicos, talvez imediatamente visualize uma família branca ou afro-americana. Mas a cara dos EUA já não é branca ou negra. Agora é uma mistura. [...] Hoje em dia os americanos típicos também são latinos.

Dentro de apenas seis anos – em 2018 –, a maioria dos bebês que nascerem neste país já não serão brancos, segundo calcula o Departamento do Censo. Serão latinos, afro-americanos, asiáticos e de minorias. E até 2043 os brancos, em sua totalidade, deixarão de ser maioria. Bem-vindos aos novos EUA. [...]

Não há empresa americana que não queira nosso dinheiro. Somos compradores frequentes, entusiastas e leais. Segundo a revista 'Forbes', o poder aquisitivo dos hispânicos poderá aumentar até US$ 1,5 bilhão até 2015.

E culturalmente mudamos a maneira como os EUA falam, dançam, votam, competem nas Olimpíadas e comem. Adoro a anedota de que aqui se come mais 'salsa' que 'ketchup' e mais tortilhas que 'bagels'. [...]

Os EUA já são um país bilíngue. São em espanhol alguns dos programas mais assistidos e ouvidos em cidades como Los Angeles, Miami, Houston, Nova York e Chicago. A cobertura televisiva em espanhol pelas trágicas mortes do boxeador porto-riquenho Hector 'Macho' Camacho e da cantora mexicano-americana Jenni Rivera bateu recordes de audiência e pegou de surpresa os meios

de comunicação em inglês. Os canais em inglês estiveram em franca desvantagem diante dos que transmitem em espanhol. Estes são outros EUA.

Deixou de ser estranho que atrizes latinas sejam conhecidas em Hollywood só pelo primeiro nome, como Salma (Hayek) e Penélope (Cruz). E José desbancou Michael como o nome mais popular na Califórnia e no Texas.

Tudo isso seria muito bom se não fosse pelo ódio crescente contra hispânicos e imigrantes. E como exemplo basta dizer um nome: o xerife Joe Arpaio. O delegado do condado de Maricopa, no Arizona, foi acusado pelo Departamento de Justiça de discriminação contra os hispânicos. A acusação formal diz que seus agentes detêm hispânicos simplesmente por sua aparência. Arpaio afirma que não é verdade. [...]

Estes são tempos muito estranhos. Assim como a comunidade latina cresce a passos gigantescos, também há uma enorme resistência a reconhecer os hispânicos como uma parte fundamental dos EUA. Basta apontar o número de deportados – mais de 1,5 milhão em quatro anos – e a negativa do Congresso durante um quarto de século a aprovar uma nova lei migratória [...]."

RAMOS, Jorge. *Um em cada três americanos será hispânico em 2050*. UOL Notícias. 13 jan. 2013. Disponível em: <http://noticias.uol.com.br/blogs-e-colunas/coluna/jorge-ramos/2013/01/23/um-em-cada-tres-americanos-sera-hispanico-em-2050-diz-estudo.htm.> Acesso em: 14 maio 2014.

Atividades

OBTER INFORMAÇÕES

1. Com base nos assuntos estudados nesta Unidade, identifique o tema tratado no texto.
2. O que o autor nos informa sobre a demografia nos Estados Unidos?

INTERPRETAR

3. Quais são as características dos "novos Estados Unidos"?
4. Por que os hispânicos são importantes para os Estados Unidos? Como a população estadunidense os trata?

REFLEXÃO

5. Debata com os colegas de classe sobre o direito à diferença e dê exemplos de como o desrespeito a essa prerrogativa pode gerar exclusão, discriminação, limitação de possibilidades tanto na escola quanto na sociedade em geral. **Ouça os colegas com atenção** e, ao final do debate, faça em grupo um cartaz com imagens e textos curtos exaltando o respeito às diferenças entre as pessoas e o modo de combater toda e qualquer discriminação originária de preconceito e intolerância.

UNIDADE 6

MÉXICO E AMÉRICA CENTRAL

GONZALO AZUMENDI/THE IMAGE BANK/GETTY IMAGES

México e América Central apresentam singularidades. O primeiro está econômica e territorialmente unido aos países da América do Norte e culturalmente ligado à América Latina por sua tradição colonial hispânica.

Os países centro-americanos estão divididos entre o continente e as ilhas no Atlântico. Alguns países continentais têm litoral nos dois principais oceanos que banham a América: o Pacífico e o Atlântico, o que os torna estratégicos para a construção de canais artificiais que ligam os dois oceanos.

Começando a Unidade

De que maneira uma passagem entre os oceanos Atlântico e Pacífico beneficia o comércio mundial?

Em 1914, no Panamá, foi aberto à navegação comercial um canal que faz a ligação entre os oceanos Atlântico e Pacífico. O Canal do Panamá tem 80 quilômetros de extensão e sua profundidade varia entre 12 e 30 metros. A administração ficou sob o controle dos Estados Unidos, construtores da obra, até o ano 2000, quando passou aos panamenhos. Na foto, eclusa no Canal do Panamá (Panamá, 2007).

TEMA

1 México: aspectos gerais

O México é um país com contrastes sociais e econômicos marcantes, o que, durante anos, estimulou a intensa emigração de mexicanos para os Estados Unidos, em busca de melhores oportunidades.

O território e sua ocupação

Em um território nacional de 1.959.247 km^2, a população mexicana está distribuída de maneira irregular: cerca de 75% dos habitantes vivem no **Planalto do México**, que apresenta solos férteis de origem vulcânica e climas que favorecem a ocupação humana.

O Planalto do México é cercado por formações de maior altitude, que são prolongamentos das Montanhas Rochosas e recebem as denominações **Serra Madre Ocidental**, a oeste, e **Serra Madre Oriental**, a leste. O clima frio nos trechos mais elevados inibe a ocupação humana, e, no noroeste do país, a presença de desertos contribui para as baixas densidades demográficas da região.

Cidade do México

A Cidade do México, capital do país, abriga quase um quinto da população nacional – mais de 20 milhões de habitantes –, o que faz dela a maior metrópole americana (figura 1). Apresenta problemas típicos das grandes concentrações urbanas em países pobres, como áreas de miséria, falta de infraestrutura, elevados índices de poluição atmosférica, tráfego caótico, entre outros. Ao mesmo tempo, há regiões com boa qualidade de vida e que contam com infraestrutura adequada à população e à economia.

FERNANDO ESPINOSA DE LOS MONTEROS/MOMENT/GETTY IMAGES

Figura 1. Apenas o centro da Cidade do México conta com mais de 8 milhões de habitantes. Ao lado, vista do monumento *Anjo da Independência*, erguido em 1910 em comemoração ao centenário da Guerra de Independência do México (1810-1821). Foto de 2011.

População

Com cerca de 117 milhões de habitantes, a população mexicana é predominantemente formada pela miscigenação entre os ameríndios e descendentes dos colonizadores espanhóis.

Apesar de ter apresentado um IDH considerado elevado em 2013 (0,775), ocupando a 61ª posição – à frente do Brasil, que ficou com a 85ª classificação nesse *ranking* –, os indicadores sociais do país revelam contrastes (figura 2). O México convive com altas taxas de analfabetismo e de mortalidade infantil e mostra lentos avanços sociais. Em 2013, por exemplo, cerca de 52,3% da população estava abaixo da linha de pobreza, a mesma proporção de 1994. Na prática, isso significa um aumento numérico de 14,3 milhões de pobres em quase 20 anos.

FIGURA 2. MÉXICO: CONDIÇÃO DE VIDA

Fonte: FERREIRA, Graça, M. L. *Atlas geográfico*: espaço mundial. 4. ed. São Paulo: Moderna, 2013. p. 72.

A estrutura etária do país apresenta elevado percentual de jovens, apesar do declínio registrado nas taxas de fertilidade: o número de filhos por mulher decresceu de 6,1 em 1974 para 2,2 em 2014, o que significa que ainda há reposição de população. O crescimento vegetativo diminuiu de 3,2% para 1,2% ao ano desde meados de 1980. Projeções do crescimento da população nas próximas décadas estimam que o desenho da pirâmide etária mexicana permanecerá semelhante ao de 2014 (figura 3).

FIGURA 3. MÉXICO: PIRÂMIDE ETÁRIA – 2014

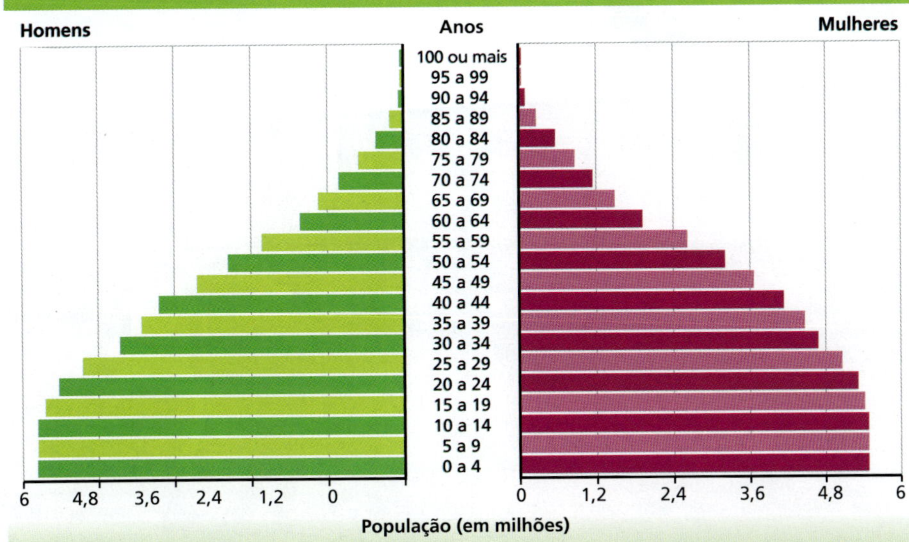

Fonte: U. S. CENSUS Bureau. Disponível em: <www.census.gov/population/international/data/idb/region.php?N=%20Results%20&T=12&A=separate&RT=0&Y=2014&R=-1&C=MX>. Acesso em: 30 maio 2014.

De olho no gráfico

O México pode ser considerado um país jovem? Explique sua resposta com base na pirâmide etária.

Processos migratórios

Atraída pela economia estadunidense, entre os anos de 1980 e 1990 a empobrecida população mexicana fez com que a taxa de **emigração** do México para os Estados Unidos, legal e ilegal, se elevasse drasticamente. Hoje, os imigrantes mexicanos compõem 27% da população migrante dos Estados Unidos, e as remessas de dinheiro para parentes no México chegam a 16 bilhões de dólares por ano.

A imigração tomou tal proporção que os Estados Unidos estabeleceram forte vigilância na fronteira e desenvolveram uma série de estratégias, entre elas a construção de um muro para tentar barrar a entrada dos imigrantes ilegais (figura 4).

Reversão da emigração

A partir de 2010, o fluxo emigratório mexicano diminuiu e atingiu seu nível mais baixo desde os anos 1950. A migração do México para os Estados Unidos caiu de 500 mil pessoas por ano até 2008 para quase zero em 2012.

Diversos fatores contribuíram para esse declínio, como a crise econômica que abateu os Estados Unidos, reduzindo as oportunidades de trabalho da população residente no país, tanto estadunidense quanto estrangeira; o aumento da segurança na fronteira, que dificultou a entrada ilegal nos Estados Unidos; a aprovação de novas leis em território estadunidense, que criaram obstáculos para a contratação de mão de obra imigrante; e a retomada do crescimento econômico no México, que ampliou a oferta de empregos e melhores oportunidades no país.

De olho na imagem

Considere a situação de vigilância constante e armada ao longo do muro e a vida da população mexicana e estadunidense que habita as áreas próximas a ele e discuta com seus colegas sobre a interferência dessa construção na vida das pessoas.

JOHN MOORE/GETTY IMAGES

Figura 4. Apesar da vigilância cada vez mais intensa, milhares de imigrantes mexicanos entraram ilegalmente nos Estados Unidos nas últimas décadas. Na imagem, trecho do muro construído pelos Estados Unidos na fronteira com o México, na Califórnia (Estados Unidos, 2013).

Corredor da imigração

Mesmo com a construção do muro e a intensa fiscalização na fronteira, o México acaba sendo uma porta de entrada para imigrantes que tentam cruzar a fronteira com os Estados Unidos, a maior parte procedente de Honduras, Guatemala e El Salvador. Em 2011, a polícia de fronteira estadunidense barrou cerca de 46 mil imigrantes ilegais, principalmente desses três países. Já em 2012, esse número saltou para quase 100 mil pessoas.

Chegada de migrantes

Com a crise na Europa e nos Estados Unidos e o crescimento econômico verificado nos últimos anos no México, muitos estão procurando esse país para viver. O aumento do número de estrangeiros é verificado, principalmente, na região de fronteira norte do país, onde se localiza uma série de empresas estrangeiras. Essas áreas recebem desde executivos a trabalhadores braçais, vindos de praticamente todo o mundo – inclusive dos Estados Unidos (figura 5).

Apesar disso, a forte desigualdade social e econômica, a educação de baixo nível e o alto índice de criminalidade ameaçam o momento favorável que o país atravessa.

JESUS CERVANTES/SHUTTERSTOCK

Figura 5. Consultores estadunidenses, aposentados do Vale do Silício, fixam-se em cidades como Guadalajara e San Luís Potosí, na porção central do México, onde financiam iniciativas empresariais na área da tecnologia da informação, como o desenvolvimento de aplicativos para *smartphones*. Na imagem, vista de Guadalajara (México, 2011).

TEMA

2 Economia mexicana

Embora ainda seja dependente dos Estados Unidos, a economia mexicana cresce a taxas elevadas e se destaca no cenário internacional.

Economia diversificada, mas dependente

Nos últimos anos, o México tem atraído investimentos estrangeiros e encontrado formas de garantir o crescimento de sua economia. O país apresenta estrutura produtiva diversificada, com atividades agropecuárias, mineradoras e industriais. O petróleo é o principal produto de exportação, sendo o turismo também uma importante fonte de renda para o país (figura 6).

A economia mexicana está intensamente ligada à dos Estados Unidos. Em virtude do **Tratado Norte-Americano de Livre Comércio** (**Nafta**), que integra comercialmente Canadá, Estados Unidos e México, implantado em 1994, suas exportações praticamente se voltam para o país vizinho e cerca de 50% das importações são oriundas de lá.

Figura 6. O Cabo San Lucas, na Baixa Califórnia do Sul, é um destino voltado ao turismo de alto padrão e conta com *resorts* e embarcações luxuosos (México, 2013).

REINHARD DIRSCHERL/ALAMY/GLOW IMAGES

Indústria

A industrialização mexicana acelerou-se a partir da segunda metade do século XX, com a entrada de capital estrangeiro no país, atraído pela oferta de mão de obra e de matérias-primas baratas. Empresas **transnacionais**, sobretudo dos Estados Unidos, passaram a dominar o parque industrial mexicano.

A atividade industrial está concentrada em grandes centros urbanos, como a Cidade do México, Guadalajara, Monterrey, Veracruz e Tampico. Os setores predominantes são o têxtil, o alimentício, o automobilístico, o petroquímico, o siderúrgico e o metalúrgico.

Maquiladoras

Na região fronteiriça com os Estados Unidos foi criada, na década de 1960, uma **zona franca** para atrair capital estrangeiro e, com isso, ampliar o parque industrial mexicano. Sua implantação contou com o apoio de uma legislação especial, que garantia menores impostos e facilidades para exportar a produção para os Estados Unidos, que também se beneficiaram com a baixa remuneração da mão de obra mexicana. Essa foi a origem de um modelo de unidade fabril, conhecida como indústria ***maquiladora***. Essas indústrias recebem peças fabricadas nos Estados Unidos e montam o produto final em solo mexicano.

A primeira *maquiladora* foi estabelecida em **Ciudad Juárez** em 1966. Atualmente, são encontradas em diversas cidades mexicanas, mas ainda se concentram ao longo da fronteira com os Estados Unidos. A produção é diversificada: equipamentos eletroeletrônicos, artigos têxteis, móveis, brinquedos, artigos de couro, empacotamento e enlatamento de alimentos, entre outros. Veja a figura 7.

Maquiladoras hoje

Com o aumento dos salários pagos aos trabalhadores na China e também devido à alta dos custos do transporte no comércio global, o parque industrial mexicano retomou espaço na competição internacional. O perfil das *maquiladoras* está mudando, com a instalação de empresas mais sofisticadas em Tijuana, a exemplo de uma empresa francesa de fabricação de aviões, e outras que requerem mão de obra mais especializada.

FIGURA 7. MÉXICO: *MAQUILADORAS* – 2010

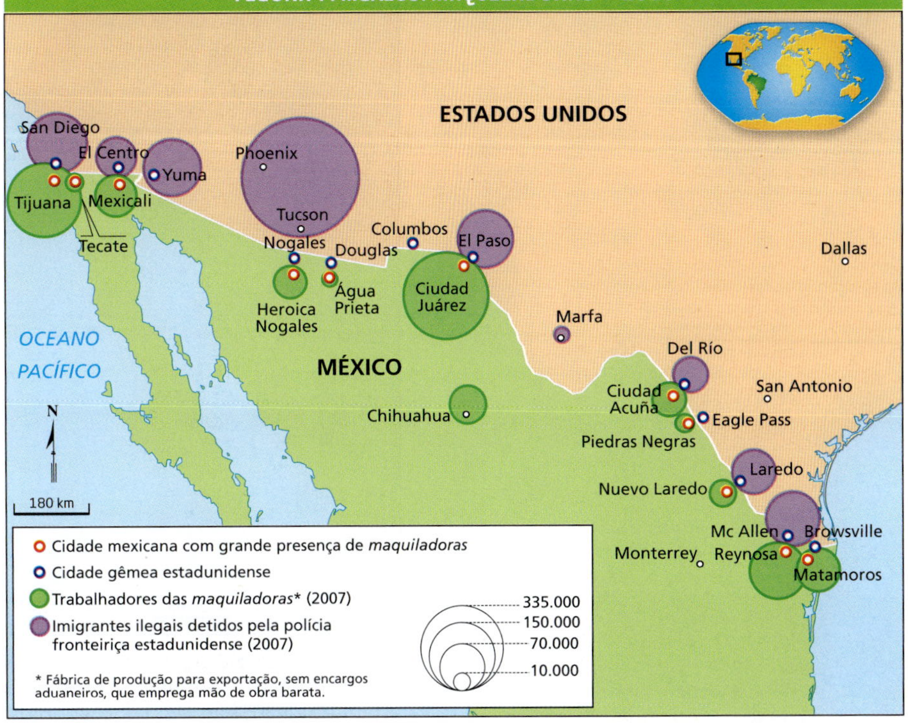

Fonte: LE MONDE DIPLOMATIQUE. *Atlas histórico de Le Monde Diplomatique*. Valência: Cybermonde, 2011. p. 87.

FIGURA 8. MÉXICO: ATIVIDADES ECONÔMICAS

Fonte: FERREIRA, Graça M. L. *Atlas geográfico*: espaço mundial. 4. ed. São Paulo: Moderna, 2013. p. 71-72.

Extrativismo

O México destaca-se na extração de diversos recursos naturais, como prata, ouro, chumbo, ferro, gás natural, cobre e petróleo. Veja a figura 8.

O **petróleo** é o principal produto exportado pelo país. O México dispõe de grandes reservas e está entre os maiores produtores mundiais, porém seu produto é muito pesado e exige refino especial para a obtenção de subprodutos como a gasolina e o óleo diesel, o que eleva os custos de produção.

A produção petrolífera mexicana teve seu ápice em 2004, com uma média de 3,4 milhões de barris diários. Entretanto, a partir de 2005, a produção começou a decair e nos dias atuais é de 2,5 milhões de barris por dia, grande parte dos quais é exportada para os Estados Unidos.

A exploração de petróleo era feita exclusivamente pela empresa estatal Petróleos Mexicanos, a Pemex. Porém, depois de alterações recentes nas leis, a extração poderá ser feita por empresas privadas. As reformas implantadas visam estimular a exploração de petróleo em águas profundas no Golfo do México e impulsionar a extração de gás de xisto, fonte de energia que vem ganhando importância e já transformou a realidade energética nos Estados Unidos, maior produtor mundial desse gás (figura 9).

FIGURA 9. MÉXICO: RESERVAS DE GÁS DE XISTO E PETRÓLEO - 2014

Fonte: THE ECONOMIST. Disponível em: <www.economist.com/news/americas/21601518-mexicos-prospective-shale-boom-will-be-long-time-coming-shaky-ground?zid=305&ah=417bd5664dc76da5d98af4f7a640fd8a>. Acesso em: 30 maio 2014.

Agropecuária

O território mexicano é pouco favorável à agropecuária, pois a existência de montanhas e de climas áridos diminui a disponibilidade de áreas cultiváveis. Grande parte da produção do setor concentra-se no Planalto do México, onde as temperaturas são amenas, as chuvas regulares e os solos férteis.

Na **agricultura** predominam propriedades extensas, conhecidas como *haciendas*, que empregam grande quantidade de mão de obra e são pouco mecanizadas. Correspondem a cerca de 42% das terras cultivadas no país, com destaque para o plantio de algodão, sisal, café e cana-de-açúcar, destinados ao mercado externo. Para o mercado interno são produzidos milho – item básico na alimentação dos mexicanos –, batata, trigo, arroz e soja.

A **pecuária** é praticada no centro-oeste, ocupa 40% do território e se volta principalmente para a criação de gado bovino.

Em decorrência dos baixos salários no campo e da concentração de terras, muitos trabalhadores rurais mexicanos migram para os Estados Unidos a fim de trabalhar nas safras agrícolas desse país. Alguns deles realizam a chamada **migração de transumância**: vão para o país vizinho durante a época da colheita e regressam após o término do trabalho. Esses trabalhadores são conhecidos como *braceros*. Veja a figura 10.

Turismo

O México recebe anualmente cerca de 20 milhões de turistas, a maioria estadunidenses e europeus, o que faz do país um dos dez mais visitados no mundo. São atraídos pelo patrimônio histórico, cultural e natural do México, que agrada diversos tipos de turistas, desde os que buscam roteiros de luxo até os mais aventureiros que procuram opções mais simples e baratas. Um dos destinos mais visitados do país é a Península de Iucatã, que abriga as ruínas de Chichén-Itzá, considerada uma das Novas Sete Maravilhas do Mundo (figura 11).

WILLIAM SPARKES/DEMOTIX/CORBIS/LATINSTOCK

Figura 10. Nos Estados Unidos há escassez de mão de obra no setor agrícola, o que incentiva a migração de transumância. Na imagem, trabalhadores mexicanos durante colheita de aipo em lavoura na Califórnia (Estados Unidos, 2013).

TIPS/ZUMA PRESS/EASYPIX

Figura 11. A Península de Iucatã, com resquícios da civilização maia e belas praias, é o segundo destino que mais recebe turistas no México. Na foto, pirâmide Kukulcán, parte das ruínas da antiga capital maia Chichén-Itzá (México, 2013).

ATIVIDADES

ORGANIZE O CONHECIMENTO

1. **Qual é a principal metrópole do México? Enumere suas principais características.**

2. **Cite o principal produto de exportação do México e as transformações recentes ocorridas em relação a ele.**

3. **Em relação à migração mexicana, pode-se afirmar que:**

   a) é muito intensa do México para os Estados Unidos.
   b) reverteu-se e hoje os mexicanos estão retornando em massa dos Estados Unidos para o México.
   c) os mexicanos estão migrando para a Guatemala, El Salvador e Honduras.
   d) era muito intensa para os Estados Unidos e hoje praticamente caiu a zero em 2012.
   e) nunca houve forte migração dos mexicanos para fora de seu país.

APLIQUE SEUS CONHECIMENTOS

4. **Leia o texto e responda às questões.**

"O México, cujos problemas econômicos levaram milhões de pessoas a rumar para o norte, se transforma em um destino cada vez mais procurado por imigrantes.

O número de estrangeiros que entra legalmente no país quase dobrou entre 2000 e 2010, e as autoridades dizem que o fluxo de chegada de estrangeiros vem se acelerando, à medida que as mudanças na economia global geram novas dinâmicas de migração.

Com o aumento dos salários pagos na China e a alta dos custos do transporte, as indústrias mexicanas voltaram a ser altamente competitivas. A Europa enfrenta dificuldades e repele trabalhadores. [...]

Em Guanajuato [estado mexicano], alemães dividem carros com mexicanos para trabalhar em uma nova fábrica da Volkswagen, e é possível comer sushi nos hotéis, graças aos japoneses que preparam a abertura de uma nova fábrica da Honda.

Também na capital, os imigrantes ganham presença na economia e na cultura, abrindo restaurantes, projetando edifícios, financiando eventos culturais e estudando nas escolas. O fator econômico é o principal motivador dos imigrantes, tanto para os trabalhadores braçais da América Central quanto para os imigrantes de classe média [...]."

CAVE, Damien. México reverte imigração. *The New York Times*. Disponível em: <www1.folha.uol.com.br/fsp/newyorktimes/131560-mexico-reverte-imigracao.shtml>. Acesso em: 30 maio 2014.

   a) Identifique a ideia central do texto.
   b) O que tem atraído os emigrantes para o México?

5. **Observe a foto abaixo.**

DAVID COLEMAN/ALAMY/GLOW IMAGES

Monumento de Tulum, antiga construção maia à beira-mar, na Península de Iucatã (México, 2012).

Imagine que você é um representante do governo mexicano e, com base na imagem, elabore um parágrafo buscando atrair turistas para o país, de maneira geral, e para o local representado, especificamente.

6. **Observe a imagem e em seguida faça o que se pede.**

LENNY IGNELZI/AP PHOTO/GLOW IMAGES

Imigrantes ilegais mexicanos tentam entrar nos Estados Unidos ultrapassando a barreira que separa esses dois países próximo a Tijuana (México, 1991).

Imagine que você é um dos adolescentes da foto acima, entrando ilegalmente nos Estados Unidos no começo dos anos 1990, e que, no momento atual, já adulto, pensa em retornar ao seu país de origem. Baseado no conteúdo estudado sobre processos migratórios e economia do México, escreva uma carta ou uma mensagem em correio eletrônico à sua família explicando por que decidiu deixar seu país de origem e o que o leva a querer voltar agora.

LUGAR E CULTURA

Dia dos Mortos no México

O medo da morte é compartilhado por vários povos ao redor do planeta. Algumas sociedades, no entanto, encaram-na de maneira menos temerosa, ainda que com bastante respeito. O México é um exemplo.

Seguindo rituais de povos indígenas que habitavam a região milhares de anos antes da chegada dos espanhóis, o *Día de los Muertos* (Dia dos Mortos) representa o período em que as almas dos mortos saem dos túmulos para visitar os parentes ainda vivos. Na tradição asteca, a festa era comemorada no nono mês do calendário solar e coincidia com a última colheita do ano (que correspondia ao mês de agosto do calendário cristão).

Com a colonização, os espanhóis unificaram a Festa dos Mortos às tradições cristãs, alterando sua data para o Dia de Finados, celebrado em 2 de novembro. Essa alteração deu origem a um dos festivais mais celebrados e coloridos do planeta, misturando referências como a Virgem Maria, crucifixos e elementos das culturas asteca e maia.

O primeiro dia da celebração, dedicado àqueles que morreram ainda crianças, é denominado *Día de los Angelitos* (Dia dos Anjinhos), enquanto o dia 2 é dedicado àqueles que morreram em vida adulta. Durante a festa, as tumbas são decoradas com flores e velas, e os vivos levam oferendas aos mortos. As casas também são preparadas, e as famílias se reúnem para celebrar a "visita" dos entes que se foram.

As pequenas caveiras de açúcar são os doces mais conhecidos e procurados da festa. As pessoas também costumam se fantasiar e saem às ruas para celebrar em conjunto, em um ritual de grandes proporções que mobiliza praticamente toda a sociedade mexicana.

CARLOS TISCHLER/REX FEATURES/ZUMA PRESS/EASYPIX

Pessoas fantasiadas celebrando o Dia dos Mortos nas ruas de San Miguel de Allende, em Guanajuato (México, 2012).

1. Qual é a origem da comemoração do Dia dos Mortos no México?
2. O que mudou nessa comemoração após a chegada dos espanhóis?
3. Sua família ou comunidade faz algum tipo de homenagem aos entes queridos (parentes ou amigos) que já morreram? Conte para a classe como é essa homenagem e **ouça com atenção** os relatos de seus colegas.

TEMA

3 América Central continental

A América Central continental compreende a estreita faixa de terra que liga a América do Norte à América do Sul.

GLOSSÁRIO

Ístmico: referente a istmo, faixa estreita de terra que liga uma península a um continente ou duas porções de um continente.

Território

A **América Central continental** ou **ístmica** corresponde a uma estreita faixa de terra que liga a América do Norte à América do Sul (figura 12). É banhada pelos oceanos Pacífico, a oeste, e Atlântico, a leste. O Atlântico forma um imenso mar interior denominado **Mar das Antilhas** ou **Mar do Caribe**.

A região é formada por sete países: Guatemala, Belize, Honduras, El Salvador, Nicarágua, Costa Rica e Panamá, abrigando no total uma população de aproximadamente 45 milhões de habitantes.

FIGURA 12. AMÉRICA CENTRAL CONTINENTAL

Fonte: IBGE. *Atlas geográfico escolar*. 6. ed. Rio de Janeiro: IBGE, 2009. p. 39.

População

O país mais populoso é a Guatemala, com mais de 15 milhões de habitantes, o que corresponde a cerca de um terço da população da América Central.

A maior densidade demográfica ocorre na **costa do Pacífico**, onde a presença de planaltos com solos férteis e clima tropical úmido favoreceu a concentração populacional. Ali são encontradas as principais cidades da América Central continental, as capitais Guatemala (Guatemala), San José (Costa Rica), San Salvador (El Salvador) e Manágua (Nicarágua).

No litoral do Mar das Antilhas, os reduzidos índices de densidade demográfica se devem, em parte, ao predomínio das florestas tropicais.

Composição étnica

De maneira geral, a composição étnica da população da América Central continental é resultante da **miscigenação** de indígenas e espanhóis; estes os principais colonizadores da região. Assim é com a maior parte da população de El Salvador, Honduras e Panamá.

Na Guatemala, na Nicarágua e em Costa Rica, mais da metade da população é composta de mestiços e brancos, de descendência europeia. Nesses países, parte da população é descendente de negros africanos trazidos como escravos para trabalhar nas ***plantations*** da costa atlântica.

GLOSSÁRIO

Plantation: grande propriedade agrícola monocultora na qual se cultivam produtos tropicais (cana-de-açúcar, cacau, tabaco, café etc.), em geral para exportação. Até o século XIX, empregava basicamente mão de obra escrava.

Condições socioecômicas

Guatemala, El Salvador e Honduras são os países dos quais mais partem emigrantes em direção aos Estados Unidos. Esse fato pode ser explicado, principalmente, pelas más condições de vida expressas pelas altas taxas de mortalidade infantil e de analfabetismo, pelos grandes desníveis sociais e ainda pela elevada concentração de renda. Veja alguns indicadores sociais na tabela 1.

A urbanização na América Central continental se intensificou nas últimas décadas. Em 2012, a população de todos os países da região já era urbana, exceto em Belize. Observe a tabela 2 e a figura 13.

EDFUENTESG/ GETTY IMAGES

Figura 13. A Cidade da Guatemala é uma das maiores da América Central continental e sua aglomeração urbana apresentava mais de 4 milhões de habitantes em 2012.

Economia

As principais atividades econômicas da América Central continental estão relacionadas ao cultivo de produtos tropicais voltados para o abastecimento do mercado externo. Há uma enorme dependência da economia das repúblicas centro-americanas em relação aos Estados Unidos, devido à grande influência que esse país exerce na região. Hoje o café e a banana, cultivados em grandes fazendas, estão entre os principais produtos exportados pela região.

TABELA 1. AMÉRICA CENTRAL CONTINENTAL: IDH E EXPECTATIVA DE VIDA – 2012

País	IDH	Expectativa de vida (anos)
Panamá	0,780	76,3
Costa Rica	0,773	79,4
Belize	0,702	76,3
El Salvador	0,680	72,4
Honduras	0,632	73,4
Nicarágua	0,599	74,3
Guatemala	0,581	71,4

Fonte: PNUD. *Relatório do desenvolvimento humano 2013* — a ascensão do Sul: progresso humano num mundo diversificado. Nova York: Pnud, 2013. p. 150-152.

TABELA 2. AMÉRICA CENTRAL CONTINENTAL: POPULAÇÃO RURAL E URBANA – 2012

País	População total (habitantes)	População urbana (%)	População rural (%)
Panamá	3.624.991	75,9	24,1
Costa Rica	4.793.725	65,1	34,9
Belize	324.292	44,5	55,5
El Salvador	6.264.129	65,3	34,7
Honduras	7.912.032	52,7	47,3
Nicarágua	5.954.898	57,8	42,2
Guatemala	15.137.569	50,2	49,8

Fonte: IBGE Países. Disponível em: <www.ibge.gov.br/paisesat>. Acesso em: 17 jul. 2014.

FIGURA 14. AMÉRICA CENTRAL CONTINENTAL: AGRICULTURA

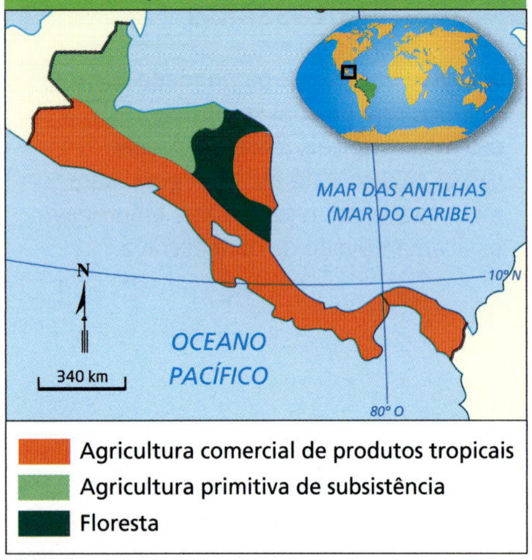

Fonte: FERREIRA, Graça M. L. *Moderno atlas geográfico*. 5. ed. São Paulo: Moderna, 2011. p. 53.

Agricultura de exportação

Grande parte da produção agrícola de exportação realiza-se em extensas propriedades monocultoras, localizadas em áreas de clima quente e úmido no litoral do Pacífico. A maioria dessas propriedades agrícolas pertence a empresas estrangeiras, originárias principalmente dos países para os quais se destina a produção, como os Estados Unidos.

Agricultura de subsistência

No litoral do Atlântico e nos altiplanos predomina a agricultura de subsistência, praticada em pequenas propriedades com o emprego de técnicas tradicionais e de mão de obra familiar. Os principais produtos cultivados são o milho e a batata. Observe na figura 14 como se divide a agricultura na América Central continental.

Indústria e extrativismo mineral

A indústria e a extração mineral não são atividades com grande destaque na América Central. Na maioria dos países, a indústria é voltada para o processamento de alimentos, bens de consumo, como calçados e têxteis, e construção (figura 15).

Já a economia do Panamá se beneficia da presença do Canal do Panamá, que liga os oceanos Atlântico e Pacífico.

Turismo

A partir da década de 1990, as atividades ligadas ao turismo representaram uma oportunidade de trabalho para uma parcela significativa da população da América Central continental. Belize, Guatemala e Honduras, países que abrigam muitos **sítios arqueológicos** da extinta civilização maia, têm recebido um número cada vez maior de visitantes, interessados em conhecer a cultura desse povo pré-colombiano.

Também atraem muitos turistas as paisagens naturais, por exemplo, vulcões e praias dos países da América Central continental, como na Costa Rica.

GLOSSÁRIO

Sítio arqueológico: lugar onde se encontra grande quantidade de vestígios de ocupação humana em épocas remotas.

ELMER MARTINEZ/ AFP

Figura 15. Funcionários de empresa de beneficiamento de pescado en El Borboton separam cabeças, vísceras e peles de tilápia para produção de biodiesel de origem animal (Honduras, 2007).

Os canais do Panamá e da Nicarágua

Um dos grandes empecilhos à navegação mundial era o fato de que a comunicação entre os oceanos Atlântico e Pacífico ocorria apenas ao sul da América do Sul, pelo Estreito de Magalhães, região muito perigosa para travessia.

Em 1914 foi aberto para a navegação comercial, no Panamá – país com 75.420 km^2 –, um canal com 80 quilômetros de comprimento que faz a ligação entre os oceanos Atlântico e Pacífico (figura 16). Foram décadas para concluir as obras, divididas entre França (que iniciou a construção) e Estados Unidos (que finalizou). Estima-se que as obras tenham custado cerca de 375 milhões de dólares e que o número de mortes durante a construção tenha sido de 25 mil pessoas, incluindo como causa epidemias de malária e febre amarela, além de acidentes durante as obras.

A administração do canal ficou sob o controle dos Estados Unidos até o ano 2000, quando passou aos panamenhos.

Em 2013, uma empresa chinesa conseguiu que o governo nicaraguense aprovasse a construção de uma nova passagem ligando o Oceano Atlântico ao Pacífico, cortando o país, e com largura e profundidade muito maiores do que o do Panamá, possibilitando a passagem de navios maiores.

O projeto, sem aval direto do governo chinês, permite a exploração do canal por 50 anos pela empresa que irá construí-lo, encurtando ainda mais as distâncias entre a China e a produção escoada pelo Oceano Atlântico. Observe a figura 17.

HEINZ KRIMMER/DPA/ZUMA PRESS/EASYPIX

Figura 16. Embarcação no Canal do Panamá (Panamá, 2013). O canal está sendo reformado para poder permitir a passagem de navios maiores.

+ Meio ambiente

Canal da Nicarágua

A aprovação do canal que vai ligar o Oceano Atlântico ao Oceano Pacífico, cortando a Nicarágua, não foi tão simples e rápida como queriam alguns políticos favoráveis à ideia. Muitos senadores e deputados nicaraguenses se opunham à medida por causa dos danos que essa construção pode trazer ao meio ambiente e pela falta de estudos mais aprofundados sobre esses prejuízos. Assim mesmo, ele foi aprovado por uma estreita margem de votos.

1. **Considere** a necessidade de desenvolvimento econômico e a de proteção do meio ambiente e indique com argumentos se você seria favorável ou contrário à construção do canal.
2. Comente algum caso parecido no Brasil.

FIGURA 17. CANAL DA NICARÁGUA

Fonte: PÚBLICO. Economia, 21 jan. 2014. Disponível em: <www.publico.pt/economia/noticia/a-nicaragua-vai-ser-serrada-a-meio-para-juntar-o-pacifico-ao-atlantico-1620425>. Acesso em: 30 maio 2014.

TEMA

4 América Central insular

A América Central insular é formada por um conjunto de ilhas conhecidas pelo desenvolvimento da atividade turística.

Território

A **América Central insular** localiza-se no Mar do Caribe ou Mar das Antilhas (figura 18). Esse conjunto de pequenas e grandes ilhas possui clima tropical e está reunido em três grupos: Grandes Antilhas, Pequenas Antilhas e Bahamas.

FIGURA 18. AMÉRICA CENTRAL INSULAR

Fonte: IBGE. *Atlas geográfico escolar*. 6. ed. Rio de Janeiro: IBGE, 2013. p. 39.

GLOSSÁRIO

Território ultramarino: região além-mar considerada parte integrante do território de outro país.

- **Grandes Antilhas**: inclui Cuba, Jamaica, Porto Rico e a Ilha Hispaniola, onde se localizam o Haiti e a República Dominicana (figura 19).
- **Pequenas Antilhas**: inclui Antígua e Barbuda, Dominica, Granada, Santa Lúcia, São Cristóvão e Nevis, São Vicente e Granadinas, Trinidad e Tobago, Barbados e Guadalupe, entre outras.
- **Bahamas**: situado ao norte de Cuba, é um arquipélago com mais de 700 ilhas.

Além dos países independentes, existem ilhas e arquipélagos que são territórios ultramarinos de países europeus – Reino Unido, França e Países Baixos (figura 20) – e os que são territórios pertencentes aos Estados Unidos.

HESSBECK/ SHUTTERSTOCK

Figura 19. Monumento em homenagem a Cristóvão Colombo em Santo Domingo (República Dominicana, 2011). Foi no território que corresponde hoje à República Dominicana que o navegador genovês, a serviço da Espanha, pisou pela primeira vez no continente americano, em 1492.

DEGREE/ESTOCKPHOTO/GLOW IMAGES

Figura 20. Curaçao foi colonizado pelos holandeses e é um país autônomo, constituinte do Reino dos Países Baixos. Na imagem, arquitetura holandesa em Willemstad, capital do país (Curaçao, 2012).

Aspectos físicos

Algumas ilhas do Caribe, como é conhecida a região, apresentam relevo montanhoso, intercalado por estreitas planícies e planaltos que constituem as áreas mais densamente povoadas. A região é marcada pela instabilidade geológica, o que a torna sujeita à atividade de vulcões e a terremotos. As ilhas também estão expostas a violentos furacões, que não raro trazem grandes prejuízos materiais, além de provocar vítimas.

Em virtude da reduzida dimensão territorial das ilhas, sua hidrografia apresenta rios de pequena extensão, o que compromete o abastecimento de água para os habitantes. A esse problema acrescentam-se as deficiências na coleta de esgoto.

População

As ilhas do Caribe foram colonizadas por espanhóis, ingleses, franceses e holandeses. Suas populações são formadas, portanto, da miscigenação de diferentes povos com etnias e culturas diferentes. Além do branco de origem europeia, há uma minoria de indígenas e a presença marcante de negros. No Haiti, por exemplo, 95% da população é constituída de negros.

A região contava com aproximadamente 41 milhões de habitantes em 2014, sendo Cuba o país mais populoso, com cerca de 11,3 milhões de habitantes.

As capitais dos países caribenhos, como Havana (Cuba), Kingston (Jamaica), Porto Príncipe (Haiti), Santo Domingo (República Dominicana) e San Juan (Porto Rico), são as principais cidades do Caribe, e nelas concentra-se a maioria da população.

Herança colonial

A população caribenha também sofre com problemas sociais relacionados à educação, saúde e renda; porém, em relação aos países da América Central continental, possuem melhores condições de vida. No entanto, é nessa região que está localizado o Haiti, um dos países mais pobres do mundo.

Esses problemas têm raízes nos séculos de dominação colonial. A maior parte dos países caribenhos só obteve a independência no início do século XX. E ainda hoje várias ilhas continuam politicamente dependentes de Estados europeus, como Aruba e Curaçao (Países Baixos), Martinica (França) e Montserrat (Reino Unido).

Nesse aspecto, Porto Rico ocupa uma posição especial: é um Estado livre, associado aos Estados Unidos. Seus habitantes, porém, não têm os mesmos direitos civis dos cidadãos estadunidenses, não podendo, por exemplo, participar de eleições para presidente daquele país.

Realidades distintas: Haiti e Cuba

O Haiti é um dos países com os mais baixos índices de indicadores sociais do mundo e o pior do continente americano. Em 2013, o IDH era de 0,456; a expectativa de vida de 63 anos; a renda *per capita* de 776 dólares. Outros dados também indicam baixa qualidade de vida: apenas 63% da população tem acesso a água potável e só 15% tem acesso a saneamento básico; a mortalidade infantil chega a 61 mortos a cada 1.000 nascidos vivos e cerca de 72% dos haitianos vive com menos de 2 dólares por dia. Atualmente, muitos haitianos emigram em busca de melhores condições de vida, inclusive para o Brasil (figura 21).

Figura 21. Imigrantes haitianos em Brasileia (AC, 2012). Os estados do Amazonas e do Acre são as principais vias de entrada de imigrantes haitianos no Brasil, que, geralmente, vêm ao país em busca de novas oportunidades, mesmo sem garantia de serem bem-sucedidos.

DOUGLAS ENGLE/CORBIS/LATINSTOCK

Cuba

A realidade social de Cuba é um caso particular na América Central insular. Apesar de apresentar indicadores sociais muito bons, o país enfrenta dificuldades econômicas e busca alternativas para mudar esse quadro.

Depois de conquistar sua independência da Espanha, no final do século XIX, a ilha de Cuba foi controlada pelos Estados Unidos, por meio da Emenda Platt (1903), que dava a esse país, o poder de intervir política e militarmente na ilha.

Em 1959, Fidel Castro liderou um grupo de guerrilheiros que conseguiu derrubar o governo corrupto e pró-estadunidense do ditador Fulgêncio Batista. Em pouco tempo, Fidel e seu grupo implantaram o regime socialista no país, com o apoio da União Soviética (URSS).

Como represália, os Estados Unidos impuseram aos cubanos um embargo (bloqueio) econômico, que perdura até os dias atuais. Quem era aliado de Washington foi proibido de manter relações econômicas e políticas com Cuba. A economia cubana era de base agrícola e, durante os anos de controle dos Estados Unidos, não se desenvolveu. No entanto, Cuba passou a receber substanciosa ajuda econômica da União Soviética e obteve grandes melhoras em indicadores sociais como a educação e a saúde. Em 2011, por exemplo, Cuba estava entre os países com desenvolvimento humano elevado, a expectativa de vida chegava aos 79 anos e a porcentagem de adultos alfabetizados (acima dos 15 anos) chegava a 99,8%. Apesar dos avanços sociais, o país continuou vivendo uma política ditatorial, sem liberdade de imprensa e direito a voto.

Com o fim da União Soviética em 1991, o país ressentiu-se da falta da ajuda de Moscou e o turismo foi uma alternativa econômica importante. Nos últimos anos, a Venezuela e a China vinham apoiando financeiramente o país, uma vez que a economia de base agrícola persiste. Observe a figura 22.

Atualmente, a economia de Cuba se mantém estagnada. Desde que tomou posse da presidência, Raúl Castro, irmão de Fidel Castro, deu início a uma abertura econômica com o objetivo de renovar a economia do país. Entre as medidas adotadas estão o incentivo à iniciativa privada e a redução de subsídios governamentais.

A construção de um moderno porto por uma empresa brasileira e de uma estrada de ferro pela Venezuela parece indicar que Cuba se prepara para o fim do embargo; e dada sua proximidade com os Estados Unidos, a ilha pode servir como plataforma para as exportações de países latino-americanos.

Multimídia interativa

Cuba

De olho no mapa

Quais são os principais produtos agrícolas de Cuba?

FIGURA 22. CUBA: ECONOMIA - 2012

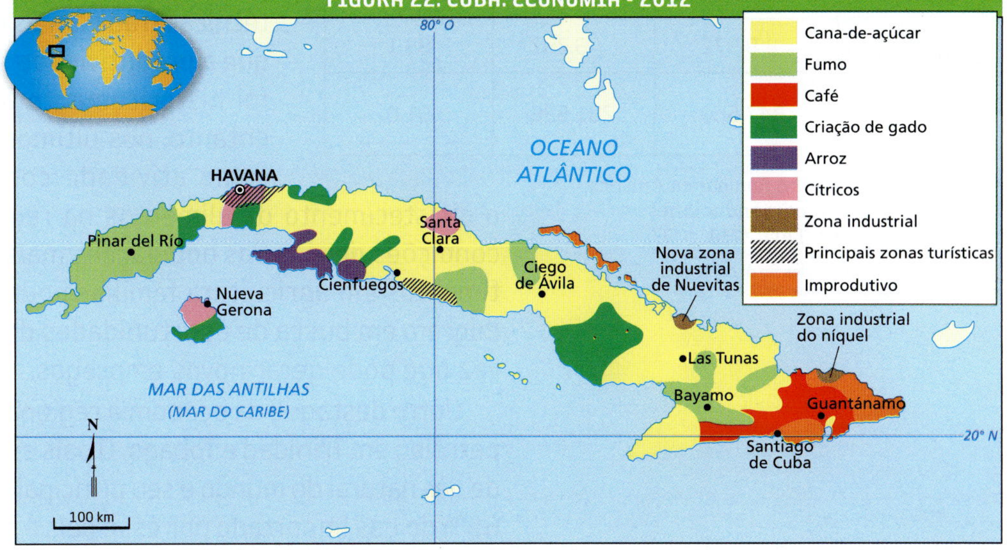

Fonte: CHARLIER, Jacques (Dir.). *Atlas du 21e siècle*. Paris: Nathan, 2013. p. 149.

Economia

A principal atividade econômica do Caribe é a agricultura, com destaque para o cultivo da cana-de-açúcar, cujo maior produtor é Cuba. Também são cultivados banana, fumo, café e algodão. Observe a figura 23.

FIGURA 23. AMÉRICA CENTRAL: PRINCIPAIS PRODUTOS AGRÍCOLAS – 2010

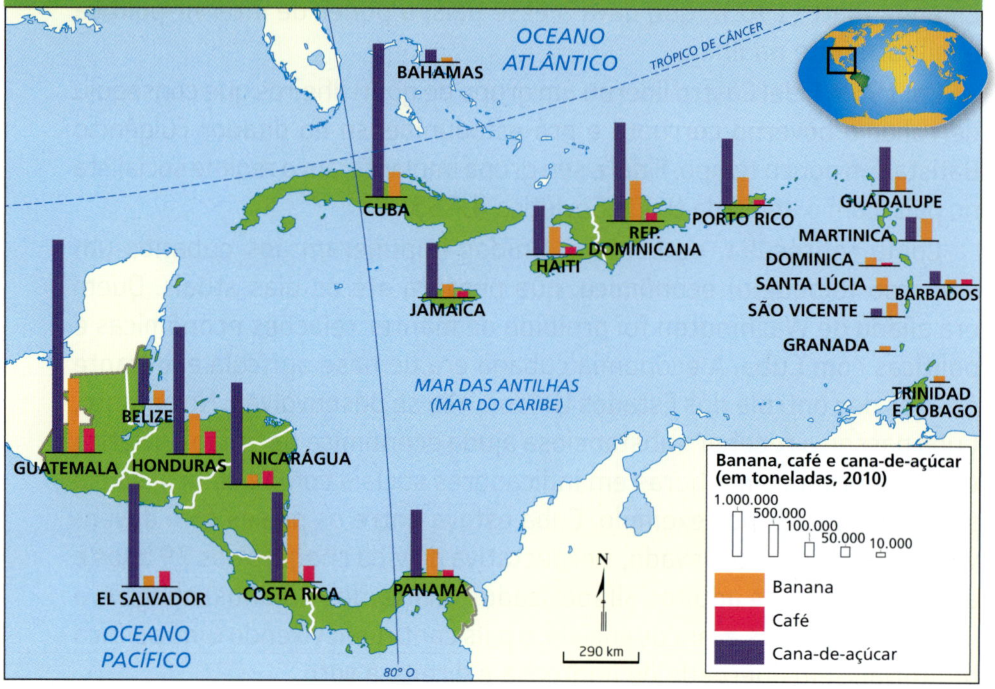

Fonte: *Atlas Caraïbe*. Disponível em: <http://atlas-caraibe.certic.unicaen.fr/fr/page-134.html>. Acesso em: 30 maio 2014.

TABELA 3. PAÍSES SELECIONADOS: PROPORÇÃO DE UNIDADES AGRÍCOLAS FAMILIARES EM RELAÇÃO AO TOTAL*

País	Total de unidades agrícolas	Total de unidades familiares	Porcentagem de unidades familiares
Antígua e Barbuda	1.226	1.118	91,2
Haiti	1.018.951	956.892	93,9
Granada	55.029	49.246	89,5
Santa Lúcia	9.972	8.287	83,1
República Dominicana	347.563	281.526	81,0

Fonte: FAO. *Agricultura familiar en América Latina y el Caribe*: recomendaciones políticas. Santiago: FAO, 2014. p. 37.

*Os dados foram compilados de documentos publicados entre os anos de 2007 e 2012.

A produção agrícola está voltada para o mercado externo, o que a torna muito dependente das oscilações dos preços internacionais, que têm impacto direto na economia dos países caribenhos.

Grande parte da produção agrícola é realizada em unidades familiares, que somam mais de 80% das áreas cultiváveis no Caribe. Observe a relação de propriedades agrícolas em alguns países da região na tabela 3.

As unidades familiares utilizam, majoritariamente, técnicas tradicionais e pouca tecnologia, o que faz com que a produtividade seja baixa. Esse tipo de produção foi historicamente abandonado pelos governos, no entanto, nos últimos anos passou a ser reconhecida como atividade com grande potencial de ampliar o abastecimento de alimentos na região caribenha e de melhorar as condições de vida das populações mais vulneráveis do campo. Os investimentos em agricultura familiar podem, inclusive, evitar que pessoas migrem em busca de oportunidades de trabalho em outros países, uma vez que pode gerar novos empregos.

Outro destaque da economia regional é a produção de gás natural e de petróleo em Trinidad e Tobago. O país está entre os maiores exportadores de gás natural do mundo e seu principal comprador são os Estados Unidos: 65% do gás importado por esse país é proveniente de Trinidad e Tobago.

Indústria

A atividade industrial no Caribe é pouco desenvolvida; permanece restrita ao beneficiamento das matérias-primas agrícolas, à confecção de roupas e ao artesanato local, principalmente de cestaria e de cerâmica.

Turismo

O Caribe tem no turismo uma importante fonte de renda, visto que é rota de cruzeiros marítimos e destino de milhares de turistas que procuram suas praias e sua floresta tropical. Grande parte da rede hoteleira e da infraestrutura turística são controladas por transnacionais. Mais de 24 milhões de turistas visitaram as ilhas caribenhas em 2013, sendo a República Dominicana o local mais procurado nesse ano, segundo a Organização Mundial do Turismo (figura 24).

Paraísos fiscais

Na região do Mar do Caribe há conhecidos **paraísos fiscais**, como as Ilhas Cayman, as Ilhas Virgens e as Bahamas. Nesses países, grandes somas podem ser depositadas sem a necessidade de declarar a origem do dinheiro: os depósitos são protegidos por leis que beneficiam o sigilo bancário. Além disso, oferecem-se facilidades na documentação para movimentar as contas e o dinheiro, e os impostos cobrados são baixos.

Entre os maiores "clientes" dos paraísos fiscais, estão pessoas envolvidas com o crime organizado (narcotráfico, contrabando etc.) e com o desvio de dinheiro público.

Figura 24. A República Dominicana investiu no turismo de massa, ou seja, recebe grandes quantidades de turistas que aproveitam suas praias em hotéis e *resorts* de luxo. Na foto, pessoas na praia de Punta Cana (República Dominicana, 2013).

TIPS/ZUMA PRESS/EASYPIX

SÍNTESE DA UNIDADE 6

- O México é marcado por fortes contrastes sociais.
- A Cidade do México, capital do país, é a mais populosa região metropolitana da América.
- Nas décadas de 1980 e 1990, a falta de perspectivas econômicas levaram os mexicanos a emigrar em massa para os Estados Unidos.
- O recente crescimento da economia mexicana provocou a reversão da migração, fazendo com que emigrantes se dirijam ao México.
- A economia do México é muito dependente dos Estados Unidos, destacando-se a produção de petróleo, o turismo e as indústrias na fronteira com os Estados Unidos, as *maquiladoras*.
- Devido ao aumento do custo da mão de obra na China e do transporte, a indústria mexicana voltou a ser competitiva. As *maquiladoras* passam por um processo de avanço, atraindo empresas de tecnologia mais sofisticada e mão de obra especializada.
- A América Central continental é a estreita faixa de terra localizada entre a América do Norte e a América do Sul. Os sete países que formam a região sofrem com baixos indicadores sociais e a economia é basicamente movimentada pela produção agrícola.
- A América Central insular é formada por ilhas e arquipélagos com países independentes e territórios pertencentes e administrados por Reino Unido, França, Países Baixos e Estados Unidos. As ilhas são divididas em três grupos: Grandes Antilhas, Pequenas Antilhas e Bahamas.
- A herança colonial fez dos países caribenhos exportadores de produtos primários, embora o turismo esteja se tornando grande fonte de receita. Além disso, muitos países vivem como paraísos fiscais, recebendo grandes volumes de dinheiro sem exigir a origem desses recursos.

INDICAÇÕES

Para pesquisar

- **Biblioteca Digital Mexicana**

<http://bdmx.mx> (em espanhol)

Reúne em versão digital documentos sobre a história mexicana, incluindo informações sobre os povos que habitavam a região antes da chegada dos espanhóis.

Para assistir

- **Che**

Steven Soderbergh. França/Espanha/Estados Unidos: Wild Bunch, 2008.

O filme conta como Ernesto Che Guevara, um médico argentino, juntou-se a Fidel Castro e seu grupo de guerrilheiros para combater a ditadura de Fulgêncio Batista em Cuba.

- **Um dia sem mexicanos**

Direção: Sérgio Arau. Estados Unidos: Isaac Artenstein, 2004.

O filme retrata, de uma maneira cômica e ao mesmo tempo dramática, a questão dos imigrantes mexicanos na Califórnia, nos Estados Unidos. O filme provoca uma reflexão sobre a importância dos mexicanos nesse território.

Vídeo

Um dia sem mexicanos

Para ler

- **América Central nas asas do Quetzal**

Eduardo Soares Batista. Porto Alegre: Literalis, 2003.

O livro é um relato de uma viagem pela América Central continental, que faz um panorama dos aspectos sociais, históricos e dos modos de vida dos países da região.

- **Cuba**

Fernando Portela e José Herculano da Silva. São Paulo: Ática, 1998.

Nessa narrativa de ficção, três amigos de férias em Havana, a capital de Cuba, aprendem sobre os aspectos positivos e negativos do país que implantou o socialismo no "quintal" dos Estados Unidos.

REPRESENTAÇÕES GRÁFICAS

Mapas qualitativos

Os **mapas qualitativos** registram a localização e/ou extensão de diferentes fenômenos ou as diversas categorias nas quais eles se enquadram, descrevendo qualidades desse espaço. A relação de diversidade da realidade é reproduzida no mapa por uma relação de diversidade de variáveis visuais.

Para representar a ocorrência de fenômenos pontuais, deve-se aplicar diferentes símbolos para cada um deles, e não pode haver diferenças nos tamanhos para não atribuir valores aos símbolos, já que, nos mapas qualitativos, são apontados a existência ou não do fenômeno, e não sua ordem ou proporção.

Para representar fenômenos com ocorrência em áreas, emprega-se o **método corocromático qualitativo**, isto é, das áreas coloridas, que estabelece cores diferenciadas para as várias ocorrências.

Observe no mapa a seguir como as áreas coloridas representam a extensão dos diversos usos da terra no México e na América Central.

MÉXICO E AMÉRICA CENTRAL: USOS DA TERRA

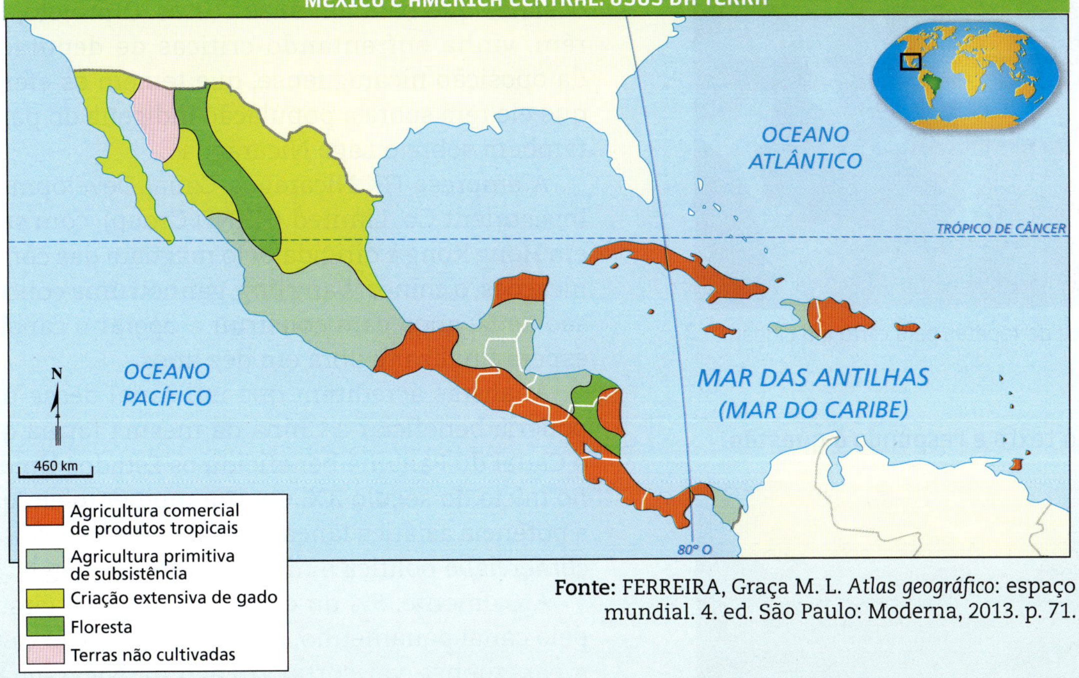

Fonte: FERREIRA, Graça M. L. *Atlas geográfico*: espaço mundial. 4. ed. São Paulo: Moderna, 2013. p. 71.

Pratique

1. No mapa acima, que recurso visual foi utilizado para diferenciar no espaço a ocorrência dos tipos de uso da terra?
2. Indique três outros tipos de fenômenos que poderiam ser representados em mapas qualitativos e três que não são apropriados para esse tipo de representação e justifique suas escolhas.

ORGANIZE O CONHECIMENTO

1. Qual é o clima predominante na América Central?
2. Por que há forte emigração em Honduras, El Salvador, Guatemala e Nicarágua?
3. Escreva um parágrafo em que constem as seguintes palavras e expressões:

sem grandes avanços	desigualdades sociais	México
progressos socioeconômicos		população jovem
últimos	anos	pobreza

ORGANIZE SEUS CONHECIMENTOS

4. Observe a foto abaixo e explique o que é uma *maquiladora* mexicana.

IVAN PIERRE AGUIRRE/AP PHOTO/GLOW IMAGES

Trabalhadores em fábrica de tapetes para carro em Ciudad Juárez (México, 2013).

5. Observe a foto, leia o texto e responda à questão.

JESUS ALFONSO/ZUMA PRESS/EASYPIX

Rodovia parcialmente destruída após passagem de furacão em Antigua Guatemala (Guatemala, 2010).

A América Central é um lugar sujeito a furacões, com ventos superiores a 200 km/h que podem causar imensa destruição e até mortes. A temporada dos furacões se inicia no final do verão no Hemisfério Norte. Os países pobres são os mais prejudicados, pois a reconstrução requer muito esforço da população, além de altos investimentos em dinheiro.

Por que nos países pobres a destruição causada por esse fenômeno natural é tão intensa?

6. Leia o texto e responda às questões.

Polêmico canal interoceânico na Nicarágua deve fortalecer China

"Estima-se que o projeto, o maior da história da Nicarágua e um dos maiores da América Latina, terá um custo de US$ 40 bilhões (cerca de R$ 85 bilhões), aproximadamente quatro vezes o PIB nicaraguense.

Antes mesmo da inauguração do Canal do Panamá, em 1914, já se discutia a possibilidade de construir uma via marítima para ligar os dois oceanos que banham suas costas. O projeto, porém, vinha enfrentando críticas de deputados da oposição nicaraguense, que temem os efeitos que ele terá sobre a população indígena do país e também sobre o Lago Nicarágua.

A empresa HK Nicaragua Canal Development Investment Co. Limited (HKND Group), com sede em Hong Kong e dirigida pelo magnata das comunicações, o chinês Wang Jing, ganhou uma concessão de 50 anos para construir e operar o canal, e espera finalizar a obra em dez anos.

Analistas acreditam que um canal desse tipo poderia beneficiar a China da mesma forma que o Canal do Panamá beneficiou os Estados Unidos no início do século XX, em um momento em que a potência asiática lança uma agressiva expansão comercial e política a nível global.

Atualmente, 5% do comércio mundial circula pelo canal panamenho. Se for construído, o canal nicaraguense vai cortar o Lago da Nicarágua e terá três vezes a extensão do Canal do Panamá, que mede cerca de 80 quilômetros. A perspectiva é que, economicamente, o canal possa ampliar a competitividade dos produtos chineses na América devido à diminuição dos custos de transporte. Isso é especialmente atraente dado o tamanho do mercado consumidor nos EUA. [...]

Para os países da região, a perspectiva é de que o novo canal possa também ter um impacto econômico positivo. 'Não é útil apenas para a

China, é uma demanda antiga de longa data do comércio que passa pela América Central. Faz muitos anos que o Canal do Panamá está saturado', diz José Luis León Martínez, pesquisador do departamento de Política e Cultura da UAM. 'Uma das razões de a Venezuela não ter ampliado a venda de petróleo à China é porque os venezuelanos não têm costa no Pacífico. Com um canal pelo qual esse tipo de produto possa ser transportado, certamente vai cair muito o custo de transporte das matérias-primas produzidas na América Latina para a China', afirmou. [...]"

BBC BRASIL. Polêmico canal interoceânico na Nicarágua deve fortalecer China, 14 jun. 2013. Disponível em: <http://www.bbc.co.uk/portuguese/noticias/2013/06/130614_canal_nicaragua_fl.shtml>. Acesso em: 30 maio 2014.

a) Explique a importância econômica da construção do Canal da Nicarágua.

b) Por que a China se beneficiará com a construção desse canal interoceânico?

c) Por que a América Latina também poderá incrementar seu comércio com a abertura desse canal?

7. **Analise a ilustração a seguir e responda às questões.**

a) Como a ilustração retrata um paraíso fiscal?

b) Com os colegas, procure saber quais são as vantagens para um país em ser paraíso fiscal. Depois registre as conclusões no caderno.

DESAFIO

8. **Há diversas maneiras de o ser humano obter energia para seu próprio metabolismo utilizando energia armazenada na cana-de-açúcar. O esquema abaixo apresenta quatro alternativas dessa utilização. Observe-o.**

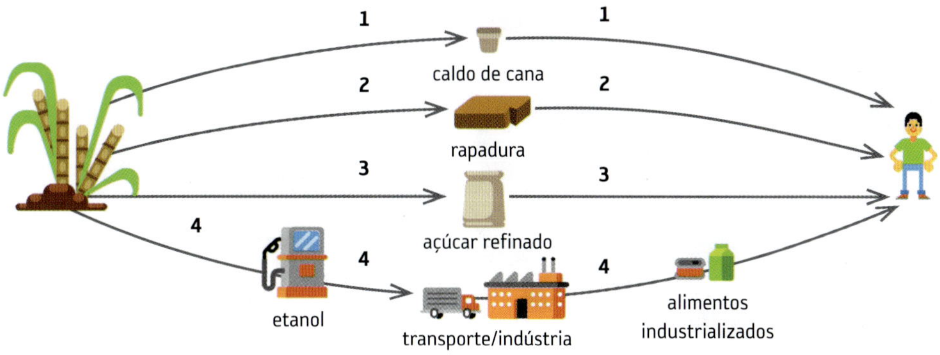

Com base nessas informações, conclui-se que:

a) o processo representado pela seta 1 é o que envolve maior diversidade de atividades econômicas.

b) o processo representado pela seta 2 é o que provoca maior emissão de gás carbônico para a atmosfera.

c) os processos representados pelas setas 3 e 4 são os que requerem menor conhecimento tecnológico.

d) todos os processos requerem trabalho humano para a obtenção de energia.

e) todos os processos ilustram o consumo direto, pelo ser humano, da energia armazenada na cana.

Em viagem ao sul do México, o neurologista britânico Oliver Sacks descreveu a visita que fez a um povoado de artesãos. Ainda que seu objetivo principal fosse o estudo de samambaias, o médico se deparou com diversas situações surpreendentes. Conheça, a seguir, uma delas.

A magia das cochonilhas

"Em Teotitlán del Valle visitamos a casa de Don Isaac Vásquez, mestre tecelão famoso fora do México por seus tapetes e cobertores e pelo uso de tinturas naturais. [...]

Praticamente todo mundo em Teotitlán del Valle tem conhecimentos profundos e detalhados sobre tecelagem, tintura e as técnicas relacionadas: cardar, pentear a lã, fiar, criar os insetos em seus cactos favoritos, colher das anileiras certas. Um conhecimento completo está localizado, incorporado nos indivíduos, nas famílias deste vilarejo. Não é preciso convocar 'especialistas', nem recorrer a conhecimentos externos aos que já existem no vilarejo. Cada aspecto dessa especialização situa-se exatamente aqui. Que diferença da nossa cultura, mais 'avançada', onde ninguém sabe produzir as coisas sozinho. Uma caneta, um lápis: como são feitos? Seríamos capazes de fazer um, caso fosse preciso? Temo pela sobrevivência deste vilarejo e de muitos como ele, que perduram há mil anos, ou mais. Irão desaparecer no nosso superespecializado mundo de consumo em massa? [...]

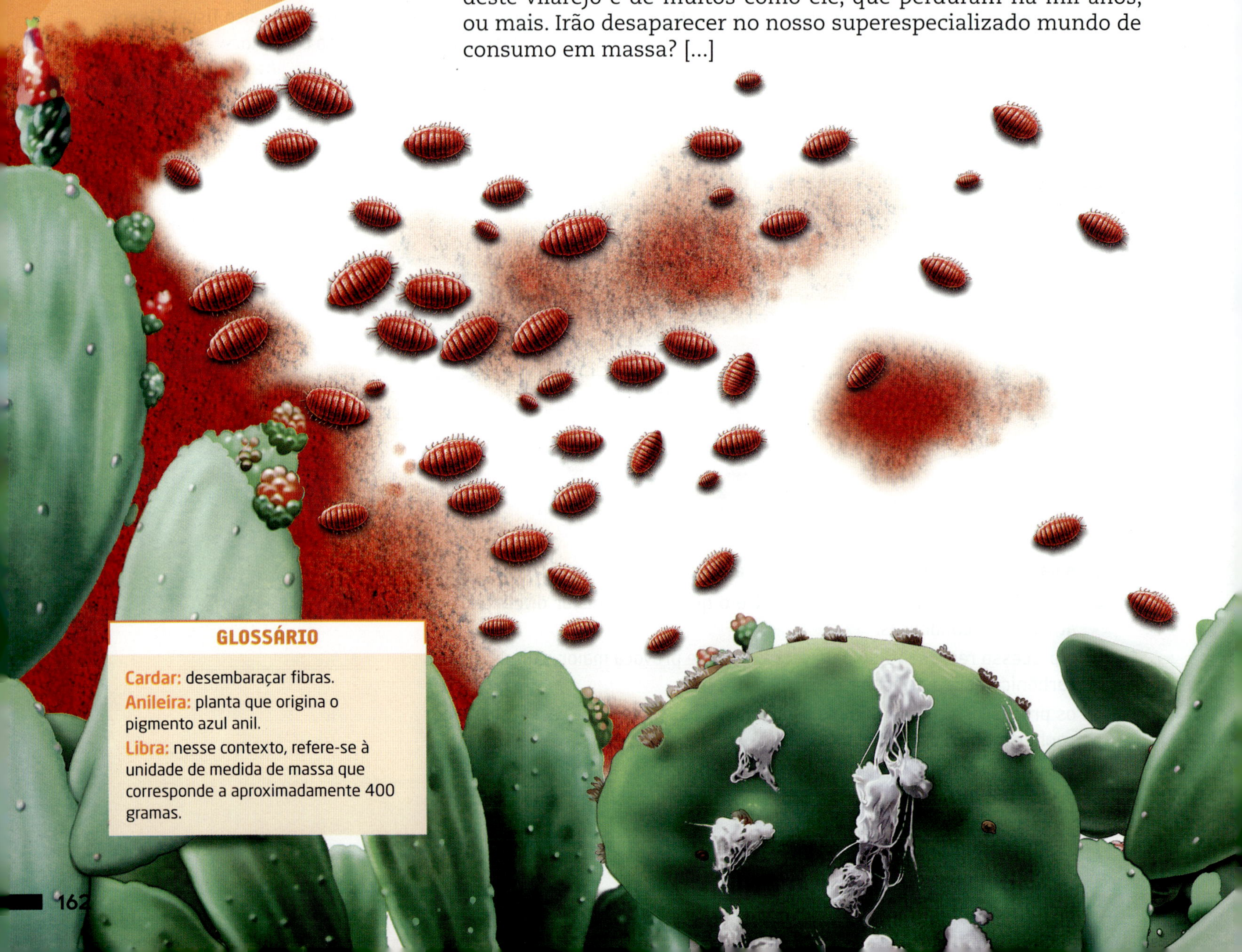

GLOSSÁRIO

Cardar: desembaraçar fibras.

Anileira: planta que origina o pigmento azul anil.

Libra: nesse contexto, refere-se à unidade de medida de massa que corresponde a aproximadamente 400 gramas.

Vemos a lã ser cardada, penteada, tecida, os tecelões trabalhando em meio a seus grandes teares de madeira [...]. São empregadas apenas tintas naturais, as mesmas que se usavam milênios antes da conquista [dos espanhóis] — a maioria é vegetal, e a cada dia se usa uma tintura diferente. Hoje é dia de vermelho, dia de cochonilha.

Quando os espanhóis viram a cochonilha pela primeira vez, ficaram maravilhados. Não existia no Velho Mundo nenhuma tintura de um vermelho tão rico e denso, tão firme, estável e resistente. A cochonilha, ao lado do ouro e da prata, tornou-se um dos grandes tesouros da Nova Espanha e, na verdade, foi mais valorizada, peso a peso, que o ouro. 'É preciso muitos milhares de insetos', Don Isaac nos explica, 'para produzir uma libra do material seco'. Os insetos, as cochonilhas (só as fêmeas são usadas), são encontrados em certos cactos nativos do México e da América Central — por isso a tintura era desconhecida no Velho Mundo. [...] Depois de extrair os insetos é preciso remover-lhes a cera e moê-los. [...] Esse vermelho tão vivo só aparece quando a cochonilha é acidificada — o que aqui se faz com suco de limão. A súbita mudança de cor é espantosa. Molho o dedo na cochonilha agora brilhante e sinto a tentação de lambê-lo. 'Sem problemas', diz Don Isaac; 'a mistura às vezes é usada em bebidas vermelhas e batons e também na mais fina tinta de escrever'."

SACKS, Oliver. *Diário de Oaxaca*. São Paulo: Companhia das Letras, 2012. p. 93-95.

Atividades

OBTER INFORMAÇÕES

1. Que estado do México o autor visitou? Identifique onde se situa o local citado no texto. Se for preciso, consulte um atlas ou páginas da internet.
2. Como é desenvolvida a atividade de tecelagem em Teotitlán del Valle?
3. Qual é a origem do pigmento vermelho utilizado para colorir os fios de lã para tecelagem?

INTERPRETAR

4. Oliver Sacks apresenta uma reflexão sobre a permanência dos modos de vida tradicionais ameaçados pelo consumo de massa. Comente as questões levantadas por ele.
5. Explique por que a tintura de cochonilha fascinou os colonizadores espanhóis.

PESQUISA

6. Don Isaac afirma que Oliver pode experimentar a mistura de cochonilhas e limão "sem problemas", e o texto cita usos do pigmento. Indique alguns desses usos e pesquise outros produtos que apresentam essa pigmentação entre seus componentes.

UNIDADE

7 AMÉRICA DO SUL

DADOGALDIERI/BLOOMBERG/GETTY IMAGES

Nas últimas décadas, os países sul-americanos têm buscado desenvolvimento econômico e social por meio de políticas de integração regional. Nesse contexto, o Brasil ocupa posição de destaque, financiando obras que geram transformações no país e por todo o subcontinente.

Começando a Unidade

Quais são os possíveis efeitos da implantação de novas infraestruturas de transporte na integração da América do Sul?

Ponte da Integração Brasil-Peru, construída sobre o Rio Madre de Dios, na fronteira entre os dois países (2011). A ponte, conectada à rodovia Transoceânica, liga o Brasil ao Oceano Pacífico, oferecendo uma rota de exportações brasileiras para o mercado asiático.

TEMA 1 Aspectos gerais

A América do Sul vem se tornando cada vez mais urbana. Entretanto, diferenças socioeconômicas entre os países que compõem o subcontinente ainda são marcantes no território.

Divisão territorial

A América do Sul compreende doze países: Argentina, Chile, Uruguai, Brasil, Paraguai, Bolívia, Peru, Equador, Colômbia, Venezuela, Guiana e Suriname, e um departamento francês ultramarino, a Guiana Francesa. Observe o mapa da figura 1.

Ocupação do território

Um dos traços importantes do território da América do Sul é o desequilíbrio na distribuição de sua população. Existem vastas regiões pouco povoadas, principalmente no interior, como é o caso da Patagônia, na Argentina; da região Amazônica, no norte da América do Sul e das áreas desérticas do Chile (figura 2).

FIGURA 1. AMÉRICA DO SUL: POLÍTICO

Fonte: IBGE. *Atlas geográfico escolar*. 6. ed. Rio de Janeiro: IBGE, 2012. p. 41.

ONLY FRANCE/ONLY WORD/AFP

Figura 2. O Deserto de Atacama, uma das áreas mais secas do planeta, é bastante hostil à ocupação humana e praticamente despovoado (Chile, 2013).

Urbanização

A **urbanização** é um fenômeno relativamente recente na América do Sul, que vem se intensificando rapidamente nos últimos anos. A maior parte dos países é bastante urbanizada, apresentando taxas de urbanização superiores a 60%, com exceção do Paraguai e da Guiana. Observe o gráfico da figura 3.

Jogo
Os países da América

FIGURA 3. AMÉRICA DO SUL: TAXAS DE URBANIZAÇÃO – 2012

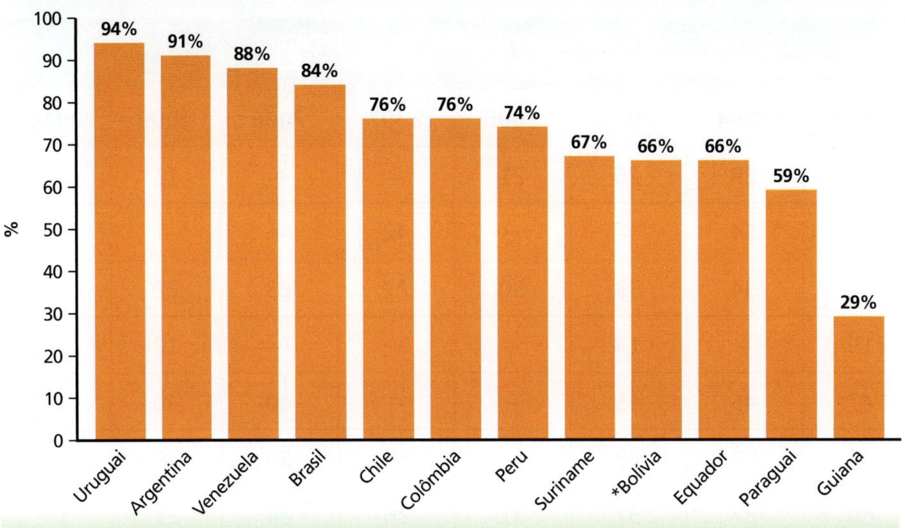

* Dados de 2011.

Fonte: BOST, F. et al. *Images économiques du monde 2014*: géoéconomie-géopolitique. Paris: Armand Colin, 2013. p. 163-166; 171-175; 179-181.

Em muitos países sul-americanos, observa-se um fenômeno de grande **concentração populacional** nas suas principais cidades. Algumas delas abrigam grande parte da população do país, como é o caso de Montevidéu, capital do Uruguai, que concentra quase 50% da população total do país (figura 4).

FIGURA 4. PAÍSES SELECIONADOS: PARTE DA POPULAÇÃO TOTAL DO PAÍS CONCENTRADA NA CAPITAL

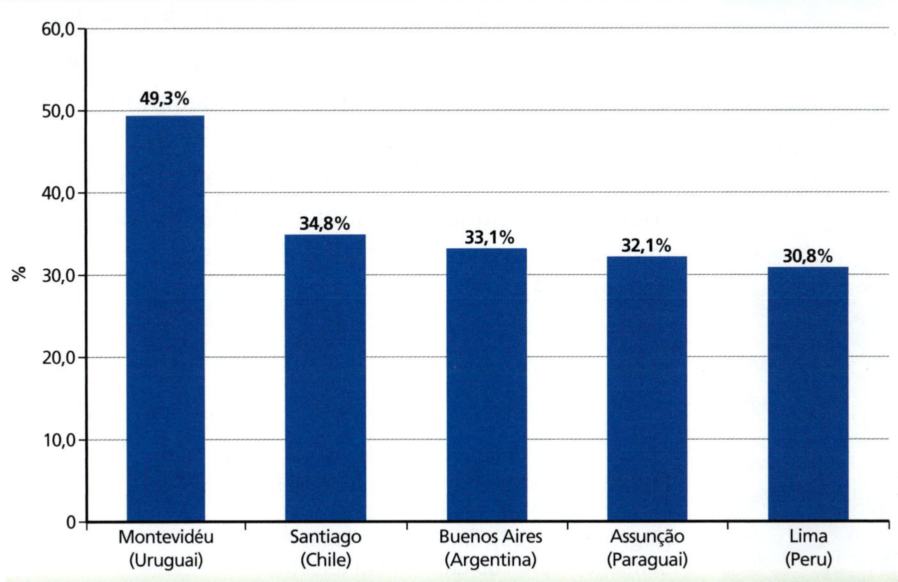

De olho no gráfico

Em 2010, São Paulo (SP), a maior cidade brasileira, concentrava 10,1% da população total do país. Compare esse dado com os das cidades representadas no gráfico e **se esforce** para explicar as diferenças de concentração populacional.

Fonte: Nations, Department of Economic and Social Affairs, Population Division. *World Urbanization Prospects*: the 2011 revision. Disponível em: <http://esa.un.org/unup/CD-ROM/Urban-Agglomerations.htm>. Acesso em: 5 jul. 2014.

Crescimento urbano

Em muitos países, o rápido crescimento urbano fez com que as cidades crescessem de maneira desordenada e sem a infraestrutura necessária para abrigar grandes contingentes de população que para lá se dirigiram. O resultado disso foi o crescimento das periferias, a **favelização**, a falta de empregos e a precariedade das condições de vida para grande parte dos habitantes dos grandes centros urbanos. Apesar disso, vem ocorrendo a redução da pobreza nas cidades. Observe a tabela 1 a seguir.

TABELA 1. AMÉRICA DO SUL: PORCENTAGEM DA POPULAÇÃO URBANA EM SITUAÇÃO DE POBREZA E INDIGÊNCIA – 2000-2010

País	2000	2001	2002	2003	2004	2005	2006	2007	2008	2009	2010
Argentina	–	–	45	–	29	26	21	–	–	11	9
Bolívia	–	–	52	–	54	–	–	42	–	–	–
Brasil	–	34	34	36	34	33	30	27	23	22	–
Chile	20	–	–	19	–	14	–	–	–	12	–
Colômbia	–	–	49	47	45	45	–	–	40	40	39
Paraguai	–	50	–	–	58	53	–	54	50	48	47
Peru	–	42	–	60	37	37	31	26	24	21	19
Uruguai	–	–	15	–	21	19	–	18	14	11	9
Venezuela	–	–	49	–	45	37	30	29	28	27	28

Fonte: ONU-HABITAT. *Estado de las ciudades de América Latina y el Caribe 2012*: rumbo a uma nueva transición urbana. Nairóbi: ONU Habitat, 2012. p. 43.

CHAD EHLERS/STOCK CONNECTION/GLOW IMAGES

Desenvolvimento socioeconômico

A América do Sul apresenta dados socioeconômicos muito contrastantes. Em relação ao Índice de Desenvolvimento Humano (IDH) de 2012, os países se encontram em três níveis: muito elevado (Argentina e Chile), elevado (Brasil, Colômbia, Equador, Peru, Uruguai e Venezuela) e médio (Bolívia, Guiana, Paraguai, Suriname). Chile e Argentina têm o maior IDH da região (figura 5). Guiana, Paraguai e Bolívia apresentam os menores índices. Veja alguns dados socioeconômicos na tabela 2.

Figura 5. Buenos Aires é considerada a melhor cidade sul-americana para viver (Argentina, 2010). Em segundo lugar está Santiago, capital do Chile, e, em terceiro, Montevidéu, capital do Uruguai.

TABELA 2. AMÉRICA DO SUL: DADOS SOCIOECONÔMICOS – 2012				
Países	**IDH**	**Desemprego (%)**	**Taxa de mortalidade infantil – crianças menores de 5 anos (‰)**	**Expectativa de vida (anos)**
Argentina	0,811	7,2	14,2	76
Bolívia	0,675	3,2	41,4	67
Brasil	0,730	6,9	14,4	74
Chile	0,819	6,4	9,1	80
Colômbia	0,719	10,4	17,6	74
Equador	0,724	4,5	23,3	76
Guiana	0,636	21,7	35,2	66
Paraguai	0,669	6,3	22,0	72
Peru	0,741	4,0	18,2	75
Suriname	0,684	12,7	20,8	71
Uruguai	0,792	6,0	7,2	77
Venezuela	0,748	7,8	15,3	74

Fonte: PNUD. *Relatório de desenvolvimento humano 2013*. Banco de Dados do Banco Mundial. Disponível em: <http://data.worldbank.org/>. Acesso em: 5 jul. 2014.

GLOSSÁRIO

Política neoliberal: política adepta do neoliberalismo, doutrina econômica que defende a não intervenção do Estado na economia. Para essa corrente do pensamento econômico, o Estado deve ocupar-se da ordem política e, minimamente, com a organização econômica da sociedade. Os demais setores da economia, ainda que fiscalizados pelo governo, devem ser deixados a cargo da iniciativa privada.

Pobreza

Alguns países da América do Sul, como Bolívia e Equador, apresentam altas taxas de pessoas vivendo com menos de 2 dólares por dia. No entanto, essa situação está mudando e a pobreza vem diminuindo no subcontinente. Chile e Uruguai, por exemplo, apresentam índices de pobreza muito baixos.

A situação socioeconômica na América do Sul teve dois momentos marcantes nas últimas décadas. Um deles ocorreu nos anos 1990, quando foram adotadas políticas de austeridade econômica, o que levou ao aumento da pobreza em vários países. As políticas neoliberais, incentivadas pelo Fundo Monetário Internacional (FMI) e pelo Banco Mundial, forçaram muitas nações a tomar medidas para estabilizar a economia, como corte nos gastos sociais, congelamento dos salários e abertura da economia para a entrada das transnacionais, resultando no aumento da pobreza e do desemprego.

O outro momento marcante, dessa vez positivamente, teve início no começo dos anos 2000, em que algumas políticas públicas de inclusão social conseguiram diminuir a pobreza em vários países da região. Compare os dados do gráfico da figura 6.

FIGURA 6. POPULAÇÃO COM RENDIMENTOS ABAIXO DE 2 DÓLARES AO DIA – 2000 E 2010*

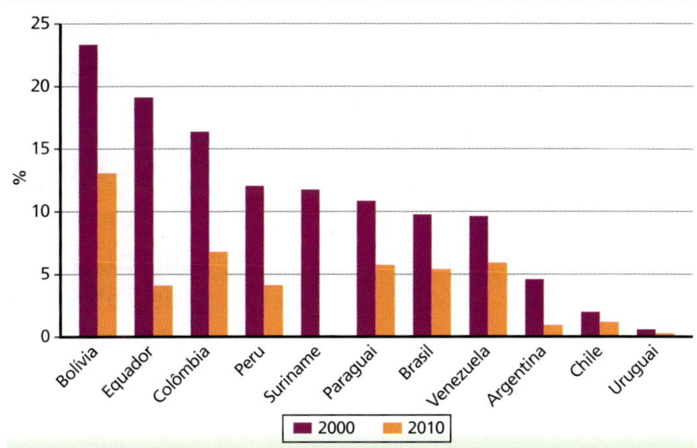

* Exceções: (2010) Venezuela: com dados de 2006; Bolívia: com dados de 2008; Suriname: não dispõe de dados; Guiana: não dispõe de dados.

Fonte: BANCO MUNDIAL. Disponível em: <http://data.worldbank.org>. Acesso em: 5 jul. 2014.

+ Diversidade

As minorias indígenas nos Andes

Antes da chegada dos colonizadores europeus à América, a região dos Andes era habitada por indígenas ou ameríndios, também denominados **povos pré-colombianos**.

Desde a chegada dos europeus ao território sul-americano, a população nativa diminuiu muito. No entanto, a maior parte da população dos países andinos descende de povos indígenas, como os aimará, atacama, quíchua, entre outros.

Nas décadas finais do século XX, foi observada maior preocupação pela conservação dos traços culturais das minorias indígenas, principalmente na região dos Andes. Em 2000, foi criado o **Fórum Permanente dos Povos Indígenas** na ONU. Posteriormente, vários países sul-americanos passaram a reconhecer como oficiais as línguas ameríndias, entre os quais, Peru (quíchua), Paraguai (guarani) e Bolívia (quíchua e aimará). Chile e Peru oferecem educação em idiomas nativos.

GALEN ROWEL/MOUNTAIN LIGHT/STOCK CONNECTION/GLOW IMAGES

Pessoas da etnia quíchua na cidade de Ollantaytambo (Peru, 2012).

- Em grupos, discuta com seus colegas a seguinte questão: por que reconhecer as línguas ameríndias como oficiais é uma forma eficiente de manter viva a cultura dos povos indígenas? **Escute com atenção** as diferentes opiniões e exponha a conclusão do grupo para a classe.

Resquícios coloniais

O passado colonial foi, em grande parte, responsável pela pobreza dos países sul-americanos, visto que esses países foram dependentes de suas metrópoles e fornecedores de minérios e produtos agrícolas. Depois de suas independências, essa situação não se alterou profundamente.

Grande parte dos países sul-americanos continua como exportador de produtos primários. Além disso, a herança colonial da concentração de terras permanece em diversos países. Dessa maneira, desigualdades sociais e econômicas ainda marcam a América do Sul.

Economia

A economia sul-americana está centrada na exportação de *commodities*. O Brasil, a Argentina, a Colômbia e a Venezuela perfazem mais de 75% do PIB do subcontinente. Já o Equador, o Paraguai, a Bolívia, o Uruguai, o Suriname e a Guiana, juntos, não chegam a somar 5% do PIB da América do Sul.

O Brasil tem a maior e mais complexa economia da América do Sul. Apresenta desenvolvido **parque industrial** e **agricultura moderna**, com destaque para o **agronegócio**. Em 2012, o PIB do Brasil foi de 2,4 trilhões de dólares e o da Argentina, a segunda maior economia sul-americana, foi de 475 bilhões de dólares.

Os países mais industrializados da América do Sul são Brasil, Argentina, Chile, Colômbia, Venezuela e Uruguai.

A **agricultura** exerce papel fundamental na economia de diversos países, como Paraguai (soja, cana-de-açúcar e cereais), Colômbia (café), Argentina (trigo) e Equador (alimentos tropicais e flores). O Paraguai é um importante produtor de soja e cana-de-açúcar, e suas exportações são escoadas principalmente pelo porto de Paranaguá, no Paraná (figura 7).

CLAYTON DE SOUZA/ESTADÃO CONTEÚDO

Figura 7. Por não ter saída para o mar, o Paraguai depende muito da infraestrutura rodoviária, ferroviária e portuária do Brasil para exportar sua produção agrícola. Na imagem, plantação de soja no município de Santa Rita, próximo à fronteira com o Brasil (Paraguai, 2013).

Na produção **pecuária** destacam-se Brasil, Argentina, Chile e Uruguai. Chile e Uruguai estão entre os maiores criadores de ovelhas e a Argentina, na criação de bovinos. A **pesca** é um importante setor econômico para Peru e Chile.

A América do Sul tem grande diversidade de **recursos minerais**. Assim, atividades industriais ligadas a esse ramo são extremamente importantes para Venezuela, Bolívia, Colômbia e Peru (petróleo, gás natural e pedras e metais preciosos); Chile, Brasil e Argentina (cobre, bauxita, minério de ferro, entre outros).

Crescimento econômico

Os países sul-americanos têm crescido de forma acelerada nos últimos anos, aproveitando os altos preços de *commodities* no mercado internacional. Os países que têm apresentado melhores desempenhos são Peru, Equador, Chile e Colômbia, favorecidos por acordos comerciais, especialmente com a Ásia. Observe o gráfico da figura 8.

FIGURA 8. AMÉRICA DO SUL: CRESCIMENTO MÉDIO DO PIB – 2011-2013

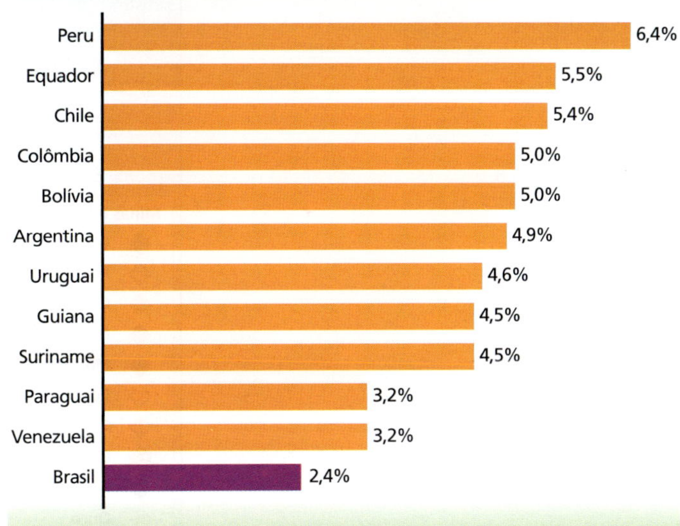

Fonte: FRAGA, Erica; CARNEIRO, Mariana. Crescimento do PIB nos três primeiros anos de Dilma será o menor da região. *Folha de S.Paulo*, 3 jan. 2013. Disponível em: <www1.folha.uol.com.br/mercado/1209277-crescimento-do-pib-nos-tres-primeiros-anos-de-dilma-sera-o-menor-da-regiao.shtml>. Acesso em: 5 jul. 2014.

TEMA

2 Aproveitamento dos recursos naturais

A exploração de recursos naturais na região é importante para o desenvolvimento econômico, mas pode gerar impactos ambientais.

Recursos minerais e energéticos

Rica em recursos naturais, a América do Sul é grande produtora de petróleo e de gás natural. Além disso, o território sul-americano conta com importantes reservas minerais – destacando-se o cobre, no Chile (maior produtor mundial); a prata e o estanho, no Peru, e a bauxita e o minério de ferro, no Brasil – e faz intenso uso das águas, principalmente na atividade pesqueira e no aproveitamento dos rios para a geração de energia. Observe no mapa da figura 9 como estão distribuídas as principais reservas minerais e regiões industriais do subcontinente.

De olho no mapa

Caracterize a disponibilidade de recursos minerais na América do Sul e explique como isso pode favorecer a indústria.

FIGURA 9. AMÉRICA DO SUL: RECURSOS MINERAIS E REGIÕES INDUSTRIAIS – 2012

Fonte: CHARLIER, Jacques (Org.). *Atlas du 21e siècle*. Paris: Nathan, 2013. p. 154.

Petróleo e gás

Na última década, foram descobertas reservas estimadas em 100 bilhões de barris de petróleo na América do Sul, sendo 80% delas encontradas no pré-sal brasileiro. Observe na tabela 3 os principais países produtores da região. A Venezuela é o 11º país no *ranking* global de produtores de petróleo (figura 10). A produção desse país corresponde a cerca de 17% do total mundial.

Além do petróleo, cresce a importância do **gás natural** na economia dos países da América do Sul, sobretudo para uso industrial. Os principais produtores regionais são Venezuela, Bolívia e Argentina.

A produção brasileira atual, por sua vez, ainda é inferior ao consumo interno do país, tornando-o dependente da importação do gás boliviano. No entanto, esse quadro deve mudar nos próximos anos, quando for iniciada a extração do gás existente na camada do pré-sal, que resultará na ampliação da capacidade nacional de produção desse recurso.

GLOSSÁRIO

Pré-sal: camada em área muito profunda, que fica entre 7.000 e 8.000 metros abaixo do leito do mar, depois de uma camada de sal.

TABELA 3. AMÉRICA DO SUL: PRINCIPAIS PAÍSES PRODUTORES DE PETRÓLEO – 2013

Países	Produção (milhares de barris/dia)	Participação na produção global (%)	Posição na produção global
Venezuela	2.623	3,3	11º
Brasil	2.114	2,7	13º
Colômbia	1.004	1,3	22º
Argentina	656	0,7	28º
Equador	527	0,7	30º
Peru	104	0,1	49º

Fonte: BP. *BP statistical review of world energy* — june 2014. p. 8. Disponível em: <www.bp.com/content/dam/bp/pdf/Energy-economics/statistical-review-2014/BP-statistical-review-of-world-energy-2014-full-report.pdf>. Acesso em: 7 jul. 2014.

SUPERSTOCK RM/STOCK CONNECTION/DIOMEDIA

Figura 10. Plataforma de exploração de petróleo no Lago Maracaibo (Venezuela, 2013), onde se localiza a maior reserva de petróleo do país.

FIGURA 11. AMÉRICA DO SUL: GASODUTOS EM OPERAÇÃO – 2012

Fonte: GASNET. Disponível em: <www.gasnet.com.br/gasodutos/operacao.asp>. Acesso em: 7 jul. 2014.

Gasoduto Bolívia-Brasil

O processo de industrialização e urbanização ocorrido nos países da América do Sul a partir da década de 1970 aumentou o consumo energético na região, levando muitos países (principalmente Brasil e Argentina) a ampliar sua produção interna de petróleo e de gás natural.

Argentina, Venezuela e Bolívia são os maiores produtores de gás natural da região, enquanto Argentina, Venezuela e Brasil são os maiores consumidores. Devido à distância geográfica da Venezuela em relação ao Brasil e à Argentina, o maior fornecedor para estes dois últimos é a Bolívia.

Brasil e Bolívia negociavam desde a década de 1930 a comercialização de petróleo e de gás natural. O acordo foi fechado apenas em 1997, com a implantação do **gasoduto Bolívia-Brasil**, operado pela empresa TBG. Em território brasileiro, ele se conecta com a rede de gasodutos da Transpetro, que redistribui o gás principalmente na faixa litorânea do país (figura 11).

Energia hidrelétrica

A abundância de recursos hídricos na América do Sul favoreceu a construção de grandes hidrelétricas a partir da década de 1970. Os países que mais construíram hidrelétricas foram Brasil e Argentina, que também são os maiores consumidores de energia elétrica da região.

Apesar dos impactos sociais e ambientais que a construção das hidrelétricas ocasiona, como a alteração dos cursos dos rios, o alagamento de ambientes naturais e de áreas construídas – que implicam a perda de biodiversidade e a remoção de cidades inteiras, em alguns casos –, a energia que produzem é considerada renovável e limpa, por não lançar poluentes ao meio ambiente. Além de Brasil e Argentina, Venezuela, Peru e Chile têm hidrelétricas em seus territórios.

Usina Binacional de Itaipu

A Usina de Itaipu é uma das maiores hidrelétricas do mundo em capacidade de produção de energia. Por ter sido construída com os recursos hídricos do Rio Paraná, na divisa entre Paraguai e Brasil, a usina tem caráter binacional (figura 12).

O acordo estabelecido entre os dois países definiu que toda energia gerada deveria ser dividida em partes iguais e, caso um deles não utilizasse por completo, deveria dar preferência ao sócio na venda, realizando-a a preço reduzido.

Figura 12. Usina hidrelétrica de Itaipu, na fronteira entre Brasil e Paraguai (2009).

Dos 50% que cabem a cada país, o Paraguai utiliza apenas 5%, sendo o restante vendido ao Brasil a preço de custo. Esse fato gerou muitas discussões sobre o valor pago pelo Brasil pela energia excedente do Paraguai; em 2011, o Brasil aceitou corrigir esse valor, embora o governo paraguaio afirme que ainda há necessidade de renegociar os preços.

Energias renováveis

Por gerarem baixos índices de poluição ao meio ambiente, muitos países têm buscado fontes de energias renováveis, como solar, eólica (vento), biomassa (matéria orgânica), geotérmica (calor do interior da Terra) e hidrelétrica (água).

Alguns países sul-americanos têm se destacado na produção de **energias renováveis**, principalmente Brasil e Argentina. O Brasil, por exemplo, é o quarto país no *ranking* mundial em capacidade de produção de energia por meio de hidrelétricas, dado seu potencial em recursos hídricos (tabela 4).

Além disso, é o segundo maior produtor mundial de energia utilizando **biomassa** (atrás somente dos Estados Unidos) devido a investimentos nos setores de biodiesel e etanol (figura 13). Recentemente, a Argentina também tem realizado investimentos maciços na produção de biodiesel.

O Peru não consta do quadro dos maiores produtores, mas tem ampliado os investimentos em energias renováveis. O país tem importantes fontes de recursos hídricos e geotermais que permitem exploração futura.

Figura 13. Caminhões carregados com plantas de cana em unidade industrial de produção de açúcar e etanol em Olímpia (SP, 2011). O Brasil é o maior produtor de cana-de-açúcar do mundo, estando a maior parte das lavouras concentradas na porção centro-sul do país.

TABELA 4. MAIORES PRODUTORES DE ENERGIAS RENOVÁVEIS – 2010

		1º	2º	3º	4º	5º
Capacidade de geração de energias renováveis (incluindo hidrelétrica)		China	Estados Unidos	Canadá	**Brasil**	Alemanha e Índia
Energia de biomassa	Biodiesel	Alemanha	**Brasil**	**Argentina**	França	Estados Unidos
	Etanol	Estados Unidos	**Brasil**	China	Canadá	França

Fonte: KPMG INTERNACIONAL. *Taxes and incentives for renewable energy*. Disponível em: <www.kpmg.com/Global/en/IssuesAndInsights/ArticlesPublications/Documents/taxes-incentives-renewable-energy-2012.pdf>. Acesso em: 8 jul. 2014.

ATIVIDADES

ORGANIZE O CONHECIMENTO

1. **Descreva** as características do crescimento urbano na América do Sul e suas consequências.
2. Quais são as principais características da economia sul-americana?
3. Relacione os recursos hídricos da América do Sul com a produção de energia, apontando aspectos positivos e negativos.

APLIQUE SEUS CONHECIMENTOS

4. Observe o mapa a seguir e faça o que se pede.

AMÉRICA DO SUL

Fonte: IBGE. *Atlas geográfico escolar*. 6. ed. IBGE: Rio de Janeiro, 2012. p. 41.

a) Escreva em seu caderno o nome dos países correspondentes aos números de 1 a 5 no mapa.

b) Que países da América do Sul não têm saída para o mar? Por quais números eles estão representados?

c) Que países da América do Sul não fazem fronteira com o Brasil? Por quais números eles são representados no mapa?

d) Um dos números indicados no mapa representa um departamento ultramarino da França. Indique esse número e o nome desse departamento francês.

5. Observe o mapa abaixo e responda.

AMÉRICA DO SUL: IDH – 2012

Fonte: O GLOBO. *Os resultados do IDH 2012*. Disponível em: <http://oglobo.globo.com/infograficos/idh-2012>. Acesso em: 8 jul. 2014.

a) Que países apresentam os melhores e os piores índices?

b) É correto afirmar que não há pobreza nos países com melhores índices de desenvolvimento humano?

6. Observe o mapa abaixo.

RESERVAS DE PETRÓLEO, EM BILHÕES DE BARRIS/DIA – 2012

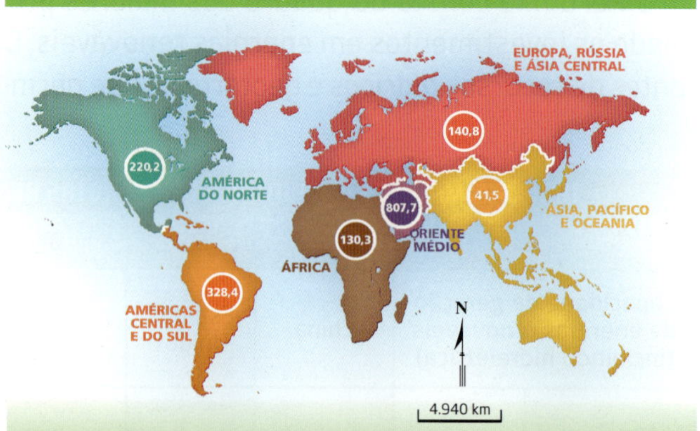

Fonte: ANP. *Anuário estatístico 2013*. Disponível em: <www.anp.gov.br/?pg=66833#Se__o_1>. Acesso em: 7 jul. 2014.

Descreva a situação das reservas da América do Sul em relação ao restante do mundo e indique os principais países produtores de petróleo na região.

O carnaval de Oruro

Popular entre os brasileiros, o carnaval é uma festa bastante difundida em vários países. Na Bolívia, por exemplo, o tradicional carnaval da cidade de Oruro foi declarado Patrimônio Oral e Imaterial da Humanidade pela Organização das Nações Unidas para a Educação, a Ciência e a Cultura (Unesco) em 2001.

Oruro é uma cidade situada a aproximadamente 3.700 metros de altitude, na porção oeste do território boliviano, e foi um importante centro de mineração desde a época colonial até meados do século XX, quando a atividade entrou em declínio, embora ainda exista na região. Seu festival carnavalesco é realizado no primeiro trimestre do ano, dura cerca de dez dias e tem origem em rituais indígenas do grupo uru, anterior à chegada dos colonizadores espanhóis, que peregrinava em direção ao vale considerado sagrado no qual Oruro está localizada.

Os colonizadores tentaram banir o ritual, mas o que ocorreu foi um processo de sincretismo, com a associação dos deuses de origem andina a elementos cristãos. Assim, o formato atual da festa reencena conflitos entre o bem e o mal, em que aparecem tanto personagens como a Virgem de Candelária, o arcanjo Miguel e o diabo, pertencentes ao universo cristão, quanto a Pachamama (Mãe Terra) e o Tio Supay (uma entidade maligna), pertencentes à mitologia indígena.

A festa é marcada por indivíduos ornados com belas alegorias e máscaras: ao todo, são aproximadamente 28 mil dançarinos, dez mil músicos, 150 bandas e mais de 400 mil visitantes cultuando e celebrando suas tradições. A festa tem início com uma cerimônia dedicada à Virgem de Candelária e uma competição de grupos musicais em ritmo de marcha: a famosa *diablada*, dança tradicional do carnaval de Oruro.

O ponto alto é a parada de três noites, que reúne aproximadamente cinquenta grupos de dança tradicional que desfilam em direção à catedral da Candelária. Desse ponto em diante, as peregrinações continuam em rituais que celebram a vitória sobre o mal, presente no imaginário sincrético que dá significado à festa.

GARY YIM/SHUTTERSTOCK

Mulheres com trajes andinos em dança folclórica durante o carnaval em Oruro (Bolívia, 2010).

GLOSSÁRIO

Sincretismo: encontro de distintas culturas originando uma nova manifestação que incorpora elementos de ambas.

1. O que significa dizer que o carnaval de Oruro é uma manifestação de sincretismo? Dê exemplos.
2. Pesquise sobre o carnaval de Oruro e também sobre as origens e principais características do carnaval em seu estado de residência. Em seguida, escreva um texto comparando essas duas festas.

TEMA

3 Integração regional

A integração pode fortalecer a economia dos países sul-americanos, refletindo em suas condições sociais, políticas e culturais.

Acordos de integração

Desde a década de 1960, foram feitos acordos de integração na América Latina, merecendo destaque o **Mercado Comum Centro-Americano**, de 1960, o **Pacto Andino**, de 1969, e a **Comunidade do Caribe**, de 1973. No entanto, nos anos 1990, com o fim do mundo bipolar, criou-se o principal bloco em atuação na região, o **Mercosul**.

A ideia de integrar os países, com o intuito de fortalecer a economia e, indiretamente, gerar benefícios sociais e políticos, além de promover um intercâmbio cultural, não é algo recente.

Simón Bolívar foi um líder revolucionário venezuelano que lutou pela libertação da América espanhola e atuou na independência de diversos países como Bolívia, Peru, Equador, Panamá, Colômbia e Venezuela (figura 14). Bolívar defendia uma integração ampla, envolvendo toda a América Latina, com o intuito de torná-la um bloco único e fortalecido, com políticas comuns aos diversos países.

Nunca se conseguiu estabelecer uma política de integração completa entre os países latino-americanos, mas diversas medidas foram tomadas com o objetivo de realizar algumas ações conjuntas, normalmente de caráter econômico, político ou cultural.

Mercado Comum do Sul (Mercosul)

O Tratado de Assunção foi assinado em março de 1991 por Paraguai, Uruguai, Brasil e Argentina, dando início ao **Mercado Comum do Sul (Mercosul)**, que passou a contar com a Venezuela desde 2012. Além dos cinco países-membros, também há os países associados: Bolívia e Chile (1996); Peru (2003); e Colômbia e Equador (2004). A Guiana e o Suriname, mesmo não sendo membros nem associados, a partir de 2012 passaram a participar das reuniões do Mercosul. O objetivo principal do Mercosul é estimular o aumento das trocas econômicas entre seus países-membros e também atuar em bloco no comércio com outros países e regiões.

MARTÍN TOVAR Y TOVAR

Figura 14. Simón Bolívar foi um dos principais líderes da independência de grande parte dos países latino-americanos no século XIX e um dos mais importantes incentivadores da integração da América Latina. Em vários países é considerado um herói. Retrato de Simón Bolívar, de Martín Tovar y Tovar, c. 1754.

Dessa forma, o Mercosul abrange hoje praticamente toda a América do Sul, sendo o principal bloco econômico dessa porção do continente. Além da integração econômica, busca-se maior integração política e cultural.

Os países mais importantes do bloco são **Brasil** e **Argentina**, pelo tamanho de suas economias e pelas trocas comerciais que fazem entre si. A redução de tarifas alfandegárias entre os países estimula o comércio entre os países-membros, que tem aumentado constantemente desde a criação do Mercosul.

Em 2012, o Paraguai foi suspenso do bloco após um golpe de Estado que derrubou o então presidente Fernando Lugo. Uma das condições básicas para a permanência de um país no bloco é a manutenção da democracia. No caso do Paraguai, os outros países-membros entenderam que o golpe representava uma ameaça ao regime democrático e, imediatamente, suspenderam a participação do país. Em 2013, no entanto, após eleições democráticas de um novo presidente, a participação do Paraguai foi reestabelecida.

O Brasil e o Mercosul

Os esforços brasileiros foram imprescindíveis para o estabelecimento do Mercosul, já que o bloco econômico regional é um dos instrumentos de negociação política e econômica dos países da América do Sul no cenário mundial.

A economia brasileira representa cerca de 70% do total do bloco. Tanto para o Brasil quanto para os outros países-membros, o Mercosul marcou uma mudança nas relações entre os países sul-americanos. Suas trocas comerciais são intensas e representam valores consideráveis quanto às importações e exportações dos países-membros. Em 1991, o comércio do Brasil com os demais sócios fundadores totalizava aproximadamente 4,5 bilhões de dólares por ano. Em 2000, chegou a 15,5 bilhões e, em 2012, superou 41 bilhões de dólares anuais.

No entanto, o Mercosul já desempenhou papel de maior destaque no comércio internacional brasileiro, chegando a representar 16% das trocas do país em 1998. Observe o gráfico da figura 15.

FIGURA 15. BRASIL: COMÉRCIO COM O MERCOSUL – 1991-2012

Fonte: LEITÃO, Miriam. Pesos do Mercosul. *O Globo*, 13. jul. 2013. Disponível em: <http://oglobo.globo.com/economia/miriam/posts/2013/07/13/pesos-do-mercosul-503360.asp>. Acesso em: 8 jul. 2014.

De olho no gráfico

Em que ano o Mercosul foi mais representativo no comércio brasileiro? O que vem acontecendo com as trocas comerciais brasileiras no Mercosul?

Aliança do Pacífico

Em 2012, foi criada a **Aliança do Pacífico**, o bloco econômico nos moldes do Mercosul formado por México, Colômbia, Peru e Chile. A intenção dos países que formam esse bloco é se tornar grande polo de atração de investimentos na América Latina, além de servir de elo para uma eventual integração com os países asiáticos (China, Coreia do Sul e Japão já são observadores do bloco).

A aliança reúne atualmente cerca de 209 milhões de habitantes, e seu Produto Interno Bruto (PIB) somado representa 36% do PIB latino-americano. Vários países da América Central, como Costa Rica e Panamá, manifestaram interesse em aderir à aliança. Esse bloco econômico é visto como a principal iniciativa de comércio internacional no continente americano, com grandes possibilidades de expansão. Observe a figura 16.

FIGURA 16. ALIANÇA DO PACÍFICO E MERCOSUL

ALIANÇA DO PACÍFICO		MERCOSUL
Chile, Colômbia, Peru e México	**Países integrantes**	Brasil, Argentina, Uruguai, Venezuela e Paraguai
Livre circulação de mercadorias, serviços, capitais e pessoas	**O que prevê**	Livre circulação de mercadorias, serviços e pessoas; tarifas e políticas comerciais comuns para terceiros países
209 milhões	**População**	279 milhões
US$ 2 trilhões (35% do PIB da América Latina)	**PIB**	US$ 3,3 trilhões (58% do PIB da América Latina)

Fonte: FOLHA DE S.PAULO. Aliança Pacífico preocupa exportadores e importadores. *Folha de S.Paulo*, 31 maio 2013. Disponível em: <www1.folha.uol.com.br/colunas/mercadoaberto/2013/05/1287547-alianca-pacifico-preocupa-exportadores-e-importadores.shtml>. Acesso em: 8 jul. 2014.

União de Nações Sul-Americanas (Unasul)

A **União de Nações Sul-Americanas** (**Unasul**) foi criada em 2008 e é formada pelos doze países da América do Sul. Tem como objetivo construir um espaço de integração cultural, social, político e econômico entre os povos dos países participantes. A Unasul atua mais nos âmbitos político e social, muitas vezes resolvendo impasses entre os países ou internamente a eles.

Em 2008, a Unasul mediou uma crise separatista ocorrida na Bolívia. Nessa ocasião, departamentos da porção noroeste da Bolívia reivindicavam a separação e a criação de um novo país. O apoio desse organismo à manutenção e integridade do território boliviano foi importante para resolver o conflito.

Iniciativa para a Integração da Infraestrutura Regional Sul-Americana (Iirsa)

Em 2000, todos os países sul-americanos começaram a fazer parte de um programa de integração física por meio da construção de infraestrutura de transporte, energia e telecomunicações, a **Iniciativa para a Integração da Infraestrutura Regional Sul-Americana** (**Iirsa**).

A **Estrada do Pacífico**, também conhecida como **Rodovia Interoceânica**, faz parte de um dos eixos que visa integrar fisicamente os países sul-americanos. Trata-se de uma estrada binacional, que liga o noroeste do Brasil ao litoral sul do Peru pelo estado brasileiro do Acre. A rodovia é um importante eixo na integração com os outros países da América do Sul. Veja a figura 17.

MARIANA BAZO/REUTERS/LATINSTOCK

Figura 17. A Rodovia Interoceânica é o primeiro eixo multimodal da América do Sul, facilitando a circulação de pessoas e promovendo o turismo e o comércio entre Brasil e Peru. Na foto, trecho da rodovia em Cuzco (Peru, 2007).

Integração cultural na América do Sul

Pela grande diversidade étnica entre os habitantes da América do Sul, os projetos de integração cultural sempre têm buscado uma abrangência multicultural, com o objetivo de valorizar a história e a cultura específicas dos diferentes povos.

No âmbito do Mercosul, podemos citar dois grandes projetos de integração cultural: o SIM Mercosul e a Rede Mercosul de Pesquisa.

O **Sistema Integrado de Mobilidade no Mercosul** (**SIM Mercosul**) concede bolsas remuneradas para estudantes e docentes no Mercosul. **A Rede Mercosul de Pesquisa**, por sua vez, é uma iniciativa na busca da integração da infraestrutura das redes avançadas de pesquisa dos países-membros.

Em 2010, foi criada a **Universidade Federal da Integração Latino-Americana** (**Unila**). Trata-se de uma instituição pública brasileira com sede em Foz do Iguaçu, no Paraná, cujo objetivo é a integração de professores e alunos por meio do intercâmbio cultural, científico e educacional na América Latina, especialmente na região do Mercosul (figura 18).

KIKO SIERICH/FOLHAPRESS

Figura 18. Aula inaugural da Unila, em Foz do Iguaçu (PR, 2010). Na ocasião, a Universidade já contava com cerca de 200 alunos oriundos do Brasil, do Paraguai, do Uruguai e da Argentina, subdivididos em seis cursos de graduação.

TEMA 4 Brasil: potência regional

O Brasil é o país mais extenso, mais populoso e com a maior economia da América do Sul. Essas características lhe conferem o título de potência regional, embora esteja marcado por grandes desigualdades socioeconômicas.

O Brasil entre os líderes mundiais

O Brasil tem sido destaque internacional, considerado uma **potência regional** em termos econômicos e políticos (figura 19). Esse destaque se deve, em parte, à sua participação no cenário econômico mundial e na **Organização Mundial do Comércio** (**OMC**) e ao seu envolvimento na busca de soluções pacíficas para conflitos internacionais em parceria com a **Organização das Nações Unidas** (**ONU**).

BYM/ALAMY/GLOW IMAGES

Figura 19. Avenida Paulista, importante centro financeiro e cultural da cidade de São Paulo, a maior metrópole da América o Sul (SP, 2012).

GIANLUIGI GUERCIA/AFP

Figura 20. A empresa brasileira Vale, instalada em Moçambique desde 2004, vem extraindo e exportando milhões de toneladas de carvão. Na foto, extração de carvão em Moatize (Moçambique, 2010).

Protagonismo e relações econômicas

Em termos econômicos, o Brasil é a sétima maior economia do mundo. É grande exportador de produtos agrícolas e também se destaca na produção industrial e energética.

A partir da primeira década do século XXI, o país ampliou suas relações econômicas, aumentando as trocas com países asiáticos e africanos, além do comércio intrarregional no Mercosul. Até então, seus principais parceiros econômicos eram os Estados Unidos e a União Europeia.

Em 2013, a parceria do Brasil com a China envolveu 50 bilhões de dólares. Do total das exportações brasileiras, 20% foram voltadas para esse país. Também vem crescendo o comércio do país com a África, com os investimentos saltando de 5 para 28 bilhões de dólares no período entre 2002 e 2010 (figura 20). Ao mesmo tempo, nos últimos anos o comércio estabelecido com a Europa e com os Estados Unidos apresentou estagnação.

O crescimento econômico e o estreitamento de relações com novos mercados levaram o Brasil também a despontar no cenário político mundial. Observe o mapa da figura 21.

FIGURA 21. BRASIL: RELAÇÕES INTERNACIONAIS

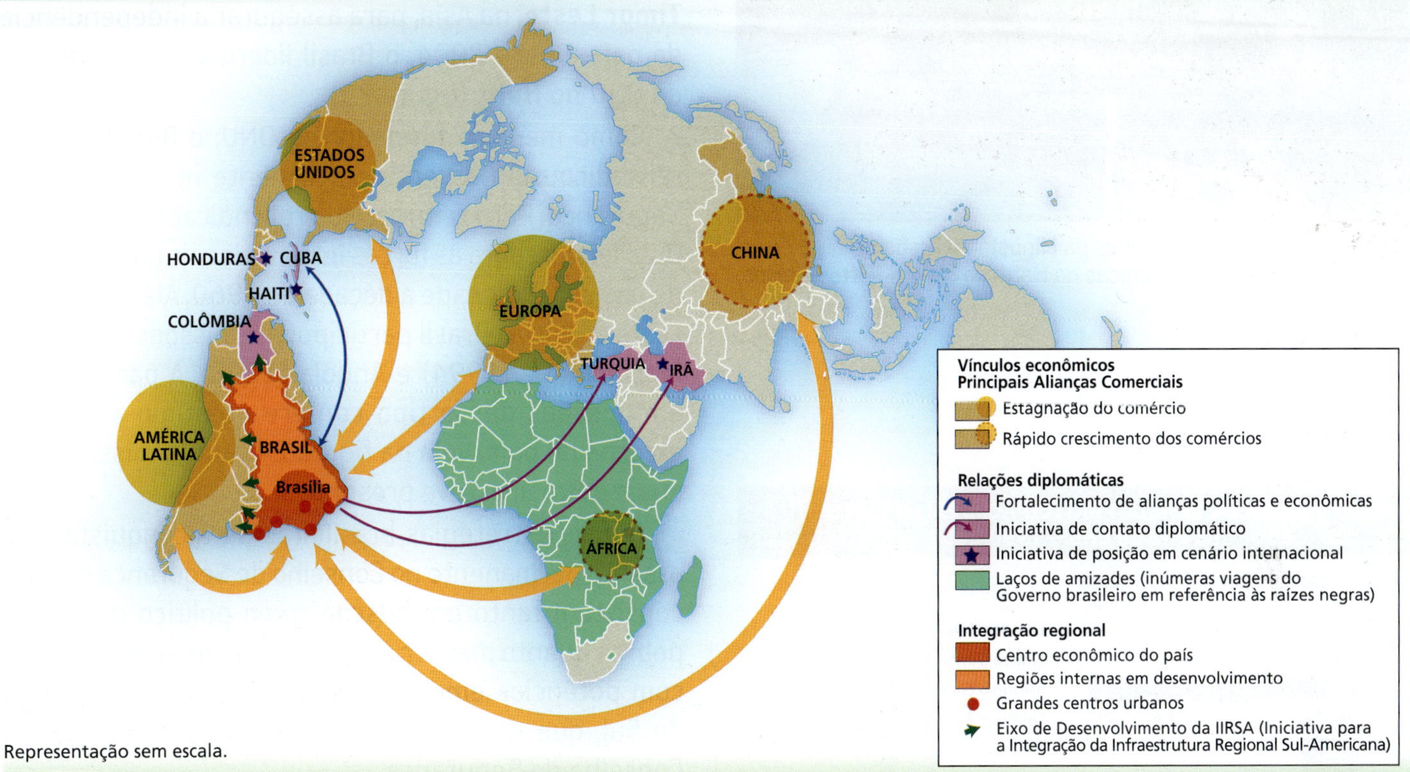

Representação sem escala.

Fonte: LE MONDE DIPLOMATIQUE EN ESPAÑOL. *El Atlas de Le Monde Diplomatique*: nuevas potencias emergentes. Madri: Fundación Mondiplo/Uned, 2012. p. 107.

O Brasil e a ONU

País-membro da ONU desde sua criação, em 1945, o Brasil tem participado de conferências que abordam problemas globais e propõem soluções.

Em 1992, a cidade do Rio de Janeiro foi sede da **Conferência das Nações Unidas sobre o Meio Ambiente e o Desenvolvimento**, também conhecida por Eco-92 ou Rio-92.

Entre as diversas propostas da Rio-92 destacou-se a **Agenda 21**, conjunto de ações visando ao uso racional dos recursos naturais e ao desenvolvimento sustentável, considerando as necessidades das futuras gerações. Vinte anos mais tarde, em junho de 2012, o Rio de Janeiro recebeu a **Conferência das Nações Unidas sobre Desenvolvimento Sustentável**, conhecida como Rio+20. Permaneceram como desafios do século XXI a erradicação da pobreza, a construção de sociedades socialmente justas e inclusivas e a proteção dos ecossistemas do planeta.

Além de participar ativamente e sediar conferências, o Brasil é responsável por realizar o discurso inaugural de assembleias-gerais da ONU, uma tradição iniciada com Oswaldo Aranha, chefe da delegação brasileira da ONU em 1947, que fez o discurso inaugural na primeira Sessão Especial da Assembleia-Geral. Em 2011, a então presidente do Brasil Dilma Rousseff foi a primeira mulher a inaugurar uma Assembleia-Geral da ONU (figura 22).

ANDREW BURTON/STAFF/GETTY IMAGES

Figura 22. Dilma Rousseff durante discurso inaugural em Assembleia-Geral da ONU em Nova York (Estados Unidos, 2013).

VANDERLEI ALMEIDA/AFP

Figura 23. Soldados brasileiros da Minustah (Missão de Estabilização das Nações Unidas no Haiti) na capital Porto Príncipe, (Haiti, 2010).

FIGURA 24. BRASIL: PARTICIPAÇÃO EM MISSÕES DE PAZ DA ONU – 1990-2009

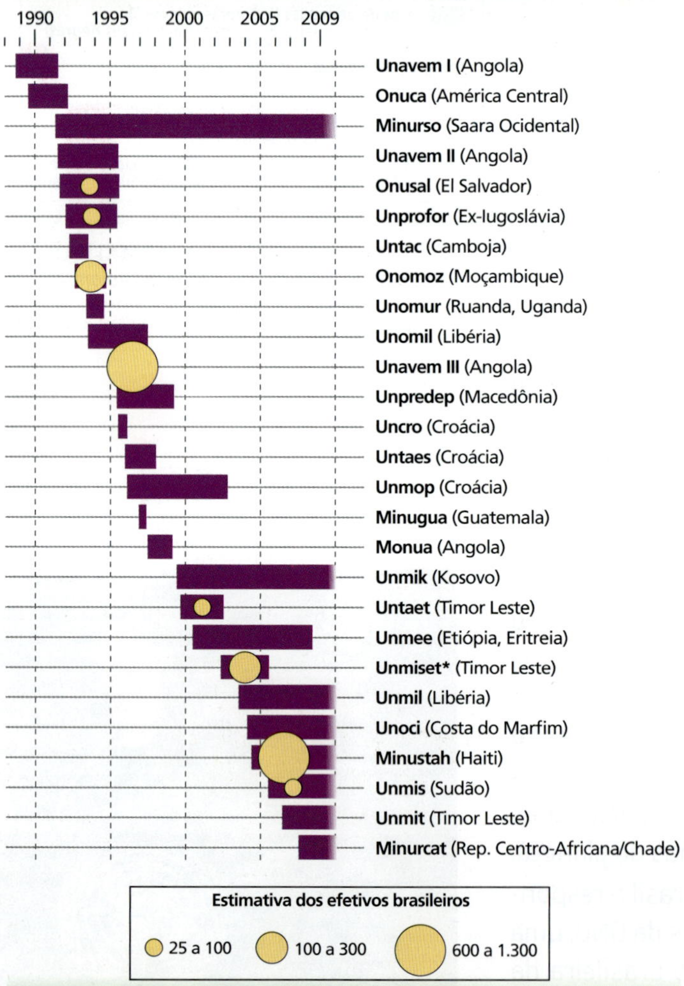

Fonte: SCIENCESPO. Atelier de Cartographie. Disponível em: <http://cartographie.sciences-po.fr/en/brasil-participa-o-em-opera-es-de-paz-da-onu-1990-2009>. Acesso em: 8 jul. 2014.

O Brasil e as missões de paz

Com a intenção de manter a paz entre as nações, a ONU envia tropas e missões a locais de conflitos. Nos últimos anos, o exército do Brasil tem participado dessas ações. Em 1999, foram enviadas tropas brasileiras ao **Timor Leste**, na Ásia, para assegurar a independência do país. Desde 2004, o Brasil lidera as forças de paz da ONU no **Haiti** (figura 23).

Como membro fundador da ONU, o Brasil sempre reivindicou um assento permanente no Conselho de Segurança. Para reforçar sua reivindicação, o Exército Brasileiro integra as forças internacionais para missões de paz da ONU desde a década de 1960. Além de Timor Leste e Haiti, o Brasil participou de missões de paz em Moçambique (1994) e Angola (1995). A participação em missões desse tipo confere prestígio à política externa do país. Veja na figura 24 outras missões nas quais o Brasil esteve presente.

Outras estratégias brasileiras para conquistar um assento permanente no Conselho de Segurança da ONU consistem tanto em buscar apoio político de países pobres quanto manter estreitas relações diplomáticas com potências emergentes, como a Índia e a África do Sul, que também buscam vagas permanentes no Conselho de Segurança.

O Brasil na Organização Mundial do Comércio (OMC)

Com liderança consolidada na América do Sul, a política externa brasileira busca ampliar a importância do país no cenário mundial. A principal estratégia adotada é aproximar-se dos países em desenvolvimento.

Em setembro de 2003, durante a reunião da Organização Mundial do Comércio (OMC) em Cancún, no México, o Brasil liderou um grupo de países que pressionou as nações ricas para impedi-las de impor às mais pobres seus interesses comerciais nas negociações agrícolas.

Em sua atuação na OMC, o Brasil tem exigido maior abertura do mercado agrícola de países como Estados Unidos e também da União Europeia. No entanto, tem sido acusado de manter o fechamento de seus próprios mercados, em contradição com seus pedidos de fim de barreiras alfandegárias aos produtos agrícolas estadunidenses e europeus. Segundo a OMC, o Brasil foi o país que adotou o maior número de medidas contra produtos importados no mundo em 2013.

Participação no Brics

Brasil, Rússia, Índia, China e, mais recentemente, África do Sul formam o **Brics**, grupo composto por países emergentes de grande expressão populacional e territorial, com recursos produtivos capazes de interferir na economia global (figura 25).

Os países do Brics detêm 42% da população mundial e 14% do PIB. Considerando suas reservas financeiras internacionais, o conjunto dos cinco países dispõe hoje de quatro trilhões de dólares, distribuídos de forma extremamente desigual: 72% pertencem à China, 12%, à Rússia, 7,5%, ao Brasil e à Índia, cada um, e apenas 1%, à África do Sul.

XINHUA/XIE HUANCHI/AFP

Figura 25. Chefes de Estado durante a 5ª Cúpula dos Brics, realizada na cidade de Durban (África do Sul, 2013). O tema da reunião foi "Brics e África: parceria para o desenvolvimento, a integração e a industrialização".

GLOSSÁRIO

Reservas financeiras internacionais: reservas que um país mantém em diversas moedas (dólar, euro, iene etc.) depositadas em bancos internacionais. Normalmente são utilizadas em momentos de crise econômica ou para evitá-la.

Os interesses brasileiros e o G-3

No contexto de intensificação das relações diplomáticas e econômicas com outros países em desenvolvimento, outras aproximações ocorreram com a **Índia** e a **África do Sul**, levando à criação do Fórum de Diálogo Índia-Brasil-África do Sul, conhecido por **Ibas** ou **G-3**.

Os três países desse grupo possuem muitos interesses em comum. Entre eles, como mencionado, está o de ocupar vagas permanentes do Conselho de Segurança da ONU.

Com a Índia, além das negociações diplomáticas, o Brasil vem realizando parcerias nas áreas aeroespacial e nuclear, por meio de programas de cooperação científica e tecnológica que resultam em intercâmbio de pesquisadores e técnicos entre esses países.

O Brasil e os países vizinhos

Há décadas o Brasil desenvolve políticas para se firmar como potência regional na América do Sul. Ao mesmo tempo que trava uma relação por vezes tensa com a Argentina, amplia as parcerias com os países vizinhos.

Projetos de integração viária

Em parceria com a Bolívia, foi elaborado um projeto para a implantação da Ferrovia Brasil-Bolívia, conectando o país andino ao Porto de Santos, no estado de São Paulo, o mais importante porto do Brasil (figura 26).

FIGURA 26. BRASIL: PROJETOS DE INTEGRAÇÃO VIÁRIA COM OS VIZINHOS

Fonte: IBGE. *Atlas geográfico escolar*. 6. ed. Rio de Janeiro: IBGE, 2012. p. 41.

Corredor Bioceânico e outros projetos de integração

Além da ferrovia, há o **Corredor Bioceânico**, projeto da Iirsa que conta com cerca de 4 mil quilômetros de rodovias que cortam a América do Sul no sentido leste-oeste. Esse complexo rodoviário tem como ponto de partida a cidade portuária de Santos, cruza os estados de São Paulo e Mato Grosso do Sul, atravessa os Andes bolivianos e chilenos até chegar aos portos de Arica e Iquique, no norte do Chile.

Com esse projeto, a Bolívia tem maior facilidade de transporte e acesso para o mar. Além disso, as produções brasileiras, principalmente de soja, realizadas no Centro-Oeste, têm acesso facilitado ao Oceano Pacífico, favorecendo as exportações para os países asiáticos. O corredor foi inaugurado, não oficialmente, no final de 2013, mas precisa de ajustes para ser economicamente viável, como a revisão dos preços de frete e que sejam estabelecidas regras de trânsito, essenciais na preservação dessa rota (figura 27).

Com o Paraguai, o governo brasileiro promoveu a construção da rodovia BR-277. O objetivo era ligar o eixo econômico paraguaio localizado entre Assunção e Ciudad Del Este ao Porto de Paranaguá, no litoral do estado do Paraná, e favorecer as exportações paraguaias (figura 28). Para intensificar as relações com o Uruguai, houve uma integração viária, por meio da construção de ferrovias e rodovias que ligam esse país às cidades do sul do Brasil.

ERNESTO DE SOUZA/EDITORA GLOBO

Figura 28. O Porto de Paranaguá não consegue dar vazão às exportações de soja paraguaias e brasileiras. Fica tão congestionado em algumas ocasiões que caminhões esperam muitos dias para descarregar a mercadoria. Na foto, centro de triagem de caminhões no Porto de Paranaguá (PR, 2013).

FIGURA 27. CORREDOR BIOCEÂNICO BRASIL-BOLÍVIA-CHILE

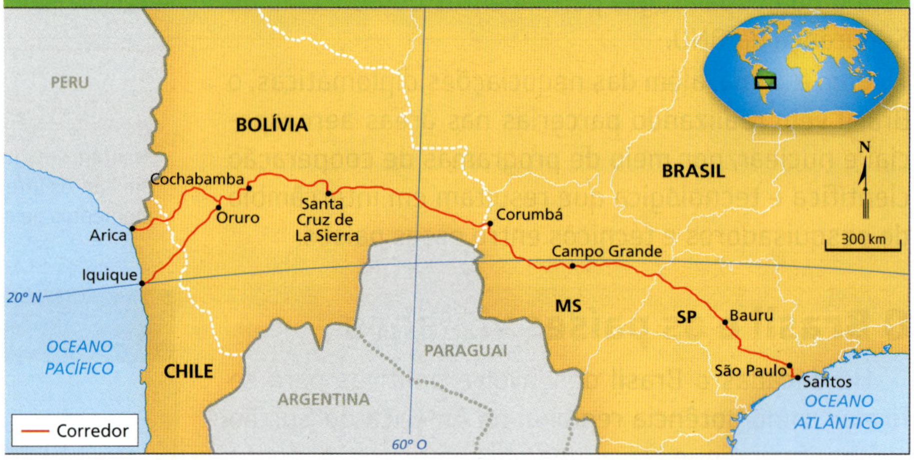

Fonte: Gobierno Regional de Arica y Parinacota. Disponível em: <www.gorearicayparinacota.cl/w2/wp-content/uploads/2010/10/dibujo.jpg>. Acesso em: 8 jul. 2014.

Relações com a Argentina

Durante o regime militar no Brasil (1964-1985), a diplomacia do país visou à inserção mundial da América Latina.

A elaboração de projetos e obras de infraestrutura em parceria com a Bolívia, o Paraguai e o Uruguai fez surgir atritos com a Argentina, sua principal rival na América do Sul.

Bolívia e Paraguai, países sem saída para o mar, eram muito dependentes da Argentina para escoar seus produtos, fazendo uso da Bacia Platina e do Porto de Buenos Aires. Visando atrair esses países para sua órbita de influência, o Brasil implantou um conjunto de estratégias.

Antigas rivalidades

Ao longo da história, a relação entre Brasil e Argentina nem sempre foi pacífica. O primeiro conflito ocorreu durante os processos de independência desses países, quando, com suas fronteiras ainda incertas, travaram disputas na Guerra da Cisplatina, que resultou na independência do Uruguai.

Desde então houve períodos de instabilidade nas relações diplomáticas entre os dois países. Na década de 1970, por exemplo, a Argentina sentiu-se prejudicada com a construção da Usina de Itaipu – questão que foi resolvida mediante acordos diplomáticos.

Nos anos de 1980, no conflito da Argentina com o Reino Unido pela posse das Ilhas Malvinas, o Brasil manteve apoio diplomático à Argentina, diminuindo as desconfianças entre os países vizinhos e promovendo uma aproximação.

Essa aproximação foi um dos caminhos para a criação do Mercosul na década de 1990, cujo surgimento amenizou as divergências econômicas entre ambos os países – que, no entanto, nunca deixaram de existir.

Laços econômicos

A partir dos anos 2000, as relações entre Brasil e Argentina têm sido mais amigáveis e marcadas pela busca de uma política comum para o desenvolvimento da região sul da América do Sul.

Os investimentos de empresas brasileiras na economia argentina somaram cerca de dez bilhões de dólares nos últimos anos, em setores como petróleo e gás, construção civil, minérios e indústria automobilística. As empreiteiras brasileiras vêm ampliando participação em obras de infraestrutura na Argentina e o turismo é uma importante fonte de receita para ambos os países (figura 29).

O comércio bilateral com a Argentina aumentou nos últimos anos, girando em torno de 33 bilhões de dólares. Embora cerca de 80% do volume das trocas comerciais seja de manufaturados, a parte brasileira desse tipo de produto exportado para a Argentina tem diminuído (figura 30).

Figura 29. Bariloche, situada na Cordilheira dos Andes, é uma estação de inverno que atrai grande número de turistas brasileiros, que representaram cerca de 30% do total de turistas que visitaram a Argentina em 2012. Na foto, turistas em Bariloche (Argentina, 2010).

FIGURA 30. BRASIL: BALANÇA COMERCIAL COM A ARGENTINA – 2013

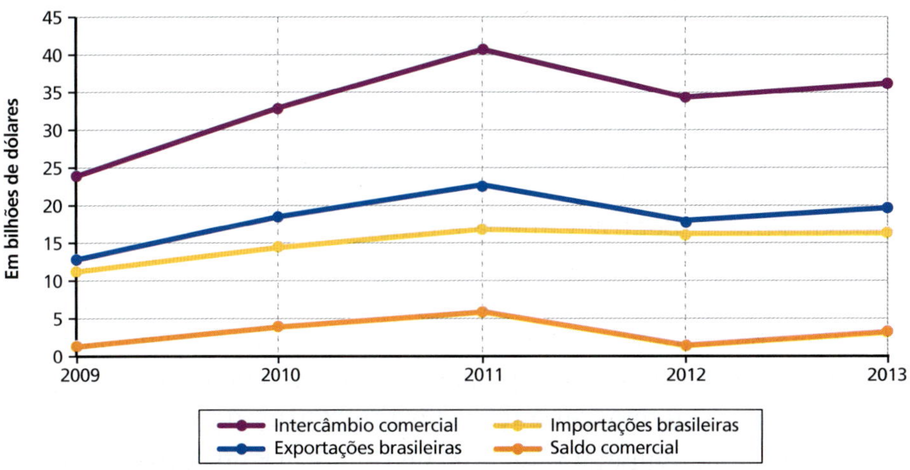

Fonte: MINISTÉRIO DAS RELAÇÕES EXTERIORES. *Argentina*: comércio exterior — fevereiro de 2014. Disponível em: <www.brasilglobalnet.gov.br/ARQUIVOS/IndicadoresEconomicos/INDArgentina.pdf>. Acesso em: 8 jul. 2014.

SÍNTESE DA UNIDADE 7

- A América do Sul é composta de doze países com níveis de desenvolvimento bastante diferentes. No entanto, o crescimento econômico dos países da região tem sido acelerado nos últimos anos.
- As maiores cidades sul-americanas tiveram um crescimento urbano desordenado e carente de infraestrutura adequada, o que resultou no adensamento populacional em áreas periféricas dos grandes centros e na favelização.
- A América do Sul apresenta grandes reservas de recursos naturais: petróleo e gás natural, recursos hídricos e minerais, como estanho, cobre, bauxita e ferro.
- O continente sul-americano tem importantes reservas de petróleo, principalmente na Venezuela e no Brasil.
- A integração regional é almejada desde o período colonial, com Simón Bolívar. Atualmente, existem diversos projetos que buscam o fortalecimento econômico, social e político dos países, como o Mercosul, a Aliança do Pacífico, a Iirsa, além de iniciativas para intercâmbio científico e cultural, como o SIM Mercosul e a Unila.
- O Mercosul é o mais importante bloco econômico sul-americano. Os principais países do bloco são Brasil e Argentina.
- O Brasil é uma potência regional sul-americana, desenvolvendo uma política de estreitamento de relações com novos mercados e com potências regionais em em outros lugares do mundo. Um dos objetivos do país é conseguir um lugar permanente no Conselho de Segurança da ONU.
- Os projetos de integração viária com os países vizinhos do Brasil fortalecem a posição geoestratégica do país.

INDICAÇÕES

Para pesquisar

• Instituto do Homem e Meio Ambiente da Amazônia <www.imazon.org.br>

Voltado para a realização de estudos e propostas de desenvolvimento sustentável para a Amazônia, o instituto disponibiliza em sua página mapas, pesquisas e muitos dados sobre a região.

• Mercosul <www.mercosur.int>

Página oficial do Mercosul, com informações sobre a ação do bloco e grande quantidade de documentos disponíveis para consulta.

Para assistir

• O dia em que o Brasil esteve aqui

Direção: Caito Ortiz e João Dornelas. Brasil: Pródigo Filmes, 2006.

Em 2004 as seleções de futebol do Brasil e do Haiti realizaram um jogo para promover a paz no pequeno e pobre país caribenho. O documentário mostra como o encontro dessas seleções ajudou a amenizar os graves conflitos do país.

• Diários de motocicleta

Direção: Walter Salles. Argentina/Brasil/Chile/Inglaterra/Peru: Columbia Tristar, Buena Vista Vilmes, 2004.

Baseado no diário de viagem de Ernesto Guevara pela América do Sul, faz um retrato das condições socioeconômicas do continente em meados do século XX.

Vídeo

Diários de motocicleta

Para ler

• Geopolítica da América Latina

Beatriz Canepa e Nelson Bacic Olic. São Paulo: Moderna, 2004.

Apresenta arranjos territoriais presentes na região, as desigualdades sociais e econômicas, instabilidades políticas e as possibilidades de democratização em diferentes países. Aborda também a questão da violência e do narcotráfico.

REPRESENTAÇÕES GRÁFICAS

Mapas ordenados

Os **mapas ordenados** mostram a ocorrência, de maneira ordenada, dos fenômenos indicando sua localização e extensão. A relação de ordem vista na realidade deverá ser reproduzida no mapa por meio de uma relação de ordem visual.

Para construir mapas ordenados, emprega-se o método **corocromático ordenado**, o qual estabelece símbolos organizados em uma ordem ou em duas ordens opostas.

Analise o mapa a seguir. Percebe-se em sua legenda que existe uma oposição entre os locais apontados com menor densidade demográfica e aqueles nos quais se constata maior densidade demográfica. Observe que a menor densidade populacional está representada pela cor amarelo-clara e, conforme a densidade aumenta, a cor fica mais intensa, até se tornar vermelha, referente à maior densidade demográfica.

AMÉRICA DO SUL: DENSIDADE DEMOGRÁFICA

Fonte: FERREIRA, Graça M. L. *Moderno atlas geográfico*. 5. ed. São Paulo: Moderna, 2011. p. 52.

Pratique

1. Indique as áreas mais densamente povoadas da América do Sul.
2. Associe as áreas menos povoadas com as características naturais sul-americanas.

ATIVIDADES

ORGANIZE O CONHECIMENTO

1. Explique a importância do Mercosul para a América do Sul e cite os objetivos desse bloco econômico.
2. O que é a Aliança do Pacífico? Que países fazem parte dela? Quais são as aspirações do bloco em termos econômicos?
3. Qual é a principal diferença entre o Mercosul e a Unasul?
4. Qual é o interesse brasileiro ao participar de missões de paz e aproximar suas relações diplomáticas com outras potências emergentes?

APLIQUE SEUS CONHECIMENTOS

5. Leia o texto, observe a foto e responda às questões.

A ponte mostrada na foto está situada sobre o Rio Paraná. Liga a cidade de Foz do Iguaçu a Ciudad del Este, esta, famosa pelo livre-comércio estabelecido, isto é, a não cobrança de impostos de importação.

DELFIM MARTINS/PULSAR IMAGENS

Vista aérea da ponte que liga Foz do Iguaçu a Ciudad del Este (2009).

a) A Ponte da Amizade, como é conhecida no Brasil, está localizada na divisa de que países?
b) Essa ponte é parte de uma rodovia que une o Porto de Paranaguá a Assunção. Que rodovia é essa e qual é a sua importância?
c) Cite outra importante obra realizada em parceria entre esses países.

6. Imagine que você é um grande produtor de soja no Mato Grosso, que exporta regularmente para a China, saindo do Brasil para o Porto de Xangai. Com a ajuda do mapa abaixo e o da página 186, responda às questões propostas.

MUNDO: ROTAS MARÍTIMAS COMERCIAIS

Fonte: Artecidade — MG/ES. Disponível em: <www4.pucsp.br/artecidade/mg_es/portugues/index.htm>. Acesso em: 10 jul. 2014.

a) De que forma o transporte entre o local de produção e o porto impacta nos custos finais da soja exportada?
b) Que benefícios o Corredor Bioceânico pode trazer para a exportação da soja? Por quê?
c) Compare a rota pelo corredor bioceânico e a rota marítima alternativa de deslocamento da soja pelo Canal do Panamá para a China. Qual seria a mais vantajosa?

7. **Segundo a estatal petrolífera boliviana, entre janeiro e março de 2013 a venda de gás representou 53% do total das exportações do país, seguida pela indústria manufatureira (24,3 %), pelos minérios (17%) e pela agricultura (4%). Cresceu mais de 25% do que no mesmo período de 2012, tendo como principais importadores Brasil e Argentina.**

   a) Qual é o peso da exportação de gás natural para a economia boliviana?

   b) Por que o Brasil é grande consumidor do gás natural boliviano?

   c) Como é trazido o gás para o país?

8. **Leia o trecho a seguir e responda às questões.**

A Rodovia Interoceânica

"[...] A Interoceânica é um sonho de três décadas. No início do século, os brasileiros fizeram as obras de adequação da via até a fronteira. Logo depois, construíram esta moderna ponte sobre o limítrofe Rio Acre. O projeto total da Interoceânica Sul no lado peruano foi financiado, ao começo principalmente, pelos brasileiros; depois, o Peru conseguiu crédito, como o do Banco de Desenvolvimento da América Latina, de US$ 500 milhões. A construção e a concessão da manutenção da estrada por 25 anos foram concedidas, principalmente, a firmas brasileiras. [...]

A informação oficial do governo brasileiro diz que o tráfego atual da estrada supera as expectativas. Segundo eles, os resultados que esperavam para 2015 já foram atingidos. Também dizem que o comércio entre o estado fronteiriço do Acre, no Brasil, com o Peru aumentou 360% em um ano. Contudo, no percorrido de Connectas, não foi evidente um tráfego considerável. De fato, no pedágio mais disputado na estrada para Cuzco, informaram que, dos 800 veículos ao mês que passam em média, somente 20% são de carga e, destes, apenas 1% vem do Brasil.

A estrada Interoceânica significou a salvação para Cobija, na Bolívia, que tem sérios problemas para se abastecer de combustível, porque as estradas para La Paz estão em péssimo estado. Agora, o governo manda gasolina pelo Peru e pelo Brasil em carros-tanques que, embora sejam mais longos, acabam sendo mais econômicos. O exército controla a quantidade de gasolina que se despacha por veículo diariamente para evitar que seja contrabandeada para o Brasil, onde tem melhor preço. [...]

Ao chegar ao lado brasileiro, a estrada piora. A toda hora se veem rachaduras e buracos na fina camada de asfalto. Em alguns casos, já se apresentam falhas em setores onde não se vê que exista uma adequada contenção. [...]

Do lado brasileiro, cada vez se impõem mais os monocultivos e a agricultura mecanizada. Principalmente, a cana-de-açúcar, que também serve para a produção de biocombustíveis. Agora essas novas indústrias, com a estrada Interoceânica Sul, encontram maior facilidade para expandir seu mercado ao Peru e exportar mais facilmente ao mercado asiático."

Estrada Interoceânica: os impactos sociais sobre as cidades da região. *O Estado de S. Paulo*. Economia. 23 out. 2012. Disponível em: <http://economia.estadao.com.br/noticias/geral,estrada-interoceanica-os-impactos-sociais-sobre-as-cidades-da-regiao,131992e>. Acesso em: 8 jul. 2014.

   a) Qual é a importância dessa rodovia para o Brasil?

   b) Essa rodovia tem alguma relação com os projetos de integração física da América do Sul? Que países ela integra?

   c) O fato de a construção e a concessão da manutenção da estrada por 25 anos terem sido concedidas, principalmente, a firmas brasileiras pode ser relacionado com o fato de o Brasil ser uma potência regional consolidada?

DESAFIO

9. **Em 2010, o resgate de 33 mineiros chilenos que ficaram soterrados por 69 dias emocionou o mundo. Um desmoronamento na mina isolou os mineradores e não havia como cavar para chegar ao local onde eles se encontravam. Sem nenhuma comunicação com a superfície, os trabalhadores nos primeiros dias sobreviveram graças a uma alimentação restrita a duas colheres de atum enlatado, um gole de leite e meio biscoito a cada dois dias.**

   Pequenas explosões controladas permitiram o envio de sondas a lugares em que outros mineradores acreditavam que pudesse haver sobreviventes. Uma delas voltou com um bilhete: "estamos bem no refúgio, os 33".

   Eles foram retirados por um túnel cavado na rocha de apenas 69 centímetros, um a um, trazidos por uma cápsula individual, em uma operação muito arriscada.

   A mina de San José, no Chile, de onde eles foram resgatados, explorava o principal produto da mineração chilena:

   a) cobre.

   b) prata.

   c) diamantes.

   d) esmeraldas.

   e) estanho.

Os ideais de integração territorial na América do Sul são antigos e vêm sendo reforçados e ampliados nos últimos anos.

Integrar para desenvolver

"O presidente uruguaio, José Mujica, defendeu nesta terça-feira [16 mar. 2010] uma maior integração sul-americana e reiterou uma oferta para instalar um porto que seja usado por países sem saída ao mar, como Bolívia e Paraguai.

Mujica, que tomou posse em meados de março [de 2010], esteve no Chile e Bolívia na semana passada e visitará Brasil e Venezuela no fim do mês com o objetivo de estreitar laços.

O presidente propõe a eventual instalação de um porto no Oceano Atlântico que seja propriedade de governos da região, para que possa ser utilizado pelos países mediterrâneos do continente.

'Integrar significa construir infraestrutura que nos integre, oferecer com generosidade à região a existência de algum porto que inclusive possa ser, no melhor dos casos, propriedade dos governos regionais', disse Mujica em seu programa de rádio.

‘Que o Paraguai possa sair com sua madeira, seus minerais, sua soja, rumo ao (Oceano) Atlântico desde nosso país, e que o mesmo possa fazer a Bolívia, significa desenvolvimento para a região e um trabalho logístico de mão de obra para o Uruguai’, acrescentou.

O presidente também colocou como exemplo de integração o intercâmbio em nível energético, que permitiria enfrentar de uma melhor maneira as situações de déficit que sofrem várias nações.

Durante sua visita à Bolívia e depois de uma reunião com o presidente Evo Morales, Mujica disse que para seu país seria ‘importantíssimo’ poder comprar gás boliviano. [...]”

HORNOS, Conrado. Uruguai defende mais integração e oferece porto para uso regional. *Folha de S.Paulo*, 17 mar. 2010. Mundo. Disponível em: <www1.folha.uol.com.br/folha/mundo/ult94u708113.shtml>. Acesso em: 7 jul. 2014.

Atividades

OBTER INFORMAÇÕES

1. Que proposta de integração regional fez o presidente uruguaio aos demais países sul-americanos?

2. Cite quais países seriam diretamente beneficiados com a construção de um porto compartilhado no Atlântico e como isso ocorreria.

INTERPRETAR

3. Sabendo que é comum os chefes de Estado visitarem outros países, qual é a função dessas visitas?

4. Explique o significado do termo “mediterrâneo” no texto. Se necessário, consulte um dicionário.

PESQUISA

5. A pauta de exportações de um país é formada pelo conjunto de produtos vendidos a outros países em um dado período. Para aprofundar seu conhecimento sobre a economia sul-americana, selecione três países dessa região e crie uma tabela com a pauta de exportações de cada um deles. Em seguida, elabore um texto comparativo com as informações encontradas, destacando características como as principais fontes de riqueza desses países e os valores dos PIBs nacionais.

Grupo de pessoas da etnia samburu dançando próximo à Reserva Nacional de Samburu (Quênia, 2007).

UNIDADE

8 O CONTINENTE AFRICANO

G. DAGLI ORTI/DE AGOSTINI/GLOW IMAGES

A África é um continente física e culturalmente diverso, e sua configuração espacial é influenciada pelo passado colonial, que definiu a exploração econômica, delineou fronteiras e impôs traços culturais que perduram até hoje nos países africanos.

Começando a Unidade

A exploração da África, sobretudo por europeus, marca a história do continente. Uma das consequências do tráfico de africanos escravizados, entre os séculos XVI e XIX, foi a difusão de traços culturais de povos africanos na América. **Com base em seus conhecimentos**, dê exemplos de traços culturais brasileiros de origem africana.

TEMA

1 África: potencialidades naturais

Apesar de ser geralmente conhecida pela grande diversidade de paisagens, mas com problemas socioeconômicos acentuados, a África tem apresentado forte crescimento econômico nos últimos anos, indicando melhorias ao continente.

Novas perspectivas

Atualmente, a África desponta como um continente em transformação. De maneira geral, a população se urbaniza rapidamente, há importantes investimentos estrangeiros que transformam as cidades e vem ocorrendo a criação de infraestrutura, como estradas, que integram centros urbanos e diferentes países (figura 1). Além disso, atividades como a exploração de petróleo e de outros minérios se sobressaem no cenário mundial e as exportações desses produtos, voltadas principalmente para a China, dinamizam as economias de diversos países africanos. Os contrastes sociais e a fraca industrialização em grande parte do continente ainda estão distantes de serem resolvidos, no entanto, essas melhorias apontam para um futuro mais próspero.

Figura 1. Kinshasa, capital da República Democrática do Congo, é a terceira maior cidade africana atrás somente do Cairo, no Egito (segunda maior cidade), e de Lagos, na Nigéria (maior cidade), com mais de 11,2 milhões de habitantes em 2013. Na foto, vista da cidade às margens do Rio Congo (República Democrática do Congo, 2009).

MJ PHOTOGRAPHY/ALAMY/GLOW IMAGES

Localização da África

Localizada ao sul da Europa e a sudoeste da Península Arábica, a África é o terceiro maior continente em extensão territorial. Grande parte de suas terras situa-se entre os trópicos de Câncer, ao norte, e de Capricórnio, ao sul. É banhada pelo Oceano Atlântico a oeste, pelo Oceano Índico a leste, pelo Mar Mediterrâneo ao norte e pelo Mar Vermelho a nordeste. Observe o mapa da figura 2.

FIGURA 2. ÁFRICA: POLÍTICO

Fonte: IBGE. *Atlas geográfico escolar*. 6. ed. Rio de Janeiro: IBGE, 2012. p. 45.

Relevo

A África apresenta, predominantemente, terrenos pouco acidentados e de altitudes inferiores a 1.000 metros. As planícies são encontradas nas faixas litorâneas ou ao longo das margens de rios, como o Rio Congo, o Rio Gâmbia e o Rio Senegal.

Os **planaltos antigos**, bastante desgastados pelos agentes erosivos (vento, chuva etc.), dominam as paisagens naturais do continente. No entanto, algumas porções do território sofreram influência de processos tectônicos recentes – ligados principalmente a atividades vulcânicas –, que contribuíram para a formação de altas montanhas no extremo norte e na porção leste. O **Monte Quilimanjaro**, cujo pico é o mais alto da África, com 5.895 metros de altitude, está localizado na porção leste do continente (figura 3).

NICOLAUS CZARNECKI/ZUMA PRESS/EASYPIX

Figura 3. O Monte Quilimanjaro é um vulcão extinto localizado na fronteira entre a Tanzânia e o Quênia. Na foto, espécies arbustivas típicas de áreas tropicais africanas com Monte Quilimanjaro ao fundo (Tanzânia, 2013).

DENIS-HUOT/ZUMA PRESS/EASYPIX

Figura 4. O Rift Valley é uma falha que separa a placa tectônica Arábica da Africana. Na foto, vista do Rift Valley em Baringo (Quênia, 2009).

Planaltos africanos

O relevo do continente africano está dividido em três porções principais: Planalto Oriental, Planalto Setentrional e Planalto Centro-Meridional.

Planalto Oriental

É uma região com montanhas de origem vulcânica de altitudes elevadas e com depressões ou fossas tectônicas que deram origem a extensos lagos, como o Tanganica, o Vitória (que dá origem ao Rio Nilo) e o Niassa. Um aspecto marcante nesse planalto é o **Rift Valley**, uma depressão alongada que forma um vale de norte a sul, com milhares de quilômetros de extensão. Veja a figura 4.

Planalto Setentrional

Nesta porção localiza-se o **Deserto do Saara**, que ocupa um quarto do território continental. A noroeste dele está a **Cadeia do Atlas**, que se estende desde o litoral do Marrocos até a Tunísia.

Planalto Centro-Meridional

Esta região compreende o centro-oeste e o sul do continente e apresenta altitudes médias mais altas que as do Planalto Setentrional. A **Bacia do Rio Congo** e o **Deserto do Kalahari** são exceções dessa região, pois constituem duas grandes depressões.

Veja na figura 5 a distribuição dos principais planaltos africanos.

Mapa interativo

África: aspectos físicos

FIGURA 5. ÁFRICA: FÍSICO

Fonte: FERREIRA, Graça M. L. *Atlas geográfico*: espaço mundial. 4. ed. São Paulo: Moderna, 2013. p. 80.

Hidrografia

Nas regiões mais altas do continente nascem os principais rios africanos: Orange (ao sul), Níger (a oeste), Nilo e Congo (ambos na porção central).

Os rios africanos garantiram o desenvolvimento da agricultura e da pecuária de muitos povos que se instalaram ao longo de suas margens durante séculos e desenvolveram técnicas de irrigação. O caso mais relevante é o dos egípcios, que, há milhares de anos, mantêm importante área de cultivo de trigo e de outros alimentos ao longo do Rio Nilo, que não seca mesmo nos períodos de estiagem prolongada. Entretanto, a vazão natural do rio é inconstante, alagando as margens durante as cheias e havendo pouca água nos períodos de seca. Para controlar o fluxo de água do Nilo foi construída a barragem de Assuã, que também é utilizada para gerar energia.

Pode-se destacar ainda o uso dos rios para transporte, como no norte do Rio Nilo e no Rio Congo (figura 6), e para a geração de energia elétrica, por meio de usinas hidrelétricas, como ao longo dos rios Níger, Nilo, Orange, entre outros.

SKIP BROWN/NATIONAL GEOGRAPHIC SOCIETY/CORBIS/LATINSTOCK

Figura 6. Balsa sobrecarregada atravessa o Rio Congo em Luozi (República Democrática do Congo, 2008).

Clima e vegetação

A grande diversidade de climas e de formações vegetais no continente africano permite a coexistência de paisagens desérticas, como a do Saara e a do Kalahari, com paisagens florestais, como a Floresta do Congo, uma das mais úmidas do planeta. Veja os tipos de clima e vegetação da África nas figuras 7 e 8.

De olho nos mapas

Indique o tipo de vegetação predominante na porção de clima equatorial.

FIGURA 7. ÁFRICA: CLIMA

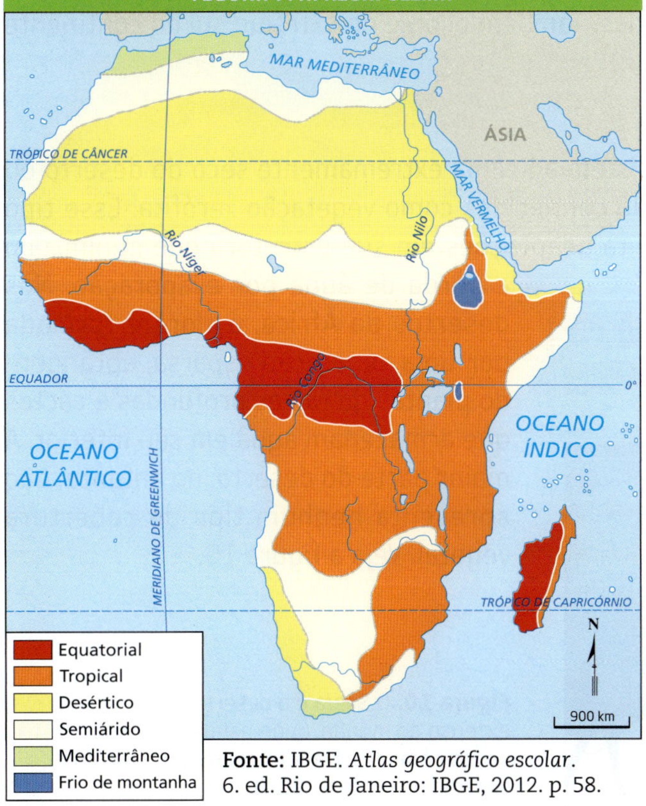

Fonte: IBGE. *Atlas geográfico escolar*. 6. ed. Rio de Janeiro: IBGE, 2012. p. 58.

FIGURA 8. ÁFRICA: VEGETAÇÃO

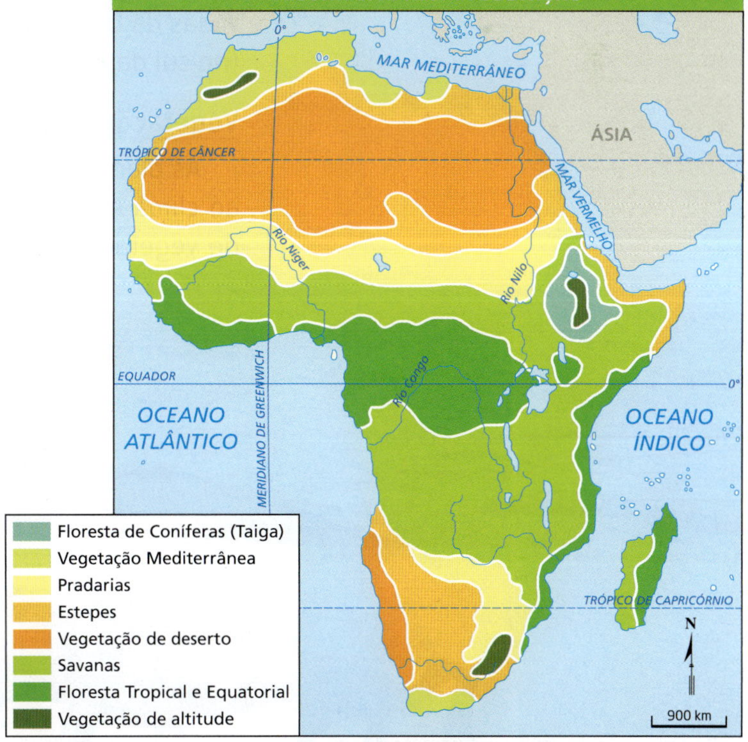

Fonte: FERREIRA, Graça M. L. *Moderno atlas geográfico*. 5. ed. São Paulo: Moderna, 2011. p. 72.

SPL DC/LATINSTOCK

Figura 9. Vista aérea do Rio Congo na floresta equatorial (República Democrática do Congo, 2013).

Tipos de clima

A África apresenta em seu extenso território os climas equatorial, tropical, semiárido, desértico, mediterrâneo e, em algumas regiões mais altas, ocorre ainda o clima frio de montanha.

Vegetação

A vegetação africana é diretamente influenciada, entre outros fatores, pela distribuição das chuvas no continente.

Florestas tropicais e equatoriais úmidas

Localizam-se na faixa que envolve a linha do Equador, região de menor latitude do continente africano. A principal delas é a Floresta do Congo, uma extensa floresta equatorial drenada pela Bacia do Rio Congo (figura 9).

Savanas

Ocorrem em regiões com duas estações bem definidas, uma seca e outra chuvosa, onde predomina o clima tropical. Nas savanas, verifica-se a presença de gramíneas, arbustos e árvores baixas mais espaçadas que as de regiões florestadas, além da grande diversidade de mamíferos de médio e grande portes.

Estepes e pradarias

São vegetações rasteiras presentes nas áreas de clima semiárido que margeiam os desertos do Saara, cuja margem sul denomina-se **Sahel**, e do Kalahari.

Vegetação mediterrânea

Ocorre no extremo noroeste do continente, é arbustiva nas áreas mais próximas do Mar Mediterrâneo e de pinhos e cedros nas áreas mais chuvosas da Cadeia do Atlas. Também ocorre no extremo sul do continente (no sul da África do Sul).

Vegetação desértica

As plantas que resistem ao clima extremamente seco do deserto ou ao clima semiárido são conhecidas como vegetação xerófita. Esse tipo de vegetação apresenta adaptações em sua estrutura que minimizam a perda de água por evaporação. Nos desertos da África, a flora é formada por uma vegetação esparsa, abrangendo plantas de raízes profundas e cactos que armazenam água em seu interior. A maior parte do deserto, no entanto, não apresenta nenhum tipo de cobertura vegetal. Veja a figura 10.

HADYNYAH/E+/GETTY IMAGES

Figura 10. O Saara é o deserto mais extenso do mundo, onde habitam diversos povos nômades. Na foto, tuaregues cruzam o deserto (Marrocos, 2014).

Questões ambientais

O quadro de desenvolvimento pelo qual o continente africano vem passando, além da crescente urbanização, causa diversos problemas de ordem ambiental. Entre os desafios enfrentados por algumas regiões da África, destacam-se o desmatamento, a desertificação e a escassez de água, que dificulta o acesso da população a esse recurso hídrico.

O **desmatamento** foi intensificado nas últimas décadas por causa da extração em grande escala de madeira nobre sem preocupação com a preservação; em virtude da substituição das florestas nativas pela monocultura e por pastagens (ambas, muitas vezes, levam ao esgotamento do solo); e, por fim, em consequência do acelerado crescimento urbano.

FIGURA 11. ÁFRICA: FLORESTAS ORIGINAIS E REMANESCENTES

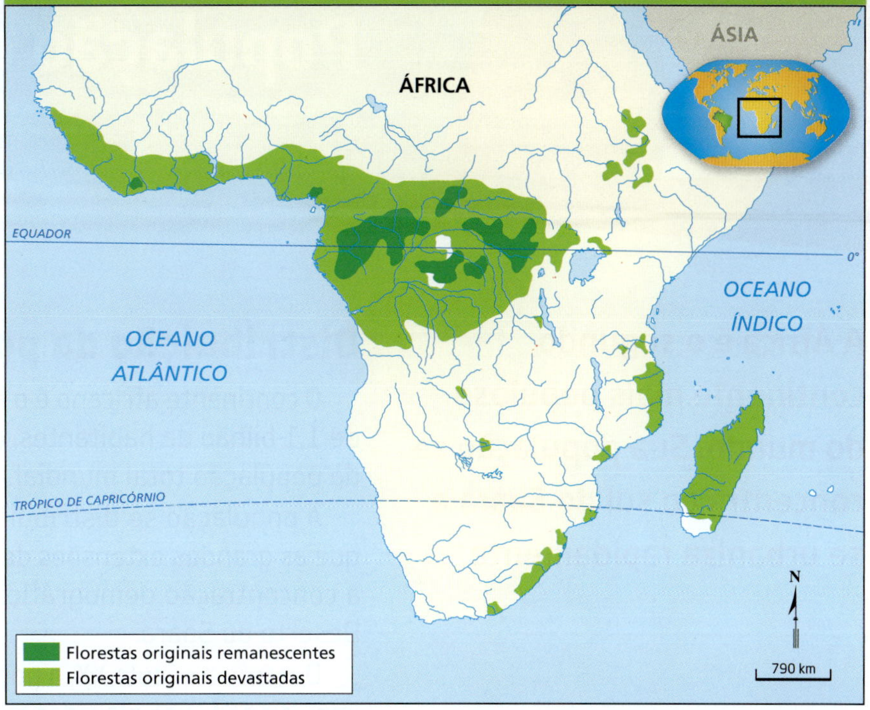

Fonte: OLIC, Nelson B.; CANEPA, Beatriz. *África*: terra, sociedades e conflitos. São Paulo: Moderna, 2012. p. 16.

Estima-se que tenham restado apenas 10% da vegetação nativa do continente, concentrada particularmente na região da Bacia do Congo. Observe o mapa da figura 11 e a foto da figura 12.

Resultado direto do desmatamento, a **desertificação** é um fenômeno comum no continente, ocorrendo ao sul do Deserto do Saara.

No que diz respeito à **escassez** e à **distribuição de água**, o continente africano passa por sérias dificuldades, principalmente nas áreas de climas árido e semiárido (Chade, Mali e Etiópia, por exemplo). Nessas regiões, as precipitações são extremamente baixas e os rios são temporários.

Figura 12. Parque Nacional do Rio Gâmbia (Gâmbia, 2012). Paisagens de floresta tropical intocadas são cada vez mais raras na África.

ARIADNE VAN ZANDBERGEN/LONELY PLANET IMAGES/GETTY IMAGES

TEMA

2 População e diversidade

A África é o segundo continente mais populoso do mundo. Sua população se concentra ao sul do Saara e se urbaniza rapidamente.

Distribuição da população

O continente africano é o segundo mais populoso do mundo, com cerca de 1,1 bilhão de habitantes, o que corresponde a aproximadamente 15% da população total mundial.

A população se distribui de forma desigual pelo território, uma vez que as grandes extensões de desertos e de floresta equatorial dificultam a concentração demográfica. Mais de 80% da população vive ao sul do Deserto do Saara.

Durante o século XX, a população africana cresceu de maneira intensa, impulsionada por elevadas taxas de natalidade, que permanecem altas até hoje (em torno de 2% ao ano), e pela queda das taxas de mortalidade, em virtude de avanços da medicina no continente. Estima-se que em 2050 a população africana atinja a marca de dois bilhões de pessoas.

Figura 13. Vista das pirâmides de Gizé, construídas em 2700 a.C. Ao fundo, Cairo, uma das cidades mais populosas da África (Egito, 2011).

GUIDO ALBERTO ROSSI/PHOTONONSTOP/OTHER IMAGES

Os países mais populosos

Os países mais populosos do continente são a Nigéria (177 milhões), a Etiópia (86 milhões) e o Egito (83 milhões), onde estão as áreas de alta densidade demográfica, como o litoral nigeriano (onde se localiza a cidade de Lagos), o centro do território etíope (onde está Adis-Abeba) e o delta do Rio Nilo (onde está o Cairo). Veja a figura 13.

Migração

Grandes contingentes populacionais se deslocam, sobretudo, entre países ao sul do Saara e também para a Europa. Conflitos, guerras civis e a falta de perspectivas de trabalho levam muitos africanos a deixar seu lugar natal, deslocando-se para países vizinhos ou para suas antigas metrópoles europeias em busca de melhores condições de vida.

Muitas vezes, os imigrantes se sujeitam a perigosas travessias pelo mar e pelo deserto para entrar de forma ilegal na Europa. Segundo estimativas da ONU, em 2011 havia 19 milhões de africanos imigrantes vivendo fora da África, a maioria no continente europeu.

Diversidade cultural

A variedade cultural é um traço marcante na África, já que seus países abarcam diversas etnias, que desenvolveram há séculos suas próprias línguas, manifestações religiosas, ritmos musicais, danças e festas.

Uma característica fundamental das culturas africanas, principalmente ao sul do Saara, é que foram transmitidas de geração a geração por meio da **tradição oral** (figura 14).

Calcula-se que existam mais de 1.500 línguas no continente, de modo que elas são agrupadas segundo critérios de proximidade geográfica e também de acordo com sua estrutura.

O fato de diferentes etnias falarem línguas e dialetos do mesmo agrupamento linguístico não significa que a comunicação entre elas seja fluida. Um ashanti de Gana e um ioruba da Nigéria não conseguem dialogar facilmente, mesmo que as línguas apresentem semelhanças estruturais.

Apesar de muito diferentes umas das outras no que diz respeito à cosmogonia, à hierarquia e às cerimônias tradicionais, as religiões tradicionais africanas apresentam duas características comuns de grande importância:

- a força da ancestralidade – é comum a crença de que os membros das famílias, ao falecerem, permanecem presentes no mundo de forma imaterial, como uma espécie de espírito, ajudando a conduzir os problemas daqueles que estão vivos;
- as forças dos elementos e fenômenos da natureza – é muito recorrente a crença em deuses que representam a chuva, o vento, as matas, as águas do mar e dos rios e o fogo (figura 15).

Na África existem tanto religiões politeístas quanto monoteístas. Vale destacar que duas religiões monoteístas – o islamismo e o cristianismo – desempenharam grande influência na transformação cultural de muitas etnias africanas.

GLOSSÁRIO

Tradição oral: hábito de muitos povos de transmitir conhecimentos, mitologias, crenças e valores por meio da comunicação oral.

Cosmogonia: conjunto de narrativas sobre as origens do Universo e do mundo na visão de determinado povo. Nela geralmente aparecem aspectos religiosos (como a participação dos deuses) com transmissão de valores.

IRENE ABDOU/ALAMY/OTHER IMAGES

Figura 14. A ação dos griôs, responsáveis por contar aos mais novos os aspectos fundamentais da cultura de determinado grupo, contribui para a preservação da tradição oral de seus povos (Burkina Fasso, 2010).

WERNER FORMAN ARCHIVE/THE BRIDGEMAN ART LIBRARY/KEYSTONE

Figura 15. Povos africanos, entre eles os do Reino de Oyó (atual Nigéria), cultuavam Xangô, o deus do fogo e dos trovões. Na imagem, representação de Xangô (ao centro) rodeado por devotos (Nigéria, 2006).

Islamismo

O **islamismo** é atualmente uma das principais religiões da África, com cerca de 400 milhões de seguidores. A expansão do Islã começou no Norte da África no século VII e continuou gradativamente em direção ao sul do Saara.

O islamismo deixou marcas tanto nas paisagens urbanas africanas, com a construção das mesquitas, quanto na cultura de muitas populações por causa da difusão da tradição escrita (figura 16).

Atualmente, a presença de muçulmanos é superior a 50% em países como Egito, Sudão, Líbia, Chade, Tunísia, Burkina Fasso, Argélia, Níger, Mali, Mauritânia, Marrocos, Somália, Senegal e Guiné.

ARIADNE VAN ZANDBERGEN/LONELY PLANET IMAGES/GETTY IMAGES

Figura 16. A Grande Mesquita de Djenné é uma das obras arquitetônicas mais importantes do estilo sudanês-sahelino. Construída no início do século XX, ela mostra a força com que o islamismo se estabeleceu nos territórios africanos (Mali, 2009).

Cristianismo

O **cristianismo** foi difundido pelos colonizadores europeus, sobretudo a partir do final do século XIX. É dominante em muitos países como África do Sul, Angola, República Democrática do Congo, Camarões e Sudão do Sul, onde mais de 50% da população é cristã.

No entanto, a intensa influência do islamismo e do cristianismo não ocorreu sem adequações às culturas locais. Apesar de grande parcela da população ter adotado oficialmente uma dessas religiões, não houve o completo abandono das cerimônias e das crenças mantidas e praticadas anteriormente, vinculadas à ancestralidade e à natureza.

Cultura africana fora da África

De diferentes maneiras, a cultura africana alcançou outros continentes. Do século XVI ao século XIX, em virtude do processo de colonização nas Américas, milhões de africanos foram deslocados para o continente americano na condição de escravos. No contexto da escravidão, as manifestações culturais de origem africana foram proibidas pelos colonizadores europeus, tendo resistido de forma marginal nas cidades e nas áreas rurais.

Atualmente, observam-se muitas manifestações culturais de origem ou de influência africana em países americanos – como Estados Unidos, Cuba, Haiti, Jamaica e Brasil. Podemos citar:

- o *jazz* e o *blues* (nos Estados Unidos), o samba e o maracatu (no Brasil), a salsa (nas ilhas do Caribe) e o *reggae* (na Jamaica), no que diz respeito à música.
- o candomblé (na Bahia), a umbanda (no Sudeste brasileiro), os tambores de mina (no Maranhão), o vodu (no Haiti) e a *santería* (em Cuba), no que diz respeito às religiões (figura 17).

A prática do candomblé foi proibida no Brasil por muitos anos, sendo perseguida e até mesmo rotulada como ação criminosa até a década de 1930. Como estratégia alternativa, muitos passaram a cultuar os orixás (deuses) do candomblé por meio da imagem dos santos católicos, em um processo conhecido como **sincretismo religioso**.

Em virtude da escravidão e da forma marginalizada como foram inseridos nas sociedades americanas, os negros têm sido vítimas do racismo e de ações discriminatórias. Suas manifestações culturais ainda buscam visibilidade e respeito nos países americanos. Cabe destacar que, ao longo da história, os povos de diferentes etnias africanas incorporaram, muitas vezes de maneira forçada, manifestações culturais do colonizador, como idioma, religião e formas de organização política.

Multimídia interativa

África: diferentes culturas, diferentes paisagens

ALEX ALMEIDA/FOLHAPRESS

Figura 17. Cerimônia de candomblé, em Cachoeira (BA, 2014). O candomblé é uma religião afro-brasileira de grande força na Bahia e está presente em diversos estados brasileiros.

ATIVIDADES

ORGANIZE O CONHECIMENTO

1. Explique os usos econômicos dos rios africanos. Dê exemplos.

2. Podemos dizer que o continente africano é rico em minerais? Dê exemplos.

3. Redija frases que contenham as palavras do quadro a seguir.

diversidade	rica	América
continente	línguas	África
etnias	cultura	escravidão

APLIQUE SEUS CONHECIMENTOS

4. Explique o sentido da seguinte frase: "Na África, cada ancião que morre é uma biblioteca que se queima". (Amadou Hampâtê Bâ, etnólogo e filósofo do Mali.)

5. Observe o mapa ao lado da distribuição da população africana. Volte aos mapas referentes ao clima e à vegetação da África, ambos na página 199, e relacione a distribuição populacional com a distribuição dos climas e da vegetação africana.

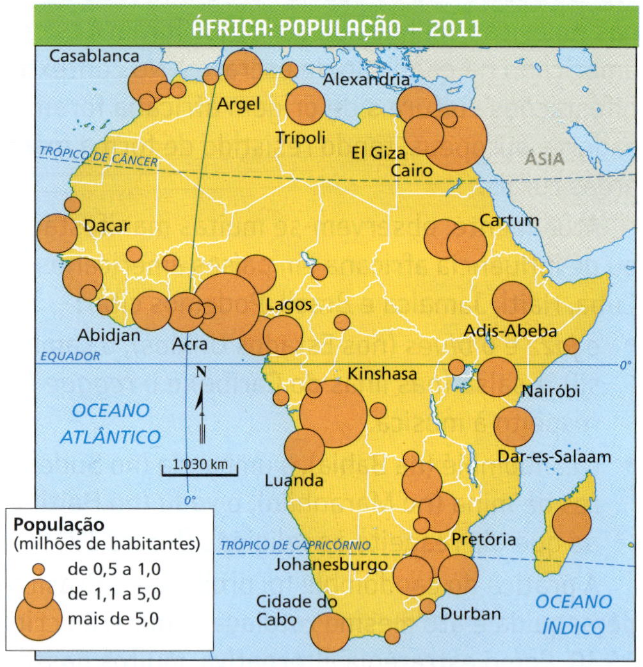

Fonte: FERREIRA, Graça M. L. *Atlas geográfico*: espaço mundial. 4. ed. São Paulo: Moderna, 2013. p. 82.

6. Observe a foto do Vale do Rio Nilo, no Egito, tirada à noite, por astronautas. Vá até a página 199 e analise o mapa de climas da África. Depois, responda às questões a seguir.

NASA EARTH OBSERVATORY

Foto de satélite do Vale do Rio Nilo (Egito, 2010).

a) Que tipo de clima predomina na região do Rio Nilo no Egito?

b) Por que o vale e o delta do Rio Nilo aparecem tão iluminados e as áreas adjacentes estão praticamente escuras?

c) Observe a área mais brilhante. Ela corresponde à cidade mais populosa do Egito e uma das três maiores cidades africanas. Qual é essa cidade?

QUAL É O PROBLEMA?

A desertificação no Sahel

A região de transição entre o sul do Deserto do Saara e o norte das savanas africanas, conhecida como Sahel, enfrenta os maiores índices de desertificação do mundo. Esse processo acontece devido à degradação do solo, com perda parcial ou completa do potencial de produção, provocada pelo desflorestamento, aliado ao mau uso do solo para a produção agropecuária e à falta de chuvas – por consequência de secas periódicas e cada vez mais longas.

No decorrer das últimas décadas, a desertificação do Sahel está relacionada não somente a graves problemas ecológicos, mas também a conflitos sociais, que vão de fome generalizada a guerras civis. Diante dessa situação, alguns países começaram a implantar ações com o objetivo de minimizar, ou mesmo reverter, os riscos de desertificação na região.

Um dos planos de maior êxito tem sido aplicado no norte de Burkina Fasso, por meio do manejo de reflorestamento com vegetação nativa. Essa iniciativa recupera o balanço natural de nutrientes do solo e constrói "paredes" de árvores para reduzir a força das tempestades de areia, além de erguer muros de contenção de pedra e de terra para evitar o escoamento de água superficial e consequente processo de lixiviação (perda da camada superficial de nutrientes do solo). Outra medida importante é a recuperação de técnicas ancestrais de cultivo, que promovem o equilíbrio orgânico do solo.

Com o sucesso do plano de Burkina Fasso, a ONU lançou, em 2007, um macroprojeto chamado Grande Muro Verde, que prevê o plantio de uma larga faixa com árvores atravessando todo o Sahel, do Atlântico ao Mar Vermelho. Verificou-se que, com mais de 300 milhões de árvores já plantadas, mais de 500 mil hectares de terra foram recuperados e voltaram a ser agricultáveis, além de lençóis freáticos terem se elevado até cinco metros em algumas regiões.

1. Como os projetos do governo de Burkina Fasso e da ONU podem influenciar o êxodo rural no Sahel?
2. A falta de cobertura vegetal causa danos tanto no espaço rural, como a desertificação e degradação do solo, como no espaço urbano. Faça uma pesquisa na internet e em materiais impressos sobre os efeitos que a ausência de árvores pode causar no espaço urbano. Depois, redija um texto que trate dos problemas e da importância da arborização urbana.

JENNY MATTHEWS/ALAMY

Região em processo de desertificação (Chade, 2007).

TEMA

3 Indicadores socioeconômicos

Baixos índices de expectativa de vida, PIB *per capita* e IDH refletem as dificuldades encontradas por grande parte da população africana.

Condições de vida no continente

Apesar dos avanços no continente, a maioria dos países africanos apresenta indicadores sociais e econômicos que revelam as precárias condições de vida de seus habitantes. Isso aparece, por exemplo, no Índice de Desenvolvimento Humano (IDH), importante para orientar as políticas dos Estados em relação à melhoria de sistemas públicos, como o de saúde (buscando promover, entre outros aspectos, o aumento da esperança de vida) e o de educação (reduzindo o número de analfabetos).

Geralmente baixo na África, o Produto Interno Bruto (PIB) *per capita* é uma referência de rendimento de determinada população, embora não informe os níveis de desigualdade de renda que existem em um território.

Saúde

Em grande parte do continente africano, não há condições de atendimento e infraestrutura necessárias que garantem acesso à saúde para a maioria da população. Desse modo, doenças já debeladas ou com pequena incidência em outras regiões do mundo são epidêmicas na África.

O acesso ao saneamento básico alcança menos de 50% da população na maior parte dos países africanos (figura 18). As exceções são Marrocos, Senegal, Angola, Botsuana, Malauí e Ruanda (entre 50% e 75%), África do Sul e Tunísia (entre 76% e 90%) e Egito, Líbia e Argélia (entre 91% e 99%).

LEE KAREN STOW/ALAMY/GLOW IMAGES

Figura 18. Kroo Bay é uma favela às margens de dois dos principais rios de Freetown (Serra Leoa, 2008). Em muitas cidades, os rios recebem esgoto diretamente das moradias, sem nenhum tratamento.

Atendimento médico

O acesso a médicos e a medicamentos na África, principalmente na porção ao sul do Saara, é bastante precário. Países como Etiópia, Benin, Serra Leoa, Malauí, Moçambique, Tanzânia e Chade apresentam a relação de menos de 1 médico para cada 10 mil habitantes, enquanto essa relação é de 1 médico para cada 500 habitantes nos países ricos. Observe a figura 19.

As más condições de vida e a precariedade no atendimento médico-hospitalar agravam a disseminação de doenças como malária, febre amarela, ebola e meningite. No entanto, não se pode ignorar que, diante de problemas de saúde, grande parte da população recorre ao saber local, transmitido durante séculos e usado com sucesso no tratamento de algumas doenças.

A expectativa de vida no continente também é baixa quando comparada às médias de outros continentes. Em países como Guiné-Bissau, Serra Leoa, República Democrática do Congo, República Centro-Africana e Zâmbia, esse indicador está abaixo de 50 anos.

FIGURA 19. ÁFRICA: SAÚDE

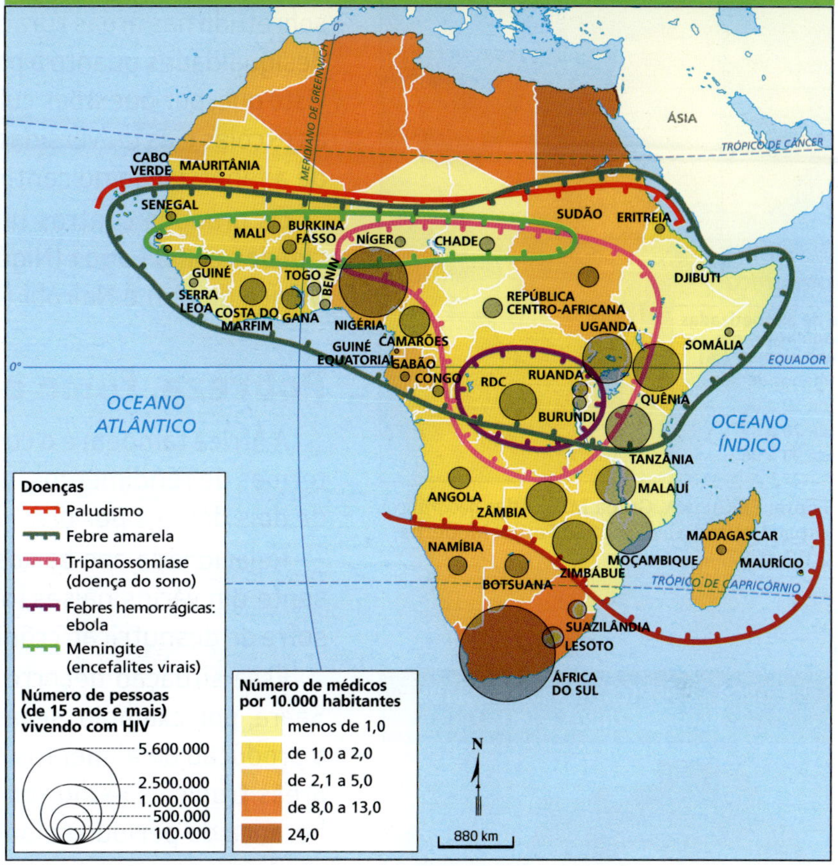

Fonte: FERREIRA, Graça M. L. *Atlas geográfico*: espaço mundial. 4. ed. São Paulo: Moderna, 2013. p. 82.

Epidemia de aids

Na África Subsaariana há aproximadamente 25 milhões de pessoas infectadas pelo vírus HIV, causador da aids, o que representa cerca de 70% dos portadores da doença no mundo. Apenas em 2012 foram estimados 1,6 milhão de novos casos e 1,2 milhão de mortes relacionadas à doença no continente.

Entre os aspectos ligados à grande expansão do vírus HIV na África, podemos destacar a falta de assistência médica adequada, a insuficiência de informação ou de campanhas esclarecedoras, o desemprego e a pobreza, além de hábitos culturais arraigados em detrimento do conhecimento científico.

O combate à epidemia e a outras doenças associadas a ela, como a tuberculose, passa pelo investimento maciço em campanhas de prevenção, programas de educação e ações práticas, como a distribuição de preservativos e a melhoria no atendimento e na assistência aos grupos de risco e aos infectados que precisam de atendimento médico.

Apesar disso, segundo a ONU, avanços em relação ao combate à doença vêm sendo registrados. Em diversos países, onde a epidemia atinge altos indíces de infectados, como a África do Sul e Botsuana, mães soropositivas (portadoras do vírus) recebem medicação que impede que seus filhos nasçam com o HIV.

GLOSSÁRIO

Saber local: conhecimento acumulado por uma população ao longo dos anos sobre o lugar onde vive, que inclui o desenvolvimento de remédios com base nas espécies vegetais típicas daquele espaço.

FIGURA 20. ÁFRICA: MULHERES ADULTAS ALFABETIZADAS – 2012

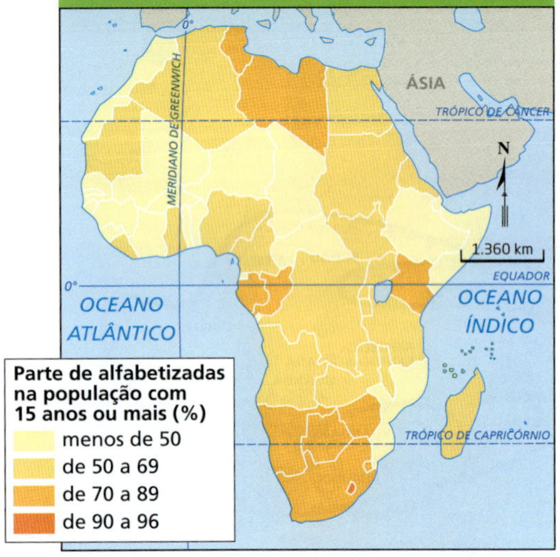

Fonte: FERREIRA, Graça M. L. *Atlas geográfico*: espaço mundial. 4. ed. São Paulo: Moderna, 2013. p. 37.

FIGURA 21. ÁFRICA: HOMENS ADULTOS ALFABETIZADOS – 2012

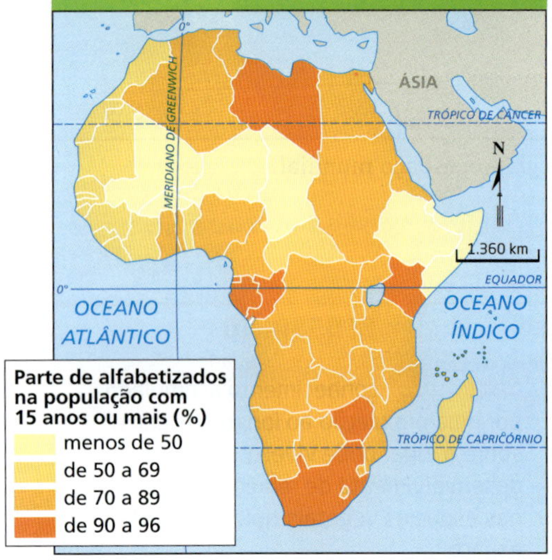

Fonte: FERREIRA, Graça M. L. *Atlas geográfico*: espaço mundial. 4. ed. São Paulo: Moderna, 2013. p. 37.

Educação

O acesso à educação se mostra especialmente precário ao sul do Saara, sobretudo nas áreas rurais. Além disso, na maioria dos países da África há desigualdades quanto à permanência de homens e mulheres nas escolas, visto que, por questões culturais e religiosas, os homens frequentam mais as escolas e as universidades que as mulheres, que têm as menores taxas de alfabetização no continente. Compare os mapas das figuras 20 e 21.

Os grandes centros universitários no continente africano estão em cidades como Lagos (Nigéria), Acra (Gana), Cairo (Egito), Johanesburgo (África do Sul) e Nairóbi (Quênia).

Pobreza, fome e conflitos

A África também é o continente com algumas das piores situações em termos de rendimentos, em que a maioria da população vive com menos de dois dólares por dia.

Relacionada aos baixos rendimentos da população, a fome está presente em vários países, onde muitas vezes grande parte da população sofre de desnutrição crônica, ingerindo menos de 2.400 calorias por dia.

Essa situação decorre de uma combinação de elementos. Ao sul do Saara, por exemplo, secas e conflitos civis inviabilizam historicamente a produção de alimentos para toda a população. As melhores terras nas áreas tropicais estão voltadas para os produtos voltados à exportação, herança do período colonial (figura 22).

STAFF/REUTERS/LATINSTOCK

Figura 22. O cacau, cultivado em sistema de *plantation*, é um dos mais importantes produtos agrícolas exportados por Costa do Marfim e Gana. Na foto, trabalhadores em lavoura de cacau (Gana, 2012).

O imperialismo europeu na África

Com a crescente industrialização no século XIX, a Europa necessitava cada vez mais de matérias-primas para abastecer suas indústrias e de meios para expandir seus mercados consumidores. Diante disso, os países europeus industriais invadiram a África e a retalharam. A Ásia também foi tomada pelas potências europeias.

A fragmentação territorial

Durante a Conferência de Berlim (1884-1885), as potências europeias da época estabeleceram os limites de seus territórios na África. A demarcação das fronteiras não respeitou as populações nativas: grupos rivais ficaram confinados entre as mesmas fronteiras, enquanto grupos etnicamente relacionados foram separados pelos limites estabelecidos que obedeceram somente aos interesses europeus. Observe o mapa da figura 23.

GLOSSÁRIO

Conferência de Berlim: conferência realizada em Berlim, entre novembro de 1884 e fevereiro de 1885, que contou com a participação de doze países, entre os quais Alemanha, Inglaterra, França, Espanha, Itália, Bélgica e Portugal. Nesse encontro, os participantes estabeleceram regras para manter e ampliar suas áreas de domínio na África.

FIGURA 23. ÁFRICA: COLONIZAÇÃO – 1900

Fonte: PARKER, Geoffrey. *Atlas Verbo de história universal*. Lisboa: Verbo, 1997. p. 104.

Exploração colonial

Os europeus impuseram sua língua, seu modo de vida e sua estrutura administrativa e passaram a retirar minérios e a plantar produtos tropicais, como algodão, que abastecia os teares na Europa, chá, cacau, entre outros produtos, nas melhores terras disponíveis na África. Dessa forma, as populações locais perderam terras para o plantio de lavouras para exportação, o que perdura até hoje.

A infraestrutura implantada pelos europeus visava exclusivamente facilitar o escoamento dos produtos que retiravam de suas colônias e levavam para a Europa, como a construção de linhas férreas ligando áreas mineradoras aos portos.

A independência

Com a independência dos territórios coloniais, a partir de meados do século XX, essas fronteiras foram, em linhas gerais, mantidas. Antigas rivalidades étnicas voltaram à tona e as disputas políticas entre grupos concorrentes com frequência resultaram em golpes de Estado e conflitos armados.

As disputas entre etnias foram crescendo, visando ao controle político e também ao controle dos recursos naturais nos territórios em disputa, acarretando violentas guerras civis, como em Ruanda, Moçambique, Angola, Sudão, Serra Leoa, República Democrática do Congo, entre outros. Os resultados foram devastadores para a população.

Em termos econômicos, os países mantiveram o mesmo modelo exportador de produtos primários, e a indústria praticamente não se desenvolveu. As *plantations* continuaram ocupando as melhores terras e grande parte das populações da África continuou vivendo da agricultura de subsistência.

Evolução socioeconômica recente

O crescimento econômico, as políticas sociais, os programas de ajuda humanitária e até as novas tecnologias contribuíram para melhorar a qualidade de vida de muitos africanos, principalmente na África Subsaariana, a região mais pobre do continente.

VARIAÇÃO DO ÍNDICE DE DESENVOLVIMENTO HUMANO (IDH)*

1995-2013

Nas últimas duas décadas, os indicadores sociais de muitos países africanos melhoraram bastante, e essas mudanças se refletiram no IDH. O mapa ao lado mostra que foram poucos os países que não evoluíram durante esse período.

Variação do IDH, em pontos do índice[1]

- De 0,149 a 0,189
- De 0,119 a 0,148
- De 0,099 a 0,118
- De 0,065 a 0,098
- De 0 a 0,064
- De -0,001 a -0,089
- Sem dados

O mapa mostra quanto cada país melhorou ou piorou seu IDH de 1995 a 2013. Por exemplo, enquanto o índice de Angola aumentou em 0,180, o da África do Sul diminuiu em 0,060. Veja que houve piora em apenas 10 países africanos avaliados (indicados em laranja).

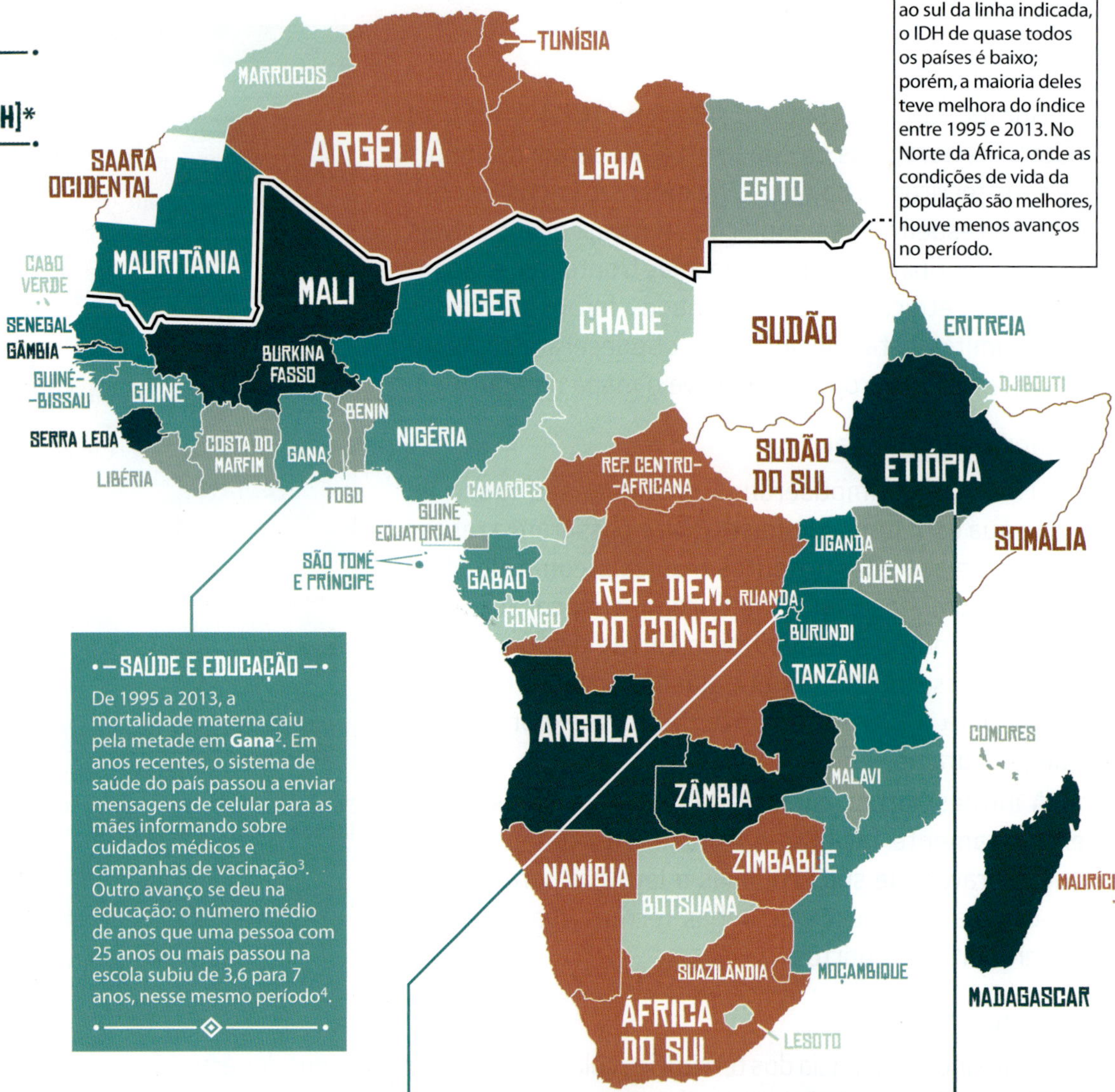

Na África Subsaariana, ao sul da linha indicada, o IDH de quase todos os países é baixo; porém, a maioria deles teve melhora do índice entre 1995 e 2013. No Norte da África, onde as condições de vida da população são melhores, houve menos avanços no período.

SAÚDE E EDUCAÇÃO

De 1995 a 2013, a mortalidade materna caiu pela metade em **Gana**[2]. Em anos recentes, o sistema de saúde do país passou a enviar mensagens de celular para as mães informando sobre cuidados médicos e campanhas de vacinação[3]. Outro avanço se deu na educação: o número médio de anos que uma pessoa com 25 anos ou mais passou na escola subiu de 3,6 para 7 anos, nesse mesmo período[4].

AVANÇOS INSTITUCIONAIS

Em 1995, **Ruanda** encontrava-se devastada por uma guerra civil que matou quase um milhão de pessoas. Desde então, o país se reconstruiu e alcançou avanços democráticos. Hoje, Ruanda é o único país no mundo em que há mais mulheres do que homens no Parlamento nacional[5], graças à criação de mecanismos de inclusão política.

AVANÇOS SOCIOECONÔMICOS

Na década de 1990, a **Etiópia** sofria com a falta crônica de alimentos, e a expectativa de vida de um etíope era de apenas 44 anos. As políticas sociais e o crescimento econômico dos últimos vinte anos, estimulado pela agricultura e pelo turismo, renderam a autossuficiência alimentar, a elevação da renda e o aumento da expectativa de vida em vinte anos[6].

*A metodologia de medição do IDH mudou em 2010, mas os indicadores considerados no cálculo foram mantidos desde sua criação, em 1990.

Fontes: [10,11] FMI. *World Economic Outlook 2014*. Disponível em: <www.imf.org/external/pubs/ft/weo/2014/01/weodata/index.aspx>; BAD. Database. Disponível em: <www.afdb.org/en/knowledge/statistics/data-portal/>; [1,2,4,6] Pnud. *Human Development Report 1998, 1999, 2000, 2014*. Disponível em: <www.undp.org/content/undp/en/home/librarypage/hdr/2014-human-development-report/>; [3,7,8,9] Africa Progress Panel. *Grain, fish, money*: Africa Progress Report 2014. Disponível em: <africaprogresspanel.org/publications/policy-papers/2014-africa-progress-report/>; [5] Inter-Parliamentary Union. *Woman in national parliaments*. Disponível em: <www.ipu.org/wmn-e/classif.htm>. Acessos em: 11 ago. 2014.

VARIAÇÃO DO PRODUTO INTERNO BRUTO (PIB)

1995-2013

Além da maior integração à economia mundial com a exportação de *commodities*, os investimentos estrangeiros, a diversificação dos serviços e o crescimento do mercado interno dinamizaram as economias africanas.

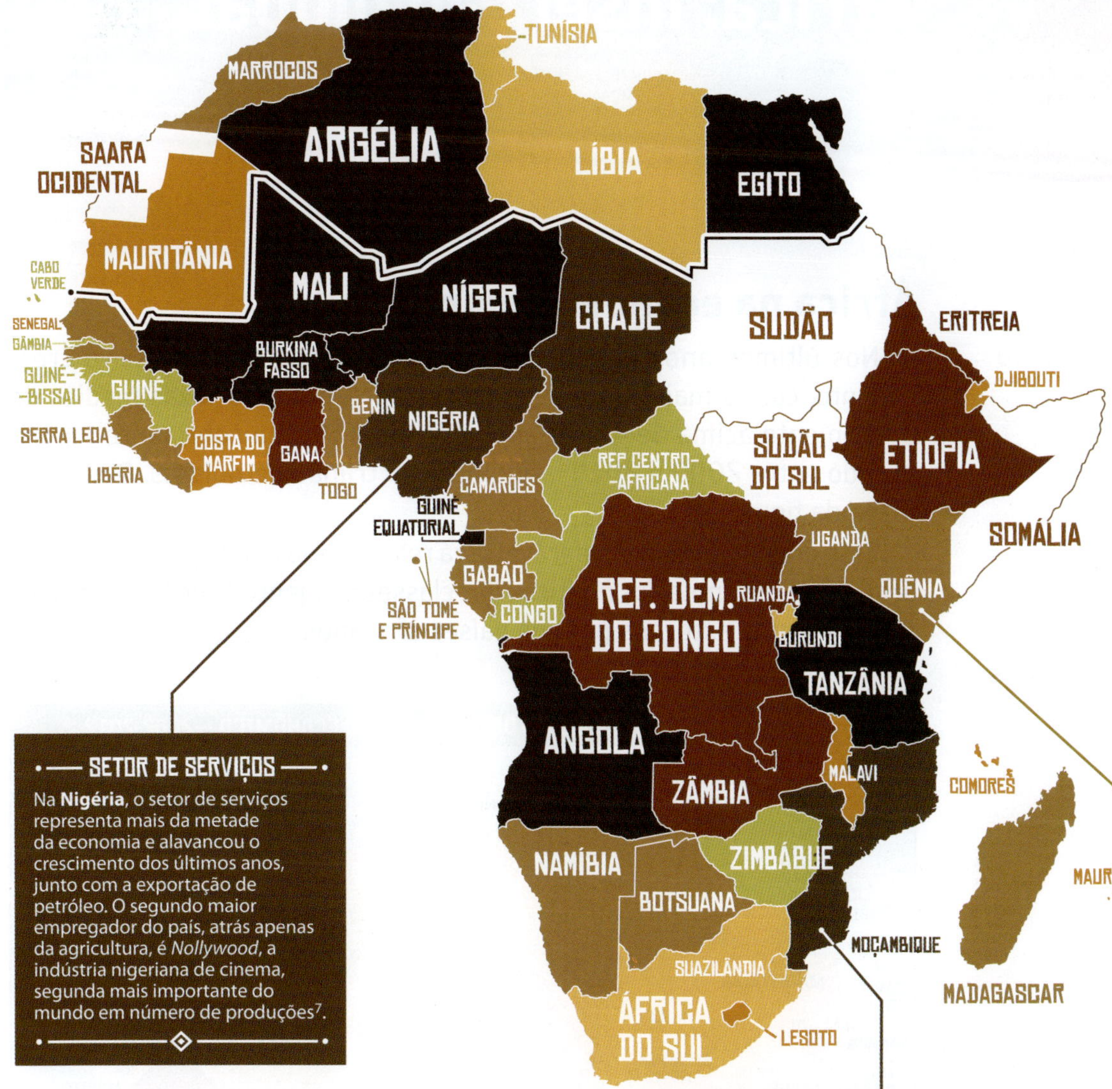

Crescimento do PIB[10] (em %)

- De 1.684 a 10.868
- De 560 a 1.683
- De 420 a 559
- De 291 a 419
- De 199 a 290
- De 150 a 198
- De 88 a 149
- De 12 a 87
- Sem dados

SETOR DE SERVIÇOS

Na **Nigéria**, o setor de serviços representa mais da metade da economia e alavancou o crescimento dos últimos anos, junto com a exportação de petróleo. O segundo maior empregador do país, atrás apenas da agricultura, é *Nollywood*, a indústria nigeriana de cinema, segunda mais importante do mundo em número de produções[7].

AUMENTO DAS EXPORTAÇÕES

Moçambique tem vivido um dos mais rápidos crescimentos econômicos do mundo. A exportação de recursos minerais como o carvão e o gás natural produziu enorme riqueza ao país, assim como a agricultura. A redução da pobreza que atinge 15 milhões de pessoas no país[8] depende, entre outras medidas, da forma como essa riqueza será distribuída.

MERCADO INTERNO

No **Quênia**, o aumento da renda atraiu multinacionais interessadas em produzir para o crescente mercado interno. O maior poder de compra e as novas tecnologias também estimularam muitos jovens empresários quenianos a desenvolver aplicativos para diversas plataformas, úteis para resolver algumas dificuldades, como as transferências bancárias[9].

A ÁFRICA NO MUNDO

De 1995 a 2013, a África foi o continente que teve o mais rápido crescimento econômico. Apesar dos muitos avanços que a riqueza gerada possibilitou, a desigualdade ainda permanece alta no continente e a pobreza extrema até aumentou em alguns países.

De olho no infográfico

A economia da Argélia se beneficia da exportação de gás natural e de petróleo. Entre 1995 e 2013, o país teve um dos maiores crescimentos de PIB do continente africano, entretanto, houve queda no seu IDH. Explique como isso é possível.

TEMA

4 África: inserção global

A economia africana caracteriza-se pelo modelo agrário-exportador, o que coloca o continente em desvantagem no mercado global, já que exporta produtos mais baratos e importa produtos manufaturados.

África na economia mundial

Nos últimos anos, a economia africana registrou expressivo crescimento, com a maioria de seus países apresentando taxas médias de crescimento acima de 4% ao ano, além de o PIB do continente ter triplicado entre 2000 e 2010, atingindo 1,5 trilhão de dólares. Observe o mapa da figura 24.

Esse crescimento considerável está relacionado à redução de conflitos armados e às renovadas políticas das classes dirigentes que buscam mais investimentos externos para os países africanos.

FIGURA 24. ÁFRICA: TAXA MÉDIA DE CRESCIMENTO ECONÔMICO – 2002-2012

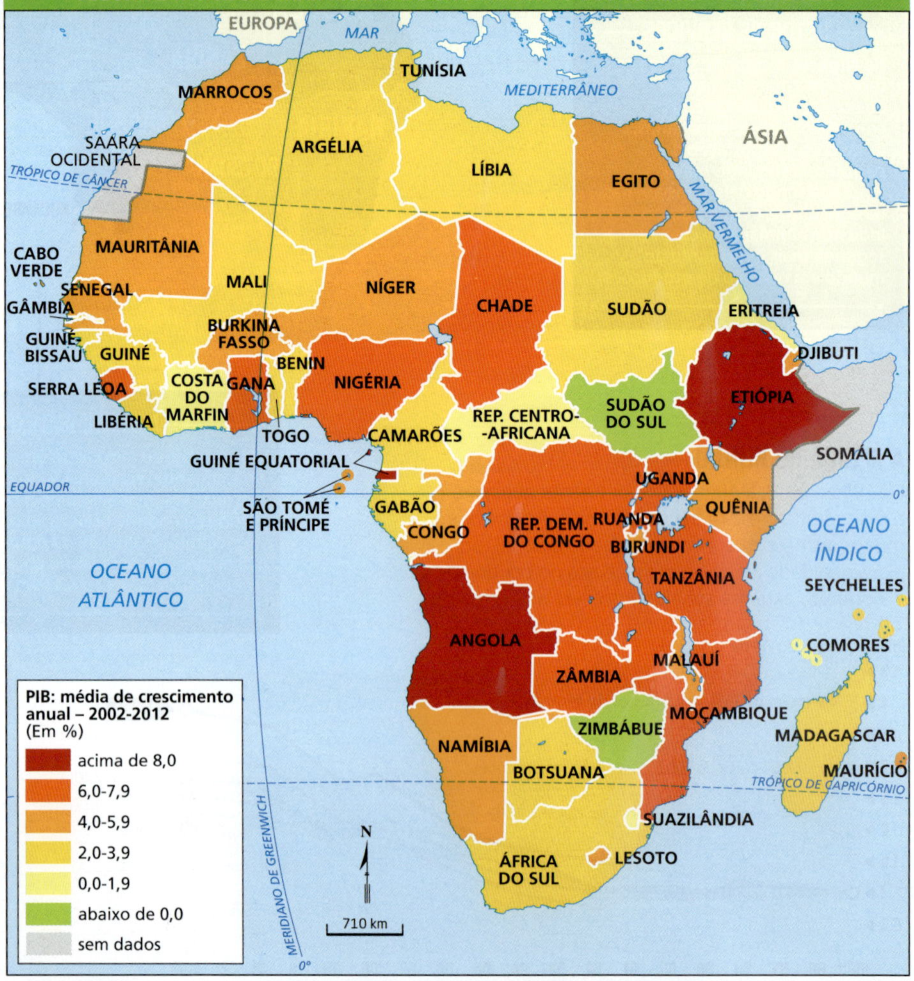

Fonte: *The Economist*. A hopeful continent, 2 mar. 2013. Disponível em: <www.economist.com/news/special-report/21572377-african-lives-have-already-greatly-improved-over-past-decade-says-oliver-august>. Acesso em: 25 jun. 2014.

De olho no mapa

Qual é o oceano que banha o maior número de países com média de crescimento anual acima de 5,9%? Procure explicar esse fato.

Modelo agrário-exportador

Uma característica comum aos países do continente é o papel preponderante que desempenham na economia mundial como exportadores de produtos primários de baixo valor agregado, como gêneros agrícolas tropicais e recursos minerais ou energéticos (figura 25).

STEVE ROBINSON/ZUMA PRESS/EASYPIX

Figura 25. Extração de cobre a céu aberto (Zâmbia, 2009). O país está entre os maiores produtores de cobre do mundo.

+ Trabalho

Os diamantes de Serra Leoa

Na década de 1990, Serra Leoa vivenciou uma guerra civil quando a Frente Revolucionária Unida (FRU), grupo de rebeldes que tinha o objetivo de derrubar o governo, iniciou uma grande rebelião.

A FRU tomou posse das áreas de extração de diamante no interior do país, e a venda das pedras preciosas financiou a compra de armamentos usados pelos rebeldes. O objetivo do grupo era alcançar Freetown, a capital, e com isso dar um golpe de Estado.

Além de forçar o trabalho da população nas minas de diamante, a FRU chegou a matar cerca de 50 mil pessoas, a mutilar mais de 100 mil e a forçar a fuga de milhares de camponeses. Os planos da FRU fracassaram quando o Reino Unido enviou tropas para ajudar o exército leonês.

Durante essa guerra civil, grande parte da opinião pública mundial se posicionou contra a compra de diamantes (em objetos e joias), visto que o consumo do produto estava financiando práticas violentas e milhares de mortes em Serra Leoa.

- A origem dos diamantes levantou questionamentos sobre seu consumo. Você é capaz de identificar a origem dos produtos que consome? Se você descobrisse que existe exploração de mão de obra para a obtenção de alguns deles, esse fato o impediria de comprá-lo? Procure saber a opinião dos colegas a esse respeito.

FIGURA 26. ÁFRICA SUBSAARIANA: ECONOMIAS DEPENDENTES DE EXPORTAÇÕES PRIMÁRIAS

Fonte: OLIC, Nelson B.; CANEPA, Beatriz. *África*: terra, sociedades e conflitos. São Paulo: Moderna, 2012. p. 41.

As *plantations* e a extração mineral

Na porção ocidental da África encontram-se as principais *plantations* onde se cultivam cacau, amendoim, óleo-de-palma e algodão. Costa do Marfim e Gana são os dois maiores produtores mundiais de cacau e respondem por 60% da produção mundial. Considerando Nigéria e Camarões, 4º e 5º maiores produtores mundiais de cacau, respectivamente, chega-se a 70% da produção mundial desse *commodity*. Esses países abastecem as grandes indústrias de chocolate na Europa e nos Estados Unidos.

A extração de minérios ocorre sobretudo no sul da África, de onde são retirados cromo, ouro, platina, cobalto, cobre e urânio. Observe o mapa da figura 26.

A partir de meados do século XX, com o desenvolvimento das indústrias petroquímicas no continente, o petróleo ganhou destaque. Hoje, esse recurso natural é extraído principalmente na região do delta do Rio Níger, na Nigéria, além de ser encontrado em países como Gana, Angola, Gabão, Egito, Líbia e Argélia.

Indústria

Atualmente, a indústria ocupa pouca mão de obra (comparada com a dos setores primário e terciário) e é responsável por menos de 10% das exportações na maioria absoluta de países, como a Argélia, a Nigéria, o Níger, o Sudão, Congo e Angola. A exceção é a África do Sul, que apresenta diversificado parque industrial (com indústrias químicas, mecânica, de papel, aeronáutica, automobilística, têxtil, alimentícia, entre outros tipos), sobretudo nos arredores da cidade de Johanesburgo (figura 27) e da Cidade do Cabo.

Figura 27. Indústria de engarrafamento de óleo de cozinha nos arredores de Johanesburgo (África do Sul, 2012).

PER-ANDERS PETTERSSON/CORBIS/LATINSTOCK

Comércio e serviços

Em alguns países, como Tunísia, Mauritânia, Cabo Verde e Senegal, as atividades de comércio e serviços respondem por mais de 50% de seus PIBs.

Geralmente essas atividades absorvem grande parte da mão de obra nas cidades africanas, onde os tipos de comércio – como as feiras, os mercados populares, e os vendedores ambulantes e os transportes – ocorrem na informalidade, ou seja, sem que os impostos devidos dessas atividades sejam pagos e nem os trabalhadores tenham acesso aos seus direitos. Em alguns desses países, mais de 90% da população trabalha na informalidade (figuras 28 e 29).

ARCO IMAGES GMBH/ALAMY/GLOW IMAGES

Figura 28. Mercado de rua na cidade de Lalibela (Etiópia, 2011). As cidades africanas têm forte tradição de comércio em feiras ao ar livre, onde são vendidos principalmente alimentos e roupas.

IRENE ABDOU/ALAMY/GLOW IMAGES

Figura 29. Mototaxistas em Cotonou (Benin, 2009). Esse serviço é alternativa à falta de transporte em muitas cidades africanas. Estima-se que em Cotonou existam mais de 30 mil mototaxistas circulando pela cidade.

Integração econômica no contexto global

Durante a Guerra Fria, os Estados Unidos se firmaram como o principal parceiro econômico do continente africano, estabelecendo acordos inclusive com os países mais pobres, localizados em sua maioria ao sul do Deserto do Saara.

Nos últimos anos, os Estados Unidos exportaram maquinários, veículos, aeronaves, petróleo e cereais (arroz e trigo) para o continente, sobretudo para África do Sul, Nigéria, Angola, Gana e Etiópia. Em contrapartida, a importação estadunidense se pautou em produtos como petróleo bruto, pedras preciosas (como diamantes) e cacau, fornecidos principalmente por Nigéria, Angola, África do Sul, Chade e Gabão.

É importante ressaltar que ainda existem intensas relações entre os ex-colonizadores e suas ex-colônias. O Reino Unido, por exemplo, mantém influência política e econômica por meio do **Commonwealth**. Trata-se de uma organização intergovernamental formada principalmente por ex-colônias do Império Britânico no mundo, que no continente africano são representadas por países como Nigéria, Gana, Zâmbia, Zimbábue, Tanzânia e África do Sul.

A organização tem como objetivo a promoção da democracia, dos direitos humanos, da liberdade individual, do igualitarismo, do livre comércio e da paz mundial. Efetivamente, também garante a fluidez dos produtos ingleses às ex-colônias que são dependentes da importação de bens industrializados.

A França também mantém fortes relações com suas ex-colônias, que não são exclusivamente econômicas, mas também militares. É comum que o Estado francês envie tropas para resolver eventuais conflitos civis no continente africano, como ocorreu em 2013 para conter rebeldes do Mali.

Relações com a China

Na atualidade, é cada vez mais forte a relação que a China vem estabelecendo com os países africanos: o comércio entre esse país e o continente, que girava em torno de 10,5 bilhões de dólares em 2000, superou 160 bilhões em 2013. Observe a figura 30.

De olho nos gráficos

Identifique os principais tipos de mercadoria comercializados entre a China e a África. O que os gráficos revelam a respeito da posição da África nas relações comerciais internacionais?

FIGURA 30. CHINA E ÁFRICA: COMÉRCIO

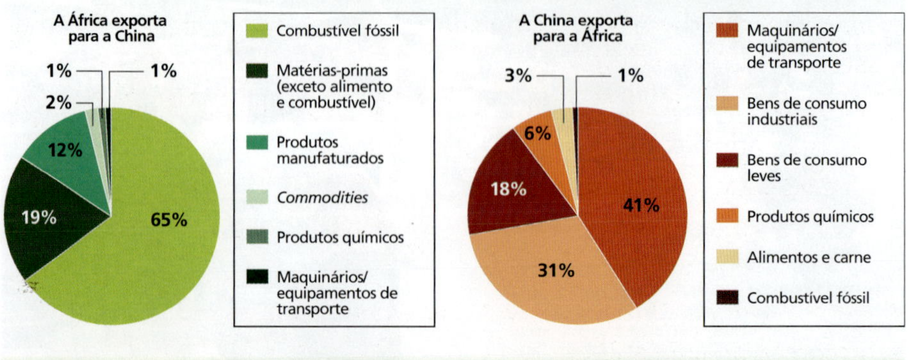

Fonte: *Afrographique*. Disponível em: <http://afrographique.tumblr.com/post/5387542552/an-infographic-depicting-the-percentage-breakdowns>. Acesso em: 25 jun. 2014.

Graças a seu elevado crescimento econômico, a China se tornou a segunda maior economia do planeta, com base na atividade industrial. A China importa volumosas quantidades de matérias-primas minerais e energéticas de países africanos, que, em contrapartida, importam os produtos industrializados chineses.

Empresas chinesas vêm investindo fortemente no continente africano em infraestrutura, na modernização urbana, na construção civil, na área da extração mineral, entre outras (figura 31).

Apesar de contribuir para o desenvolvimento de países do continente africano, a ação da China é questionada. Muitos acusam os chineses de não transferirem tecnologia para os africanos, usando mão de obra nativa apenas para os postos de trabalho menos qualificados, e os cargos mais altos sendo ocupados pelos próprios chineses.

SIA KAMBOU/AFP PHOTO/OTHER IMAGES

Figura 31. Engenheiros da China acompanham a construção de uma estrada em Bassam, próximo à capital, Abidjan (Costa do Marfim, 2013). As empresas chinesas de construção civil estão cada vez mais presentes no continente africano.

União Africana (UA)

A integração dos países africanos no continente permanece pouco articulada. Durante a colonização foram construídas ferrovias e estradas que conectavam o interior (as áreas produtoras de gêneros de exportação) somente aos portos. Esse processo foi denominado **sangria do território**, já que os recursos eram drenados para o exterior.

Apesar das poucas infraestruturas de articulação entre os territórios africanos, alguns esforços foram feitos para aumentar as relações políticas e econômicas entre os países do continente, sendo a **União Africana** (**UA**) a principal delas.

A UA surgiu em 2002, a partir da Organização da Unidade Africana (OUA), e tem como objetivo integrar a economia e unir os povos africanos. Influenciados pela União Europeia, os princípios da UA são:

- política comum de defesa;
- direito de intervenção dos países-membros em determinado país da UA acusado de crimes contra a humanidade;
- direito de intervir para restabelecer e manter a paz e a segurança em um país-membro, a pedido deste;
- participação de todos — em especial das mulheres, dos jovens e do setor privado — nos assuntos da UA.

Assim, os Estados deveriam transferir para a União Africana algumas de suas competências nos domínios prioritários relativas a:

- paz e segurança continentais;
- integração das economias e coordenação das políticas e das ações de desenvolvimento;
- segurança alimentar e erradicação da pobreza;
- proteção ao ambiente;
- luta contra epidemias e pandemias;
- liberdade de circulação de pessoas, bens e capitais.

GLOSSÁRIO

Pandemia: epidemia que se espalha por grandes extensões, podendo atingir todo o planeta e causar milhares de vítimas.

SÍNTESE DA UNIDADE 8

- A África é o terceiro maior continente do mundo.
- Os planaltos são a forma de relevo predominante na África. Os rios que cruzam o continente são utilizados para transporte e obtenção de energia elétrica, além de serem importantes para as atividades agrícolas e pecuárias.
- A vegetação e o clima do continente africano são diversificados, resultando em paisagens que variam de muito secas a muito úmidas.
- Os principais problemas ambientais do continente são o desmatamento, a desertificação e a escassez de água.
- A África é o segundo continente mais populoso e sua população se distribui de maneira desigual pelo território.
- A população africana é marcada por grande diversidade cultural, linguística, religiosa e étnica, e apresenta forte tradição oral.
- As manifestações culturais africanas influenciaram as culturas dos países americanos.
- Os indicadores socioeconômicos, de maneira geral, mostram baixa qualidade de vida em grande parte da África.
- O continente tem cerca de 70% dos portadores de HIV do mundo; no entanto, o combate à epidemia da aids tem tido sucesso em alguns países.
- Grande parte dos problemas políticos e econômicos africanos derivam do passado colonial.
- O PIB africano tem crescido nos últimos anos, mas suas exportações estão centradas em produtos primários.
- A indústria africana é pouco desenvolvida, e a África do Sul é o país mais industrializado do continente.
- São fortes os laços dos países africanos com suas antigas metrópoles.
- Atualmente, a China vem ocupando cada vez mais espaço nas relações econômicas com a África.
- A União Africana busca integrar os países do continente, ampliando as relações políticas e econômicas entre eles, além de buscar estabelecer a paz e erradicar as epidemias e a pobreza no continente.

INDICAÇÕES

Para pesquisar

- **Casa das Áfricas <www.casadasafricas.org.br>**

O *site* disponibiliza livros, artigos e filmes que possibilitam leituras históricas e contemporâneas sobre o continente africano.

- **Museu Afro Brasil <www.museuafrobrasil.org.br>**

No *site* encontramos informações sobre arte e cultura africana, afro-americana e, sobretudo, afro-brasileira.

Para ler

- **Aventura no topo da África**

Airton Ortiz. Rio de Janeiro: Record, 1999.

O livro narra a jornada do autor ao cume do Monte Quilimanjaro, na Tanzânia, apresentando as características naturais da região e as culturas dos povos que encontrou pelo caminho.

- **História geral da África VII: África sob dominação colonial, 1880-1935**

Albert Adu Boahen (Org.). Brasília: Unesco, 2010.

Trata-se do sétimo volume da coleção da Unesco, escrita por autores africanos desde a década de 1960 até o presente. Reúne artigos sobre a intensificação do processo de colonização do continente pelos europeus entre os séculos XIX e XX.

Para assistir

- **Kiriku e a feiticeira**

Direção: Michel Ocelot. França/Bélgica/Luxemburgo: Cult Filmes, 1998.

O filme conta a história de um menino na África Ocidental que tem de salvar sua aldeia de uma malvada feiticeira. Ao longo da narrativa são abordados aspectos do cotidiano e da cultura de sociedades tradicionais africanas.

Mapa histórico

O **mapa histórico** representa a organização do espaço no tempo histórico, assinalando as transformações que ocorreram ao longo das gerações e dos séculos. Ele registra fatos históricos e dá a visão do passado como um processo contínuo.

Esse tipo de mapa pode representar acontecimentos políticos, movimentos sociais, culturais e artísticos, possibilitando uma visão de conjunto e da dinâmica dos múltiplos aspectos das civilizações. Alguns mapas históricos referem-se especificamente a guerras e outros representam a divisão política de uma época passada.

Pratique

1. Qual é o contexto representado no mapa desta página?
2. Podemos afirmar que esse mapa histórico mostra o traçado das fronteiras de uma região numa época passada? Explique.
3. De que maneira o mapa explica os fortes laços culturais atuais entre Brasil e África?

ÁFRICA: ESTADOS, COMÉRCIO E ESCRAVIDÃO – SÉCULOS XVI AO XVIII

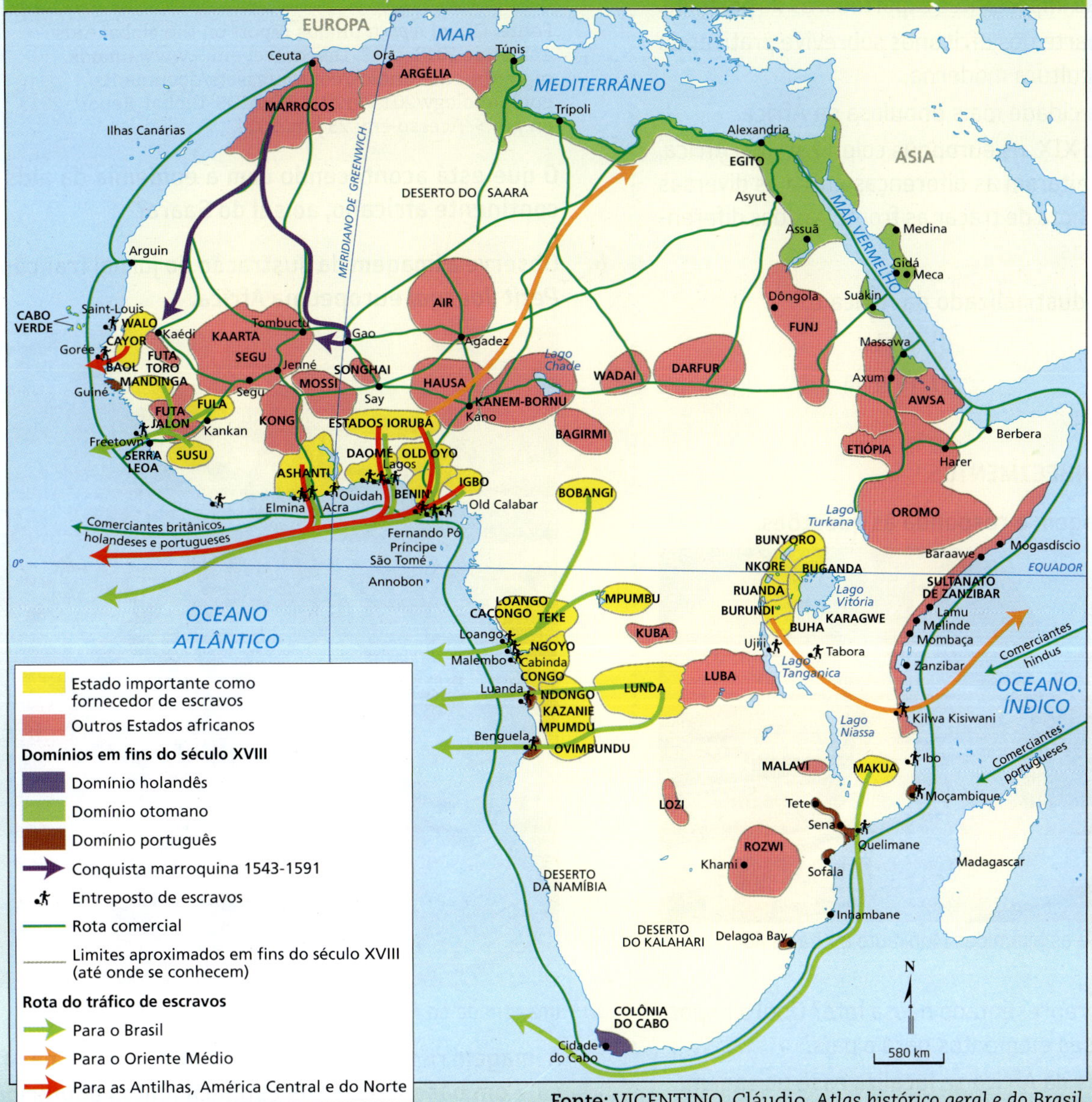

Fonte: VICENTINO, Cláudio. *Atlas histórico geral e do Brasil.* São Paulo: Scipione, 2011. p. 93.

ATIVIDADES

ORGANIZE O CONHECIMENTO

1. Sobre a África, podemos afirmar que é um continente:

a) no qual predomina o clima desértico.

b) onde há extensas regiões com grandes cadeias montanhosas.

c) que apresenta grandes áreas reflorestadas.

d) onde quase não há diferenças econômicas e sociais.

e) onde a maioria dos países apresenta indicadores sociais e econômicos que revelam as precárias condições de vida de suas populações.

2. Assinale verdadeiro (V) ou falso (F) nas afirmações a seguir.

( ) A África é rica em minérios.

( ) Países africanos como Líbia, Nigéria, Angola e Argélia são importantes exportadores de petróleo.

( ) A maior parte dos africanos sobrevive praticando uma agricultura moderna.

( ) Lagos é a cidade mais populosa da África.

( ) No século XIX, os europeus colonizaram a África, mas respeitaram as diferenças entre as diversas etnias na hora de traçar as fronteiras das diferentes colônias.

3. O país mais industrializado da África é:

a) Nigéria.
b) Níger.
c) África do Sul.
d) Egito.
e) Angola.

APLIQUE SEUS CONHECIMENTOS

4. Observe a imagem e responda às questões.

PIUS LEE/SHUTTERSTOCK/GLOW IMAGES

Esfinge de Gizé e as pirâmides Menkaure e Khafre ao fundo (2011).

a) O que está representado nessa foto? Qual a importância desses elementos para o país?

b) Em que país da África se localiza essa paisagem?

c) Qual é a capital desse país? Qual é a situação dela em termos populacionais?

5. Analise o gráfico e responda à questão.

ÁFRICA SUBSAARIANA: POPULAÇÃO INFECTADA PELO HIV – 2001-2012

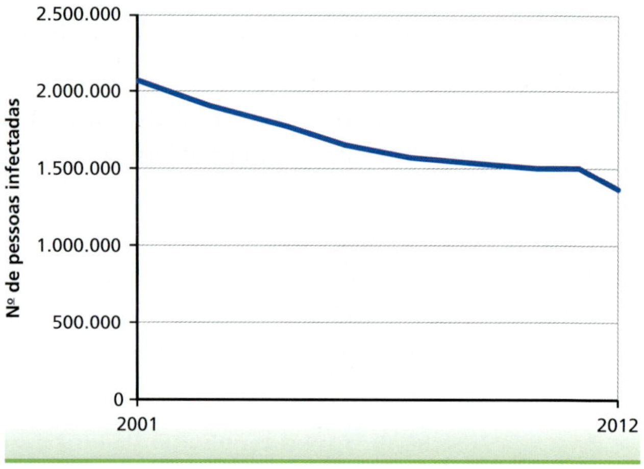

Fonte: *Global report*: unaids report on the global Aids epidemic 2013. p. 13. Disponível em: <www.unaids.org/en/media/unaids/contentassets/documents/epidemiology/2013/gr2013/UNAIDS_Global_Report_2013_en.pdf.>. Acesso em: 25 jun. 2014.

O que está acontecendo com a epidemia da aids no continente africano, ao sul do Saara?

6. Observe a imagem da ilustração do jornal francês *Le Petit Journal* europeu na África.

MEAULLE. LE PETIT JOURNAL. 22/10/1894. COLEÇÃO PARTICULAR. FOTO: THE BRIDGEMAN ART LIBRARY/KEYSTONE

Imagem de *Le Petit Journal*, 22 de outubro de 1894.

A imagem representa o colonizador europeu na África. Com base nela e nos conhecimentos adquiridos, organize suas ideias e elabore um texto sobre o colonialismo europeu na África.

7. **Observe o mapa abaixo e responda às questões.**

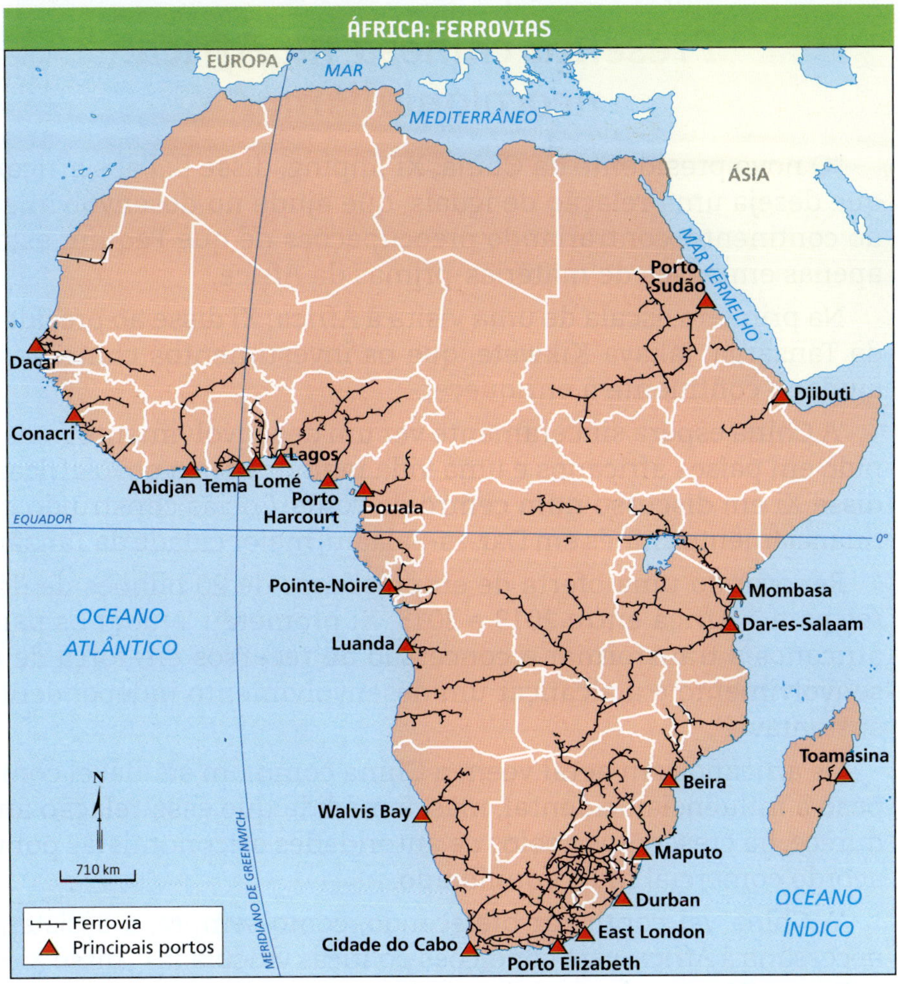

a) Relacione o traçado das ferrovias representadas no mapa com a noção de "sangria do território africano".

b) Qual é o motivo de a rede de transportes ter essa configuração no continente?

Fonte: BULLOCK, Richard. *Off track*: Sub-Saharan African railways. Washington: The International Bank for Reconstruction and Development/The World Bank, 2009. p. 5. Disponível em: <http://infrastructureafrica.org/system/files/BP17%20Railways_maintxt_1.pdf>. Acesso em: 26 jun. 2014.

DESAFIO

8. **Atualmente, grandes jazidas de diamantes, localizadas em diversos países africanos, abastecem o luxuoso mercado mundial de joias. O diamante é um mineral precioso devido à sua dureza, durabilidade, transparência, alto índice de refração e raridade.**

Analise as afirmações abaixo.

I. O diamante é uma das pedras preciosas menos valiosas existentes.

II. Com base no cartaz, é possível associar a extração de diamantes na África e o comércio internacional de armas que abastece grupos envolvidos em guerras civis desse continente.

III. O cartaz mostra que a África é a maior fornecedora de diamantes do mundo, e que o trabalho nas minas é árduo.

REPRODUÇÃO

No cartaz, lê-se a pergunta: "Qual o preço desses diamantes?"

Está correto o que se afirma apenas em:

a) I e II.
b) I e III.
c) II.
d) II e III.

Nos últimos anos, a China ampliou os intercâmbios econômicos com os países africanos, o que tem gerado conflitos locais e acusações de que o continente seria foco de uma nova onda de exploração. Na notícia ao lado, o dirigente chinês se posiciona diante dessas afirmações.

GLOSSÁRIO

Matizar: buscar apresentar diversos aspectos de determinado objeto.

Presença chinesa na África: neocolonialismo?

"O novo presidente da China, Xi Jinping, disse [...] aos africanos que deseja uma relação de iguais, que ajude no desenvolvimento do continente, contrariando preocupações de que Pequim estaria apenas em busca de matérias-primas da África.

Na primeira escala de uma visita à África, Xi disse ao presidente da Tanzânia, Jakaya Kikwete, que os investimentos chineses vão ajudar o continente a enriquecer.

'A China espera sinceramente ver um desenvolvimento mais rápido em países africanos e uma vida melhor para o povo africano', disse Xi em discurso num centro de conferências construído com financiamento chinês em Dar-es-Salaam, maior cidade da Tanzânia.

Renovando uma oferta de empréstimos de 20 bilhões de dólares para a África entre 2013 e 2015, Xi prometeu 'ajudar os países africanos a transformar a concessão de recursos em força de desenvolvimento e a alcançar um desenvolvimento independente e sustentável'.

Os africanos em geral veem a China como um saudável contrapeso à influência ocidental, mas, à medida que essa relação amadurece, há crescentes apelos de autoridades e economistas por um acordo comercial mais equilibrado.

'A China vai continuar oferecendo, como sempre, a assistência necessária à África, sem condições políticas vinculadas', disse Xi, sob aplausos. 'Nós nos damos bem e tratamos uns aos outros como iguais.'

Mas a gratidão por essa ajuda está cada vez mais matizada por ressentimentos sobre a forma como empresas chinesas operam na África, onde complexos industriais só com operários chineses às vezes provocam reações violentas de nativos que querem trabalho.

Respondendo às preocupações de que a África não estaria ganhando qualificação e tecnologia com o investimento chinês, Xi disse que Pequim vai treinar 30 mil profissionais africanos e oferecerá 18 mil bolsas para estudantes africanos, além de 'intensificar a transferência de tecnologia e a experiência'. [...]

O próximo destino de Xi será a África do Sul, onde ele participa na terça e quarta-feira de uma cúpula dos países emergentes Brics (Brasil, Rússia, Índia, China e África do Sul). Provavelmente ele manifestará aval a planos para uma reserva comum de divisas internacionais e para a criação de um banco coletivo de estímulo à infraestrutura. [...]

Depois, Xi irá à República do Congo, de onde a China importou no ano passado 5,4 bilhões de toneladas de petróleo."

NGWANAKILALA, Fumbuka; OBULUTSA, George. Novo líder chinês diz buscar relação igualitária com África. *O Estado de S. Paulo*, 25 mar. 2013. Disponível em: <www.estadao.com.br/noticias/internacional,novo-lider-chines-diz-buscar-relacao-igualitaria-com-africa,1013053,0.htm>. Acesso em: 24 jun. 2014.

Atividades

OBTER INFORMAÇÕES

1. Quais são as acusações dirigidas à China nas suas relações com a África?

2. Selecione algumas falas do então presidente chinês, Xi Jinping, que contestam as afirmações contra o país asiático.

INTERPRETAR

3. Em sua opinião, as iniciativas do governo chinês que buscam equilíbrio nas trocas econômicas são suficientes?

REFLEXÃO

4. Como o desenvolvimento econômico pode beneficiar a qualidade de vida em um país? Essa é uma consequência direta do enriquecimento nacional? Converse com seus colegas de classe e com o professor a respeito, exponha suas opiniões e **escute com atenção** as dos demais.

UNIDADE

9 ÁFRICA: DESENVOLVIMENTO REGIONAL

ALISDAIR JONES/MOMENT/GETTY IMAGES

Na África atual, Nigéria e África do Sul se consolidam como polos de desenvolvimento e potências regionais. Esses países, no entanto, diferem no que diz respeito às condições naturais, culturais e históricas em que estão inseridos. Pesquisadores e organismos internacionais propõem regionalizações do continente africano, segundo diferentes critérios, na busca por entender os diversos contextos territoriais e encontrar alternativas para o desenvolvimento.

Começando a Unidade

De acordo com o que você já sabe sobre o continente africano, responda: que elemento divide o continente em Norte da África e África Subsaariana? O que você sabe sobre essas regiões?

Entre as regionalizações mais comuns do continente africano, encontramos a delimitação da África Subsaariana e do Norte da África. Nesta última predomina uma população de origem árabe, que sofreu influência de civilizações europeias e asiáticas ao longo dos séculos. Na foto, uma tinturaria de couro em Fez, no Norte da África (Marrocos, 2009).

TEMA

1 Regionalização do continente africano

Uma das maneiras mais comuns de regionalizar a África é a divisão do continente entre Norte da África e África Subsaariana, considerando critérios naturais, culturais e socioeconômicos.

Estudos regionais

Os estudos regionais são ferramentas importantes para compreender melhor a realidade dos territórios. Atualmente, a regionalização mais utilizada para agrupar os territórios africanos é a que estabelece a divisão entre Norte da África e África Subsaariana. Observe o mapa da figura 1.

Essa regionalização considera não apenas aspectos naturais para agrupar os países, mas também os aspectos históricos e culturais. No caso do Norte da África, esses aspectos foram diretamente influenciados pela expansão árabe ocorrida no século VII, que deixou marcas profundas em suas culturas, como o idioma, a escrita árabe e a religião islâmica.

A África Subsaariana, por sua vez, abrange territórios que compartilham semelhanças históricas, como o passado colonial de exploração mais recente. Além disso, é uma região marcada por grandes diferenças naturais, culturais e políticas.

FIGURA 1. ÁFRICA: REGIONALIZAÇÃO

Limite entre o Norte da África e a África Subsaariana
Norte da África
África Subsaariana

Fonte: *L'atlas Gallimard Jeunesse*. Paris: Gallimard Jeunesse, 2002. p. 122-123.

Norte da África

A extensão de terras limitada ao norte pelo Mar Mediterrâneo, a noroeste pelo Oceano Atlântico e compreendida em sua maior parte pelo Deserto do Saara constitui a região denominada **Norte da África**. É formada por países de maioria **árabe** e **islâmica**: Argélia, Egito, Líbia, Marrocos, Mauritânia, Tunísia e Saara Ocidental (território anexado pelo Marrocos).

A presença do Deserto do Saara influenciou a distribuição da população nessa região. As principais concentrações demográficas se encontram no litoral, onde o **relevo plano** e o **clima predominantemente mediterrâneo** (com verões quentes e secos e invernos amenos e úmidos) facilitam o desenvolvimento da agropecuária.

A proximidade do mar facilita o comércio com países de outros continentes. A colonização regional foi predominantemente francesa, embora o Egito, país mais industrializado da região, tenha estado sob influência britânica.

As exportações de recursos naturais são a principal fonte de riquezas da região, com destaque para o petróleo, o gás natural, o ferro e o fosfato.

África Subsaariana

A **África Subsaariana** é composta de territórios localizados ao sul do Deserto do Saara, povoada principalmente por povos negros. Além da grande diversidade de paisagens, a região é marcada pela exploração colonial no passado recente. A principal herança da colonização foi a divisão política arbitrária imposta pelos europeus, que deixaram etnias rivais dentro das mesmas fronteiras ou separaram grupos de mesma etnia em territórios diferentes. Em razão dessa política, ainda nos dias atuais ocorrem diversos **conflitos étnicos e religiosos** no continente.

Grande parte da população da África Subsaariana é assolada pela pobreza e pela fome. Nessa região, encontram-se os países com os piores índices de desenvolvimento humano do mundo e com altos índices de **fome crônica**.

O quadro de fome e pobreza está associado à prática em larga escala das monoculturas de exportação (*plantations*), introduzidas no século XIX pelos colonizadores. A prioridade dada a esse sistema agrícola desprezou a produção de alimentos para o consumo local e expulsou os camponeses nativos para áreas menos produtivas. Além disso, a presença de uma agricultura de subsistência caracterizada pelo desmatamento e pelo uso inadequado dos solos, que leva ao seu esgotamento, agrava esse quadro.

Uma exceção à pobreza generalizada na África Subsaariana está na África do Sul, que se industrializou e se modernizou devido à grande quantidade de ouro, de ferro e de pedras preciosas que há em seu território e aos investimentos industriais de britânicos no país.

GLOSSÁRIO

Berberes: povos nômades que habitam o Norte da África, nas regiões montanhosas e em parte do Deserto do Saara, e falam a língua berbere. Os tuaregues, grupo étnico nômade da região do Saara, fazem parte dos povos de língua berbere.

Sub-regiões da África: Magreb e Sahel

O **Magreb** é uma sub-região do Norte da África formada por Marrocos, Argélia, Tunísia e Saara Ocidental. Observe a figura 2. O termo *Magreb*, de origem árabe, significa "lugar onde o Sol se põe" por oposição ao termo *Mashrek*, que significa "lugar onde o Sol nasce", em referência aos países árabes a leste da Líbia. Trata-se da porção mais ocidental do mundo islâmico. A identidade do Magreb deve-se ao fato de ter sido povoado no passado por grupos **berberes**, cujo idioma se fragmentou em diversos dialetos. Estima-se que existam hoje entre 20 milhões e 25 milhões de falantes dessas línguas, principalmente no Marrocos e na Argélia, além de Egito e Etiópia.

O **Sahel** é uma sub-região da África situada imediatamente ao sul do Saara, estendendo-se no sentido leste-oeste do continente. É uma área de transição climática entre as regiões mais úmidas e o deserto, que atravessa nações africanas distintas: Senegal e Mauritânia, a oeste; Mali, Burkina Fasso, Níger, Nigéria, Chade, Sudão, Etiópia e Eritreia, a leste. O manejo inadequado dos solos e o desmatamento na área do Sahel está levando a sub-região à desertificação.

FIGURA 2. MAGREB E SAHEL

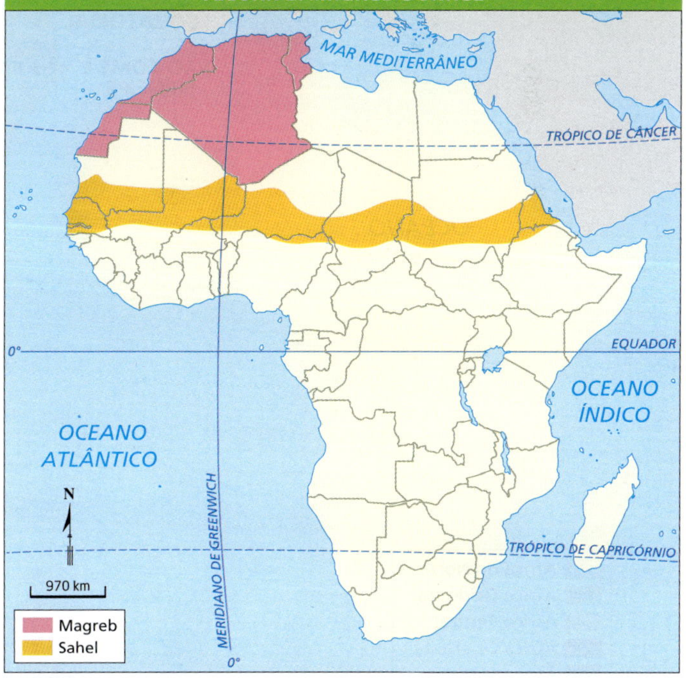

Fonte: *L'atlas Gallimard Jeunesse*. Paris: Gallimard Jeunesse, 2002. p. 122-123; Growing war in the Sahel sucks in France and in the US. ENERGEOPOLITICS, 31 out. 2012. Disponível em: <www.energeopolitics.com/2012/10/31/growing-war-in-the-sahel-sucks-in-france-and-the-us>. Acesso em: 13 jun. 2013.

Regionalização da África segundo a ONU

As muitas diferenças internas do continente africano – principalmente na África Subsaariana, que reúne mais de 40 países – e sua grande extensão territorial levaram a Organização das Nações Unidas (ONU) a criar cinco regiões, de acordo com sua localização, cultura e economia. Observe o mapa da figura 3. Periodicamente, a ONU publica estudos e dados estatísticos sobre essas regiões, os quais ajudam a conhecer e a planejar melhorias para o continente.

FIGURA 3. ÁFRICA: SUB-REGIÕES DA ONU

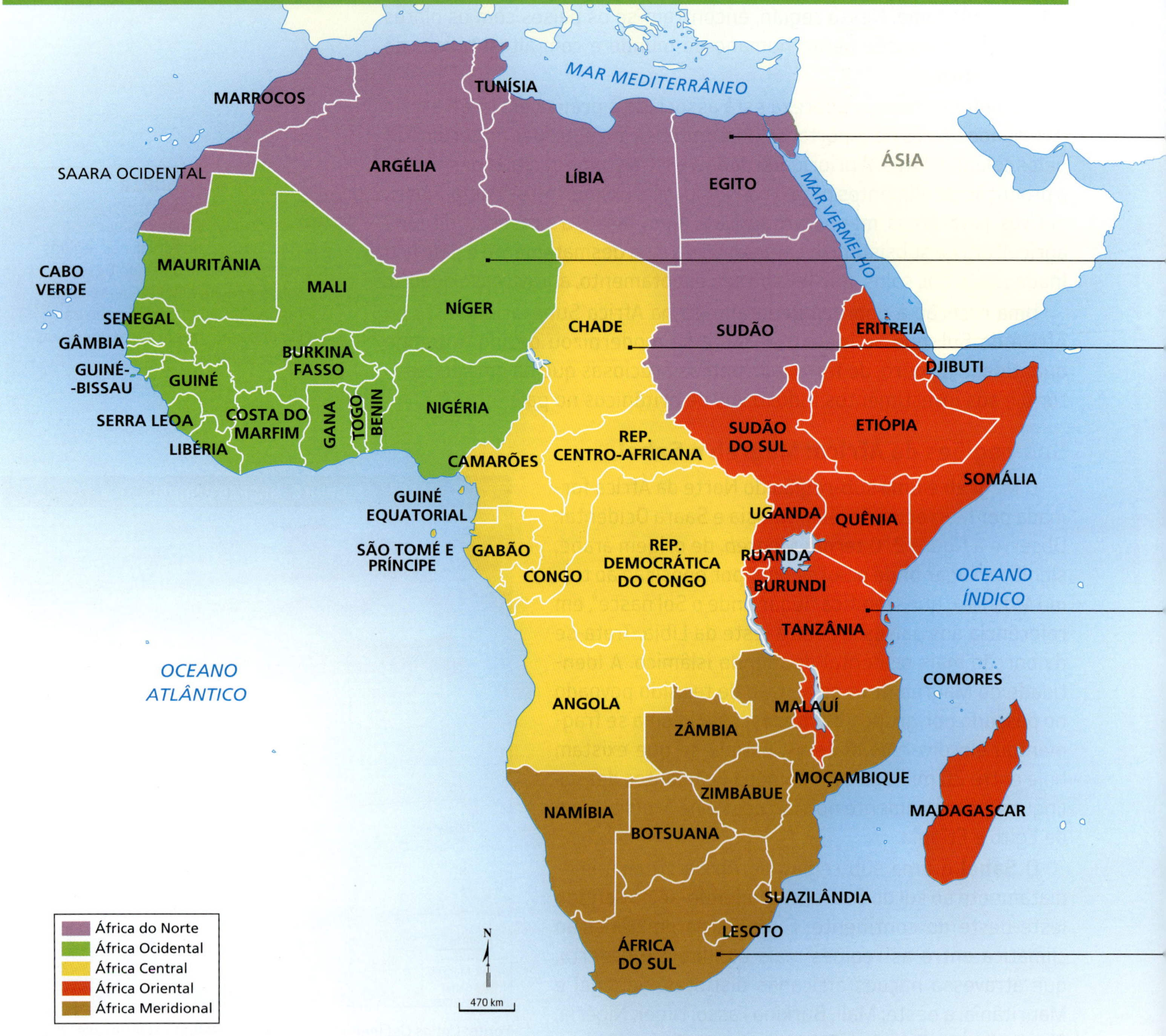

Fonte: UN-HABITAT. *The state of African cities report 2014*: re-imagining sustainable urban transitions. Nairóbi: UN-Habitat, 2014. p. 62, 98, 146, 190, 224. Disponível em: <http://unhabitat.org/the-state-of-african-cities-2014>. Acesso em: 9 jun. 2013.

Norte da África

O Norte da África da regionalização estabelecida pela ONU é uma região altamente urbanizada, com cidades concentradas próximas ao Mar Mediterrâneo, onde o clima mais ameno e o relevo favorecem a ocupação e a agricultura.

SEUX PAULE/HEMIS/CORBIS/LATINSTOCK

Trecho do Rio Nilo, em Assuã (Egito, 2008). Suas margens têm ocupação antiga e suas águas são usadas em grande escala para irrigação.

África Ocidental

Distribui-se por diferentes formações vegetais: do litoral, no Golfo da Guiné, em direção ao norte, é possível cruzar florestas tropicais, savanas e estepes até chegar ao deserto, no norte do Níger, do Mali e da Mauritânia. Os países são exportadores de produtos agrícolas e minerais, principalmente petróleo. Devido à fraca industrialização, necessitam importar produtos manufaturados, o que reflete economias bastante dependentes.

BRUNO MORANDI/CORBIS

Vila de Sanga, em área de transição entre os climas úmido e seco, marcada pela vegetação de estepe (Mali, 2014).

África Central

Os países dessa região estão localizados nas proximidades da linha do Equador. Contam com florestas equatoriais e tropicais de elevada biodiversidade. Também há a presença de savanas, estepes e desertos (no sul de Angola). Esses países são importantes exportadores de cobre, diamantes, petróleo e madeira e vêm recebendo grandes investimentos estrangeiros.

MICHEL GUNTHER/BIOSPHOTO/DIOMEDIA

O Congo foi o primeiro país da África Central a instituir um programa de extração sustentável da madeira. Na foto, transporte de madeira em floresta equatorial (Congo, 2009).

África Oriental

A África Oriental abriga diferentes vegetações, como florestas tropicais, savanas e estepes. Voltada para o Oceano Índico, a região depende muito da agricultura. Nas últimas décadas, guerras civis, surtos de fome e conflitos étnicos e religiosos vitimaram milhões de pessoas em Uganda, Ruanda, Burundi, Somália e Etiópia.

ARTHUR MORRIS/CORBIS/LATINSTOCK

Animais pastando em vegetação de savana, em Maasai Mara (Quênia, 2007).

África Meridional

Os territórios localizados ao sul do continente formam a região da África Meridional. Observa-se a presença de savanas nas porções central e norte, desertos na porção sudoeste e vegetação mediterrânea no extremo sul.

A África Meridional é rica em reservas minerais (sobretudo ouro), o que a levou a ser intensamente disputada pelas potências europeias desde o final do século XIX. Atualmente, são as empresas mineradoras transnacionais que exploram tais recursos.

Com exceção da África do Sul, que é a economia mais diversificada do continente, os demais territórios exportam produtos primários (sobretudo recursos minerais) e são marcados por pobreza, fome e diferentes doenças (sobretudo malária e aids).

PAUL BERNHARDT/LONELY PLANET IMAGES/GETTY IMAGES

O turismo tem dinamizado a economia de diversos países africanos. Na foto, importante polo turístico em Inhambane (Moçambique, 2010).

TEMA

2 O espaço rural do continente

Grande parte dos países africanos depende de atividades do setor primário, com destaque para a agropecuária. No entanto, há problemas em relação à precariedade das técnicas usadas e à concentração de terras.

Agropecuária

O **espaço rural** é central na vida de grande parte das pessoas que vive na África, já que aproximadamente 60% da população do continente trabalha em atividades agropecuárias. A contribuição do **setor primário** no PIB da maioria dos países da África Subsaariana é maior que 25% e, em alguns países, como na República Democrática do Congo, na Etiópia e no Togo, ultrapassa 40%.

No entanto, devido à ocorrência dos climas árido e semiárido em algumas regiões, grandes extensões de terra não são adequadas para as práticas agrícolas.

Além disso, na maior parte dos países africanos, a distribuição desigual de terras é um grave problema: os terrenos mais férteis se concentram nas mãos de uma elite minoritária que produz para o mercado externo em grandes propriedades, enquanto o mercado interno de alimentos é precariamente abastecido por pequenos agricultores, que ficam com as terras menos férteis. Nessas propriedades menores são cultivados diferentes produtos, como pimenta, banana, abacaxi, inhame e outros tipos de frutas e legumes (figura 4).

Geralmente, os pequenos produtores utilizam técnicas rudimentares que, além de serem pouco produtivas, aceleram os processos de erosão e de desgaste do solo.

Nas áreas de clima mais seco, onde as vegetações dominantes são as estepes rasteiras e a desértica, desenvolve-se a criação de animais (figura 5).

Figura 4. O inhame é um tipo de tubérculo nativo da África e representa uma fonte importante de carboidratos na dieta de sua população. Na foto, inhame, mandioca e banana-da-terra à venda em mercado de rua (Camarões, 2007).

Figura 5. O Sudão possui climas árido e semiárido em grande parte de seu território, o que dificulta a atividade agrícola. Além disso, apresenta um dos maiores rebanhos de cabras do mundo. Na foto, criadores de cabras no Deserto do Saara (Sudão, 2012).

A agricultura comercial

No final do século XIX, as metrópoles europeias instalaram em suas colônias africanas um sistema de produção de gêneros tropicais voltados para a exportação. A principal demanda do mercado externo era por espécies vegetais oleaginosas (como o dendê e o amendoim, muito utilizados em fábricas europeias e na iluminação pública das cidades), além de chá e algodão (para a indústria têxtil).

Assim, nas áreas em que não havia recursos minerais, lançou-se mão da produção agrícola estabelecida em latifúndios monocultores.

Atualmente, os gêneros agrícolas tropicais ainda são importantes fontes de riqueza para muitos países do continente, sobretudo aqueles da África Ocidental: o cacau plantado na Costa do Marfim, em Gana e na Nigéria; o amendoim plantado no Senegal; a palma (da qual se produz óleo) e o algodão plantados no Benin e no Togo (figura 6).

A. DEMOTES/PHOTONONSTOP/AFP

Figura 6. Mulheres em lavoura de algodão (Togo, 2013). Plantado no norte do país, o produto é um dos principais itens de exportação.

O problema da fome na África

Apesar de movimentar a economia, a agricultura comercial não contribui para diminuir o problema da fome que atinge diversos países africanos. Além de ser voltado ao mercado externo, esse tipo de agricultura limita o acesso à terra, principalmente às mais produtivas.

A falta de investimento no modo de produzir familiar e de subsistência agrava o problema. As terras voltadas à pequena produção são dotadas de infraestrutura precária, solos deficientes e, consequentemente, baixa produtividade.

O crescimento intenso da população associado aos diversos conflitos de ordem étnica e religiosa contribui para agravar o problema da fome no continente. Atualmente, a insegurança alimentar assola diversos países. Veja na figura 7 a classificação dos países africanos segundo o **Índice Global da Fome**, calculado em cada país com base em três indicadores: proporção de pessoas desnutridas, proporção de crianças abaixo do peso e mortalidade infantil.

FIGURA 7. ÁFRICA: ÍNDICE GLOBAL DA FOME*

*Mapa elaborado com dados levantados entre 2010 e 2012.

Fonte: RELIEFWEB. Disponível em: <http://reliefweb.int/sites/reliefweb.int/files/resources/Global%20hunger%20index.pdf>. Acesso em: 11 jun. 2014.

GLOSSÁRIO

Insegurança alimentar: situação na qual as pessoas não têm acesso a uma alimentação suficiente para viver de maneira saudável.

Fome no Sahel

No Sahel predominam o clima semiárido e a vegetação de estepe, características que, somadas à pobreza e à falta de investimento, agravam a fome na sub-região. Segundo a Organização das Nações Unidas para Alimentação e Agricultura (FAO), em 2013 aproximadamente 11 milhões de pessoas estavam em situação de insegurança alimentar no Sahel, enquanto 1,4 milhão de crianças estavam em risco de subnutrição severa (figura 8 e tabela 1).

De olho no mapa

Que país apresenta mais casos de desnutrição severa no Sahel?

FIGURA 8. DESNUTRIÇÃO SEVERA NO SAHEL – 2012

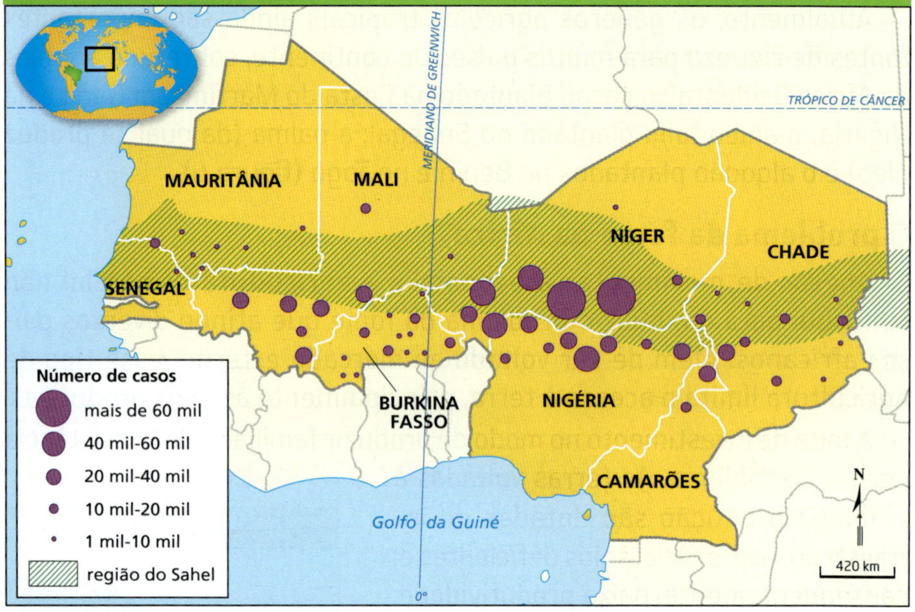

Fonte: BBC BRASIL. Faixa que engloba oito países vira foco de crise de fome na África, 11 abr. 2012. Disponível em: <www.bbc.co.uk/portuguese/noticias/2012/04/120404_fome_sahel_1_pai.shtml>. Acesso em: 11 jun. 2014.

TABELA 1. PAÍSES SELECIONADOS: POPULAÇÃO SEM FONTES SEGURAS DE ALIMENTAÇÃO – 2012

País	População (milhões de pessoas)
Níger	5,5
Mali	3,0
Burkina Fasso	1,7
Chade	1,6

Fonte: BBC BRASIL. Faixa que engloba oito países vira foco de crise de fome na África. Disponível em: <www.bbc.co.uk/portuguese/noticias/2012/04/120404_fome_sahel_1_pai.shtml>. Acesso em: 11 jun. 2014.

Desertificação no Sahel

Na região do Sahel ocorre desertificação provocada pela ação humana. A retirada da vegetação (para a produção de carvão vegetal, por exemplo) e o manejo inadequado do solo — por meio do uso de técnicas rudimentares e da exploração intensiva — causam seu esgotamento.

O deserto avança por áreas antes férteis, e a população se vê obrigada a migrar para onde as condições de subsistência são melhores — o que contribui para intensificar o quadro de grande insegurança alimentar já existente.

Importância dos rios para a agricultura

Além da utilização como via de circulação e como recurso energético, os rios desempenham um papel fundamental na agricultura africana, já que são fonte de sistemas de irrigação de plantações, como é o caso do Rio Níger (na África Ocidental) e do Rio Congo (na África Central).

Um dos exemplos mais representativos para ilustrar a importância dos rios para a economia agrícola é o do Rio Nilo, no Egito. O país, com mais de 1 milhão de km^2 (dos quais em grande parte há a ocorrência de deserto), conta há séculos com a fertilidade dos solos do vale e do delta do Rio Nilo — que serve tanto para a produção agrícola voltada ao mercado interno quanto para as plantações de algodão para a indústria têxtil nacional e para a produção voltada ao mercado externo.

O Nilo é essencial para a segurança alimentar e para a economia do país. No entanto, antes de chegar ao Egito ele cruza outros países africanos, o que exige o estabelecimento de acordos sobre a gestão da água entre os Estados que possuem partes de seus territórios nessa bacia hidrográfica (figura 9).

Eventualmente, esses acordos geram tensões diplomáticas devido aos múltiplos usos do rio, mostrando que, além de grande importância econômica, a gestão dos recursos hídricos do Nilo podem criar disputas políticas.

Extrativismo mineral

Em alguns casos, a extração de recursos naturais, como petróleo, ferro, fosfato, ouro e diamantes, ocorre em espaços rurais e é responsável pela geração de riqueza em muitos países.

O petróleo e o gás natural são riquezas fundamentais para a Tunísia, a Líbia e a Nigéria — grandes produtores e exportadores. Em países como Angola, Nigéria, Mauritânia, Líbia, República Democrática do Congo e Zâmbia, os produtos minerais chegam a representar mais da metade das exportações. Apesar disso, sua exploração ocupa uma parcela pequena da População Economicamente Ativa (PEA).

As disputas pela exploração desses recursos naturais (sobretudo o diamante e o petróleo) também contribuíram para a ocorrência de diversos conflitos na África. No final do século XX, as áreas rurais de países como Serra Leoa, República Democrática do Congo e Angola transformaram-se em campos de batalha.

FIGURA 9. BACIA DO RIO NILO

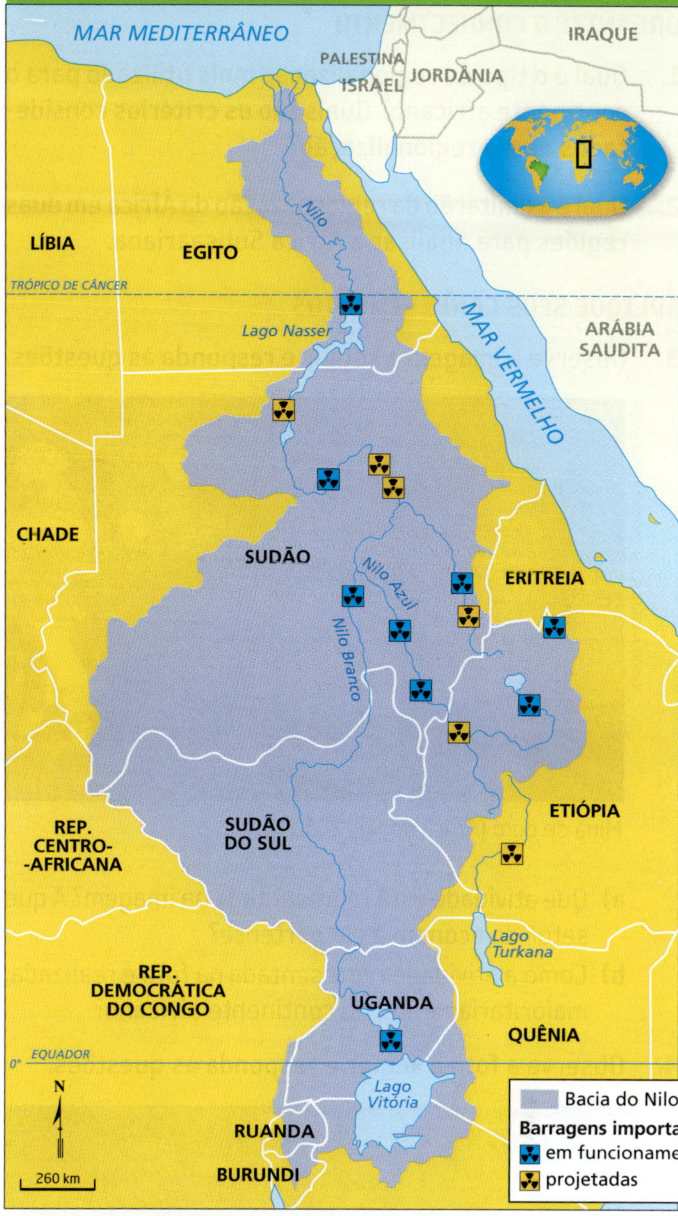

Fontes: STIENNE, Agnés. Barrages le long du Nil. *Le Monde Diplomatique*: cartes & graphiques, jul. 2013. Disponível em: <www.monde-diplomatique.fr/cartes/nil>. Acesso em: 22 jul. 2014; CAMBANIS, Thanassis. Egypt and Thirsty Neighbors are at Odds Over Nile. New York Times. 25 set. 2010. Disponível em: <www.nytimes.com/2010/09/26/world/middleeast/26nile.html?_r=0>. Acesso em: 22 jul. 2014.

De olho no mapa

Quais países podem influenciar a vazão do rio antes de ele chegar ao Egito? Por quais motivos?

ATIVIDADES

ORGANIZE O CONHECIMENTO

1. Qual é o tipo de regionalização mais utilizado para o continente africano? Quais são os critérios considerados nessa regionalização?

2. Qual é a limitação da regionalização da África em duas regiões para analisar a África Subsaariana.

APLIQUE SEUS CONHECIMENTOS

3. Observe a imagem a seguir e responda às questões.

GUIDO ALBERTO ROSSI/TIPS/ZUMA PRESS/EASYPIX

Mina de ouro (África do Sul, 2013).

a) Que atividade está representada na imagem? A que setor da economia ela pertence?

b) Como a atividade representada na foto é realizada, majoritariamente, no continente africano?

4. Observe a foto a seguir e responda às questões.

DAVID HANSON/AURORA/GETTY IMAGES

Homem usa tração animal para arar cultivo (Etiópia, 2013).

a) Qual é o sistema agrícola representado na foto?

b) Pense sobre a realidade de produção agrícola e o problema da fome na África e formule hipóteses sobre como o sistema retratado na imagem pode reduzir a fome no continente.

5. Leia o trecho abaixo e depois responda às questões.

"Cerca de 11 milhões de pessoas na região do Sahel, na África, ainda vivem situação de grave desnutrição e fome, alertou [...] a Organização das Nações Unidas para Alimentação e Agricultura (FAO).

Segundo a agência, famílias em necessidade usaram seus estoques de comida e estão enfrentando altos preços de alimentos enquanto aguardam a próxima colheita.

Apesar do apelo este ano [2013] da FAO de 113,1 milhões de dólares para auxiliar cerca de 6 milhões de pessoas no Sahel, apenas 19,4 milhões de dólares foram recebidos — cerca de 17% do total. Com as contribuições recebidas até agora, a FAO tem apoiado 1,6 milhão de agricultores, agropecuaristas e pecuaristas.

'A recorrente crise alimentar e nutricional no Sahel em 2005, 2008 e 2012 erodiu a capacidade dos pobres de manter e restaurar seus meios de subsistência', disse o chefe interino do Escritório Regional da FAO para a África e do Escritório Sub-regional para a África Ocidental, Lamourdia Thiombiano.

'Em vez de trabalhar em seus próprios campos, muitos fazendeiros pobres são forçados a vender seu trabalho, e eles não conseguiram se beneficiar do clima bom de 2012.'

Uma preocupação particular é a situação da segurança alimentar no norte do Mali, norte da Nigéria e países vizinhos, onde os preços dos grãos como sorgo, painço e milho continuam a subir.

A situação nutricional de crianças com menos de cinco anos também continua preocupante, com uma prolongada prevalência de subnutrição aguda e a tendência de aumento nas admissões em centros de reabilitação alimentar próximas aos níveis de 2012, particularmente no Chade, Mali, Níger e Nigéria. Mais de 1,4 milhão de crianças na região estão em risco de subnutrição severa em 2013."

ONU BRASIL. Onze milhões de pessoas passam fome ou estão desnutridas no Sahel, alerta FAO, 4 set. 2013. Disponível em: <www.onu.org.br/onze-milhoes-de-pessoas-passam-fome-ou-estao-desnutridas-no-sahel-alerta-fao>. Acesso em: 4 jun. 2014.

a) Explique em que medida a fome na região do Sahel é resultado da seca típica das áreas de clima semiárido do continente.

b) Que tipo de plantio ocorre na região? Que outra atividade pode ser desenvolvida?

c) De que maneira a questão da fome tem sido remediada na região? Como isso se relaciona ao perfil das economias existentes?

LUGAR E CULTURA

O festival Moussem na cidade de Tan-Tan

No Marrocos, país mediterrâneo na região magrebina, há diversas manifestações populares dos grupos nômades do Deserto do Saara. Uma delas, talvez a mais famosa da região, é o encontro Moussem na cidade de Tan-Tan, no sudoeste do país.

Realizado durante o mês de setembro, o encontro consiste na reunião de mais de 30 grupos nômades que vivem no deserto. O nomadismo é uma maneira de viver em que os grupos não têm habitação fixa, movimentando-se de acordo com as condições que os lugares oferecem em cada época do ano. E é justamente essa prática que une os povos do deserto que se encontram durante o festival Moussem.

Com o passar do tempo, a festa se tornou uma oportunidade para o testemunho das culturas tribais que muitos haviam dado como extintas. Em 1963, o encontro foi reconhecido pelas autoridades marroquinas, que determinou o local e a periodicidade do evento. Em 2004, a Organização das Nações Unidas para a Educação, a Ciência e a Cultura (Unesco) classificou o encontro como Patrimônio Oral e Imaterial da Humanidade.

Durante os dias do encontro é preparado um conjunto de atividades de socialização por meio de rodas de poesia, trocas de bens materiais, arranjos de casamentos, competições de dança intertribais, corridas de camelo e a troca de experiências sobre o uso da medicina tradicional.

Centenas de tendas são armadas no deserto, agrupando membros de grupos que vivem em países como Marrocos, Mali, Mauritânia e Níger. As pessoas se reúnem e debatem formas de manter seu modo de vida para as próximas gerações.

ABDELJALIL BOUNHAR/AP PHOTO/GLOW IMAGES

Membros de povo nômade se apresentam durante o encontro Moussem, em Tan-Tan (Marrocos, 2013).

1. Qual é a principal característica do Moussem?
2. Pesquise e componha um texto apresentando grupos nômades existentes em outras regiões do continente africano.

TEMA

3 O espaço urbano do continente

Embora ainda predominantemente rural, a África vem passando por intensa urbanização, principalmente em cidades litorâneas.

Explosão urbana

Atualmente, pouco mais de 40% da população africana vive em cidades, mas projeções indicam que esse número subirá para 60% entre 2030 e 2050, o que fará da África um continente urbano.

Contribui para isso o crescente **êxodo rural** no continente graças ao crescimento populacional, à pouca oferta de emprego nas zonas rurais, à falta de medidas que fixem a população no campo e, em algumas regiões, às condições naturais adversas, como a ocorrência de secas prolongadas.

O crescimento acelerado das cidades não significa desenvolvimento econômico. As áreas urbanas não têm capacidade para acolher a todos, o que eleva o desemprego e obriga grande parte da população a se fixar em locais onde as condições de vida são precárias.

O Norte da África é a região mais urbanizada do continente, mas na África Subsaariana ocorre o maior crescimento urbano. Os dois países africanos mais populosos são o Egito e a Nigéria, que tinham as duas cidades mais populosas do continente em 2010: Cairo, com 11 milhões de habitantes, e Lagos, com 10,8 milhões (tabela 2 e figura 10).

TABELA 2. ÁFRICA: POPULAÇÃO DAS MAIORES CIDADES (EM MILHÕES DE HABITANTES) – 1990-2025

Cidade	1990	2000	2010	2020*	2025*
Lagos (Nigéria)	4,8	7,3	10,8	15,8	18,9
Cairo (Egito)	9,0	10,2	11,0	13,2	14,7
Kinshasa (Rep. Dem. do Congo)	3,5	5,4	8,4	12,3	14,5
Dar-es-Salaam (Tanzânia)	1,3	2,1	3,4	5,7	7,3
Cartum (Sudão)	2,3	3,5	4,5	6,0	7,0
Abidjan (Costa do Marfim)	2,1	3,0	4,1	5,8	6,9
Nairóbi (Quênia)	1,4	2,2	3,2	4,9	6,1
Kano (Nigéria)	2,0	2,6	3,3	4,7	5,7
Johanesburgo (África do Sul)	1,9	2,7	3,8	4,4	4,7
Cidade do Cabo (África do Sul)	2,1	2,7	3,5	4,1	4,4

*Projeção.

Fonte: UN-HABITAT. *The state of African cities report 2014*: re-imagining sustainable urban transitions. Nairóbi: UN-Habitat, 2014. p. 25.

FIGURA 10. ÁFRICA: CRESCIMENTO DAS CIDADES

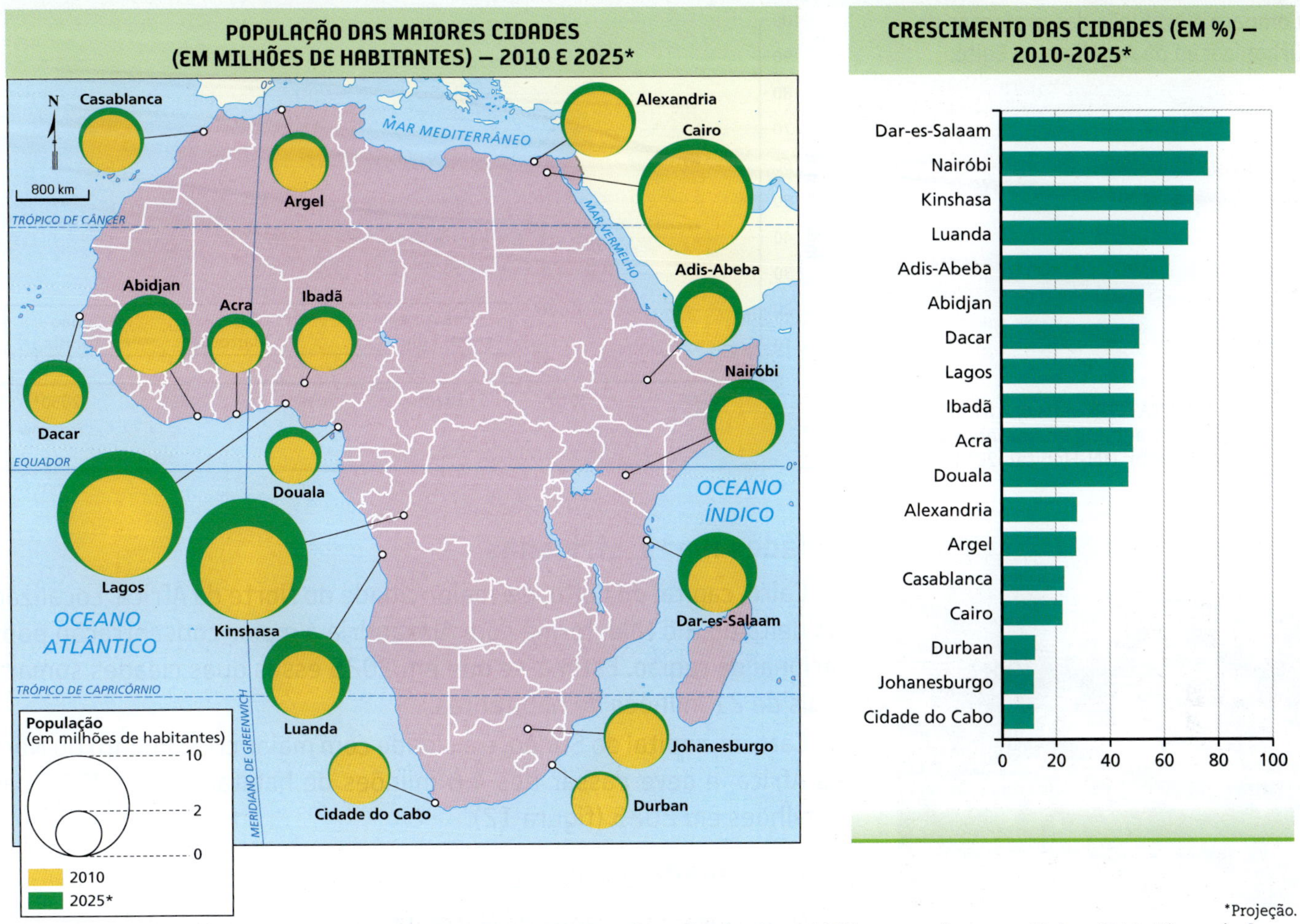

*Projeção.

Fonte: THE ECONOMIST. The urbanisation of Africa: growth areas, 13 dez. 2010. Disponível em: <www.economist.com/blogs/dailychart/2010/12/urbanisation_africa>. Acesso em: 6 jun. 2014.

Urbanização no Norte da África

Em 2010, a população da região era de quase 200 milhões de pessoas, dos quais mais da metade vivia em cidades à beira do Mar Mediterrâneo e no delta do Rio Nilo. A tendência é que a população urbana cresça. Observe a tabela 3.

Dos países que formam o Norte da África, a Líbia é o mais urbanizado, com uma taxa superior a 80%. O Sudão, por sua vez, é o país mais pobre e menos urbanizado da região (figura 11, na página seguinte).

TABELA 3. NORTE DA ÁFRICA: POPULAÇÃO – 2000-2025

População	2000	2010	2015*	2020*	2025*
Total	169.535	199.511	215.377	231.210	245.756
Urbana	82.079	102.249	113.307	125.030	136.873
Urbana (%)	48,4	51,2	52,6	54,1	55,7
Rural (%)	51,6	48,8	47,4	45,9	44,3

*Projeção.

Fonte: UN-HABITAT. *The state of African cities report 2014*: re-imagining sustainable urban transitions. Nairóbi: UN-Habitat, 2014. p. 63.

De olho no gráfico

Compare a evolução das projeções de urbanização da Argélia e do Egito.

FIGURA 11. NORTE DA ÁFRICA: URBANIZAÇÃO – 2000-2050

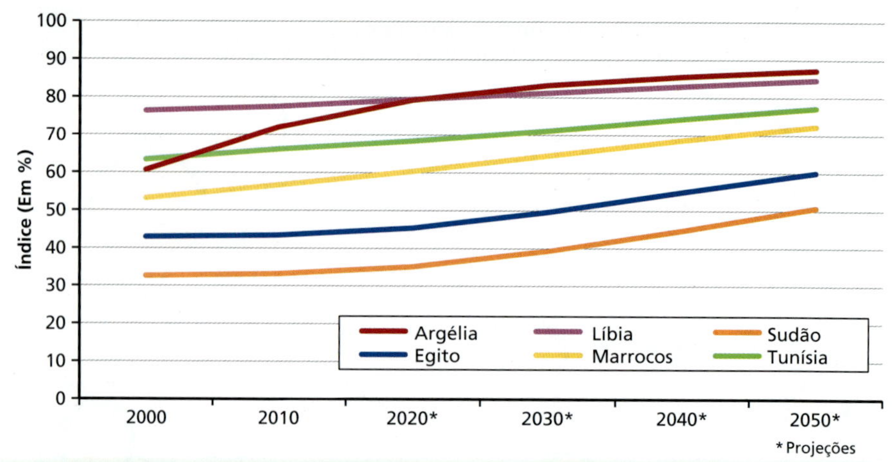

Fonte: UN-HABITAT. *The state of African cities report 2014*: re-imagining sustainable urban transitions. Nairóbi: UN-Habitat, 2014. p. 63.

JEAN-PIERRE DE MANN/ROBERT HARDING/LATINSTOCK

Figura 12. Mesquita em Cartum (Sudão, 2009). O rápido crescimento da cidade pode agravar os problemas de infraestrutura urbana.

Cidades norte-africanas

Cairo, capital do Egito, é a maior cidade do Norte da África. Localizada no delta do Rio Nilo, forma com Alexandria a maior concentração populacional da região. Estima-se que em 2025 essas duas cidades somarão mais de 21 milhões de habitantes.

Cartum, capital do Sudão, é a cidade com maior crescimento no Norte da África, e deve passar dos 4,6 milhões de habitantes em 2013 para 7 milhões em 2025 (figura 12).

Desigualdade e pobreza

Nas principais cidades do Norte da África, grande parte da população não tem acesso a saneamento básico, escolas, hospitais, transportes e áreas de lazer. Além disso, os empregos formais são escassos e, em países como Egito e Sudão, a maior parte da população urbana vive com renda inferior a dois dólares por dia.

Embora haja esforços para diminuir a população que vive em favelas, e os resultados já sejam satisfatórios, isso não significa que a questão foi solucionada (tabela 4). Segundo a ONU, metade da área do Cairo é ocupada por favelas e o reassentamento de famílias se deu em regiões periféricas distantes de onde as pessoas trabalham, fazendo com que muitos voltassem a morar em áreas centrais da capital egípcia.

TABELA 4. PAÍSES SELECIONADOS: POPULAÇÃO URBANA MORANDO EM FAVELAS (EM %)

	1990	1995	2000	2005	2007
Norte da África	34,4	28,3	20,3	13,4	13,4
Egito	50,2	39,2	28,1	17,1	17,1
Marrocos	37,4	35,2	42,2	13,1	13,1
Sudão	–	–	–	94,2	–

Fonte: UN-HABITAT. *The state of African cities report 2014*: re-imagining sustainable urban transitions. Nairóbi: UN-Habitat, 2014. p. 81.

Urbanização na África Subsaariana

Na África Subsaariana, o percentual da população urbana estava em torno de um terço da população total em 2013. Historicamente, as cidades nessa região desempenharam tanto o papel de agregar trocas econômicas quanto o de centros políticos de alguns impérios. Com a colonização europeia nos séculos XIX e XX, houve o desenvolvimento de algumas cidades litorâneas, cujas funções portuárias e administrativas garantiam as exportações de produtos vindos das áreas rurais do continente.

Atualmente, os portos e as estradas para acessá-los contam com modernas infraestruturas para garantir a entrada de mercadorias industrializadas e as exportações de produtos agrícolas e minerais. Isso pode ser observado nas principais cidades da região, localizadas nas zonas costeiras: Lagos, Acra, Dacar, Cidade do Cabo, Dar-es-Salaam e Johanesburgo.

FELIX LIPOV/ALAMY/GLOW IMAGES

Figura 13. O Teatro Nacional de Acra foi um presente dado pelos chineses a Gana em 1992. Localizado na área central da cidade, está próximo a importantes monumentos da independência do país (Gana, 2012).

Amplia-se na África Subsaariana a quantidade de pessoas ocupadas em atividades mais comumente desenvolvidas em áreas urbanas, sobretudo no setor de serviços (que passou de 25,7% para 29,3%) e na indústria (de 7,9% para 8,7%) entre 2000 e 2012.

Nas áreas centrais das maiores cidades da região subsaariana há modernas infraestruturas de transporte, telecomunicações, prédios governamentais, escritórios de multinacionais estadunidenses, europeias e asiáticas atuantes em territórios africanos, além de equipamentos culturais, como museus e teatros (figura 13).

As poucas indústrias da região geralmente produzem alimentos e roupas ou processam matérias-primas (siderúrgicas, metalúrgicas e petroquímicas). Localizam-se também próximas às zonas portuárias, beneficiando-se das infraestruturas existentes (figura 14).

HOMEBREW FILMS COMPANY/GALLO IMAGES/GETTY IMAGES

Figura 14. Vista aérea de porto localizado na cidade de Porto Elizabeth (África do Sul, 2012). Reformado recentemente, aumentou a capacidade de importações de produtos industrializados do país.

Periferias

O espaço urbano dos países subsaarianos é marcado pela precariedade no acesso a habitação, emprego, infraestruturas e serviços públicos, sobretudo nas áreas mais distantes dos centros. Segundo dados da ONU, menos de 40% da população urbana subsaariana é servida por rede de saneamento básico, o que sobrecarrega o sistema público de saúde, já que esgoto a céu aberto e água não tratada são vetores na transmissão de muitas doenças, como cólera, tifo e diarreia.

Assim como ocorre na porção norte do continente, as pessoas que migram do campo para a cidade encontram dificuldades e escassez de infraestrutura e acabam se instalando em favelas. Observe na figura 15 a proporção de pessoas vivendo em favelas em relação ao total da população urbana de cada país africano.

De olho no mapa

Cite ao menos três países da África Subsaariana em que mais da metade de sua população urbana vive em favelas e três em que menos da metade da população urbana vive em favelas.

FIGURA 15. ÁFRICA: POPULAÇÃO URBANA EM FAVELAS

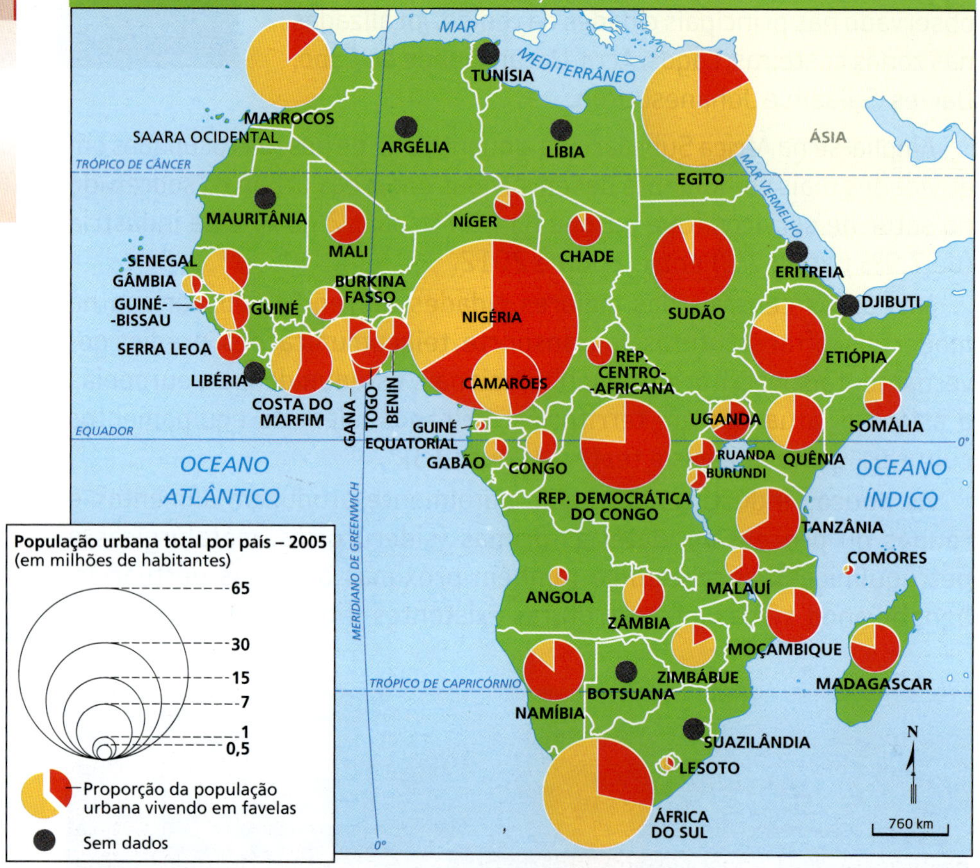

Fonte: MAFUTA, C.; FORMO, R. K.; NELLEMANN, C.; LI, F. (Eds.). *Green hills, blue cities*: an ecosystems approach to water resources management for African cities. A rapid response assessment. United Nations Environment Programme, GRID-Arendal, 2011. p. 14.

A África Subsaariana é menos urbanizada que o Norte da África, e sua população urbana é mais marcada pela pobreza. A população urbana em *taudis* (assentamentos miseráveis) na Etiópia e no Chade ultrapassa 90%, e, em Serra Leoa, os que vivem em bairros precários compõem 97% da população do país. As populações urbanas mais pobres estão em Maputo (Moçambique) e Kinshasa (República Democrática do Congo), onde o rendimento de dois terços dos habitantes é inferior a um dólar por dia.

Nessa região estão os IDHs mais baixos do mundo e as mais altas taxas de indivíduos abaixo da linha de pobreza. Veja os índices de alguns países da África Subsaariana na tabela 5.

TABELA 5. PAÍSES SELECIONADOS: POBREZA E *RANKING* DE IDH

País	População vivendo com menos de 1,25 dólar/dia, em % (2000-2009)	População abaixo da linha nacional de pobreza*, em % (2000-2009)	Posição no *ranking* de IDH (2012)
Burkina Fasso	56,5	46,4	183º
Costa do Marfim	23,8	42,7	168º
Gâmbia	34,3	58,0	165º
Guiné	43,3	53,0	178º
Guiné-Bissau	48,8	64,7	176º
Libéria	83,7	63,8	174º
Mali	51,4	47,4	182º
Níger	43,1	59,5	186º
Serra Leoa	53,8	66,4	177º
Togo	38,7	61,7	159º

Fonte: UN-HABITAT. *The state of African cities report 2014*: re-imagining sustainable urban transitions. Nairóbi: UN-Habitat, 2014. p. 105.

*A proporção da população abaixo da linha nacional de pobreza mede a pobreza pelo nível de renda/consumo disponível para um indivíduo. Uma pessoa é considerada pobre se o seu nível de renda é menor que o nível mínimo necessário para atender às necessidades básicas. Esse nível mínimo é geralmente chamado "linha de pobreza". Cada país usa uma linha apropriada para seu nível de desenvolvimento, normas e valores sociais.

De olho na tabela

Compare a segunda e a terceira colunas da tabela e responda: qual indicador é mais apropriado para comparar a pobreza entre os países? **Esforce-se para compreender** cada um deles e justifique sua resposta.

Nos últimos anos, as economias dos países começaram a crescer mais rapidamente, impulsionadas, principalmente, por investimentos chineses feitos em diversos países subsaarianos, sobretudo nos detentores de petróleo, gás, ouro e outros minerais, como Nigéria, Gana, Costa do Marfim e Serra Leoa. Isso contribui para criar uma classe média urbana, mas pouco influi para melhorar as condições de vida da maioria que vive nas cidades.

Lagos e o contexto nigeriano

Antes de ser transferida para a cidade de Abuja em 1991, a capital da Nigéria era Lagos, a maior cidade do país e atualmente seu principal centro industrial e comercial. Construída sobre um conjunto de ilhas em uma região de lagoas próximas ao mar, Lagos é interconectada por diversas pontes.

A ilha de Lagos, onde surgiu a cidade, abriga os prédios do governo, bem como lojas, centros comerciais, bancos e hospitais. Grande parte da população que mora nas periferias se desloca grandes distâncias para trabalhar nas áreas centrais, o que causa trânsito intenso na área metropolitana, cuja população é de 15 milhões de habitantes (figura 16).

Estima-se que apenas 42% da população da cidade de Lagos tenha acesso à água tratada e grande parte da população vive em favelas.

PIUS UTOMI EKPEI/AFP PHOTO/OTHER IMAGES

Figura 16. Na região metropolitana de Lagos, trabalhadores chegam a gastar 8 horas por dia no trânsito para ir e voltar do trabalho. Na foto, vias congestionadas em Lagos (Nigéria, 2014).

ABP/PRISMA/GLOW IMAGES

Figura 17. Complexo portuário de Lagos (Nigéria, 2011). Trata-se do principal ponto de chegada das importações (sobretudo de maquinários, produtos químicos, equipamentos de transporte e outros bens industrializados) e de saída das exportações do país, que consistem no petróleo e seus derivados, além de gêneros agrícolas tropicais.

A economia nigeriana

A importância econômica de Lagos não decorre apenas de suas atividades portuárias, mas também do fato de se localizar próxima a reservas de petróleo e indústrias petroquímicas (figura 17).

O petróleo e seus derivados, encontrados nas zonas litorâneas, na foz do Rio Níger e no Golfo da Guiné, consistem em 95% da pauta de exportações do país. É devido a essas exportações que a Nigéria tornou-se a maior economia africana, tendo alcançado um PIB de 509 bilhões de dólares em 2013.

O setor primário ocupa 70% da mão de obra na Nigéria e produz cacau, amendoim, algodão, óleo de dendê, milho, arroz, sorgo e mandioca. Já a indústria, localizada principalmente nos arredores de Lagos, emprega 10% dos trabalhadores do país, sobretudo em atividades associadas ao processamento do petróleo. Os 20% restantes estão empregados em serviços e comércio nas cidades.

Mesmo sendo uma das que mais gera riquezas no continente, a economia nigeriana é pouco diversificada, centrada na exportação de recursos naturais e dependente da importação de tecnologias.

As riquezas geradas pelo petróleo concentram-se no sul do país (onde está Lagos), contrastando com as regiões do norte, mais pobres e sem reservas de petróleo.

Conflitos étnico-religiosos na Nigéria

A divisão norte-sul do país se acentua por diferenças étnico-religiosas, pois a população do norte é composta de etnias que cultuam o islamismo (como os hauçás), enquanto a população do sul é constituída de etnias que praticam religiões tradicionais africanas e o cristianismo.

Recentemente, grupos fundamentalistas que atuam no norte do território, como o Boko Haram, ganharam destaque na imprensa internacional devido à sua luta contra o governo nigeriano e à intenção de criar um Estado islâmico — e pelo fato de, para isso, cometerem uma série de crimes, como atentados a bomba e sequestros (figura 18).

ZHANG WEIYI/XINHUA PRESS/CORBIS/LATINSTOCK

Figura 18. Manifestantes se reúnem para exigir o resgate de cerca de 200 meninas sequestradas por membros do Boko Haram, em Lagos (Nigéria, 2014). Nos cartazes, lê-se: "Tragam de volta nossas meninas".

Johanesburgo e o contexto da África do Sul

País mais industrializado do continente, a África do Sul vem recebendo grandes investimentos externos, principalmente da China. Também vive um processo acelerado de urbanização e conta atualmente com 62% da população nas cidades.

Johanesburgo é o principal centro econômico da África do Sul (figura 19), onde estão presentes tanto as multinacionais que atuam no território quanto um diversificado parque industrial que atende o mercado interno e também o restante do continente em setores como metalurgia, siderurgia, automobilístico, químico, têxtil e alimentício.

BILDAGENTUR-ONLINE/SCHICKERT/ALAMY/GLOW IMAGES

Figura 19. Vista da cidade de Johanesburgo (África do Sul, 2013).

Embora a área já fosse habitada desde muito antes, a cidade foi oficialmente fundada no final do século XIX e viveu intenso crescimento populacional devido à descoberta de reservas de ouro na região, o que gerou grande acúmulo de riquezas, reinvestidas em construções nas áreas centrais da cidade, como prédios públicos, museus e teatros, e na promoção de uma intensa vida cultural. Veja a figura 20.

O *apartheid*

Em 1948, a elite branca da África do Sul instituiu uma política de segregação racial, o *apartheid*. Esse regime chegou ao fim apenas na década de 1990, com a transformação do sistema político do país, o estabelecimento de uma nova constituição e a libertação e posterior eleição de Nelson Mandela para presidente. Mandela ingressou na vida política ainda jovem e ficou preso por 27 anos por ter questionado o sistema de segregação racial do país, tornando-se a principal referência da luta antiapartheid.

MATT MAWSON/CORBIS/LATINSTOCK

Figura 20. A África do Sul é um dos maiores produtores de ouro no mundo, e diversas multinacionais do setor atuam em seu território. Na foto, extração de ouro na província de Mpumalanga (África do Sul, 2013).

Além de ter estabelecido os lugares públicos em que os negros poderiam circular (como parques, praças, ruas e escolas), o *apartheid* criou bairros separados que concentraram a população negra sob péssimas condições de acesso a infraestruturas e serviços públicos. Esses bairros se tornaram importantes pontos de resistência da luta antiapartheid no país, como Soweto.

Durante o *apartheid*, a desigualdade econômica entre brancos e negros se acentuou, uma vez que a população branca, que tinha representação política, se beneficiava de suas condições para obter os melhores empregos, em detrimento da população negra, que sofria diversas restrições. O fim desse regime, no entanto, não resolveu os problemas sociais do país. A África do Sul ainda tem uma das piores concentrações de renda do mundo, altos níveis de desemprego e de criminalidade (em especial, de homicídios), além de cerca de seis milhões de pessoas infectadas pelo vírus HIV, o que reduz a expectativa de vida da população sul-africana, principalmente nas áreas urbanas mais pobres.

TEMA

4 África em transição

Apesar de a África ainda enfrentar graves problemas, frutos de sua herança colonial, o continente vive um momento de transição.

Audiovisual

A partilha colonial na África

Herança colonial

O processo de descolonização da África, a partir de meados do século XX, deixou desafios para os novos países: concentrar em um mesmo território populações pertencentes a etnias distintas que, muitas vezes, eram inimigas, além de superar o quadro de pobreza e exploração resultante da colonização.

Mantiveram-se as fronteiras e as línguas europeias como oficiais nos novos Estados, pois era uma forma de evitar que disputas políticas e conflitos internos se intensificassem. Na maior parte dos territórios africanos, os novos governantes eram membros da elite do continente que haviam se destacado na luta pela independência (figura 21).

Em poucos anos, observou-se que muitas elites que haviam assumido o poder eram marcadamente autoritárias e corruptas, pois, além de tirar proveito de suas vantagens administrativas para enriquecimento próprio, estabeleceram políticas que geraram a marginalização de grupos étnicos e religiosos eventualmente rivais.

Os sucessivos conflitos entre o governo e a oposição, que eram intensificados ainda por diferenças religiosas ou econômicas, foram responsáveis pela ocorrência de dezenas de guerras civis e golpes de Estado no continente africano desde os anos 1980.

Nas últimas décadas, os recursos naturais foram alvo de disputa entre grupos rivais, já que a venda desses recursos permitiu a compra de armamentos e munições. Esse foi o caso dos conflitos na Libéria e em Serra Leoa (com os diamantes), na República Democrática do Congo e em Angola (com o petróleo e os diamantes).

Os principais conflitos ocorridos no continente desde os anos 1990 geraram elevado número de vítimas fatais, milhões de refugiados e afetados pela fome em países como Somália, República Democrática do Congo, Guiné, Costa do Marfim, Ruanda e Sudão. A duração e a gravidade dos conflitos chamaram a atenção de diversas organizações internacionais, que muitas vezes interviram para tentar solucioná-los.

DEREJE BELACHEW/ALAMY/GLOW IMAGES

Figura 21. Estátua de Kwame Nkrumah, um dos responsáveis por libertar Gana da colonização britânica em 1957 (Gana, 2013). Nascido em 1909, Nkrumah foi primeiro-ministro do país entre 1957 e 1960 e presidente entre 1960 e 1966.

Genocídio em Ruanda

O território de Ruanda era habitado por duas etnias rivais antes mesmo da colonização belga: os **tutsis** (minoria) e os **hutus** (maioria).

Após décadas de tensões entre as etnias na disputa pelo poder, teve início uma guerra civil em 1994. Em decorrência dessa guerra, os hutus, então no poder, promoveram um genocídio que deixou mais de 1 milhão de tutsis mortos em apenas três meses e 2 milhões de refugiados, além de ter espalhado a rivalidade entre essas etnias para o Burundi e a República Democrática do Congo (figura 22).

DON COOK/ALAMY/GLOW IMAGES

Figura 22. A maioria das vítimas do genocídio em Ruanda era composta de homens e, nesse contexto, as mulheres passaram a assumir inúmeras tarefas e a se destacar nos cenários político e econômico. Na foto, pessoas em oficina de costura em Gatagara (Ruanda, 2012).

Conflitos entre Sudão e Sudão do Sul

Em 2011, houve a separação do Sudão em dois países: o **Sudão** e o **Sudão do Sul**. O norte do Estado sudanês era formado por população majoritariamente muçulmana de origem árabe, enquanto o sul era constituído por população negra e praticante de religiões tradicionais africanas e do cristianismo.

A separação foi o resultado de décadas de insatisfações da população que vivia na porção sul do território sudanês, que, apesar de possuir extensas reservas de petróleo (principal produto de exportação do país), via as riquezas originadas da exportação concentradas nas mãos da população do norte.

A guerra civil entre as duas regiões do país deixaram 2 milhões de mortos e 4 milhões de refugiados entre 1956 e 2005.

Novas tensões

As negociações sobre a demarcação das fronteiras entre o Sudão e o Sudão do Sul geram tensões entre esses países. Cerca de 75% das reservas de petróleo estão no Sudão do Sul, mas a exportação do produto depende do oleoduto que corta o Sudão (figura 23). Além disso, rebeldes se insurgem contra o Sudão em Darfur e em Kordofan do Sul. Em 2014, segundo a ONU, os conflitos no Sudão do Sul fizeram com que 860 mil sudaneses se refugiassem em países vizinhos e 1 milhão se deslocasse internamente.

FIGURA 23. SUDÃO E SUDÃO DO SUL

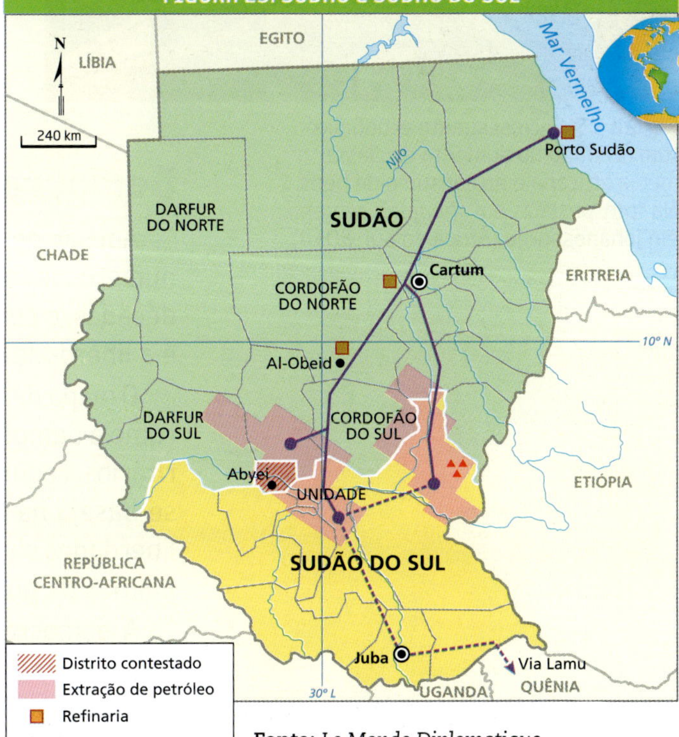

Fonte: *Le Monde Diplomatique*. Disponível em: <www.monde-diplomatique.fr/cartes/soudanspetrole>. Acesso em: 11 jun. 2013.

De olho no mapa

1. Qual dos dois territórios apresenta melhor infraestrutura para o processamento do petróleo bruto e seu transporte?
2. Em que medida o Sudão do Sul é dependente economicamente do Sudão?

FIGURA 24. MUNDO: POPULAÇÃO – 2010-2100

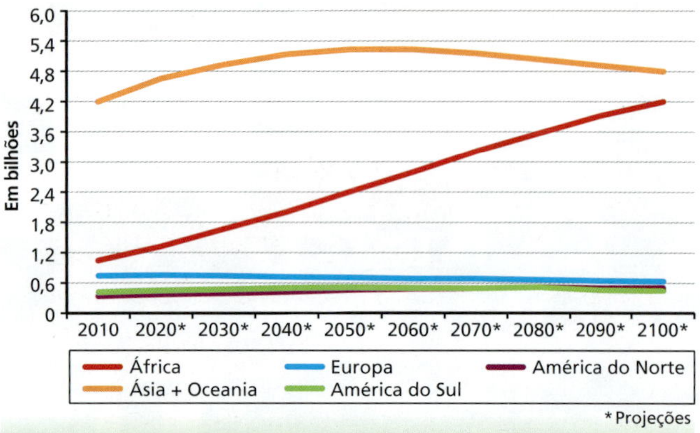

Fonte: UN-HABITAT. *The state of African cities report 2014*: re-imagining sustainable urban transitions. Nairóbi: UN--Habitat, 2014. p. 18. Disponível em: <http://unhabitat.org/the-state-of-african-cities-2014>. Acesso em: 9 jun. 2014.

RIEGER BERTRAND/ HEMIS.FR/AFP

Figura 25. O crescimento econômico tem refletido no aumento da classe média africana e no consumo de bens. Na foto, pessoas em *shopping center*, em Johanesburgo (África do Sul, 2014).

Transformações no continente

Entre 2000 e 2010, a África passou por transformações demográficas, econômicas, tecnológicas, ambientais, urbanas e sociopolíticas, que refletem nas trajetórias de desenvolvimento de grande parte dos países e no reposicionamento estratégico do continente no mundo.

O crescimento da população é uma das mais importantes mudanças ocorridas na África, o que implica, para as próximas décadas, grandes desafios para todo o continente. Tal crescimento ocorre em ritmo elevado, e estima-se que a população chegue a 4,2 bilhões de habitantes em 2100. Observe a figura 24.

O espaço urbano concentra a crescente população. Espera-se que em 2040 metade da população do continente esteja vivendo em cidades. Planejar esse crescimento é um desafio para as maiores cidades do continente, principalmente.

Apesar do crescimento econômico verificado na última década, mais de 50% dos africanos ainda vivem com menos de 1,25 dólar por dia, 4% vivem com mais de 10 dólares e somente 2% vivem com um valor entre 20 e 100 dólares, grupo considerado classe média. Os países do Norte da África são os que têm mais habitantes pertencentes à classe média: Tunísia com 69,5%, seguida pelo Marrocos com 64,6% da população total. A Libéria é o país com menos pessoas na classe média, apenas 4,8% da população total, seguida de Burundi com 5,3%. Estima-se que, em 2060, a classe média represente 1,1 bilhão de novos consumidores (figura 25).

Democratização do continente

Apesar do histórico de governos autoritários e corruptos, além dos numerosos conflitos internos e de guerras civis que marcaram as últimas décadas, o continente africano tem dado exemplos de que a democracia e a liberdade são demandas da população.

O mapa da figura 26 mostra que há um longo caminho a ser percorrido rumo à democracia plena, já que ainda há o predomínio de regimes autoritários, regimes híbridos e democracias imperfeitas. Essa classificação se baseia na legitimidade e no pluralismo das eleições, no respeito às liberdades civis, no funcionamento do regime político e no envolvimento político da população.

A democracia figura também como uma condição para que muitos países obtenham empréstimos de organizações multilaterais, como o Fundo Monetário Internacional (FMI) e o Banco Mundial, que investem no desenvolvimento de infraestruturas dos países (como construção de portos, rodovias, ferrovias e aeroportos) e também financiam a produção agrícola e a extração de recursos naturais.

FIGURA 26. AVALIAÇÃO DA DEMOCRACIA AFRICANA - 2011

Fonte: THE ECONOMIST. Disponível em: <www.economist.com/node/21551494>. Acesso em: 11 jun. 2014.

Primavera Árabe

Em termos políticos, os últimos anos foram marcados pela ocorrência da chamada **Primavera Árabe**, uma sequência de manifestações populares que se iniciaram no final de 2010 e derrubaram governos autoritários que estavam há décadas no poder em alguns países do Norte da África, como Egito, Tunísia e Líbia.

No caso egípcio, as manifestações populares se iniciaram em 2011, na Praça Tahrir, no Cairo, e se espalharam para outras cidades egípcias. Esse movimento foi responsável pela queda de Hosni Mubarak, ditador que estava no poder havia 30 anos. As manifestações reuniram pessoas de diferentes religiões e posicionamentos políticos que tinham por objetivo aumentar a liberdade e instaurar a democracia no país (figura 27).

+ Cidadania

Tecnologia e manifestações populares

Um dos elementos que mais chamaram a atenção durante as manifestações da Primavera Árabe foi o uso de aparelhos de telefone celular e câmeras digitais, cujo objetivo era registrar os acontecimentos e divulgá-los em redes sociais.

Atualmente, a tecnologia informacional se torna mais acessível, sendo capaz de divulgar acontecimentos de uma maneira rápida, atingindo um público cada vez maior.

Além do registro dos acontecimentos, essas tecnologias podem ser utilizadas para que as pessoas se organizem e convidem outras a participar de manifestações, conferindo uma nova maneira de fazer política e exercer a cidadania.

- Qual é a importância da tecnologia para a participação política da população? Você conhece algum caso ocorrido no Brasil em que as redes sociais foram importantes para a mobilização popular?

MOSA'AB ELSHAMY/MOMENT/GETTY IMAGES

Figura 27. População reunida na comemoração da queda do ditador Hosni Mubarak na Praça Tahrir, Cairo (Egito, 2011).

SÍNTESE DA UNIDADE 9

- A regionalização da África mais utilizada é a que divide o continente entre Norte da África e África Subsaariana.
- Os países do Norte da África são grandes exportadores de petróleo e outros recursos naturais, como gás natural e ferro.
- A África Subsaariana é formada por territórios marcados, em sua maioria, pela exportação de gêneros primários.
- O Magreb e o Sahel são duas sub-regiões do continente africano.
- A ONU divide o continente africano em cinco regiões: Norte da África, África Ocidental, África Oriental, África Central e África Meridional.
- A agricultura africana é predominantemente de subsistência, com fraco desempenho econômico, e também se caracteriza pela agricultura comercial, com o predomínio das *plantations*. Esse sistema não contribui para reduzir o problema da fome no continente.
- As cidades africanas apresentam acelerado ritmo de crescimento e grande parte da população urbana ocupa espaços periféricos com precário acesso a infraestruturas e a serviços públicos.
- Lagos é a principal cidade nigeriana e se destaca por administrar atividades relacionadas à extração e à comercialização do petróleo, principal produto comercializado pela Nigéria.
- Embora seja o país mais industrializado na África Subsaariana, a África do Sul apresenta problemas socioeconômicos intensificados pela política do *apartheid*, que ainda deixa marcas na sociedade sul-africana.
- A África traz em sua história recente muitos conflitos internos e guerras civis que dificultam o estabelecimento da democracia e a estabilidade econômica dos países que formam o continente.
- A Primavera Árabe foi uma série de movimentos populares que derrubaram governos autoritários em diversos países do Norte da África.
- A África vive um momento de transição econômica, urbana e política em que ganham espaço os regimes democráticos.

INDICAÇÕES

Para pesquisar

- **A ONU e a África <www.onu.org.br/especial/africa>**

Página da ONU no Brasil voltada a compilar informações e notícias sobre o continente africano.

Para assistir

- **Hotel Ruanda**

Direção: Terry George. EUA/Itália/África do Sul: United Artists/Lions Gate Films Inc./Imagem Filmes, 2004.

Durante o conflito que matou mais de um milhão de pessoas em pouco mais de três meses em Ruanda, um homem gerencia um hotel e abriga a maior quantidade possível de refugiados.

- **Mandela: luta pela liberdade**

Direção: Bille August. Estados Unidos: Librisfilms, 2007.

A obra é baseada nos 20 anos de prisão de Nelson Mandela. A história é contada por um guarda da prisão, branco sul-africano e racista que muda sua vida pela convivência com Mandela e passa a ser um defensor dos direitos da população negra.

Vídeo

Mandela: luta pela liberdade

Para ler

- **A África explicada aos meus filhos**

Alberto da Costa e Silva. Rio de Janeiro: Agir, 2008.

Respondendo às perguntas dos filhos, o historiador Alberto da Costa e Silva explica o que é o continente africano e mostra quais são suas maiores belezas e seus maiores problemas.

REPRESENTAÇÕES GRÁFICAS

Mapas quantitativos: pontos de contagem

Os **mapas quantitativos** evidenciam a relação de proporcionalidade entre os objetos. Fenômenos quantitativos no mapa podem ter implantação pontual, zonal (por meio de pontos agregados) ou linear, com variação da espessura das linhas.

O mapa quantitativo abaixo foi construído pelo **método dos pontos de contagem**. Esse método estabelece pontos que representam determinada quantidade e são distribuídos à medida que o fenômeno ocorre no espaço.

Ao mesmo tempo que permite a demonstração da magnitude total do fenômeno em uma área (contando os pontos e multiplicando o número deles pelo valor que cada um representa), esse tipo de mapa possibilita uma descrição da densidade do fenômeno (observando onde há maior ou menor concentração de pontos). Observe.

Pratique

1. A que corresponde cada ponto no mapa?
2. Que outros fenômenos podem ser representados em um mapa elaborado pelo método dos pontos de contagem?
3. Onde se localizam as maiores concentrações de produção de milho, arroz e trigo na África? Explique como você chegou à resposta.

ÁFRICA: PRODUÇÃO DE TRIGO, ARROZ E MILHO

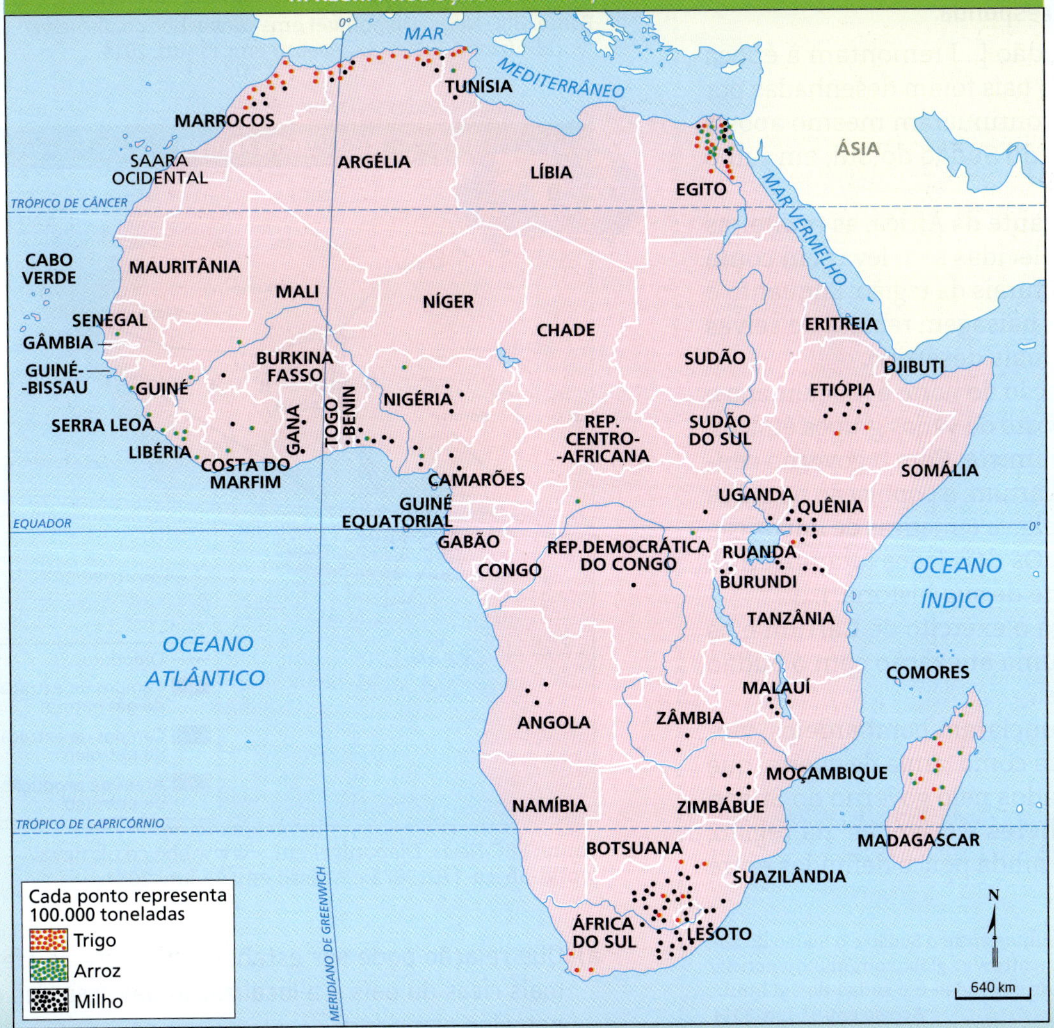

Fonte: CHARLIER, Jacques (Dir.). *Atlas du 21e siècle*. Paris: Nathan, 2013. p. 187.

ATIVIDADES

ORGANIZE O CONHECIMENTO

1. **O que impulsionou o crescimento da população urbana do continente africano nos últimos anos?**

2. **Sobre a população africana, podemos afirmar que:**

a) tende a diminuir nas próximas décadas.
b) tende a diminuir a partir de 2050.
c) tende a continuar crescendo até o final do século XXI.
d) está diminuindo.
e) cresce no campo e diminui nas cidades.

3. **Por que ocorreu o genocídio em Ruanda? Qual foi a quantidade de vítimas e de refugiados?**

4. **Em que países africanos ocorreu a Primavera Árabe? O que ela significou para esses territórios?**

APLIQUE SEUS CONHECIMENTOS

5. **Leia o texto a seguir e responda.**

"Os conflitos no Sudão [...] remontam à época em que as fronteiras do país foram desenhadas por potências coloniais e continuaram mesmo após a divisão para a criação do Sudão do Sul, em julho do ano passado [2011].

Assim como no restante da África, as fronteiras do Sudão foram estabelecidas sem levar em conta realidades étnicas e culturais da região. Enquanto o Sudão do Sul tem uma paisagem repleta de selvas e pântanos, o norte é mais desértico.

A maioria da população do norte é muçulmana e fala árabe; o sul é composto de vários grupos étnicos, de maioria cristã ou animista. Com o governo centralizado no norte, em Cartum, a população no sul se dizia discriminada e rejeitava tentativas de imposição da lei islâmica no país. Os dois lados lutaram entre si durante a maior parte de sua história. [...]

[Os] combates entre o exército de Cartum e os rebeldes favoráveis a uma anexação com o Sudão do Sul levaram à fome.

Manifestantes denunciaram bombardeios, violência e o uso de comida como 'arma de guerra' que estariam sendo realizados pelo governo do Sudão 'contra homens, mulheres e crianças' na região, uma área de fronteiras ainda pouco definidas entre os dois países. [...]"

G1. Mundo. Entenda os conflitos entre o Sudão e o Sudão do Sul, 16 mar. 2012. Disponível em: <http://g1.globo.com/mundo/noticia/2012/03/entenda-os-conflitos-entre-o-sudao-e-o-sudao-do-sul.html>. Acesso em: 11 jun. 2014.

Indique os principais motivos do conflito entre Sudão e Sudão do Sul. O que esse conflito acarreta?

6. **Compare os mapas e responda às questões.**

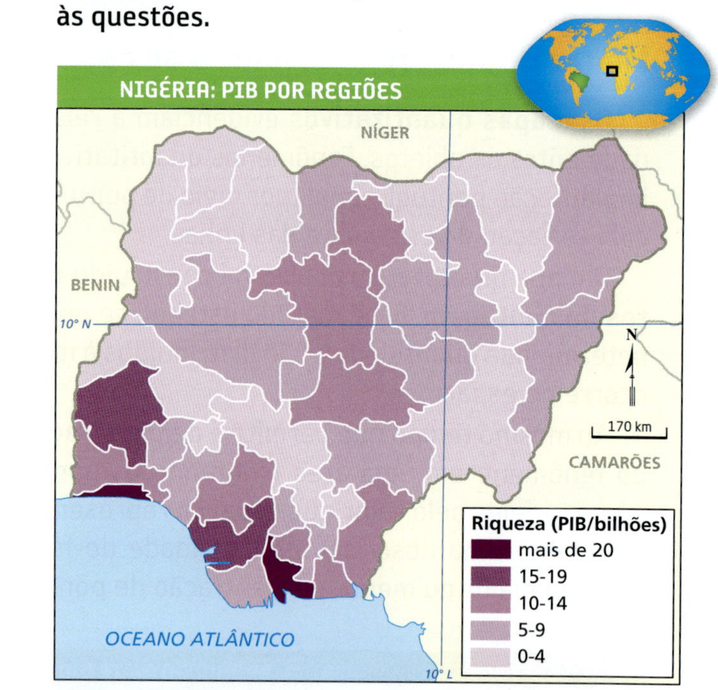

Fonte: *BBC News*. Disponível em: <www.bbc.co.uk/news/world-africa-17015873>. Acesso em: 11 jun. 2014.

Fonte: *BBC News*. Disponível em: <www.bbc.co.uk/news/world-africa-17015873>. Acesso em: 11 jun. 2014.

a) Que relação pode ser estabelecida entre as áreas mais ricas do país e a localização das reservas de petróleo nigeriano?

b) De que forma o norte do país tem acesso ao petróleo produzido?

7. **Observe as imagens a seguir, que representam a diminuição da área do Lago Chade, localizado no Chade. De grande importância econômica, fornece água a 30 milhões de habitantes de quatro países que o cercam (Chade, Camarões, Níger e Nigéria) e, segundo dados da ONU de 2013, se não forem tomadas providências, o lago sumirá completamente. Localizado na região do Sahel, o lago já foi considerado o quarto maior do continente na década de 1960 e tinha uma área de mais de 10.000 km².**

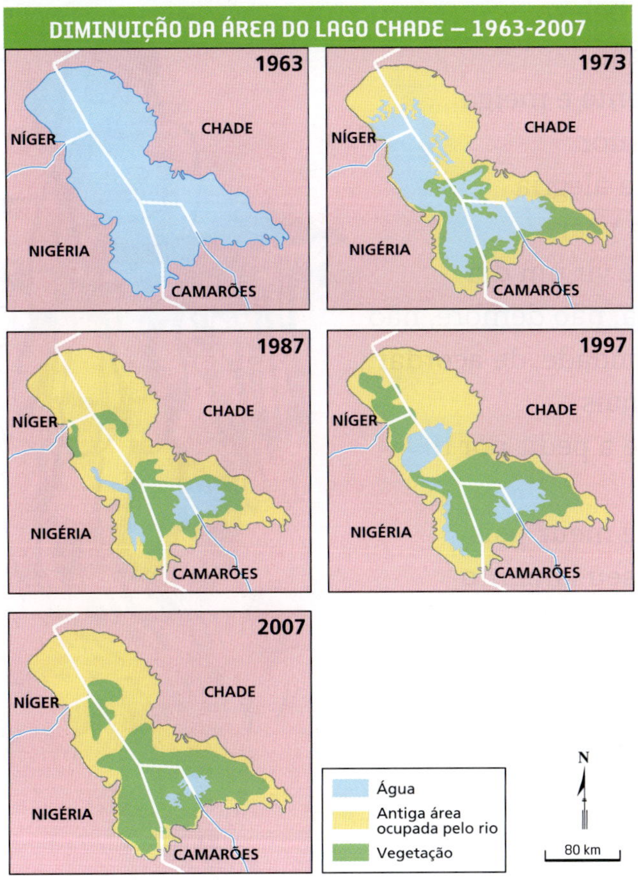

Fonte: UNEP. *Livelihood security*: climate change, migration and conflict in the Sahel. Genebra: Unep, 2011. p. 62. Disponível em: <http://postconflict.unep.ch/publications/UNEP_Sahel_EN.pdf>. Acesso em: 11 jun. 2014.

a) Consulte os mapas do Tema 1 da Unidade 8, localize o Lago Chade e aponte o clima que predomina na região onde ele se situa.

b) Se o lago efetivamente secar, o que poderá acontecer às pessoas que dependem da sua água para sobreviver e à grande parte das lavouras de subsistência?

c) Como a ação humana tem participação na redução do Lago Chade?

8. **Observe a imagem e responda.**

CHRISTOPHER PILLITZ

Cultivo de café em grande propriedade (Quênia, 2012).

a) Que tipo de agricultura praticada na África está retratada na foto? Caracterize-a.

b) Por que ela é importante para a economia de muitos países?

DESAFIO

9. **Levando em consideração a África do Sul, classifique as alternativas abaixo como verdadeiras ou falsas.**

I. A economia sul-africana é a mais diversificada da África, com importantes produções nos setores agrícola e industrial.

II. O país tem o maior PIB da África.

III. Após o fim do sistema de *apartheid* (que acabou em 1994), atualmente, os negros sul-africanos estão em situação de igualdade em relação aos brancos tanto em termos jurídicos quanto em termos socioeconômicos.

IV. O país é extremamente rico em recursos naturais e é um dos principais exportadores de ouro do mundo.

V. Líder da luta antiapartheid, Nelson Mandela concorreu à presidência do país, mas não obteve vitória.

Escolha, entre as opções abaixo, a alternativa correta.

a) V-V-F-V-F

b) F-V-V-F-V

c) F-V-F-F-V

d) V-F-F-V-F

e) F-F-V-V-F

Em meados da década de 1980, o cantor mineiro Milton Nascimento, em parceria com o músico Marco Antônio Guimarães, compôs uma música e dedicou-a a Winnie Mandela, então esposa do ativista antiapartheid *Nelson Mandela, que estava preso.*

Lágrima do Sul

"Reviver
Tudo o que sofreu
Porto de desesperança e lágrima
Dor de solidão
Reza pra teus orixás
Guarda o toque do tambor
Pra saudar tua beleza
Na volta da razão
Pele negra, quente e meiga
Teu corpo e o suor
Para a dança da alegria
E mil asas para voar
Que haverão de vir um dia
E que chegue já, não demore, não
Hora de humanidade, de acordar
Continente e mais
A canção segue a pedir por ti.

África, berço de meus pais
Ouço a voz de seu lamento
De multidão
Grade e escravidão
A vergonha dia a dia
E o vento do teu sul
É semente de outra História
Que já se repetiu
A aurora que esperamos
E o homem não sentiu
Que o fim dessa maldade
É o gás que gera o caos
É a marca da loucura
África, em nome de Deus
Cala a boca desse mundo
E caminha, até nunca mais
A canção segue a torcer por nós."

NASCIMENTO, Milton; GUIMARÃES, Marco Antônio. Lágrima do Sul. In: *Encontros e despedidas*. Rio de Janeiro: Barclay/Polygram, 1985.

Atividades

OBTER INFORMAÇÕES

1. Identifique os versos da música que se referem:
   a) aos aspectos culturais dos países africanos;
   b) à resistência contra a segregação racial e a opressão;
   c) à relação do continente com outras nações.

INTERPRETAR

2. Selecione um dos itens da questão anterior e comente o sentido dos versos destacados por você.

3. Releia a letra da música, primeiramente interpretando-a como uma mensagem a Winnie Mandela. Em seguida, repita a leitura, dessa vez considerando que ela busca dialogar com a própria África. Quais diferenças você encontrou?

4. Comente os trechos: "E o vento do teu sul / É semente de outra História" e "África, em nome de Deus / Cala a boca desse mundo / E caminha, até nunca mais".

REFLEXÃO

5. Os países do continente africano enfrentam problemas sociais em decorrência de conflitos étnico-religiosos ou pela disputa do controle de recursos naturais. Em conjunto com outros colegas, discuta a questão: quais são os desafios para a África no século XXI? Depois, **organize suas ideias** e elabore um texto sobre o que foi debatido em grupo.

REFERÊNCIAS BIBLIOGRÁFICAS

BOAHEN, Albert Adu (Org.). *História geral da África VII*: África sob dominação colonial, 1880-1935. Brasília: Unesco, 2010.

BONIFACE, Pascal; VÉDRINE, Hubert. *Atlas do mundo global*. São Paulo: Estação Liberdade, 2009.

BOST, François (Org.). *Images économiques du monde 2014*: géoéconomie-géopolitique. Paris: Armand Colin, 2013.

BULLOCK, Richard. *Off track*: Sub-Saharan African railways. Washington: The International Bank for Reconstruction and Development/The World Bank, 2009.

CHARLIER, Jacques (Org.). *Atlas du 21e siècle*. Paris: Nathan, 2011.

COSTA E SILVA, Alberto da. *A África explicada aos meus filhos*. Rio de Janeiro: Agir, 2008.

DE AGOSTINI. *Calendario Atlante De Agostini 2011*. Novara: Istituto Geografico De Agostini, 2010.

FERREIRA, Graça M. L. *Atlas geográfico*: espaço mundial. 4. ed. São Paulo: Moderna, 2013.

__________. *Geografia em mapas*: países do Sul. 2. ed. São Paulo: Moderna, 2005.

__________. *Moderno atlas geográfico*. 5. ed. São Paulo: Moderna, 2011.

HILGEMANN, Werner; KINDER, Hermann. *Atlas historique*: des origines de l'humanité à nos jours. Paris: Perrin, 1992.

IBGE. *Atlas geográfico escolar*. 6. ed. Rio de Janeiro: IBGE, 2012.

L'atlas Gallimard Jeunesse. Paris: Gallimard, 2002.

LE MONDE DIPLOMATIQUE. *Atlas histórico de Le Monde Diplomatique*. Valência: Cybermonde, 2011.

__________. *El atlas geopolítico 2010*. Le Monde Diplomatique en español. Valência: Cybermonde, 2009.

__________. *L'atlas du Monde Diplomatique 2012*. Paris: Armand Colin, 2011.

MAFUTA, C. et al. (Orgs.). *Green hills, blue cities*: an ecosystems approach to water resources management for African cities. A rapid response assessment. United Nations Environment Programme, Grid-Arendal. 2011.

MARAFON, G. J. (Org.). *O desencanto da terra*: produção de alimentos, ambiente e sociedade. Rio de Janeiro: Garamond, 2011.

OLIC, Nelson B.; CANEPA, Beatriz. *África*: terra, sociedades e conflitos. São Paulo: Moderna, 2012.

__________. *Conflitos do mundo*: um panorama das guerras atuais. São Paulo: Moderna, 2009.

PARKER, Geoffrey. *Atlas Verbo de história universal*. Lisboa: Verbo, 1997.

PNUD. *Relatório de desenvolvimento humano 2013*. A ascensão do Sul: progresso humano num mundo diversificado. Nova York: ONU, 2013.

__________. *Relatório de desenvolvimento humano 2006*. A água para lá da escassez: poder, pobreza e a crise mundial da água. Nova York: ONU, 2006.

PORTELA, Fernando; SILVA, José Herculano da. *Cuba*. São Paulo: Ática, 1998.

SACKS, Oliver. *Diário de Oaxaca*. São Paulo: Companhia das Letras, 2012.

SCALZARETTO, Reinaldo; MAGNOLI, Demétrio. *Atlas geopolítico*. São Paulo: Scipione, 1996.

UNEP. *Livelihood security*: climate change, migration and conflict in the Sahel. Genebra: Unep, 2011.

UN-HABITAT. *The state of African cities report 2014*: re-imagining sustainable urban transitions. Nairóbi: UN-Habitat, 2014.

VESENTINI, José William. *Nova ordem, imperialismo e geopolítica global*. Campinas: Papirus, 2003.

VICENTINO, Cláudio. *Atlas histórico*: geral e Brasil. São Paulo: Scipione, 2011.

WORLD BANK. *Atlas of global development*: a visual guide to the world's greatest challenges. Glasgow: Collins Bartholomew for the World Bank, 2013.

Base eletrônica de dados

- Afrographique: <http://afrographique.tumblr.com>
- Atlas Caraïbe: <http://atlas-caraibe.certic.unicaen.fr>
- Banco Mundial: <data.worldbank.org>
- BBC: <www.bbc.co.uk>
- Biblioteca Digital Mexicana: <http://bdmx.mx>
- Biblioteca Digital World Watch Institute/Universidade da Mata Atlântica: <www.worldwatch.org.br>
- Casa das Áfricas: <www.casadasafricas.org.br>
- CIA World Factbook: <www.cia.gov/library/publications/the-world-factbook/index.html>
- Embaixada do Canadá: <www.canadainternational.gc.ca>
- Embaixada dos Estados Unidos: <www.embaixada-americana.org.br>
- Folha de S. Paulo: <www.folha.com.br>
- Fundo das Nações Unidas para a Infância: <www.unicef.org>
- Fundo de População das Nações Unidas: <www.unfpa.org>
- Fundo Monetário Internacional: <www.imf.org>
- Le Monde Diplomatique: <www.monde-diplomatique.fr>
- Museu Afro Brasil: <www.museuafrobrasil.org.br>
- O Estado de S. Paulo: <www.estadao.com.br>
- O Globo: <www.oglobo.com>
- ONU: <www.onu.org.br>
- Organização das Nações Unidas para Alimentação e Agricultura: <www.fao.org>
- Organização do Tratado de Cooperação Amazônica: <www.otca.info>
- Organização Internacional do Trabalho: <www.ilo.org>
- Organização Mundial do Comércio: <www.wto.org>
- Organização Mundial da Saúde: <www.who.int>
- Programa das Nações Unidas para o Desenvolvimento – Brasil: <www.pnud.org.br>
- Programa das Nações Unidas para o Meio Ambiente: <www.unep.org>
- SciencesPo: <http://cartographie.sciences-po.fr>
- Scientific American Brasil: <www.uol.com.br/sciam>
- Secretaria de Direitos Humanos – Presidência da República: <www.sdh.gov.br>
- Unaids: <www.unaids.org>
- U. S. Census Bureau: <www.census.gov>
- U. S. Energy Information Administration: <www.eia.gov>
- World Resources Institute: <www.wri.org>

Hábitos da mente

MODERNA

Como você reage diante de uma situação nova? Como participa dos trabalhos desenvolvidos pelo seu grupo? Como se comporta à medida que o dia da avaliação se aproxima?

Há algumas atitudes que nos ajudam a lidar com as tarefas cotidianas, desde as mais simples até as mais complexas. São atitudes que identificamos nas pessoas que resolvem problemas de maneira eficiente, fazem as perguntas certas ao buscar soluções, tomam decisões conscientes, relacionam-se bem com os outros e pensam de forma criativa e inovadora.

Os Hábitos da mente de que vamos tratar a seguir irão auxiliá-lo em seus estudos e na realização das atividades deste livro. Mais do que isso, serão uma ferramenta importante para ajudá-lo a enfrentar as situações desafiadoras do seu dia a dia, na escola, nas relações com a família e com os amigos, enfim, na vida. Aproveite!

CONTROLAR A IMPULSIVIDADE

Quantas vezes você já se pegou dizendo a primeira coisa que lhe veio à cabeça ao ser questionado? E quantas vezes essa atitude precipitada trouxe resultados pouco satisfatórios ou até desastrosos para você?

Para diminuir a chance de erro e de frustração, reflita antes de agir. Considere as alternativas e as consequências dos vários caminhos que você pode tomar para chegar a uma solução. Analise bem todas as indicações ou instruções que foram fornecidas, busque mais informações sobre o assunto, reflita sobre a resposta que quer dar para a questão.

Ao contribuir para que você forme uma ideia do todo antes de partir para a resolução do problema, essas atitudes reduzem a possibilidade de se deparar com resultados inesperados e frustrações no caminho, além de ajudá-lo a controlar o impulso de desistir ou de adiar o enfrentamento da tarefa.

PERSISTIR

O que você faz quando um problema se torna difícil demais para resolver? Você desiste, tenta mais uma vez, e mais uma vez, ou tenta de novo, mas de forma diferente?

É comum as pessoas confundirem persistência com insistência, que significa ficar tentando, e tentando, e tentando, sempre da mesma forma. Mas a persistência não é isso! Persistir significa buscar estratégias diferentes para alcançar seu objetivo.

Em vez de desistir por achar que não dá para completar a tarefa, tente uma alternativa. Se determinada forma de fazer algo não funciona, busque outro caminho. Desenvolver estratégias distintas para resolver um problema vai ajudá-lo a atingir seus objetivos.

PENSAR COM FLEXIBILIDADE

Como você enfrenta uma situação nova e inesperada? E como lida com pontos de vista diferentes?

Quanto maior for sua capacidade de ajustar o pensamento e mudar de opinião à medida que for recebendo novas informações, mais facilidade terá para se adequar a situações inesperadas ou enfrentar problemas que podem parecer difíceis de resolver.

Pensar com flexibilidade significa perceber que existem diferentes formas de abordar uma questão. Significa ser capaz de se adaptar ao novo ou ao inusitado e de agir mesmo quando não se consegue enxergar cada detalhe ao longo do caminho.

ESCUTAR OS OUTROS COM ATENÇÃO E EMPATIA

Você costuma prestar atenção ao que as pessoas dizem? Mas atenção de verdade – e não ficar ensaiando mentalmente o que vai dizer assim que elas terminarem de falar.

Escutar com atenção significa manter-se atento ao que o outro está dizendo, procurando entender o ponto de vista dele. Escutar com empatia significa perceber a outra pessoa, colocar-se no lugar dela, buscando compreender seu raciocínio e suas motivações.

Para se relacionar bem com as pessoas é preciso prestar atenção aos sentimentos delas e às suas percepções sobre as questões que lhes são importantes. É impressionante quanto podemos aprender quando realmente escutamos alguém!

ESFORÇAR-SE POR EXATIDÃO E PRECISÃO

Informação existe em abundância no mundo e é acessível a qualquer pessoa em qualquer lugar, basta que se tenha conexão à internet. Mas o que você faz com a informação que busca e que recebe todos os dias?

Esforçar-se por exatidão e precisão no seu trabalho demonstra compromisso com a qualidade do conteúdo e da apresentação do que produz.

Esse Hábito da mente revela a busca por aperfeiçoamento constante. Significa a disposição de se preparar para a tarefa, procurando conhecer muito bem os critérios a ser seguidos e esforçando-se por coletar os dados mais relevantes para a realização da atividade proposta. Também inclui revisões cuidadosas do que foi produzido e atenção especial à apresentação (aparência) do trabalho final.

QUESTIONAR E LEVANTAR PROBLEMAS

As pequenas conquistas que resultaram em grandes avanços para a humanidade foram — e continuam sendo — feitas por pessoas de todas as épocas, de todos os lugares, de todas as crenças, gêneros, cores e culturas. Pessoas que se dispuseram a "observar" uma situação, sem ideias preconcebidas, prestaram atenção em algo ou em alguém, perceberam um padrão ou uma incongruência em algum fenômeno e fizeram perguntas do tipo "Por que será?" ou "E se fosse diferente?".

Por que o céu é azul? O que acontece com um peixe de água salgada em um aquário de água doce? De onde vem o ser humano? E se a Terra não fosse o centro do Universo? Por que as mulheres não podem votar? Como será a Lua? Será que existem fontes de energia alternativas ao petróleo? E se as pessoas pudessem voar?

Não são as respostas que movem o mundo, são as perguntas.

E se...? (Aproveite este momento para questionar o mundo ao seu redor!)

ASSUMIR RISCOS COM RESPONSABILIDADE

Como você se sente quando precisa tomar uma decisão e não sabe que caminho escolher? Você se joga sem pensar duas vezes ou se bloqueia e não sai do lugar?

Nem oito nem oitenta! Tentar algo diferente pode ser muito enriquecedor e gratificante quando agimos com responsabilidade. A parte responsável do risco corresponde à informação que buscamos antes de nos lançarmos a um desafio.

Avaliar as diferentes possibilidades levantadas e refletir sobre as consequências de uma escolha são atitudes que reduzem a chance do "inesperado" e proporcionam mais segurança e confiança para fazer algo novo e, assim, explorar todas as nossas capacidades.

PENSAR E COMUNICAR-SE COM CLAREZA

Você já percebeu como sua comunicação é mais eficaz quando o tema está bem organizado na sua mente? Ou quando explica uma ideia com exemplos para facilitar a compreensão do outro?

Pensamento e comunicação são inseparáveis. Por isso, é importante empregar os termos corretos e mais adequados sobre o assunto, evitando generalizações, omissões ou distorções de informação, e reforçar suas afirmações com explicações, comparações, analogias e evidências.

A preocupação com a comunicação clara, que começa no pensamento, melhora sua habilidade de fazer críticas tanto sobre o que lê, vê ou ouve quanto em relação às falhas de compreensão, podendo, assim, corrigi-las. Esse conhecimento é a base para uma ação segura e consciente.

APLICAR CONHECIMENTOS PRÉVIOS A NOVAS SITUAÇÕES

Todos nós aprendemos com a experiência, mas nem todos percebemos isso com tanta facilidade. Ser capaz de aplicar o que sabemos em diferentes situações é a grande função do estudo e da aprendizagem. E isso não depende apenas do seu livro, da sua escola ou do seu professor; depende da sua atitude também!

Aplicar conhecimentos prévios a novas situações significa transformar informação em conhecimento, e conhecimento em ação. Significa dar sentido prático à sua aprendizagem e às suas experiências.

Use os conhecimentos e as experiências adquiridos dentro e fora da escola como fonte de dados para apoiar suas ideias, para prever, entender e explicar teorias ou processos para resolver cada novo desafio.

Estes são 9 dos 16 Hábitos da mente descritos pelos autores Arthur L. Costa e Bena Kallick em seu livro *Learning and leading with habits of mind: 16 characteristics for success.*

CHECKLIST PARA MONITORAR SEU DESEMPENHO

Reproduza o quadro abaixo em seu caderno, um para cada mês do ano letivo. Preencha-o, ao final de cada mês, avaliando seu desempenho na aplicação dos Hábitos da mente na realização de suas tarefas nesta disciplina.

Classifique seu desempenho de 1 a 10, sendo 1 o nível mais fraco e 10 a sua máxima satisfação em relação ao uso do Hábito da mente.

Use a coluna *Observações pessoais* para anotar sugestões de atitudes a tomar no mês seguinte ou para registrar a aplicação do Hábito da mente em outros momentos do seu cotidiano.

Hábitos da mente	Neste mês eu...	Desempenho	Observações pessoais
Controlar a impulsividade	Pensei antes de agir. Investi parte do meu tempo em entender as orientações das tarefas.		
Persistir	Não desisti com facilidade. Tentei diferentes estratégias para resolver problemas difíceis.		
Pensar com flexibilidade	Busquei ou aceitei alternativas diferentes e considerei opções para solucionar questões.		
Escutar os outros com atenção e empatia	Escutei as ideias dos outros. Guardei as minhas opiniões para entender o ponto de vista e as emoções do outro.		
Esforçar-se por exatidão e precisão	Revisei meus trabalhos. Busquei exatidão, precisão e maestria em tudo o que fiz.		
Questionar e levantar problemas	Busquei conhecer os dados necessários para resolver as questões. Fiz bons questionamentos e levantei problemas para resolver.		
Assumir riscos com responsabilidade	Informei-me sobre as consequências possíveis de uma decisão e lancei-me então aos desafios.		
Pensar e comunicar-se com clareza	Organizei as ideias na minha mente. Consegui me comunicar de forma clara, evitando generalizações, distorções e omissões de dados.		
Aplicar conhecimentos prévios a novas situações	Coloquei o que aprendi em prática em situações diferentes.		